KB237682

새로운 진보의 대안,

한반도경제

새로운 진보의 대안, 한반도경제

초판 1쇄 발행 • 2009년 9월 18일

지은이 • 이일영
펴낸이 • 고세현
책임편집 • 김도민
펴낸곳 • (주)창비
등록 • 1986년 8월 5일 제85호
주소 • 413-756 경기도 파주시 교하읍 문발리 513-11
전화 • 031-955-3333
팩시밀리 • 영업 031-955-3399 편집 031-955-3400
홈페이지 • www.changbi.com
전자우편 • human@changbi.com
인쇄 • 우진테크

ⓒ 이일영 2009

ISBN 978-89-364-8561-0 93300

새로운 진보의 대안,

한반도경제

이일영 지음

창비
Changbi Publishers

시간이 흐르면서 변화하는 사물은 새로운 개념을 요구하기 마련이다. 게다가 우리는 스스로의 현실로부터 자신을 설명하는 언어를 발견하지 못하고 외부로부터 수입된 개념에 의존하고는 했다. 오래된 것, 수입된 것이 그 자체로 문제가 되는 것은 아니다. 그러나 시간과 공간의 변화는 개념과 언어에 조정과 보완을 필요로 하며, 이에 따라 '새로움'이 요구되는 것이다.

우리가 사용하는 사회과학 개념은 대개 조선 말 이후 서양에서 중국과 일본을 거쳐 유입되었다. 국가 개념은 일본제국주의 치하에서는 한반도 민중에게 저항의 대상이었으며, 해방 이후에는 남북한에서 자원배분을 왜곡하는 도구로 악용되기도 했다. 1987년 이후 남한에서는 사정이 나아졌지만, 아직도 국가가 공공성을 담지하는 존재로 공고화된 것은 아니다. 계급 개념은 분단과 내전을 거치면서 금기의 언어가 되었으며, 사회의 분화에 따라 그 구성원의 존재와 의식 형태를 잘 나타내기 어려워졌다.

이에 비하면 민족은 비교적 성공적으로 도입된 개념이었다. 민족은 일제하에서는 제국에 저항하는 언어였으며, 분단체제하에서는 통일을 지향하는 언어가 되었다. 그러나 남북한 양측에서 민족 개념은 분단을 유지하고 국가를 강화하는 데 이용되기도 했다. 민족 개념은 여전히 요긴하지만, 더이상 민족국가의 건설이 우리의 지상목표가 될 수는 없다.

그래서 필자는 새로운 대안으로 '한반도경제'를 말하고자 한다. 그것은 남북한 각각을 개혁할 뿐 아니라 남북한을 통합하며 세계와 공존하는 새로운 체제를 의미한다. 물론 하늘에서 뚝 떨어진 새로움을 주장하려는 것은 아니다. 한반도경제는 기존의 경로에서 진화한 것이며, 오래된 개념들에 부족하던 요소를 새로이 추가하고 혼합한 것이다. 이렇게 새로운 체제를 구성하는 요소는, 민주적이고 공공적인 국가, 국가 단위 아래에 있는 지역 그리고 국가를 가로지르고 넘어서서 새로이 만들어내는 지역, 시장과 기업의 중간에 다양한 형태로 존재하는 조직 등이다. 즉 한반도경제는 국가-지역-사회경제조직이라는 세 바퀴로 굴러가는 세발자전거(tricycle)이다.

한반도경제의 문제의식은 여러 사람들의 고민과 토론에 힘입은 것이다. 1997년 필자와 몇몇 동료들은 우리 사회에서 실행 가능한 미래를 구상하기 위해서는 남한을 넘어선 외적 조건을 직시해야 한다는 점에 공감한 바 있다. 이에 '동아시아-한반도연구회'라는 모임을 만들었는데, 이는 2006년에 국가전략 연구모임으로 발전해서 지금의 '한반도사회경제연구회'가 되었다. 연구회에서 떠맡은 이런저런 심부름 역할을 하면서 동학들의 날카로운 식견을 공부의 자료로 삼을 수 있었다.

그간 필자가 주로 공부해온 영역은 중국의 농업과 발전에 관한 문제였다. 연구자의 길에 들어서면서 한국농업의 구체적 현황을 공부했으나 대안을 찾아내지는 못했다. 좌절감을 느끼며 중국을 사례로 한 사회주의 경제와 동아시아 모델에 관한 연구로 공부의 방향을 전환했다. 이 연구로부터 얻은 결과를 바탕으로 북한연구에 도전할 수 있었다. 돌이켜보면 북한에 대한 공부가 북한을 내생변수(內生變數)로 포함하는 한반도경제를 구상하는 밑바탕이 된 듯하다. 이때 쓴 글들은 주로 이 책의 제3부인 '한반도 경제통합과 북한경제'에 들어 있다.

전문가 스타일의 연구에 집중하려던 결심을 수정하게 된 것은 창비의 요청 때문이었다. 창비는 세계체제 차원의 시각과 상상력을 자극했으며, 백낙청(白樂晴) 선생님과 백영서(白永瑞) 선생님은 필자가 도무지 엄두를 내지 못했던 길에 발걸음을 내딛도록 격려해주셨다. 필자는 조금씩 용기를 내어 국민경제, 민족경제, 분단체제 같은 거대담론과 다시 만났다. 이는 한반도경제의 골격을 구축하는 작업으로 이어졌는데, 이러한 시도는 주로 제1부인 '한반도경제론의 구상과 전략'에 포함되어 있다.

초보 연구자 시절의 소심성에 비하면 현재는 대담성이 꽤 늘어난 것 같다. 그러나 한반도경제가 단순한 문제의식 수준에 머무르지 않으려면 미시적 차원의 정교한 분석과 이론구성 작업이 필수적이다. 이는 결국 한국경제의 새로운 대안 모델을 아래에서부터 찾아나가는 작업이기도 하다. 이 작업은 필자에게 비교적 익숙한 분야인 산업과 경제조직을 중심으로 이루어졌다. 이제 시작 단계이고 부족한 바도 많지만, 이와 관련해 쓴 글은 제2부인 '한국형 경제모델의 모색'에 모았다.

고백하건대, 정교한 설계도를 갖고서 지금까지의 연구를 진행해온 것은 아니다. 주어진 여건 속에서 현실적인 대안을 모색해보려는 긴장감 속에서 그때그때 글을 써왔다. 따라서 이론화의 정도가 높다고 자신할 수도 없고, 그간의 원고를 모두 털어서 처음부터 새로 써나가기에는 힘이 모자랐다. 그럼에도 서술의 체계는 한반도경제론-한국경제론-북한경제론의 순서로 잡는 것이 좋겠다고 생각했다. 1장, 2장, 6장, 10장 등이 그간의 문제의식을 체계화하려는 관심을 가지고 쓴 글이다.

경제학은 복잡한 세계를 단순화하려는 열망이 강하지만, 지역을 연구하는 이들은 이론화에 신중한 태도를 보이는 경향이 있다. 경제학의 관습에 익숙하지 않은 학생들, 지역연구자들과 함께 공부하면서, 칠판에서만 통하는 이론을 반복하지 않겠다는 생각을 갖게 되었다. 이 책에 일말의 긴장감이 묻어 있다면, 그들 덕이 크다. 창비 염종선 편집장은 부족한 글들을 보고 단행본을 내자고 제안했다. 그의 격려가 없었다면, 이 책이 이 정도의 모습으로라도 나오기 어려웠을 것이다. 7년여에 걸쳐 집필된 원고파일을 김도민 선생은 일일이 검토해서 빼야 할 부분, 새로 넣어야 할 부분, 더 좋은 표현 등을 꼼꼼하게 지적해주었다. 훌륭한 편집자와 함께 책을 낸다는 것의 의미를 알게 해준 분들이다. 의례적인 인사를 넘어 마음에서 우러나는 감사를 올린다.

끝으로 '진보'에 관해 덧붙이고자 한다. '진보'는 고정된 목적을

향한 그 무엇이기보다, 새로운 환경에 적응하고 극복해가는 과정이
라고 생각한다. 그런 점에서 '진보'는 새로움이고 유연함이며 표변
(豹變)이다. 허락된다면, 이 책을 새로운 변화를 추구하는 이들에게
바치고 싶다.

2009년 9월
이일영

차례

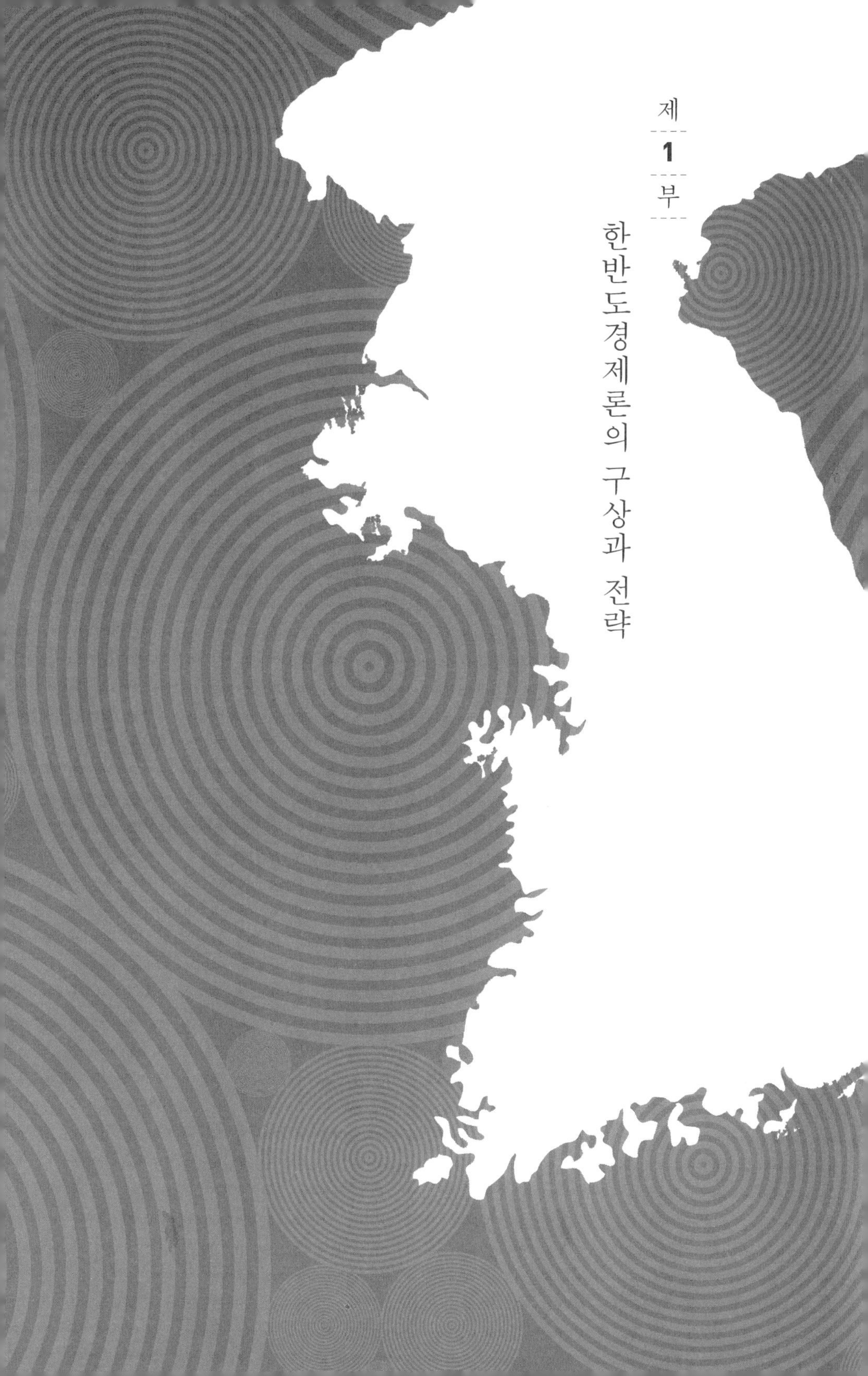
제
1
부
한반도경제론의 구상과 전략

1장
위기 이후의 대안, 한반도경제

1. 대안은 있는가

역사는 끝나지 않았고 세계경제는 격변 속에 놓여 있다. 1980년대 말 이후 레이거노믹스의 등장으로 보수적이고 통화주의적인 경제정책이 주도권을 장악했다. 시장경제의 회복을 위해 재정정책을 옹호하던 케인즈(J. M. Keynes)마저도 경제학 교과서에서 밀려나고 있었다. 그런데 2008년 미국 금융위기로 상황은 일변했다. 1930년대 대공황 이후 최악의 경기침체에 대한 공포가 밀려왔다. 전세계적으로 당분간은 복지·조세정책에 의한 조정과 개입의 필요성에 대해 컨쎈써스가 이루어질 것이다.[1]

전세계적으로도 시장만능주의가 한계에 직면했고, 국내에서는 이명박정부가 들어선 후 실정을 반복하고 있다. 그럼에도 새로운 대안을 제시할 세력이 뚜렷이 부각되지는 못하고 있다. 그러한 중에 눈에

띠는 논의가 있다면, 사회민주주의 대안과 진보적 자유주의 대안이
다. 민주노동당 분당 이후 민주노동운동에 기초한 진보정당 실험이 실
패했다는 평가가 이어지면서, 사회민주주의가 지식인운동의 한 흐름
으로 등장했다. 또 하나의 흐름은 진보적 자유주의인데, 정권 재창출
에 실패한 원인과 그 대안에 대한 논의가 여러 갈래에서 진행중이다.

자주파 대 평등파라는 구태의연한 대립구도에 비하면 사회민주주
의 대 진보적 자유주의의 대안 경쟁은 진일보한 감이 없지 않다. 그럼
에도 이러한 논의구도 역시 결국은 '국가인가 시장인가' 하는 과거의
프레임으로 환원되고 만다. 이는 우리가 처한 분단과 냉전의 현실을
모두 끌어안을 수 없고, 새로운 대중과 운동의 지향성을 따라잡기도
어렵다.

우리가 직면하고 있는 현실과 해결해야 할 과제는 매우 복합적이
다. 다른 나라들과 마찬가지로 자본·국가·세계시장 같은 차원의 일
반적이고 근대와 관련된 문제도 있지만, 한편에는 분단극복이라는 특
수한 과제가, 또다른 한편에는 지역 형성이라는 포스트모던한 과제가
있다. 자유주의라든지 사회민주주의라는 틀로는 이러한 삼중의 과제
에 도저히 맞설 수 없다. 새로운 세계에는 새롭게 대응해야 한다. 이에
필자는 세계적·동아시아적·한반도 차원의 이행기에 적용되는 한반
도경제라는 대안을 생각해본다. 그것은 국가, 지역, 다양한 경제조직
의 세 바퀴로 굴러가는 세발자전거(tricycle)이다(이일영 2008d; 한반도사회
경제연구회 2007).

2. 세계체제의 재편

먼저 한반도를 규정하고 있는 기본환경의 변화를 살펴보자. 20세기 말 세계는 미국 주도하에 폭발적인 금융적 팽창을 경험했는데, 금융시장에서의 경쟁격화는 세계경제에 대한 미국의 금융적 지배력을 강화했다. 그러나 2008년의 금융위기와 그에 따른 대불황으로 미국이 금융자본주의에 기초하여 행사하는 세계경제에서의 헤게모니는 사실상 붕괴하고 말았다.

미국이 주도한 금융팽창의 주인공은 투자은행이었다(전창환 2009, 111~15면). 투자은행은 흔히 증권회사라고 불리기도 한다. 미국의 투자은행은 영국에서 이식되어 19세기 초에 시작되었다. 투자은행은 보통 법인을 상대로 자본시장에서 자금조달을 돕는데, 20세기 초에 이르러 상업은행 업무까지 수행하게 되었다. 1930년대 뉴딜정책의 핵심은 투자은행을 중심으로 한 거대 금융자본에 대한 통제였는데, 그중 대표적인 것이 은행업과 증권업을 분리하도록 한 글래스—스티걸 법(Glass-Steagall Act)이다. 이에 따라 1960년대 말까지 미국의 투자은행들은 소규모로 존재했다.

투자은행들이 대형화하고 자본시장 업무가 폭발적으로 증가한 것은 1980년대 이후의 일이다. 정보통신기술의 발달로 대규모 금융거래가 손쉬워졌으며, 특히 소매거래의 경우 규모의 경제가 작용하였는데, 이는 대형 투자은행에 유리한 환경이었다. 이에 따라 이전의 파트너십 형태가 해체되고 기업공개가 이루어졌으며 인수·합병이 진행되었다. 규모 확대를 위한 치열한 경쟁 속에서 투자은행들의 자금조달구조는 악화되었다. 통화당국의 정책적 혜택을 받지 못하는 투자은행은 대차대조표를 최대한 확대하여 자산규모를 극대화했다.

투자은행이 주도한 금융팽창은 내리막길에 있던 미국의 세계적 헤게모니를 회복시켰다. 2차대전 후 황금기를 구가하던 미국은 1960년대 말에서 70년대 초에 들어서 위기국면에 봉착했다. 베트남전쟁에서 미국이 후퇴하면서 위신이 추락하자 당시의 경제위기는 제3세계 국가에 유리한 쪽으로 전개되었다. 그러나 1980년대 이후 미국 투자은행이 추동한 금융시장에서의 경쟁격화는 미국의 지배력을 다시 강화했다. 경쟁에 따른 막대한 자금 흡수는 제3세계와 사회주의권으로의 자금공급을 고갈시켰다. 결국 소련은 해체되었으며, 미국만이 군사력을 합법적으로 사용하는 독점체제가 성립되었다.

그러나 미국의 금융자본주의는 지속적으로 발전할 수 없는 구조적 문제를 안고 있었다. 미국 투자은행들의 과도한 위험인수는 2008년에 파탄에 직면했다. 투자은행들은 부동산 관련 담보대출의 증권화 과정에서 막대한 수익을 올렸는데, 증권화 상품의 가격이 하락하면서 투자은행에 예탁되어 있던 자산의 인출요구가 폭발적으로 증대했다. 지불능력의 한계에 부딪힌 투자은행들은 파산하거나 매수되어 상업은행체제로 재편되었다. 그러자 위기는 상업은행과 산업에까지 확대되었고, 결국 미국정부는 금융과 산업의 파산을 막기 위해 막대한 공적자금을 투입해야 했다.[2]

대규모 공적자금 지원과 경기부양책 마련, 그리고 사회보장 개혁을 추진한다고 해도 미국경제가 종래와 같은 위상을 되찾기는 쉽지 않다. 당장 문제가 되는 것이 국가재정이다. 미국이 2040년 안에 재정균형을 달성하려면 다음 세가지 조건 중 하나를 충족해야 한다. 연방지출을 60% 감축하거나, 연방조세를 현재의 2배로 인상하거나, 실질 GDP가 75년간 매년 두자릿수 백분율로 증가해야 한다. 그러나 이 가운데 어느 것도 현재로서는 불가능한 상황이다(정건화 2009, 94~96면).

미국경제의 근원적인 문제는 과잉소비와 과잉투자에 의존하는 기존의 씨스템이다. 이를 개조하기 위해서는 정부가 나서서 막대한 가계부채와 기업부채를 조절해야 한다. 이는 매우 고통스런 구조조정의 시간을 필요로 한다. 그러나 미국정부가 구조조정을 주도할 능력이 있는지, 미국민들이 이를 추진하는 국가의 역할에 계속 신뢰를 보낼지는 의문이다. 당장 2010년 후반부터는 중간선거를 겨냥하여 공화당이 시장주의의 반격을 조직화할 것이다. 앞으로 '국가'와 '시장' 양측의 지지자들 사이에 치열한 대립이 재연되고, 이러한 세계관의 충돌이 미국의 새로운 발전모델 수립을 저해할 가능성이 높다.

위기 이후 미국경제의 하강은 분명한 현실이 되었다. 그러면 위기 이후의 세계는 어떻게 될 것인가? 자본주의의 위기를 자본주의 붕괴로 인식하는 단순논법은 현실과는 별 관련이 없다. 오히려 현재의 금융자본을 새로운 자본주의체제로 이행하는 신호로 보는 견해가 더 설득력이 있다.

조반니 아리기(Giovanni Arrighi)는 자본주의 세계체제의 전생애(장기지속)를 분할하고 금융적 팽창을 주요 자본주의 발전의 종결국면으로 파악한 바 있다(조반니아리기 2009). 그에 따르면, 지금까지 자본주의는 4번의 체제적 축적순환을 경과했고, 각 체제에는 제노바·네덜란드·영국·미국 등 집적된 자본주의 권력(국가와 자본의 독특한 융합)이 있었다. 그리고 네번째 순환, 즉 '장기 20세기'는 ①19세기 말~20세기 초의 금융적 팽창(미국체제의 탄생) ②1950~60년대의 실물적 팽창(미국체제의 우위) ③1980년대 이후의 금융적 팽창(미국체제의 파괴)으로 구성된다.

1980년대 이후의 금융적 팽창은 또한 새로운 체제의 탄생이 준비되는 시기이기도 하다. 아리기는 이를 체제의 근본적 재편과정으로 본다. 이 시기에 동아시아에서는 눈덩이처럼 구르는 연쇄적인 경제'기적'이 발생했다. 이로써 세계적 차원에서 군사적 파워와 경제적 파워가 분기(分岐)되었는데, 이것이야말로 변화의 가장 중요한 특징이라는 것이다.[3]

이어서 향후의 세계체제 전개에 대한 3개의 씨나리오를 제시한다. 첫째는 세계제국이다. 만약 미국과 유럽 동맹국들이 동아시아로부터 보호에 대한 비용을 뽑아낼 수 있다면 사상 최초로 전지구적인 제국으로 존재할 수 있다는 것이다. 둘째는 세계시장사회이다. 이는 동아시아가 군사력이 아니라 문화·문명의 상호존중에 의해 지탱되는 세계체제의 중심지가 될 가능성이다. 셋째는 카오스이다. 이는 "냉전 세계질서의 청산이 수반한 폭력의 확대라는 공포(또는 영광) 속에서 인류애는 불타 없어질 것"이라는 씨나리오이다.

3. 분단체제의 향방

새로운 세계체제는 미국의 군사적·금융적 우위와 중국의 실물경제에서의 우위가 경쟁하거나 조화를 도모하는 양상을 보일 것이다. 이러한 환경에서 한반도에는 어떤 가능성이 주어져 있을까?

2차대전 후 형성된 미국 중심의 세계체제는 동북아 차원에서는 냉전체제로, 한반도에서는 분단체제로 구체화된 바 있다. 분단체제는 하나의 체제이면서 그 하위에 남북한 각각의 체제를 가지고 있다. 세계체제는 분단체제에, 분단체제는 남북한 각 체제에 영향을 미친다. 물론 상위의 체제가 하위의 체제를 기계적으로 또는 동일한 정도로 규정하는 것은 아니지만, 하위체제가 상위체제와 부조응할 때 하위체제에는 불안정 요인이 내재화된다.

한반도 분단체제는 동북아 냉전체제와 잘 조응하는 것이었다. 그러나 소련의 해체와 중국의 세계화에 따라 분단체제를 안정적으로 재생산할 수 있는 상위체제는 해소되었다. 또 남한에서는 민주화와 경제발전이, 북한에서는 제한적이지만 시장화가 진전되는 등 남북한 각각에서 분단체제와 조응하기 어려운 변화를 겪고 있다. 분단체제는 새로운 변화와 적응을 거치지 않고서는 장기적으로 지속되기 어려워졌다. 현시점에서 분단체제는 외형적으로는 강고하게 유지되고 있지만, 세계체제나 남북한 각 체제의 변화 추세와 요인에 의해 그 지반이 약화될 것이다.

흔들리는 분단체제는 어떤 방향으로 변화할 것인가? 앞서 본 대로 세계체제의 변화 방향에는 세가지 씨나리오, 즉 미국 중심의 군사적 질서, 중국 중심의 경제적 질서, 카오스가 있을 수 있다. 이들 씨나리오 모두에서 남북한 각 체제는 변화의 압력을 받게 된다. 질서를 추구한다면, 속도와 비율의 문제가 있을 뿐 '혼합적 질서'로의 이행은 불가피하다. 기초를 새로이하고 낡은 집을 고쳐 외부의 충격에 대응해야 한다. 누적적 변화를 차분히 진행할 경우 비교적 순조롭게 점진적 이행이 이루어질 것이다. 그러나 무작정 버티고 있다가는 집이 무너지고 만다. 적응을 거부할 경우 파국적 위기를 거쳐 급진적 이행이 이루

어질 것이다.[4]

한반도 차원의 새로운 집은 남북한 각 체제의 점진적 이행과 남북 간 타협이 그 기초가 될 것이다. 기초를 단단히하면 세계체제의 환경 변화에서 받을 영향을 최소화하면서 분단체제를 남북연합체제로 전환할 수 있는 가능성이 높아진다. 설령 세계체제가 혼돈에 빠지더라도 점진적 이행 속에서 남북간 평화와 연합의 질서가 마련되어 있다면 혼란을 이겨낼 수 있다. 그러나 남북대결 속에서 급진적 이행이 이루어질 경우 군사적 충돌의 가능성이 높아진다. 충돌을 피한다 하더라도 흡수통일의 막대한 비용을 치르거나 남북통합의 기회를 잃어버리는 사태를 맞을 수 있다.[5]

물론 바람직한 상황은 안정적인 세계체제의 형성, 북한체제의 점진적 이행과 남북연합이 결합되는 것이다. 그러나 우연적 요소의 개입도 배제할 수 없다. 세계체제가 카오스에 빠질 경우 분단체제의 관성 하에서 남북간에 혼란이 발생할 가능성이 높아지고 남북연합을 불안정하게 만들 수 있다. 어쨌든 틀림없는 사실은 급진적 이행이 진행되면 감당해야 할 위험은 엄청나게 커진다는 점이다. 비록 세계체제가 협력적 질서를 형성하고 있더라도 급진적 이행은 분단체제를 파국적

표 1 분단체제 변화의 씨나리오

		세계체제		
		미국 중심 질서	중국 중심 질서	카오스
남북한 체제	점진적 이행	남북연합	남북연합	남북연합 또는 충돌
	급진적 이행	충돌 또는 흡수통일	충돌 또는 중국의 영향력 극대화	충돌

출처: 필자 작성.

22

상황으로 몰고 갈 수 있다(표 참조).

4. 새로운 경제모델의 모색

분단체제 이후의 경로는 남북연합, 충돌과 흡수, 새로운 분단·고립 등 여러 갈래의 길이 있을 수 있다. 어떤 씨나리오가 실현되든지 남북한 각 체제는 새로운 환경에 적응하는 발전모델을 만들어가야 한다. 그러면 어떤 것이 분단체제 이후의 모델로 적용 가능하고 또 적절한가?

한국의 진보적 지식인들이 선호하는 모델 중 하나로 사회민주주의 대안이 있다. 그것은 민족주의와 결별하고 시장의 실패를 교정하는 국가의 역할을 인정하며, 보편적 복지와 의회·참여 민주주의의 확산을 내용으로 하는 정치적 기획이다.[6]

그러나 사회민주주의를 가능케 하는 조건과 한국 현실 사이의 괴리에 대해서도 여러가지 지적이 있다. 복지국가 내부에는 연대임금에 의한 임금격차 축소, 동질적인 산업구조, 잘 조직된 사업자조직과 노동조합, 사회적 타협 등이 내장되어 있다. 그런데 한국은 시장도 국가도 잘 작동하지 않으며 독과점, 불공정거래, 소비자와 하청기업에 대한 약탈, 공공부문의 이익집단화가 횡행하는 사회이다. 사회민주주의로는 문제가 잘 풀리지 않는다는 것이다(전병유 2009; 김대호 2009).

또한 사회민주주의 기획은 분단체제를 극복하는 대안이 되기 어렵다는 한계를 지닌다. 복지국가 모델의 딜레마는 제도운용의 유연성이 약하다는 점이다. 실업률이 높아지면 임금협약의 수혜범위에서 제외되는 사람들이 늘어나며 실업자에게 투입되는 재정수요가 커진다. 정부는 재정을 감안해 이민자에게는 되도록 보조금을 지급하지 않으려고 한다. 남북한경제통합 과정에서는 북한에서 남한으로의 이주 흐름이 증가할 것이다. 그런데 사회민주주의 모델을 적용하면, 북한의 제도이행 및 남북한간 노동시장 및 사회보장제도 통합에 소요되는 재정부담이 증가할 수밖에 없다. 이행과 사회민주주의는 잘 어울리기 어렵다.

사회민주주의나 복지국가 형성과정의 '첫단계'를 보면, 여러 갈래의 흐름이 존재한다. 독일의 경우 '노동자형제단'(1848년 설립된 독일 최초의 정치적 노동단체)의 자치행정 경험과 기대, 노동을 국가에 포섭하고자 한 비스마르크의 국가사회주의 기획, 부르주아 민주주의와 시민사회에서 이탈한 노동만의 독자적인 계급정당 등의 여러 줄기가 합하여 '사회민주주의'를 형성했다(박근갑 2009). 이 중에서 국가사회주의나 고립전선 같은 요소는 경제적으로 비효율적이고 정치적으로도 의회나 정당체제에서 잘 승인되지 않는다. 한반도 통합과정에서 흡수해야 할 것은 사회민주주의 전체가 아니라 옛 협동체로부터 물려받은 자치정신에 기반한 참여와 공동결정의 의제, 국가행정·중앙행정·관치행정에 대립하는 자치행정의 요소이다.

시장의 역할은 중요하다.[7] 그러나 시장 그 자체가 목적이 되어서는 안된다. 아리기는 충격요법, 최소정부, 자기규제적 시장을 강조하는 신자유주의적 신조와 애덤 스미스의 이론은 무관한 것으로 재해석한다. 그는 스미스의 '시장에 기초한 발전'이라는 개념을, 정부가 규칙의 수단으로서 시장을 사용하고 무역자유화는 공공적 안정성을 훼손하지 않기 위해 점진적으로 행동하는 것으로 설명한다.[8]

24

이러한 맥락에서 중국의 개혁을 스미스적인 특징이 전형적으로 관찰되는 사례로 높이 평가하기도 한다. 중국에서는 특정 단계에 시장화가 집중적으로 진행되었지만 사회적 노동분업의 확대와 심화를 목표로 한 점진주의 개혁과 정부 행동, 교육의 거대한 팽창, 자본가 이익의 국가 이익에의 종속, 자본가들간 경쟁의 실질적 촉진 등도 함께 이루어졌다. 또한 중국의 개혁에서는 국내시장 형성과 농촌의 생활수준 개선이라는 목표도 중요하게 취급되었다(Arrighi 2007, 361면).

글로벌 금융위기의 충격으로 미국이 주도했던 시장주의 모델이 세계의 표준으로 비판 없이 받아들여지기는 어려워졌다. 이에 따라 새로운 역사적 대안, 종래의 헤게모니를 대신하는 질서있는 아나키(Anarchy)의 가능성에 대한 기대도 점점 높아지고 있다. 그러나 아직까지는 중국이 미국을 대체하는 대안모델이라고 단정할 수 없다. 중국은 지금껏 미국의 대안이라기보다 오히려 미국의 파트너였다는 것이 적절한 평가이다.

그간 중국의 고도성장은 미국의 과잉소비에 의존한 것이었으며, 중국은 위안화를 달러가치에 묶어둠으로써 달러체제로부터 이익을 누렸다. 중국의 1일 외환거래량은 2007년 4월 기준 90억달러에 불과했는데 이는 전세계의 0.2%에 해당하는 수준이다. 중국은 당분간 달러체제에 도전할 의사도 능력도 없다. 중국의 장기적 고도성장은 여타 후발국들이 성장의 사다리에 올라탈 기회를 완전히 끊어버릴 수 있다. 중국이 미국을 대체하려면 세계시장 역할을 수행해야 하는데, 지금까지 중국의 수입품목은 수출을 위한 중간재가 대부분이었다.[9]

다시 말하면 지금까지의 중국은 '더 압축된 동아시아 모델'이었다. 이는 원료·중간재와 시장을 외부에 의존하고 기업·노동·농업·국가의 효율을 개선하면서 기존의 정치체제를 지속시키는, '중국 특색'의 동아시아 모델인 것이다(이일영 2007b, 「에필로그」 참조). 따라서 이 모델은 미국 같은 외부의 시장이 존재할 때 지속될 수 있을 뿐 외부의 시장이 사라진다면 안정적으로 존립할 수 없다. 또한 중국은 동아시아형 고도성장을 더욱 압축함으로써 노동관계, 농민문제, 민주주의 등에서 내부적 모순을 확대해왔다.

그러나 이제 동아시아 모델의 '개선'은 불가피하다. 중국에서도 2000년대 중반부터는 개혁·개방에 의한 시장화 단계를 종료하고 '과학적 발전관'이라는 새로운 발전모델과 조화로운 사회〔和諧社會〕를 모색하고 있다. 그간 분단체제하에서 왜곡된 발전을 해온 한반도에서도 새로운 모델로의 전환을 회피할 수 없다. 중국과 한반도에서 모두 새로운 모델의 핵심은 공공적 안정성을 유지하고 시장발전과 정부개입을 혼합하는 것이 될 수밖에 없다.

'시장에 기초한 발전'이 정부가 규칙의 수단으로서 시장을 사용하고 산업화·무역·투자의 기초로서 국내시장과 농업·농촌을 발전시키는 것이라고 간주하기로 하자. 그렇다면 우리는 '시장에 기초한 발전'을 '더 좋아진 동아시아 모델'이라고 말할 수 있는데, 그 핵심은 시장과 공공적 안정성을, 개방적 국제환경과 사회적 연대성을 조화시키는 것이다.[10]

5. 지역의 형성과 발전

민족주의를 거절하고 남한 단독으로 복지국가 모델을 추구하려는 시도는 분단체제의 장벽에 부딪혀 좌절할 가능성이 크다. 복지국가 모델은 사회주의 혁명이론과는 거리가 먼 것이지만, 분단세력들은 끊임없이 적색공포를 조장하여 복지세력을 고립전선으로 몰아붙일 것이다. 분단체제하에서 복지의 향상을 복지'국가'를 통해서 이루기는 어렵다. 분단체제를 지역간 협력체제 안에 용해시키고 지역 차원에서 복지를 향상시키는 것이 훨씬 유용한 전략이다.

지역 경제통합은 세계적 대세지만, 동아시아의 경제협력체 발전은 북미나 유럽에 비해 뒤떨어진 편이다. 그러나 세계체제의 재편은 동아시아 지역협력에 새로운 전기를 마련해주고 있다. 미국 등지로의 수출에 의존하는 성장전략의 한계는 명확해졌다. 자국통화의 저평가 정책에 기반한 중상주의적 전략에 대한 반성의 기운도 뚜렷하다. 최근에는 외환위기 재발 방지를 위하여 800억달러 규모의 공동기금을 마련하는 데 합의한 바 있다. 역내의 외환보유고를 기반으로 한 아시아통화기금(AMF)을 창설하자는 주장도 분출되고 있다. 한국·중국·일본을 포함하는 동아시아자유무역지대(EAFTA)의 결성도 결국은 이루어질 것이다.

자본주의가 미국형 한가지로만 존재하는 것은 아니다. 지역 경제통합은 지역별로 다양한 자본주의 유형을 형성하는 제도수렴 과정을 내포한다. 예를 들어 북미의 NAFTA는 미국형 모델, 유럽의 EU는 유럽형 모델을 발전시켜가고 있다. 동아시아에서도 기존의 일본형 모델과 근래 유력한 모델로 등장한 중국형 모델이 상호 영향을 주고받는 가운데, 새로운 모델인 '더 좋아진 동아시아 모델'이 형성될 가능성이 있다.[11] 여기에 역내 국가들이 다함께 지속성장하며 국가간 격차 축소, 각국의 내부격차 해소 같은 '동아시아 복지사회'라는 의제가 포함되도록 각국이 노력하고, 동아시아 협력체제 안에서 분단체제를 남북연합의 협력체제로 전환하는 것이 바람직한 방향이다.

그러나 동아시아에서 현실적으로 기존 국가 단위로는 새로운 지역 행위자의 창출이 가능할지 의문이다. 만약 동아시아 경제통합이 실현되더라도 중국과 일본이라는 절대 강자가 존재하는 조건에서, 동아시아에서 패권이 아닌 문명적 관계가 형성될 것인가 하는 걱정도 있다. 동아시아 협력체제가 성립된다고 해도 한반도 분단체제의 대립·갈등 구조가 해소되지 않을 수도 있다.

따라서 국가를 넘어선 지역 형성의 결과가 역내 시민들의 삶의 질을 개선으로 이어지는 선순환구조를 만드는 것이 중요한 과제이다. 이러한 선순환이 이루어지기 위해서는 두가지 계기가 필요하다. 하나는 각 국가를 단위의 정치력을 개선하는 것이다. 또 하나는 국가보다 작은 규모의 지역을 활성화하는 것이다. 물론 이 두가지 계기는 상호보완적이다.

세계화의 진전, 경제조직의 재편, 혁신의 중요성 증대 등에 따라 자본주의가 기능하는 영토는 다양해졌다. 전통적인 농업이나 장인 중심의 산업, 첨단 제조업과 써비스업 등에서, 한편으로는 혁신과 지식의 중요성이 높아지면서 공간의 집중화가 전개되고 다른 한편으로는 교통·통신수단의 발전과 기업조직 형태의 재편에 따른 공간의 분산화가 진행되었다. 신뢰와 협력의 구축을 위해서는 작은 공간이 적절한 반면 규모의 경제, 범위의 경제를 충족하기 위해서는 큰 공간이 요구된다.

이러한 요구에 부응하는 것이 '다중심 집적지' '도시지역' '광역지역'이다. 이는 단일한 지역이 아니라 다수의 인근 지역들간의 기능적 연계를 수반하는 지역 네트워크이다. 광역지역은 자생력 확보를 위해 권역을 넓힌 것이지만 그 본질은 지식·관계·동기 같은 국지적인 (local) 것에 기초를 두고 있다.[12]

세계화, 기술진보는 국가가 초국가기구와 국가 내의 광역적인 지역기구에 더 많은 권력을 이양하거나 분산하게 만들었다. 중앙정부가 더이상 다양하고 미묘한 지역발전의 문제들을 능숙하게 다루기 어려워진 것이다. 이에 따라 아래로부터 형성되는 다양한 거버넌스가 지역 차원에서 점점 중요해지고 있다.[13]

농촌지역도 독자적·자생적 힘만으로는 발전하기 어렵다. 국가가 주도하여 농업을 보호하는 정책틀은 1930년대 농업공황 이래 형성된 것이다. 보호정책이 꼭 산업으로서의 농업경쟁력을 높이는 것은 아니며, 글로벌화된 무역조건에도 부합하지 않는다. 여타 산업과 분리된 틀에서 집행되는 농업보조금정책, 도시와 분리된 농촌지역정책은 산업적·공간적으로 규제와 장벽을 쌓아 장기적으로는 농업과 농촌의 성장동력을 갉아먹는다. 농촌지역의 새로운 자생력은 농촌지역이 광역지역에 참여하여 도농복합체를 구축하고, 이 복합체가 국제적 그물망에 연결되어야 만들어질 것이다(이일영 외 2007, 제2장 참조).

6. 국가와 혼합형 조직의 역할

경제조직의 면에서 보면, 교환 또는 거래를 조직하는 전형적인 제도로 '시장'과 '기업'이 존재한다. 시장에서는 거래당사자가 수평적인 관계에 있지만, 기업 안에서는 위계적인 관계에 기초하여 명령경제가 행해진다. 이론적으로는 시장 내 거래비용이 커지면 비용 절약을 위해 기업이라는 조직으로 대응하게 된다. 거래비용이란, 쉽게 말해 교환을 위한 탐색·교섭·계약·집행에 들어가는 비용을 말한다. 반면 기업의 관리비용이 너무 커지면 조직을 해체하고 시장거래를 선택하게 된다. 국가는 관리적 결정에 의해 생산요소를 사용할 수 있다는 점에서 일종의 초대형 기업이라고 할 수 있다.

그런데 냉전체제와 분단체제하에서 형성된 발전지상주의는 국가와 기업의 왜곡된 성장을 조장했다. 산업화 과정에서는 가격을 왜곡하는 거시정책과 통제적 관리체제가 일상적으로 사용되었다. 북한의 일체화된 국가와 기업에서는 위계의 원리가 지배적이었다. 남한에서는 국가나 제도에 의해 보호되는 영역은 시장원리가 과소하게 적용되고, 그밖의 영역에서는 시장만능주의가 횡행했다.

분단체제하의 국가에서는 왜곡된 팽창이 진행되었고, 남북한 모두 냉전세력이 국가에 기생하거나 심지어는 지배력을 행사했다. 국가는 군사력, 경찰력, 기타 법적 강제력을 가지고 있으며, 시장거래를 회피할 능력이 있다. 국가는 재산을 징발할 권한을 지니며 징발한 재산이라는 저비용으로 사업을 수행할 수 있지만, 그 관리에 비용이 들지 않는 것은 아니고, 때로는 그 비용이 막대할 수도 있다. 어떤 경우는 국가에 의한 관리가 효율의 개선을 가져올 수 있지만, 국가보다 시장이나 기업에 맡기는 편이 더 좋은 결과를 낳는 경우도 있다. 그러나 남북한에서는 어느 것을 선택할지에 대한 합리적 계산과 판단에 앞서 분단체제 유지의 수단으로 국가를 이용하는 일이 많았다.

분단체제 이후에는 국가의 역할이 재조정되어야 한다. 국가는 규칙의 수단으로서 시장을 이용하여 공공적 안정성을 도모해야 한다. 다만 관료제가 직접 자원을 할당받아 직접 운영하는 방식에는 신중을 기해야 한다. 시장, 불완전한 장기계약, 기업, 법적 규제, 관료제 등의 여러 수단을 사려 깊게 비교한 후 행동하는 접근방식이 바람직하다.[14]

국가는 시장 실패와 씨스템 실패를 보정하고 전략적 권능부여자의 역할을 수행하는 쪽으로 자원을 집중해야 한다. 대기업과 중소기업의 불균형, 지역간 불균형, 혁신사업의 과소공급 등은 시장원리로 해결되기 어렵다. 이러한 시장 실패에는 국가의 역할이 필요하다. 복지 등 공공써비스 부문에서도 지배적인 직접 공급자로 나서는 데 신중해야 한다. 최근에는 여타 공공부문이나 민간부문의 행위자가 필요한 써비스를 제공할 수 있도록 권한을 부여하는 국가의 역할이 부각되고 있다.

특히 이행기 경제에서 제도를 구축하는 데는 국가가 해야 할 일이 매우 많다. 동유럽의 경우 정치제도가 가장 빠르게 변화했으며 법체계도 비교적 신속하게 개선되었는데, 여기에는 정부기구가 크게 기여했다. 그러나 형식적인 제도 형성에서 성과를 거두었다고 해서 제도가 하부에서 잘 작동하고 있는 것은 아니다. 국가의 관리층, 특히 관료제의 핵심층은 매우 느리게 변화하고, 기업의 경계나 내부구조도 미미한 정도의 변화만 보였다. 충격요법에 의해 대중적 사유화를 진행하고 선진국의 지배구조를 이식해도 적정 기술은 이전되지 않았다 (Murrell 2005).

경제조직 차원에서는 점진적 이행이 불가피하다. 외부환경에 의해 구속되었던 시장경제가 작동하면 기업의 규모와 경계도 재구축되어야 하는데, 기업 내의 관료제가 일거에 바뀔 수 있는 것은 아니다. 어떤 것이 적절한 조직형태인지 탐색하는 과정도 필요하다. 따라서 시장과 기업 양극단의 사이에 존재하는 다양한 경제조직이 이행과정에서 등장하게 된다. 현실에서 경제조직은 시장과 기업이라는 두개의 극단적인 형태로만 나타나는 것이 아니다. 보통은 시장 안에 위계 요소들이, 위계 안에 시장 요소들이 혼합된 형태로 존재한다. 시장과 기업 사이에 존재하는 혼합적 조직형태들은 느슨한 클러스터에서 통합체에 가까운 파트너십에 이르기까지 매우 다양한 형태를 취한다.[15]

한반도 차원에서는 남북한경제의 통합과정에서 효율화와 격차해소를 동시에 진행하는 것이 중요한 과제이다. 북한에서는 인쎈티브 개혁, 지배구조 개혁, 소유제 개혁이 결합되어 이루어져야 하는데, 농업이나 써비스업, 일부 첨단산업에서는 혼합형 조직을 잘 이용하면 좋은 효과를 거둘 수 있다. 또 격차문제, 빈곤문제, 환경문제에서 국가의 역할이 중요하지만 국가가 모든 문제를 해결할 수는 없다. 이러한 문제해결에는 협동조합, 사회적 기업, 비영리조직 등이 더 효과적인 경우도 있다.[16]

7. '아름다운 나라'의 기초, '한반도경제'

미국발 금융위기는 미국이 세계경제에 헤게모니를 행사하던 시대가 완전히 종식되었음을 보여주었다. 이제는 미국의 지배적 지위에서 갈라져 나온 동아시아, 특히 중국의 경제적 상승세가 강화되는 세계체제가 형성되고 있다. 20세기의 자식이었던 한반도 분단체제는 젖줄이 말라가고 있다. 스스로 새로운 질서를 만들어내지 못하면 우리는 카오스 속으로 빨려 들어갈 수밖에 없다. 그렇게 되면 공황, 실업, 빈곤, 난민, 전염병이 폭풍처럼 밀려오고 나아가 전쟁과 살육의 참상이 벌어질 수도 있다.

지금으로부터 60년 전, 백범(白凡) 김구(金九)는 분단의 카오스 속에서 쓰러지고 말았다. 그러나 그가 남긴 '아름다운 나라'의 꿈은 새롭게 태어나고 있다. "나는 우리나라가 세계에서 가장 아름다운 나라가 되기를 원한다. 가장 부강한 나라가 되기를 원하는 것은 아니다. (…) 오직 한없이 가지고 싶은 것은 높은 문화의 힘이다." 어리고 연약한 신생 조국에 바치는 노투사의 꿈은 분단체제 이후 새로운 질서의 씨앗이 되었다(이일영 2009b).

백범은 "우리의 강력(强力)은 남의 침략을 막을 만하면 족하다"고 했다. 이는 노자(老子)가 말한 "작은 나라 적은 인민〔小國寡民〕"의 유토피아의 모습과 통한다. 또 맹자(孟子)는 "어진 자라야 작은 것을 섬기고 지혜로운 자라야 큰 것을 섬긴다"는 사소(事小)와 사대(事大)의 결합을 주장했다. 최원식(崔元植)은 이를 "소국주의를 멀리 내다보며 대국과 소국이 함께 모이는 중형국가"로 말한다(최원식 2009). 중형국가는 국가주의를 반성하는 국가이며, 국가를 넘어서는 '지역', 국가 아래에서 국가 바깥과 연결되는 '지역'에 의해 교정되는 국가이다.

백범은 또 "우리의 부력(富力)은 우리의 생활을 풍족히할 만하면 족하다"고 했다. 이는 성장지상주의를 넘어선 지속가능한 발전의 경제모델을 선구적으로 제시한 것이다. 새로운 경제모델은 미시경제상으로는 자본과 노동 중심의 생산자주의에서 벗어나 소비자의 관점이 적극 혼합된 모델이다. 거시경제상으로는 성장 일변도에서 탈피해 공공적 안정성을 함께 추구하는 혼합모델이다. 그리고 경제조직상으로는 극단화된 시장과 기업 모델의 중간에 다양한 혼합형 조직들이 발전할 수 있는 생태계를 마련하는 것이다.

　　한반도경제는 '아름다운 나라'의 기초이다. 그것은 국가와 함께 '지역'과 '지역'이 번영하는 나라, 시장과 기업 그리고 시장과 국가의 중간에 다양한 조직들이 공존하는 경제이다. 공자가 말하는 화이부동(和而不同)에서 동(同)은 지배·흡수·합병의 논리인 반면, 화(和)는 다양성을 인정하는 관용의 논리이며 공존과 평화의 원리다(신영복 2004, 160~64면). 한반도경제는 화(和)의 논리를 따르고, 평균값이나 최대치의 추상세계에서 벗어나고자 한다. 그것은 생명의 궁극적인 실체로서의 다양성과 변이에 초점을 맞추는 '풀하우스'(Full House) 모델이다.[17]

2장
한반도경제의 경제제도 구상
노무현시대와 그 이후

1. 새로운 비전을 찾아서

2007년 말 대선과 2008년 총선을 통해 한국사회에는 일대 세력교체가 이루어졌다. 새로이 집권한 이명박정부는 '선진화'의 구호를 내세웠지만, 그것이 새로운 비전과는 별 관계가 없다는 것이 거의 명백해졌다. '노무현과 반대로'라는 깃발은 선거국면에서 강력한 힘을 발휘했는데, 거기에는 역사를 진보시키지는 못하더라도 씨스템 관리에는 능력을 발휘할 것이라는 대중들의 기대도 있었을 것이다. 그러나 상황은 더 나빠지고 있다는 것이 금방 드러났다. 이명박정부는 집권씨스템을 갖추는 데서부터 의구심을 불러일으키더니 쇠고기 협상과 촛불집회 과정에서는 보수세력 전체의 난맥상을 드러내고 말았다.

그러나 이명박정부와 보수세력에게 찾아온 때이른 '실패'에도 불구하고 진보개혁세력의 '정체'상태는 크게 달라지지 않았다. 노무현정부 시기 내내 진보개혁세력은 '신자유주의'와 '양극화'에 대해 대책 없는 성토를 반복했고, 노무현정부는 대연정, 한미FTA 추진 등 분열 증적인 행태를 보였다. 체계적이고 설득력있는 사회경제적 대안을 내놓지 못한 상태에서 자기분열을 거듭했던 것이다. 집권 직후부터 노무현정권은 집권세력과 정당정치의 기반을 계속 자해했으며, 민주노동당과 진보신당도 양대 선거를 거치며 결국은 갈라섰다. 분열상태이던 진보개혁세력은 2008년 촛불집회라는 활기찬 과정에서도 의미있는 역할을 수행하기 어려웠다.[1]

진보개혁세력의 분열과 정체는 새로운 질서에 대한 합의의 정도가 매우 낮은 상황을 반영하고 있다. 노무현정부는 많은 정책들을 디자인했고 그 관리의 체계화를 이루었지만, 정권의 궁극적 목적인 비전을 제시하고 그것을 뒷받침하는 정책들을 매개로 하여 지지그룹의 연대를 공고히하는 데에는 성공하지 못했다. 민중운동이나 시민운동 차원에서도 정책과 정책이 지향하는 대안적 질서의 문제를 체계적이고 공공연하게 논의했다고 할 수는 없다.

동태적으로 변화하는 환경 속에서 새롭고 진취적인 질서를 형성하는 것은 한 사회의 가장 중요한 과제에 해당한다. 경제사학자들이 지적하듯이, 무질서는 불확실성을 증대시키며 사회구성원 대부분을 패배자로 만든다. 질서는 장기 경제성장의 필요조건일 뿐 아니라 민주주의의 필요조건이기도 하다(더글라스 C. 노스 2007, 제8장). 무질서가 지속되거나 더 확대될지 모른다는 불안에 처한 대중들에게 중요한 것은, 새로운 질서에 대한 비전이다.

나와 내 동료들은 일전에 우리가 새롭게 형성해야 할 질서로 한반도경제론을 제기한 바 있다. 우리의 문제의식은, 그간의 일국주의적·

계급주의적 전망은 현실에 부적합하므로, 국민국가와 그 아래의 지역, 민족국가, 그리고 국민국가를 뛰어넘는 '지역'까지 모두 포괄하는 복합적 공동체를 상상해보자는 것이었다.[2]

이에 대해 서동만(徐東晩)은 세밀한 검토 끝에 중요한 비판을 해주었다. 가장 먼저 우리의 작업이 한반도경제론이라는 브랜드를 전면에 내세울 정도로 이론적 체계나 인식적 전제를 갖추고 있느냐는 비판이었다. 통렬한 지적이라고 인정하지 않을 수 없다.[3] 모든 이론은 미성숙함에서 출발하여 발전하는데, 발전의 각 단계를 넘어서려면 엄격한 공식화와 경험적 검정을 통과해야만 한다. 설명력과 예측력의 부족으로 중도 탈락하는 비공식 이론(informal theory)이 부지기수이며, 한반도경제론도 이제 출발선에 서 있는 정도라고 하겠다.

이처럼 출발선에 선 한반도경제론이 비전을 명확히하고 이론적 발전을 위해 힘을 쏟아야 할 우선 과제는 무엇일까? 먼저 우리가 지향하는 질서의 기본요소를 구체화해야 한다. 경제체제는, 전체적이고 거시적인 수준에서 파악하는 것도 필요하지만, 행위자 수준의 미시적 기초에 대한 설명도 함께 있어야 한다.[4] 더 낮은 수준과 단기 범위일수록 관찰과 개입이 용이하고 사실들 사이의 연관관계가 좀더 명확해지는 경향이 있다.

따라서 이하에서는 노무현정부 정책의 핵심의제들에 대한 평가를 실마리로 한반도경제의 구성요소와 과제를 자원배분(allocation), 거버넌스(governance), 제도환경(institutional environment)의 차원에서 검토하고자 한다.[5] 이는 과거의 경험에서 무엇을 취하고 무엇을 버릴지를 판단함으로써 미래의 비전을 구성하자는 전략이다.

2. 자원배분

성장지상주의는 한국의 관료사회에 내재화된 관성이라 할 수 있다.
노무현정부는 '인위적인 경기부양'이 없었음을 자신의 치적으로 삼고
있으나 거시정책의 실제 집행은 이와 달랐다고 할 수 있다. 2003년에
서 2005년 초까지 당시의 재정경제부는 지속적인 환율방어정책과 저
금리정책을 통해 경기부양을 시도했는데, 이는 종래의 수출 및 투자
위주의 성장정책 기조를 유지한 것으로 볼 수 있다. 청와대가 "분배가
없으면 성장이 없다"라며 성장-분배 논쟁을 펼치는 동안, 정작 관료
들은 수출드라이브 정책을 주도했으며 이는 내수경기 부진과 결합돼
양극화 심화뿐 아니라 과도한 유동성 팽창으로 부동산 거품을 만들어
내고 말았다(전병유 2008; 정준호 2008b).[6]

이명박정부 들어서면서 성장지상주의는 더욱 노골화되었고 이에
따른 위험도 더욱 커졌다. 대선 당시 면밀히 인식되지 못했으나, 2007
년부터 거시경제에 대한 좀더 직접적인 불안요인이 뚜렷이 나타나고
있었다. 석유와 식량 같은 원자재 가격이 꾸준히 상승했고, 미국에서
촉발된 유동성 과잉과 금융시장 불안이라는 상황이 전세계 금융시장
을 위기로 몰고 갔다. 이에 따라 세계적 차원의 물가상승, 소비감소,
경기침체, 고용불안이라는 악순환이 전개될 가능성이 커졌다. 이러한
경제조건에서는 무리한 성장정책보다는 물가안정을 우선해야 하는
데, 이명박정부는 성장지상주의에 치우쳐 위험관리를 소홀히함으로

써, 물가상승과 경기침체의 결합이라는 스태그플레이션(stagflation) 위기를 키우고 말았다.

불확실성이라는 먹구름이 가득한 여건하에서, 이명박정부는 '747' 공약을 밀어붙이려 했다. 연 7% 성장과 1인당 소득 4만달러, 세계 7대 강국을 모두 달성한다는 목표인데, 아무리 낙관적인 씨나리오의 연구결과도 잠재성장률을 6% 이하로 계측(이두원 2008)한 것으로 보아, 적어도 전문가들 사이에서는 허황된 공약이라는 공감대가 있었다고 볼 수 있다. 예상대로 이명박정부의 선진화 전략이 설정한 경제적 목표치는 현실에서 곤두박질쳤다. 분기 대비 성장률을 보면, 2007년 3분기 1.5%, 4분기 1.6%였는데, 2008년 1분기 0.8%, 2분기 0.8%로 내려앉았다(한국은행 2008b). 다른 경제지표들도 외환위기 이후 최악으로 나타났는데 예를 들어 2008년 6월 소비자물가는 5.5% 상승하여 외환위기 이후 최고치를 기록했고, 10년간 흑자이던 경상수지도 세계경제 위기를 맞이하기 전부터 적자로 전환했다.

세계화가 진전되고 불확실성이 증대된 경제환경에서 성장지상주의 전략은 더욱 위험을 키웠으며, 정부개입이 의도했던 자원배분 효과를 달성하기는 쉽지 않게 되었다. 그러나 노무현정부가 내세운 인위적인 경기부양은 없다는 원칙도 절대시해서는 안된다. 거시경제 운용에 반드시 특별한 정책 비전이나 방향이 필요한 것은 아니지만, 거시경제의 위험과 변동성을 적절한 수준에서 안정화하지 못한다면 모든 경제구성원은 패자가 되고 만다. 그리고 변화와 이행의 시기에는 구조조정이 진행되기 마련이며 그 고통은 특히 서민대중에게 집중된다. 따라서 진보개혁세력에게는 서민대중의 삶의 안정성 보장을 위한 미세조정 '능력'이 더욱 요구된다.

노무현정부는 아래로부터 결집한 대중의 지지 속에서 탄생했으며 대중의 광범한 탄핵반대운동을 통해 세력을 확장했다. 그러나 그 지지세력은 몇가지 계기를 거치면서 산산조각이 났다. 한미FTA 추진도 중요한 계기 중 하나였는데, 진보진영이 한미FTA를 반대하는 논리는 크게 두가지였다. 하나는 준비 없는 졸속 추진이라는 점이고, 다른 하나는 한국이 미국형 모델로 씨스템을 전환하는 데서 발생하는 문제였다. 준비는 결국 정도의 문제이므로, 추진하는 쪽이나 반대하는 쪽이나 좀더 결정적인 것은 한미FTA에 따른 씨스템 전환의 문제였다. 이는 결국 미국형 모델에 대한 평가와 선호 문제이자 산업구조와 생산자 손익의 문제로 논의되었다. 어쨌든 노무현정부는 시민과 대중의 '참여' 없이 관료와 일부 전문가와 함께 한미FTA를 추진했고, 이를 위해 미국산 쇠고기 재수입 협상 등 몇가지 선결조치를 취했다.

그런데 이명박정부 출범 이후 문제의 차원이 산업과 생산자에서 안전성과 소비자 쪽으로 급속히 이동해갔다. 그리고 그 중심에는 10대 소녀들의 문제제기로 시작된 미국산 쇠고기 수입반대 촛불집회가 있었다. 그 규모와 내용 모두 1987년 6월항쟁이나 2004년 탄핵반대 시위를 훌쩍 뛰어넘은 촛불집회의 의의는, 정치적으로 대의제인가 직접민주주의인가라는 쟁점을 뚜렷이 제기했다는 점도 있지만, 경제적 차원에서는 안전성 문제에 대한 소비자 정보 흐름의 양적 확대와 질적 개선을 이루어냈다는 것이 중요한 대목이다.

미국산 쇠고기 수입반대 여론은 부실한 통상협상에서 비롯되었지만, 지식과 정보의 유통량과 유통경로에 무지한 집권 정치세력과 관료집단, 보수언론이 힘을 보태면서 상황을 악화시켰다. 한국은 이미 이메일, FTP(file transfer protocol), 뉴스그룹 등 다양한 인터넷 수단들이 웹으로 통합되면서 상호적 커뮤니케이션의 총량이 급증한 상태였으며, 웹과 결합된 새로운 개인미디어의 출현으로 정치와 경제의 전과정에서 대중과 소비자들의 목소리가 커지고 있었다.[7] 이러한 조건에서 촛불집회를 계기로 쇠고기의 안전성 문제에 관한 정보의 흐름이 극적으로 확대되었다. 초기정보의 확대에는 여성과 중고생의 역할이 컸는데, 이 문제가 일단 소비자 의제로 정립되자 광범한 소비자들이 정보의 흐름에 빠른 속도로 결집했다.[8]

노무현정부도 안전성 문제를 중요하게 취급하지는 않았고, 이명박정부나 보수언론은 미국산 쇠고기에 대한 대중의 우려를 '몽매'라고까지 비난했다. 그러나 경제이론상으로는 오히려 대중이 '현명'하다고 할 수 있다. 물론 경제주체가 완벽한 존재는 아니다. 그러나 그 행위의 배경을 꼼꼼히 살피면 꽤 그럴듯한 이유를 찾을 수 있다. 인간은 제한적이지만 합리적인 존재이다. 인간의 합리성이 제한되는 중요한 이유 중 하나가 '정보의 비대칭성'이다. 개인이 지닌 정보가 완전하지도 균일하지도 않기 때문에 개인들이 모인 시장은 불완전해지는 것이고, 이를 극복하려는 노력이 시장 바깥에서 나타나게 된다. 이같은 정보의 비대칭성 문제는 쇠고기에 대한 소비자들의 반응을 이해하는 데 도움이 된다.

현시점의 과학적 지식의 한계 때문에 식품 안전성에 대한 정보의 공급이 충분하지 못하면 시장은 소비자가 원하는 수준보다 낮은 수준의 안전성을 공급하는 경향이 있다. 이때 소비자는 중고차시장에서처럼 나쁜 상품이 시장에 나온다고 인식하게 된다. 이 경우 소비자는 식품의 안전성에 더욱 민감해지고 관련된 식품 수요를 줄이는 '역(逆)선택'을 하게 된다. 광우병 우려가 제기된 이상, 역선택에 의한 시장실패를 막으려면 쇠고기는 수입산뿐 아니라 국내산도 전수조사(全數調査)를 실시해 품질을 보증해야 한다. 어찌 보면 이미 소비자는 시장실패를 막는 제도적장치를 요구한 것이라 할 수 있다.[9]

정보 흐름의 확대는 분권화시 발생하는 의사결정의 비용을 크게 낮추는 힘으로 작용한다. 분권화는 분산된 지식을 더 잘 이용하게 해주며 하부단위의 의사결정력을 향상시키는데, 정보화와 소비자경제의 확대는 이러한 분권화의 잇점을 더욱 증대시킨다. 물론 분권화가 꼭 능사는 아니다. 의사결정이 분산되면 그에 따른 결정주체의 기회주의 행동이 늘어나는 경향이 있고, 여러 의사결정을 서로 조정해야 하는 문제가 생길 뿐 아니라, 중앙의 정보를 효율적으로 사용하기 어렵게 된다. 따라서 모든 사회구성원이 의사결정에 직접 참여하는 것이 꼭 바람직한 것은 아니며, 적절한 수준의 분권화가 필요하다. 어쨌든 정보경제의 확대와 소비자의 진출은 분권화 수준을 좀더 높이는 것이 유리해지는 쪽으로 거버넌스에 압력을 가하고 있다.

3. 거버넌스

기업조직

노무현정부의 거버넌스에 관한 어젠다는 '혁신'이라고 할 수 있다. 여기서 혁신 대상은 '지역'이었고, 중요한 조직형태라 할 수 있는 기업

42

과 공적부문에는 일종의 공백이 있었다고 할 수 있다.[10]

일반적으로, 간단한 거래는 시장을 통하는 것이 가장 효과적이다. 그러나 탐색, 교섭, 계약 등 여러 비용이 들어가는 복잡한 거래는 시장거래보다 장기계약이 바람직한 경우가 있을 수 있다. 계약에 수반되는 위해요인이 다양하게 등장함에 따라 계약도 단순한 계약에서 복잡한 계약으로 진전한다. 그리고 계약한도 내에서 구매자가 자원을 지배(direction)하면 '기업'이라는 관계가 성립되는데, 이 관계는 본질적으로 위계적인 특성을 지닌다.[11]

고전적인 '투자자 소유 기업'은 조직구성원의 태만을 감독하는 특정인을 두는 씨스템인데, 조직의 태만이 감소하면 감독자는 좀더 많은 인쎈티브를 받을 수 있는 조직형태를 말한다(Alchian and Demsetz 1972, 781~83면). 여기서 전문 감독자의 숫자가 문제되는데, 감독자를 소유자로 해버리면 감독의 인쎈티브는 확실하게 보장된다. 반면 사회주의 기업처럼 조직구성원 전체를 감독자로 설정해버리면 감독의 전문성이 떨어지고 인쎈티브도 무의미해진다. 그렇게 되면 '공유지 사냥'의 경우처럼 과다한 수렵을 통제하지 못해 결국 사냥감의 씨가 마르게 되는 '공유지 비극'이 발생한다.

재벌체제는 통합(integration)을 통해 기업의 범위를 확장함으로써 거래비용을 줄이려는 노력으로 볼 수 있다. 그러나 총수가 자신의 지분 이상으로 재산권을 행사하게 되면 경영감독이 어렵다는 근본적인 문제점을 가지고 있다. 재산권을 재화와 써비스에 대한 자유로운 선택권으로 정의한다면(Alchian 1965; 1979), 재산권이 잘 정립되어 거래가 원활히 이루어질 때 재화와 써비스 이용의 효율성은 높아진다. 일반적으로 개인이 자신의 재산권을 증대하는 방법은 훔치거나(steal), 공공영역을 사유화하거나(privatize), 다른 개인과 협력해(cooperate) 새로운 부를 분할하는 세가지가 있다. 적은 지분을 가진 재벌총수가 기업집단 전체에 주인 역할을 하면서 그 권한까지 세습하는 것은 교환의 순이익을 극대화하는 정상적인 협약이라고 볼 수 없다.

재벌체제는 피라미드형 출자, 순환출자 등을 통해 재산권을 과다하게 행사하는 경향이 있다. 일부에서는 '가공자본'의 창조를 통해 기업들이 적극적인 투자를 할 수 있도록 했기 때문에 나쁘게만 볼 수 없다는 논의도 있지만, 논리적으로 이것은 적절한 자원배분이 이루어질 수 없는 메커니즘이 구조화되어 있다는 말과 다름없다. 한국경제에서는 재벌의 비중이 너무 크기 때문에 급격한 재벌개혁은 힘들다는 지적은 일리가 있으나, 이것이 개혁을 회피하거나 개혁의 필요성을 부정하는 논리가 되지는 못한다(정건화 2007).

공공부문

노무현정부에서 의제화되지 않던 공기업 문제가 이명박정부에서 핵심적인 정책사항이 되었다. 매각과 통폐합을 통한 공기업 개혁이 기본방침이라고 하는데, 현재로서는 거버넌스 재구조화를 위한 정밀한 준비가 갖춰졌다는 증거를 찾아보기 어렵다. 치밀한 준비가 필요한 공기업 민영화를 졸속처리할 경우, 사회적 효율성의 증대가 아니라 공유자산의 사적 침탈로 귀결되고 말 것이다. 불확실성이 커지는 거시경제하에서, 공기업 자회사와 공적자금이 투입된 기업에 대한 정부의 보유지분을 무리하게 시장에 매각한다면, 주식시장은 큰 충격을 받게 되고 시장 인프라도 약화될 수 있다.

44

여기서 유의할 점은, 공기업 민영화의 본질을 신자유주의 또는 시장만능주의로 규정해서는 안된다는 것이다. 다시 말해 민영화 반대 — 이 말을 '사유화 반대'로 바꾸어도 마찬가지이다 — 가 진보개혁 운동이 지향하는 최대 목표일 수는 없다. '공기업이냐 사기업이냐'의 문제는 특정 재화와 써비스를 다루는 데 어떤 경제조직 형태가 효과적인가의 관점에서 접근해야 한다.

거버넌스 구조로서의 기업의 장점은 팀작업시 발생 가능한 태만을 감독할 수 있는 메커니즘이 있다는 점이다. 기업은 정밀한 감독을 위해 장기에 걸쳐 거래를 안정시키는 계약의 일종이다. 따라서 일회적인 시장거래보다 인쎈티브의 집중은 상대적으로 낮으며 조직운영을 위한 관료제 비용이 발생한다. 인쎈티브 집중성이 낮고 관료제 비용이 증가하는 기업 거버넌스의 이같은 단점은 공적 관료 형태의 조직에서 더욱 커지므로, 공적 관료는 최후에야 선택 가능한 조직형태이다. 원론적으로 시장, 불완전한 장기계약, 기업 순으로 시도와 규제를 해보고 나서, 이 모두가 적절하지 않다고 판단될 때 공적 관료에 자원을 배분해야 한다. 물론 어떤 거래에는 공적 관료가 더 적당한 경우가 있으나, 공적 관료를 '과다사용'해서는 안된다.[12]

민영화 같은 경제조직 형태의 선택은 남한뿐 아니라, 국유가 대부분인 북한에서도 결정적이고 핵심적인 문제이다. 한반도경제의 차원에서 보면 민영화는 선택 가능한 하나의 방안이다. 그러나 그것을 만병통치약으로 생각해서는 안된다. 과거 사회주의 국가들이 경험한 이행과정을 살펴보면, 민영화 정책의 단기효과는 매우 다양한 형태로 나타난다는 것을 알 수 있다. 이에 비추어보면, 민영화는 반드시 기업조직을 개선하는 방향으로 진행된다는 인과관계를 입증하기는 더욱 어렵다(Murrell 2005).

북한은 관료제에 의한 자원배분이 적절하지 않은 경우가 많기 때문에, 일정정도 민영화를 통한 조직형태의 재배열은 피할 수 없다. 그러나 민영화가 곧바로 효과적인 지배구조로 이어지는 것은 아니라는 사실도 주목해야 한다. 민영화가 모든 문제를 해결한다는 논리에 집착하지 않는다면, 그리고 한반도 차원에 시선을 둔다면, 무리하고 졸속적인 정책집행이 막대한 위험을 초래할 수 있다는 점을 인식할 수 있을 것이다. 그렇다면 개혁은 좀더 조심스럽고 완만하고 미시적이고 신중하게 진행되도록 해야 한다. 변화와 이행의 시기에 우리가 꼭 염두에 두어야 할 점은, 서두르지 말고 신중해야 한다는 것이다.

혼합형 조직의 발전

고전적인 기업형태는 기업의 대형화에 따라 현대적 주식회사 형태로 발전했다. 주식회사는 자금의 제공자(채권자 또는 소유자)에게 미래에 발생할 수익에 대한 약속을 판매함으로써 초기자원에 대한 지배력을 획득한다. 주식회사는 저렴한 비용으로 많은 자금을 확보할 수 있다는 잇점이 있지만, 수많은 주주가 직접 의사결정을 하는 데 비용이 발생하며 참여를 태만히하는 주주도 생기게 된다. 이에 따라 좀더 효율적인 기업지배를 위해 주주의 의사결정권을 소수의 경영진에게 이전하고 대신 경영진에 대한 감독권만을 유지하도록 하고 있다(Alchian and Demsetz 1972, 787~89면).

고전적 기업과 주식회사 같은 투자자 소유 기업은 협업과 분업을 수행하는 데 있어, 인류가 발견한 매우 우수한 조직형태로 평가된다.[13]

46

그러나 투자자 소유 기업만이 유일한 조직형태는 아니며, 현실에서는 시장과 기업 사이에 여러 형태의 혼합형 조직(Hybrid Organization)이 다양하게 존재한다. 오히려 사회가 복잡해짐에 따라 계약형태가 다양해지고 일원화된 소유제 구조에서 탈피하는 경향이 뚜렷해지고 있다. 예컨대 하청계약, 써플라이체인·유통채널 등 기업 네트워크, 프랜차이징, 집단상표, 파트너십, 협동조합, 기업동맹 같은 혼합형 조직이 늘어나고 있다.

이 중에서도 기업에 대한 사회적 요구를 충족시킬 수 있는 협동조합이라는 조직형태에 주목할 필요가 있다. 협동조합은 투자자가 아니라 생산자-소비자가 소유자인 조직형태로, 생산자-소유자는 지분을 투자하지만 잔여소득은 후원의 원리나 조합활동에 기초해 분배된다. 협동조합의 '모호하게 정의된 재산권'은 인쎈티브라는 문제를 발생시키며 이는 조직운영비를 크게 증대시키기도 한다. 그러나 생산자와 조직 사이의 '정보의 비대칭성' '신뢰'라는 면에서는 협동조합이 투자자 소유 기업에 비해 우수할 수 있다(Sykuta and Cook 2001, 1272~74면).

경제조직은 자산 특수성, 거래빈도, 불확실성 등 여러 요인에 의해 그 형태가 결정된다. 그중에서 자산 특수성이 특히 중요하게 작용하는데, 경제주체들이 함께 투자했을 때 투자의 특수성이 클수록 기회주의 행동이 발생할 위험도 증대하고 통제의 형태도 더욱 강화되기 때문이다. 또한 불확실성이 클수록 기회주의의 위험도 커지고, 더욱 집권화된 조정형태가 나타나게 된다(Ménard 2004). 협동조합 같은 혼합형 조직은 기업에 비하면 통제의 정도는 낮고 자립의 정도는 높은 조직형태이다. 소비자의 요구는 기업과 농장이 식품 안전성에 더욱 많은 자원을 배분하도록 하는 인쎈티브 기능을 한다. 그래서 소비자 요구가 높은 미국과 유럽에서 장기계약과 인증된 안전씨스템이 폭넓게 도입되고 있는 것이다.

한반도에서도 품질과 안전에 대한 소비자의 요구가 커지고 있는 만큼, 경제통합의 추세에 따른 경제조직 차원의 준비와 대응이 필요한 시점이다. 이러한 환경변화는 협동조합의 강점인 '신뢰'가 발휘되기 좋은 조건이라 할 수 있다. 물론 협동조합 내부적으로는 감독 강화를 위해 더욱 집중화된 조정형태를 발전시켜 조직의 거래비용을 감소시켜야 할 과제가 남는다.

고양된 소비자의 영향력은 투자자 소유 기업의 운영방식을 일정부분 변화시킬 수 있다. 촛불집회가 진행되는 과정에서 쇠고기 문제를 넘어 좀더 보편적인 소비자운동으로 발전할 가능성이 나타난 것은 의미심장하다. 소비자들이 미국 쇠고기를 옹호한 보수신문들에 대한 반대운동을 전개한 결과, 보수신문들의 구독률이 떨어지고 광고수익도 크게 감소한 것으로 알려졌다. 소비자운동이 철옹성 같던 언론시장의 독과점 구조를 위협하고 있는 것이다.

소비자운동의 활성화와 제도화는 '기업의 사회적 책임'(CSR, Corporate Social Responsibility)에 대한 압력이 될 수도 있다. CSR은 "기업이 공동체의 일원으로서 공공의 이익과 여러 이해관계자를 적극 고려하는 것"으로 정의된다. 즉 기업은 재무적 이익을 추구함과 동시에 사회적·환경적 책임도 이행해야 할 책임이 있다는 것이다. 기업이 사회적 책임을 다하도록 촉구하는 것은, 정부가 효율적으로 수행하기 어려운 각종 규제의 권장과 금지사항들을 각 경제주체들의 견제와 균형을 통해 기업들이 자발적으로 수행하도록 하는 것이다.[14] 소비자운동은 투자자 소유 기업이 제대로 작동할 수 있는 법치의 제도환경

48

을 만드는 데 기여할 뿐 아니라 좀더 사회적이고 진보적인 경제형태를 조직할 수 있는 각성된 시민을 형성하는 동력이 될 수 있다.[15]

소비자운동은 또한 사회적 기업(Social Business)의 형태로 발전하여 조직될 수도 있다. 사회적 기업은 기존의 투자자 소유 기업과 조직구조는 동일하지만 이윤극대화 대신 사회적 혜택 우선의 원칙으로 운영되는 기업이다. 즉 사회적 기업은 투자금에 대한 회수의 권리를 가진 소유자에게 제공할 수익의 축적보다 빈곤퇴치 같은 사회적 목표를 위해 노력하는 비손실·비배당 기업이다(무함마드 유누스 2008, 제2장).

한반도경제에 주어진 과제는 경제의 통합과정에서 효율화와 격차해소를 동시에 진행하는 것이다. 이를 위해 남북한 경제조직들의 역동적인 상호변화가 이루어져야 하고, 여러 조직형태가 창의적인 역할을 수행해야 한다. 대규모 기업화를 추진하기에는 특성상 한계를 지닌 분야는 혼합형 경제조직이라는 조직상의 혁신(organizational innovation)이 필요하다. 또 투자자 소유 기업과 국가만으로는 빈곤과 환경문제 대처에 한계가 있을 수 있다. 이러한 문제에 효과적으로 대응하기 위해서는 협동조합, 기업의 사회적 책임, 사회적 기업 같은 다양한 실험이 필요하다.[16]

4. 제도환경

'지역주의'의 실험

김대중정부는 경제위기 극복과정에서 영미형 모델의 요소를 상당

부분 도입했으나 복지제도의 기본골격 수립에서는 유럽형 모델도 참조했다고 할 수 있다. 노무현정부도 이러한 '혼합형' 모델을 기본적으로 계승했다고 볼 수 있지만, 통합적이고 일관된 비전과 정책체계를 가진 것은 아니었다.

노무현정부 스스로 규정하는 자신들의 비전과 전략은 '동반성장론'인데, 혁신주도형 경제, 일자리 낳는 성장, 양극화 해소를 위한 복지확장과 선제적 복지투자 등을 기본요소로 한다(국정브리핑 특별기획팀 2008). 그러나 '동반성장론'이라는 담론 형성의 시작은 아무리 빨리 잡아도 2006년경이므로, 이러한 논의가 실제 정책집행에 체계적으로 영향을 미쳤다고 보기는 어렵다.[17]

따라서 집권 초 주요 정책의제로 내세운 '동북아시대'와 '국가균형발전' 구상이 좀더 의미있는 정책전략이다. 이는 글로벌화된 국제환경에서 일국의 정부에만 의존하지 않고 새로운 모델 형성의 가능성을 탐색하게 해주는 정책들이었다. 즉 종래의 발전모델에 더하여, 한편으로는 '넓은 지역'(region)과의 연대와 지역통합을, 다른 한편으로는 '좁은 지역'(community)인 지역사회와 주민조직의 생활기반 분담의 기초를 마련하고자 한 것이었다.

한편, 비판적 인문학자들이 중심이 되어 일국적 시각과 세계체제적 시각의 매개항으로 '동아시아적 시각'을 새로운 지역주의적 관점에서 제기한 바 있다.[18] 이같은 동아시아적 시각은 대국과 국민국가 사이에 끼어 소홀히 다루어지던 '주변' 주체들의 역할을 중시하고, 다른 지역을 배제하거나 차별하지 않는 복합공동체 구상이라는 지적 실험의 의미를 지닌다(백영서 2000). 즉 비판적 지역주의론은 그간의 일국주의적·계급주의적 전망을 새롭게 넘어서고자 한다. 그러나 이러한 문제

의식이 정책 차원으로 구체화하는 데까지 나아간 것은 아니었다.[19]

종래의 발전국가 모델을 수정·보완하려면 새로운 혁신을 담당할 미시적 요소를 발견하는 것이 필수적이다. 국민국가 중심이라는 경쟁 일변도 구도를 혁신하기 위해서는, 협력과 경쟁이 공존하고 기업과 혼합형 조직이 함께하는 '지역'을 새롭게 창출하는 방안이 가장 실현 가능성이 높다. 그러나 노무현정부와 진보개혁진영은 현실에 적용 가능한 지역주의의 이념과 전략이 부재했으며, 협력과 경쟁을 종합하는 프로젝트를 개발하지도 못했다.

결국 노무현정부의 동북아 구상은, 평화와 번영의 공동체를 목표로 한다는 지향만을 제시했을 뿐, 정책과제나 추진체계는 김대중정부의 '동북아 비즈니스 중심국가'라는 틀을 벗어나지 못했다. 즉 집권 초 남북한 평화·번영정책의 기조 위에서 동북아 구상을 전개했으나, 구체적인 정책추진 단계에서는 경제분야와 외교·군사·안보 분야를 구분하고, 다시 국내정책과 대외정책으로 구분해버렸다.[20] 결국 새로운 지역주의라는 정책 모델은 제대로 실험되지도 못했다.

국내외적으로 새로운 변화가 진행되면서 '큰 지역' '작은 지역'에 대한 새로운 전략의 필요성이 제기되고 있으나, 노무현정부와 진보개혁진영은 전반적으로 이와 관련한 심화된 문제의식을 갖지 못했다. 비판적 지역주의론은 종래의 민족·계급 담론에 대한 성찰의 의미는 있었으나 현실적인 정책 수립에 필요한 지적 담론을 공급하는 정도로까지 구체화되지는 못했다. 향후에도 비판적 지역주의라는 상상력이 확고한 이념으로 정립되는 것을 넘어 정책 수준까지 구체화되지 못한다면, 기존의 발전국가 정책체계의 한계를 넘어서는 데 필요한 계기는 마련하지 못할 것이다.

2차대전 이후 세계경제는 황금기에 돌입했고 여러 '발전'모형은 다양한 '성공 스토리'를 낳았다. 그러나 사회주의권이 붕괴하자 발전모형에 대한 접근법도 변하게 되는데, 특히 자본주의의 우월성은 인정하지만 발전모형 자체의 유용성에 대한 회의적 태도가 확산되기 시작했다. 즉 기존의 발전모형이 가정하던 발전의 개념을 양적 성장이 아니라 질적 변화, 예를 들어 고부가가치 생산의 추구 등으로 파악하거나, 자본주의 안에도 여러 유형의 자본주의가 있다는 견해가 제기되기도 한다. 이러한 여러 자본주의 유형 중에서 동아시아 경제발전 모형은 주류경제학 내에 일정하게 수용되는 경향을 보였다(World Bank 1993).[21]

그러나 현시점에서 동아시아 모델의 성공을 반복·재연하는 것은 현실적으로 쉽지 않은 상황이다. 동아시아 모델은 급성장과 불평등도의 저하라는 두가지 결과와, 농업의 역동성, 수출확대, 인구구조 변화, 높은 저축·투자율, 인적자본 구축, 높은 생산성이라는 여섯가지 특징이 핵심적이다.[22] 그러나 금융세계화로 국내적으로 높은 저축·투자율을 가능케 했던 금융억압이 더이상 어렵게 되었고, 각국 단위의 수출확대 정책이 자유무역을 지향하는 국제규범과 충돌하고 있으며, 기술형성의 과정이 추격의 경로보다는 비약의 경로가 많아지고 있다. 또 기업 수준에서의 관리와 경쟁이 가혹해지고, 개인과 가족이 무한경쟁에 편입되어 성장의 성과에 비해 삶의 질이 그다지 높지 않은 상황이다(末廣昭 2000, 序章).

그렇다고 동아시아 모델에서 돌연히 이탈할 수 있을까. 어쨌든 과거로부터 계승된 규칙은 현재와 미래의 제도 형성에 상당한 제약일 뿐 아니라, 만약 경로를 너무 급진적으로 수정한다면 많은 비용과 큰 고통이 발생할 수 있다. 한반도 분단체제는 내부에 심각한 모순을 내장하고 있는데, 경로의존(path dependence)은 현재와 미래의 제도 구축에 상당한 제약이 될 것이다.[23] 북한은 일단 중국처럼, 동아시아의 압축성장을 더욱더 압축시키는 경로를 염두에 두고 있을 것으로 추정된다. 지금까지 존재한 제도·정책 모델 중에서, 권위주의 정치체제하에서 기업·노동·농업·국가의 효율 개선에 성공한 사례는 동아시아 모델을 제외하고는 매우 드물기 때문이다.[24]

유럽형 사회민주주의 모델이 한국경제에 가장 적합하며 남북한 문제의 해결에도 유리하다는 주장이 있다.[25] 그러나 이 주장은 기존 네트워크의 외부성을 과소평가했다고 여겨진다. 비용이 들지 않는 절대적이고 우월적 대안은 순이익을 계산해야 하는 현실 속에서는 존재하지 않으므로 경로의존이라는 조건을 고려하여 집행(implement)비와 그에 따른 순이익을 정밀하게 계산해봐야 한다.

변화된 환경 속에서 동아시아 모델은 여러가지 한계에 봉착해 있으며, 동아시아 모델을 그대로 반복하려는 시도는 성공 가능성이 높지 않다. 그렇다고 — 경로의존의 제약과 북한의 국제사회로의 복귀라는 과제를 고려할 때 — 기존의 동아시아 모델을 전면 부정하기도 어려운 현실이다. 그렇다면 유일한 방책은 동아시아 모델의 '개선'(improvement), 즉 '더 좋아진 동아시아 모델'(An Improved East Asian Model)을 모색하는 것이다.

여기서 '개선'의 핵심요소는 개방적 국제환경에 적응 가능하고 사회적 연대를 실현하는 제도환경의 구축이다. 이를 위해서는 남북 분단체제라는 경로의존에 따른 제약을 완화하면서, 기존 동아시아 모델의 압축성을 완화해 공평성과 생태적 가치를 함께 발전시키는 동시에 남북한 내부의 정치적 안정과 잠재적 경제이익을 확보하는 데 필수적인 비인격적 교환을 보장하는 방향으로 제도를 진화시켜나가는 것이 관건이다.

동아시아는 세계 어느 곳보다 인구압력이 강하기 때문에, 일정한 고용력과 농업의 규모를 확보한 상태에서 필요한 사회정책체계를 갖추어야 하며 고도성장보다는 경제의 안정성과 생산성 제고에 더 많은 가치를 할당해야 한다. 거시적 안정성과 적정한 성장기조 유지를 위해, 동아시아 역내의 교환관계와 동아시아–미국간 교환관계를 조화롭게 발전시키는 방안을 찾아야 한다.

기존의 동아시아 모델은 특정 제조업을 보호 육성하는 산업정책이 핵심이었다. 그러나 이제 산업을 특정해서 지원하는 방식은 더이상 통용되기 어렵다. 따라서 점진적 개방전략이라는 전제하에 기술개발과 생산성 향상을 지원하는 사회적 투자를 주요 수단으로 하는 새로운 산업발전 방안을 모색할 필요가 있다. 또한 상대적으로 낙후된 써비스업과 농업을 지원하는 인프라 구축에도 관심을 두어야 한다. 써비스산업은 특성상 추격발전이 쉽지 않을 뿐 아니라 시장실패 가능성도 높기 때문에 급진적인 써비스경제로의 이행보다는 제조업에 기반한 점진적인 써비스산업 발전을 추진하는 것이 합리적이다. 농업은 시장수요에 탄력적으로 대응 가능한 경영체제 확립을 기본방향으로 하면서, 다양한 협동조합의 발전과 친환경적 방향으로 생산구조를 바꾸도록 노력해야 한다.[26]

'87년체제'의 심화와 남북 경제통합

한반도경제를 형성하기 위해서는, 한반도 차원에서 경제적 거래비용을 줄이는 제도 마련이 핵심과제다. 특히 남북한 내부의 제도개혁이 남북한 경제통합과 연계되는, 즉 통합과 개혁의 동시진행이 중요하다. 이를 좀더 보편적인 용어로 표현하면, '민주적 입헌체제'의 공고화 과정이라고 할 수 있다. 한국은 1987년 6월항쟁을 계기로 비로소 입헌체제로 진입했으나 한국의 '87년체제'는 아직 불안정해, '87년'이 공공선택을 규율하는 제도적 진화를 가져오는 역사적 통과점이 될지는 아직 불분명하다.

'87년체제'가 불안정하고 한반도경제의 전망이 불투명한 것은, 이 체제의 구성세력이 제대로 정렬되어 있지 않고, 따라서 그 세력들간의 계약 또는 협약이 맺어지지 못하고 있기 때문이다.[27] 안정적인 제도적 질서는, 이를 뒷받침하는 세력이 존재해야 마련되는데 여기서 세력이란 일종의 조직을 의미한다. 개인을 넘어선 조직의 형태는 앞의 논의처럼 크게 기업조직과 혼합형 조직으로 구분할 수 있는데,[28] 한반도에서 이들 조직들이 자신의 존재를 안정적으로 재생산할 수 있는 기반은 아직 튼실하지 못하다.[29]

정도의 차가 있으나, 북한의 국가관료체제와 남한의 재벌체제는 자신의 권력자원을 토대로 시민들의 권리를 침해할 수 있으며, 자신의 이익 증대를 위해 시민들의 재산권을 희생시킬 수 있다. 남한에 한해 말하면, 재벌과 함께 일제시대, 유신체제, 제5공화국 등에서 지배권력을 행사했던 무단통치세력이 극우적인 경쟁력 제일주의, 국가주의를 유포하는 거점이 되어왔다. 공공의 자산을 세습재산처럼 사용해온 국

가주의 세력은 냉전체제가 지속되길 바라며 냉전체제하에서 자의적
으로 규칙을 위반해왔다. 분단체제의 지탱과 재생산은 이러한 남북한
의 국가주의 세력들간의 적대적 상호의존관계 때문에 가능했다.

남한의 87년 6월항쟁은 이같은 분단체제를 균열시키는 중요한 계
기였다. 국제적으로 국가사회주의의 국제분업구조가 붕괴한 것도 중
요한 요인이지만, 지배세력의 항상적인 규칙 위반을 묵인해오던 시민
대중의 도전이 기존 체제의 일부를 허물어뜨렸다. 남한의 시민대중과
시장화 세력들의 일시적 연합이 남한의 국가주의 세력을 약화시키고,
북한 권력층의 전일적 지배력을 이완하는 데 기여했다고 볼 수 있다.

그러나 '87년체제'는 조직화된 세력들에 의해 뒷받침되는 안정적
협약은 아니었다. 재벌체제는 변화하고 있지만 재벌이 여전히 막강한
지배력을 지닌 반면, 정상적인 기업조직의 활동공간은 여전히 제약되
어 있다. 노동운동, 농민운동이 기존 조직력을 유지하는 데만 집중하
다보니, 혼합형 조직의 발전은 상대적으로 부진했다. '87년체제'가 안
정적으로 발전하고 경제사적으로 의미있는 역할을 수행하기 위해서
는, 비인격적 교환의 보장과 엘리뜨들에게도 공정하게 적용되는 법체
계 수립을 기본으로 하는, 기업조직 세력과 혼합형 조직 세력 사이의
정치협약의 달성이 당면과제이다.[30]

남북 경제통합은 '87년체제'가 민주적으로 확대되고 공고화되는
가운데 점진적으로 이루어지는 과정이어야 한다. 이는 대체로 다음과
같은 '혼합적'인 제도의 발전단계를 거쳐 점진적으로 진행해야 경제
적 거래비용과 통합과정에서의 실패자를 줄일 수 있다.[31]

제1단계에서는 남북한의 조절된 대외개방과 그에 걸맞은 국내제도
의 정비를 확립한다. 북한 내 특별지역을 발전시키고 남한과 북한의

특구 사이에 자유로운 시장거래와 기업활동이 이루어지도록 한다. 점차 이같은 북한의 특별지역을 공간적으로 확대한다. 이를 통해 남북한간 자유로운 거래를 발전시키되, 인력이동 등은 특별한 예외조치를 허용한다. 북한 내 외국인투자를 보호할 뿐 아니라 그들을 유인하는 법제를 정비한다. 남한은 '법의 지배'를 공고히하는 한편, 북한과의 경제협력 프로젝트를 추진하고 지원하는 민간기구를 조직한다.

제2단계에서는 북한의 제도개혁을 집중적으로 진행한다. 특별지역에 유치한 외자기업에 기업활동의 자유를 확대하고, 외자기업과 경쟁할 수 있도록 기존 기업의 분권화와 인쎈티브 개혁을 추진한다. 남한은 합작기업 설립에 따르는 위험을 분산하기 위한 재정·금융적 지원체계를 마련해야 한다. 또 북한에 진출하는 기업의 요소비용이 낮아지도록 에너지 공급, 물류체계 확충 같은 인프라 구축에 투자해야 한다.

제3단계에서는 제도개혁의 심화가 이루어져야 한다. 기업과 농업부문에서는 사적 소유권 창출을 위한 소유권 개혁에 들어감으로써 남북간 소유제 조화를 위해 노력한다. 시장원리에 입각한 임금, 고용제도를 형성하되, 거시적 안정화를 해치지 않는 수준에서 추진한다. 기업·노동제도에 포함되어 있던 사회보장제도는 독립된 체계를 갖추도록 한다. 토지사용권 거래를 가능하게 하며 부분적으로 토지소유권을 매각한다. 남한은 남북한 연대를 위한 사회제도를 심화시켜 통합된 시장이 안정화될 수 있도록 노력한다.

마지막 제4단계는 정치적·법적 통합 단계이다. 정부 차원의 대표성을 지니는 남북한 경제공동체를 구성하며, 이 공동체의 권능을 보장하는 국내법을 남북한이 각각 제정해야 한다.

5. '새로운 진보'의 경제체제

이 글에서는 노무현정부 주요 정책의 핵심의제들을 평가하면서 새로운 질서로서의 한반도경제의 구성요소들을 고찰했다. 이를 요약하면 다음과 같다.

첫째, 자원배분의 측면이다. 거시경제에서 성장지상주의의 위험은 더욱 커졌기 때문에 위험과 변동성을 적절한 수준에서 안정화하는 능력이 중요해졌다. 자원배분의 중점이 산업발전과 생산자 보호에서 안전성 보장과 소비자 보호 쪽으로 급속히 이동하였다. 정보경제가 확대되고 소비자의 영향력이 커짐으로써 분권화 수준을 높이는 쪽으로 비용구조가 변화하고 있다.

둘째 거버넌스의 측면에서, 거래와 조직화의 비용을 줄이는 조직혁신을 시도한다. 기업조직의 장점은 정밀한 감독인데, 재벌체제는 기업 외부의 감독을 봉쇄하는 구조이므로 재벌개혁은 중요하다. 지나친 공적 관료 사용은 문제지만, 그렇다고 민영화가 효과적인 지배구조를 즉각 만드는 것도 아니라는 사실을 유의해야 한다. 신뢰와 정보 문제 또는 빈곤과 환경 문제에도 적절히 대응할 수 있는 다양한 혼합형 조직의 발전이 필요하다.

셋째 제도환경의 측면에서, 한반도 차원에서 기존의 경로를 '개선'하는 제도개혁과 경제통합을 진행하도록 한다. 발전국가 정책체계의 한계를 넘어서려면 국제적·국내적 지역주의 이념과 정책이 구체화되어야 한다. 기존의 동아시아 모델을 '개선'할 필요가 있는데, 그 핵심은 개방적 국제환경에 적응하고 사회적 연대성을 실현하는 제도환경을 구축하는 것이다. 경제발전과 경제통합을 위해 '민주적 입헌체제'의 공고화가 필요한데, 여기에는 기업조직과 혼합형 조직을 뒷받침하는 세력들 사이의 협약이 필수적이다.

최근 들어 경제체제 저변에서 불확실성의 증대와 정보경제의 확대, 소비자의 진출 같은 의미심장한 변화가 진행되고 있다. 이는 새로운 거버넌스와 제도환경의 형성이라는 새로운 '질서'의 조건이 축적되고 있음을 시사한다. 소비자들 사이에서 이루어지는 커뮤니케이션은 조직 내에서의 분권화 수준을 좀더 높이는 것이 유리한 쪽으로 힘을 모아가고 있다. 안전에 대한 소비자 요구의 증가는 조직 내외의 정보 소통, 즉 '신뢰' 증대에 용이한 조직형태를 선호하도록 자원배분을 변화시키고 있다. 자원배분상의 변화는, 경제조직과 제도환경에서 새로운 '질서'를 형성할 ― 꼭 충분조건이 되는 것은 아니지만 ― 필요조건을 만들어가고 있다고 할 수 있다.

그러면 새로운 질서는 구체적으로 어떤 모습일까? 필자는 그것이 시장, 기업, 그리고 그 사이에 있는 혼합형 조직들이 함께 공존하는 것이라 생각한다. 북한에서는 지금보다는 시장과 기업의 조직형태가 좀더 발전해야 하고, 남한에서는 지금보다 훨씬 더 혼합형 조직의 비중을 높여 그 안에서 협동조합과 기업의 사회적 책임, 사회적 기업이 뚜렷한 역할을 행하도록 해야 한다. 이는 시장과 기업, 어느 한쪽 형태가 극단적으로 지배하는 일원화된 상태가 아니라, 다양한 조건에서 다양한 조직형태가 공존하는 다원적 상태를 의미한다. 필자는 이를 '중도(中道)'의 경제라고 말하고 싶다.[32]

새로운 질서는 어떤 방식으로 만들어질 수 있을 것인가? 역사상 대부분의 변화는 점진적이고 누적적으로 이루어졌으며 과거에 제약되어 있다. 그리고 변화의 방향은 유일한 균형점을 향하는 하나의 경로가 아니고 항상 복수의 경로가 있게 마련이다. 따라서 '진보'를 미리 정해진 유일한 경로를 목적론적으로 지향하는 것으로 간주해서는 안된다. 인간과 사회는, 끊임없이 새롭게 변하는 세계 속에서 시행착오를 겪는 실험, 즉 작용과 반작용을 포함하는 적응을 통해 냉혹하고 무자비한 경로를 피해갈 수 있다. 이러한 점에서 우리는 '진보'를 '진화'의 의미로 이해할 수 있다.[33]

체제를 구성하는 행위자들은 깨끗하고 품위있는 가난에 대한 욕구뿐 아니라 장엄과 영화에 대한 욕망도 가지고 있다. 그들은 때로는 이타적이지만 많은 경우 이기적이기 때문에, 그들이 추구하는 새로운 체제로 가는 데 별다른 지름길이 있을 것 같지는 않다. 적응에 작용하는 두개의 힘, 즉 환경에 적응하려는 힘과 환경을 변화시키려는 힘은 한반도경제 안에서 작용할 것이다. 이와 관련하여 백낙청(白樂晴)은 "남북의 점진적 통합과정과 연계된 총체적 개혁의 시대"에 있어서의 '진보'를 '변혁적 중도주의'로 규정한 바 있다. 분단체제의 극복을 거냥한 것이라는 점에서 '변혁적'이며, 광범위한 대중이 참여하는 점진적 과정이어야 한다는 점에서 '중도주의'가 불가피하다는 것이다(백낙청 2006, 31면; 2008, 462~63면).

필자는 이러한 '변혁'과 '중도'의 과제를 실행하는 기초가 '중도적=혼합적' 경제조직·제도환경이며, 이는 경제주체들의 '진화'의 과정을 통해 형성된다고 본다. 따라서 필자는 "남북한 경제통합과 총체적 개혁을 수행하는 조직·제도를 점진적이고 지속적으로 형성하는 경향성", 그것을 '새로운 진보'의 경제체제라고 부르고 싶다.

60

3장

새로운 한반도 경제체제의 구상

분단경제에서 개방형 민족경제로

1. 시작하면서: 두개의 정경(情景)

국내경제가 어렵고 양극화가 큰 문제라는 걱정이 많다. 위기다 아니다를 놓고 옥신각신하던 정부도, 쟁점법안 문제로 소란스럽던 정치권도, 긴장감을 느끼는 것 같다.

하나의 사례이지만 몇해 전 연말에 가슴 아픈 소식이 전해졌다. 대구의 어느 영세민 집 안방 장롱에서 다섯살짜리 아이가 숨져 있는 것을 주변 성당 관계자가 발견했다고 한다. 직접적인 사인은 영양실조에 의한 기아사인 것으로 확인됐다. 그 아이의 아버지는 일용직 노동으로 가족을 부양해왔으나, 계속된 경기침체 때문에 하루 한끼는 거의 매일 굶었고 한달에 일주일 정도는 식사를 아예 못하는 생활을 해온 것으로 알려졌다.[1]

그런데 영상을 통해 또다른 어린이들의 모습이 전해졌다. 북한 청

진 시내 모습을 담은 것이었는데, 사진에는 동상으로 발가락이 모두
잘리거나 한쪽 다리를 잃은 채 광장을 기어다니는 아이들, 길바닥에서
술병을 들고 담배를 능숙하게 피우는 열살가량의 아이들, 누더기 차림
으로 굶주림에 지쳐 철로에 쓰러져 잠든 소녀의 모습이 확연했다. 북
한 어린이들의 참상은 어제오늘의 일이 아니다. 이는 이미 북한과 중
국 국경 가까이의 옌지(延吉), 투먼(圖們), 허룽(和龍)은 물론 랴오닝(遼
寧)성의 선양(瀋陽)과 따롄(大連), 심지어는 샨뚱(山東)성 칭따오(靑島)
에까지 퍼져 있다.[2]

이 두개의 가슴 아픈 정경에 어떤 연관이 없을까? 장롱 속의 남쪽
어린이와 철로에 쓰러져 있는 북쪽 소녀의 소리 없는 고함소리를 선
으로 연결하면 그 지평선엔 어떤 소실점이 존재하는 것은 아닐까?

나른한 일요일 오후의 늙은 사냥개만큼 느긋한, 그래서 결코 건너
뛰는 법 없이 차근차근 주어진 상황을 발전시키려 노력하는 경제학자
들의 속성을 탓할 수는 없다. 그러나 한편으로는, 알프레드 마셜
(Alfred Marshall)도 또한 그랬던 것처럼, 가난한 얼굴들을 뜨거운 마음
으로 살펴보아야 하겠다. 물론 노력이 없었던 것은 아니다. 참여정부
출범 이래 상당수의 주류경제학자들은 좌파정책이 투자부진을 낳았
다고 공격해왔다. 또 진보파 경제학자들은 문제의 근원을 둘러싸고
투기자본 책임론과 재벌총수 책임론을 거론하였다. 그런데 과연 그런
가? 그것만으로 충분한가?

이러한 문제들을 파고들면, 뿌리에 그는 글로벌화와 경쟁격화라는
환경변화, 그리고 흔들리는 분단체제와 지연된 내부개혁이 내부의 분
단을 다시 확산하는 경제 메커니즘이 있다고 필자는 생각한다. 결국 분
단경제를 뛰어넘는 근본적인 대안은 새로운 경제체제의 설계에 있다.

2. 흔들리는 분단경제

그러면 먼저 남북한 경제에 무슨 일이 일어났는지를 정돈해보기로
하자. 이를 위해 남북한 문제를 종합적으로 파악하자는 의도에서 제
기된 '분단체제' 개념을 경제적 차원에서 구체화해보기로 한다.

새로운 환경과 분단경제의 동요

지금까지 전개된 분단체제론은, 남북한 각각의 체제로 이루어진 한
반도는 일정한 자기재생산 능력을 갖추었으나 내재적으로는 불안정
한 '하나의 체제'라고 설명한다. 분단체제의 하위체제인 남북 각각의
체제에서 지배자와 민중이 다른 대립양상으로 나타나긴 한다. 그러나
분단체제가 '하나의 체제'인 이상 그 '주요모순'은 분단체제(의 기득
권세력) 대 남북한 민중의 대립이라는 '하나의 모순'이다. 남북한 각
각의 지배층은 적대적이지만 다분히 상호의존적이다. 남북한 사회는
냉전체제의 지원과 체제경쟁 그리고 내적 역동성을 통해서 상당한 발
전을 이룰 수 있었다.[3]

분단체제의 경제적 '토대'[4]는 '국가 주도의 추격·추월 전략'과 그를
뒷받침하는 씨스템이라고 할 수 있다. 물론 정도의 차이는 있지만
1980년대까지 남북한 경제체제에는 모두 선진국 또는 남북한 상대국
을 따라잡겠다는 강력한 국가의지가 작동했다고 할 수 있다. 이러한
'추격·추월 전략'의 전제는 국가를 기본단위로 하고 경제발전의 중
심을 공업화에 둔다는 것이고, 이를 뒷받침하는 씨스템은 가격을 왜곡

하는 거시정책과 통제적인 관리체제였다. 즉 정부는 일정하게 이자율, 환율, 원자재 가격, 농산물 가격을 통제하고, 희소자원 분배에 개입해왔다. 종종 유치산업(幼稚産業) 보호를 위한 산업보호정책이 시행되고 무역장벽이 설치되기도 했다.[5]

냉전체제하에서 남북한의 '추격·추월 전략'은 일정하게 성과를 거두었다. 그러나 1970년대부터 시작된 냉전체제의 부분적 완화, 1970년대 말 이후 중국경제의 세계경제로의 편입, 1980년대 말 이후의 사회주의권 붕괴는 남북한 내부의 분단경제를 규정했던 기본환경의 일각이 무너진 것을 의미했다. 거기에 전세계적으로 진행된 무역·투자·금융 자유화, 정보통신산업·생명공학산업·메카트로닉스[6]산업에서의 기술혁명은 국경을 초월한 경쟁력을 필요로 하며 '개방경제형 정부'의 새로운 역할을 요구하고 있다.

이러한 환경변화는 공고한 분단경제를 흔들고 있다. 즉 냉전체제의 이완과 글로벌화의 진척은, 더이상 국민경제적 차원의 경제조정이 힘든 조건을 만들어놓았다. 세계경제 또는 세계체제는 정치·군사적 수준과 경제적 수준에서 할 수 있는 국민국가의 능력을 점점 더 침해하고 있다. 남한은 세계자본의 흐름에 한층 직접 연관되었으며, 이는 초국적자본의 국내 유입뿐 아니라 국내자본의 초국적자본화까지 포함한다. 국내 자본축적의 한계와 기존의 국제분업체계의 붕괴로 인해, 북한은 이제 새로운 씨스템을 마련하여 세계경제·세계체제와의 관계를 조정하는 것이 불가피해졌다.

현재 남북한은 모두 격렬한 내부 구조의 변화중에 있고 이전 체제를 해체·분해하는 압력은 강해지고 있다. 분단체제를 규정하던 외부환경은 변화했으며 남북한간 적대감도 부분적으로 이완되었다. 남한에서는 민주화가 일정하게 진행되었고, 북한에서는 계획체제를 뒷받침하는 국제분업관계가 와해되었다. 남북한 경제 내부에 작동하던 강제적·명령적 동원체제의 힘은 전보다 약화되었고, 양극화 또는 이중구조화가 진행되고 있다. 이러한 국가의 강제력 약화와 내부분화는 '흔들리는 분단체제'의 정치경제상의 현상물이다.[7]

남북한 경제의 내부분화

남한에서 '국가 주도의 추격·추월 전략'이 크게 타격을 받은 것은 1987년 전후이다. 1985년 플라자합의(Plaza Agreement) 이후 개선된 세계시장 여건에 편승하여 남한의 재벌체제는 그 외형을 크게 확대할 수 있었고, 국가의 조정력은 상대적으로 약화되었다. 한편 민주화운동의 진전으로 종래 자원유출 또는 수탈의 대상이던 노동·농업·환경 부문의 정치력이 크게 성장했다. 이에 따라 국가가 주도하여 저(低)요소가격의 투입조건을 만들어주고 자본—노동관계를 조정하던 종래의 체제는 한계에 부딪히게 되었다. 또 전통적 기술패러다임을 혁신하는 기술혁명이 세계적인 차원에서 진행됨에 따라, 후발국에 의한 혁신기술의 독자개발은 없다는 전제가 상당부분 무너졌다. 또 전통기술도 한국이 개발도상국 선단(先端)까지 발전함에 따라 후발국에 의한 기술추격의 여지가 거의 소멸되었다.

이러한 상황에서 남한경제는 1997년 외환위기를 맞았고, 위기를 계기로 엄혹한 구조조정을 단행한 일부 대기업은 글로벌 경쟁에서 생존할 수 있는 기술적·금융적 기초를 마련했다. 그러나 격렬한 구조변화 속에서 생존의 입지를 확보한 영역에서는 자본이나 노동 모두 위험을 기피하고 단기주의적 시야 속에서 적절하게 타협하는 '나쁜 균형' 상태가 나타나고 있다. 한편 구조조정에 따른 실업의 저수지 역할을 하던 여타 부문은 위기 이후 경기 회복을 위한 적극적인 내수부양이라는 거품이 사라지자 다시 엄혹한 한파에 시달리게 되었다. 즉 도소매업, 숙박업 등 써비스업의 양극화가 빠르게 전개됐으며, 기계부품산업이나 중소기업은 경쟁력이 취약해지는 문제가 크게 부각됐다.[8]

한편 북한경제는 김일성체제 후반기부터 이미 한계에 봉착했다. 이후 김정일체제가 출범했으나 개혁과 개방이 모두 지연되면서 상황은 더욱 악화됐다. 또한 크게 약화된 국가의 관리능력에 따라 전반적 이완과 점층적 하강 현상이 뚜렷한 가운데, 경제 각 영역은 시장화가 진행되는 부문과 그렇지 못한 부문으로 분화하고 있다.

과거 북한은 사회주의 경제, 구체적으로는 중앙집권적 계획씨스템이라는 제도적 기반 위에서 자력갱생, 정신적 자극 우선, 고(高)축적·강(强)축적, 중공업 우선발전 같은 수단·정책을 사용했다. 그러나 강제축적 메커니즘으로 고축적을 달성하더라도, 생산에서도 그에 상응하는 성과가 나오는 것은 아니다. 북한은 이미 1970년대부터 자본효율이 급격히 하락했고, 70년대 후반과 80년대 전반부터는 농·공업 생산이 둔화되기 시작했다. 이에 더하여 1989~91년에 전개된 사회주의권의 체제이행은 북한이 속해 있던 국제분업체계의 붕괴를 의미하는 것이었고, 이에 따라 북한의 석유·원자재·식량의 공급원, 경공업제품의 수출시장이 결정적으로 축소되었다.

특히 1990년을 분기점으로 급속하게 경제가 후퇴하면서 계획부문과 비공식부문의 경계가 빠르게 허물어지기 시작했다. 계획부문에서 비공식부문으로 자원이 불법적으로 이동하는 경우가 빈발해졌고, 배급체제가 약화되면서 농민시장과 직매점 등 합법적 비공식부문의 기능이 암시장화했다. 이중가격체계가 형성되면서 공식적 임금은 무의미해졌으며, 계획부문의 공동화(空洞化)와 맞물려 비공식부문이 활성화되었다. 이에 따라 북한경제는 종래의 직접적 명령에 의한 조정방식과 물물교환 등 자발적·퇴행적 시장화에 의한 조정양식이 병존하게 되었다(이석기 2004, 174~81면). 북한은 어쩔 수 없이 이러한 현상을 인정하여 일정한 범위에서 시장 조정양식의 효율성을 활용하고자 2002년 7·1조치를 시행했다.[9]

3. 분단경제의 조정을 위한 기본정책

금융·무역·투자가 글로벌화하고 기술의 혁신과 비약이 가능해진 환경 속에서 남북한은 모두 내부분단을 조정하고 적절한 협력관계를 발전시켜야 하는 이중의 과제에 직면해 있다. 남북한 모두 내부분단화 조정을 위한 핵심고리는, 중소형 경영체를 중심으로 한 혁신·시장화 전략과, 특정 지역에 역량을 집중하는 지역거점·특구 전략이라고 판단된다. 분단경제에서 탈피하기 위해서는 '개방경제형 정부'의 새로운 능력이 중요하다. 특히 지역 차원에서 배양된 새로운 정부 능력은 남북의 분단경제를 협력·균형·통합발전의 방향으로 전환하는 데 꼭 필요한 자원이다.

남한: 독립형 중소기업 발전을 위한 지역거점 전략

　1960년대 이후 한국의 산업정책은 유치산업 부문의 국내기업이 선진국으로부터 구매한 중위기술에 기반하여 선발국 추격(catch-up)을 쉽게 하도록 국가의 지원체제를 구축하는 과정이었다. 한국은 선발국이 가지고 있던 선행필수조건(대체물)을 국가가 제공하는 전략(대체전략)을 채택했고, 이 과정에서 대기업은 비대화하고 중소기업은 상대적으로 취약한 구조를 가지게 되었다.[10]

　한국에서 일부 대기업은 더는 산업정책의 대상이 될 필요가 없을 정도로 세계시장에서 뚜렷한 존재가 되었지만, 대부분의 중소기업 발전은 지체되어 내부분단 문제의 핵심을 이루고 있다. 그러나 대기업·중소기업 사이의 전통적인 하도급 구조를 점차 수평적 네트워크로 전환한다는 목표는 그 자체로는 실현되기 쉽지 않다. 글로벌 경쟁환경에서 대기업의 아웃쏘씽(outsourcing) 같은 비용절감 노력을 막을 수도 중소기업과의 우호적인 연계를 강제할 수단이나 근거도 없다.

　종래와 같은 추격과정이 종식되어감에 따라 앞으로는 대기업·중소기업 간의 국적을 초월한 전략적 제휴와 국경을 초월한 지식네트워크가 점점 더 증가할 것이다. 중소기업 입장에서는 이러한 제휴와 네트워크를 이용하면서 발전하는 것이 더 중요해질 것이다. 하도급형 중소기업의 경우 해외의 글로벌 기업에 대한 납품을 확대함으로써 새로운 기술의 습득 기회를 넓히고 규모의 경제 효과를 제고해야 한다. 더 중요한 것은 독자적으로 혁신과정을 수행하는 독립형 중소기업·벤처기업이 발전하도록 하는 것이다.

　국가는 기업들이 선진기술을 스스로 개발하여 글로벌 경쟁에서 승리할 수 있는 사회경제적 씨스템을 구축해야 한다. 이를 위해 독립형 중소기업·벤처기업의 혁신과 성장을 가속화하는 산업정책에 집중해야 할 것이다. 독립형 중소기업·벤처기업의 발전은 지역혁신체제의 형성을 통해 지원하는 것이 세계적인 추세이다.[11]

독립형 중소기업·벤처기업의 발전에 필요한 지역혁신체제의 구축은 쉽지 않은 과제이고, 이에 소요되는 자원, 특히 정부 능력은 제한되어 있다. 따라서 국제적 경쟁력을 갖춘 개성있는 몇개의 지역거점(regional hub)을 중심으로, 그 지역 안에 계통을 구축하는 데 중앙과 지방 정부의 역량을 집중할 필요가 있다. 예를 들면 몇개의 지역을 정하여 각각 그 안에서 항구―거점―내륙으로 계통화하고, 기존의 동북아 경제중심과 국가혁신체제 구축을 위한 정책수단을 통합·집중하는 것이다. 이는 "중소도시들이 연합하고 주변의 산업클러스터(industrial cluster) 및 농촌지역과 더불어 자족할 수 있는 규모의 어번 클러스터(urban cluster)"를 만들자는 제안과도 상통하는 것이다(김석철 2003).

현 경제정책의 최대 문제는 문제의 뿌리를 파악하는 너른 시각과 핵심역량을 집중하는 일관성있는 전략이 부족하다는 것이다. 양극화 문제의 대처에는, 단기적으로 시의성있고 효과적인 거시정책이 중요하고, 중장기적으로는 글로벌 경쟁력이 있는 지역과 중소기업·벤처기업을 발전시키는 것이 필요하다. 지역단위에서 새로운 단계의 산업정책을 설계하고 추진하기 위해서는 중앙―지방의 정부 능력을 집중적으로 강화해야 한다. 분권화 자체가 만능은 될 수 없고 이러한 정부 능력이 배양되게 하는 분권화 모델이 설계되어야 한다.[12]

북한의 경우 핵문제가 최대 현안이지만, 이 문제는 단시간 내에 결말을 보기는 어려울 것으로 보인다. 정치체제 문제도 자주 논란이 되지만, 집권자가 누가 되든 간에 효과적인 경제관리 및 이행의 문제는 일상에서 계속 부딪히는 핵심과제이다. 사회주의 각국의 사례를 볼 때, 이행기에 재산권 변동이나 사유화 같은 제도개혁의 필요성은 상당히 감소되고, 시장과 국유기업의 양극단 사이에 여러가지 형태의 '제3의 길'이 존재할 가능성이 많이 거론되고 있다.[13]

북한에서 개혁정책의 주체 문제가 매우 중요하다는 의견도 있지만, 집권엘리뜨의 교체가 있든 없든 간에 개혁정책의 패턴변화 폭은 상당히 제한적이라 할 수 있다. 독일통일의 사례와 동북아의 조건을 감안할 때 남한정부에 의한 흡수통일이 갑자기 이루어지기는 어렵다. 그렇다면 북한의 정책 주도세력은 당분간 개발독재를 시도할 가능성이 크고, 이는 넓게 보아 중국형에 가까운 모습이 될 것이다.[14]

북한의 경우, 인쎈티브제도의 회복과 생산의 정상화 중 무엇이 우선이라고 할 수 없다는 의미에서 두 과제는 상호 인과관계에 있다. 생산의 정상화는 인쎈티브제도의 회복을 위한 전제조건이고, 인쎈티브제도를 복구하는 것은 장기적인 생산의 정상화를 위한 기초가 된다. 그리고 개혁으로 나아간다는 것은 재정씨스템의 분권화와 지방화, 그리고 분권화된 경제조직에서 개별적인 경제적 인쎈티브의 강화를 의미한다. 이러한 경제개혁의 과정에서 소유권 문제를 해결하지 않고는 경제적인 인쎈티브가 작동할 수 없다는 주장도 있지만, 사적 소유제의 전면적 도입 없이도 여러 개선조치 등을 통해 씨스템의 효율성을 높일 수 있는 방안은 많다.

북한이 처한 여건을 고려하면 특구를 개발해 특구 중심의 시장지향적 중소형 경영체 창출이라는 개방·개혁 전략을 채택함으로써 시장부문과 계획부문의 격차를 줄여가는 것 외에는 방법이 없다고 판단된다. 이 과정에서 기업·농업 개혁은 점진적으로, 그리고 국유기업과 사영기업, 협동조합·기업농장과 가족농장이 병존하는 방식으로 추진하는 것이 불가피하다. 이러한 과정을 효과적으로 관리하는 것은 현재와 미래의 정부 능력과 관련된다.

북한에서 기업조직 개혁의 기본요소는 인쎈티브 개혁, 기업 지배구조 개혁, 소유제 개혁 등이다. 소유제 개혁 이전에 경쟁과 혁신을 통해 기존 씨스템의 효율성을 높일 수 있는 방안을 모색해야 하고, 기업 내부자들이 더 많은 책임을 지도록 권한이 강화되어야 한다. 아래로부터 새로운 중소기업이 창설되도록 하고 이들에 대해 사적 소유권을 보장하는 한편, 경쟁력 없는 국유기업은 빠르게 퇴출해야 할 것이다.[15]

이러한 씨스템 개혁에는 적절한 수준의 제도공급이 필요하다. 적절한 제도공급을 위해서는 특구를 설치해 제도실험과 정부 능력 배양을 병행하는 것이 좋다. 이같은 한국과 국제사회의 대북한 경제협력은 북한의 '복선형' 씨스템 개혁을 자극하고 추동하는 계기뿐 아니라 북한경제 전체의 이행비용을 감소시킨다. 개성공단 공동개발 같은 사업은 남북한 경제 내부의 분단화와 남북간 분단체제를 재구성하는 데 대단히 중요한 역할을 할 것이다.

4. 분단체제를 넘어: 남북-동북아 협력발전과 개방형 민족경제

분단체제와 남북-동북아 경제협력

남북간 분단경제는 세계경제, 냉전체제와 관련되어 있다. 분단체제의 극복은 개방화의 환경 속에서 평화·통일·혁신이라는 어려운 목표로 나아가는 과정이며, 동북아 경제협력은 이들 목표 사이의 관계를 조절하며 이 목표를 향해 나아가는 속도를 높이는 역할을 할 수 있다.[16]

우선 남북 경제협력과 동북아 경제협력은 남한 자체의 성장한계를 돌파하는 수단이다. 남북-동북아 경제협력은 한반도의 평화를 뒷받침하고 내수시장의 한계를 뛰어넘는 기능을 한다. 남북-동북아 차원에서 협력프로젝트를 설계하고 추진함으로써 새로운 투자영역을 발굴하여 성장의 동력을 확보할 수 있게 된다. 이는 역내 평화체제의 태동에 조응하는 경제씨스템의 기반으로 삼을 수도 있고, 한반도 경제통합의 지렛대가 될 수도 있다. 역내에서 자본이 흐르고 고일 수 있도록 하는 것, 여객과 화물을 모으고 나누는 것은, 글로벌화에 적응하면서 글로벌화를 넘어서는 안전판을 마련하는 것이고, 경제가 평화를 부르고 평화가 경제를 밀어주는 선순환(善循環)구조를 만드는 계기가 된다. 동북아 경제협력은 대외개방과 남북한 협력발전을 매개하는 결절점이다.

동북아 경제협력은 분단체제가 야기하는 위험은 물론 세계경제·세계체제로부터의 위험을 완충하는 기회를 제공한다. 우리가 글로벌화라는 충격을 국내적으로 차단하는 데만 주력할 뿐 지역화 흐름에 소극적이거나 저항적인 태도를 고집한다면, 한반도는 경제적 고립을 자초하고 지역주의의 주도권은 중국, 일본, ASEAN 국가들로 넘어갈 가능성이 크다. 남한은 동북아 통합을 '주도'할 여건이 충분하다. 경제적으로 동북아의 통합조건이 동남아보다 양호하고, 그중에서도 한국은 강대국 사이의 교량적 위치에 있기 때문에, '공동의 집' 건설을 주도하는 데 유리한 입장에 있다.[17]

동북아 경제협력은 남북 경제통합의 진전에 기여할 것이며, 한국은 남북한 협력을 통해 동북아 주도권을 확보할 수 있다. 그러나 이를 위해서는 반드시 한반도경제 통합이라는 과정이 동반되어야 한다.

지역통합의 과정은 에너지·철도·통신 같은 기능적 협력을 먼저 추진하고 이를 기초로 점차 높은 수준의 통합으로 나아가는 방식이어야 한다. 우리가 동북아에서 에너지협력, 교통망 통합 같은 프로젝트에 참여할 뿐 아니라 주도권을 확보하기 위해서는 남북한 협력이 이루어져야 한다. 분단체제의 극복과 동북아에서의 지역주의 발전은 이처럼 긴밀하게 관련되어 있는 것이다.

남북-동북아 경제협력의 발전단계

남북 경제통합은 점진적·진화적으로 이루어져야 한다. 시간이 길어지거나 짧아질 수는 있으나, 급진적 변화에 의해 단계를 건너뛰게 되면 심각한 부작용과 막대한 댓가를 치르게 될 것이다. 남북 경제통합 과정은 동북아 협력의 진전과 연계하여 단계별로 진행되어야 한다.

첫째, 협력발전의 단계이다. 이때는 남북한 협력의 점들을 형성하고 네트워크를 형성한다. 특구개발과 협력프로젝트를 통하여 종래의 비협조게임의 틀을 협조게임의 틀로 전환한다. 북한주민이 기본적 생존권을 확보할 수 있도록 경제기반 복구를 지원하고 그밖의 인도적 지원을 수행한다. 남한은 국내적으로 동북아와 세계로 연결되는 무역, 금융거래, 산업생산의 '경제중심' 또는 '허브'를 지향한다. 이를 위해 남한에서는 동북아로 향하는 지역거점을 발전시키고, 한반도·환황해·환동해의 여러 점들을 선으로 잇는 네트워크 구축에 착수한다. 또 국제적 무역투자 자유화의 부작용에 대비한 제도개선에 주력한다.

개성공단 개발사업은 협력발전 단계에서 남북경협과 관련된 제도적 인프라를 마련하는 시범 프로젝트이다. 개성공단 사업이 종래의 교역 중심에서 투자확대로 이어지게끔 하고 개성공단에 직교역사무소를 두어 직교역을 제도화하도록 한다. 개성공단이 잘 운영되도록 국내의 남북교류협력법과 남북당국간 합의서, 국제협약 관련 사항을 정비해야 한다(양문수 외 2004, 108~20면).[20] 또 개성공단과 수도권 지역경제가 보완적으로 발전하게 함으로써 남북간 균형적 분업구조의 모델을 제시한다. 이런 점에서 개성공단은 한반도의 미래를 향해 열린 창이다. 서울과 인천의 날개를 자르는 것이 분단이라면, 개성—서울—인천으로 이어지는 지역경제권은 분단된 한반도를 묶고 동북아로 향하는 튼튼한 삼각 날개가 될 수 있다(우정은 2003).[21]

둘째, 균형발전의 단계이다. 남북한이 적절한 분업구조를 형성할 수 있도록 시장적 기초 위에서 무역·투자와 산업협력을 확대한다. 남북간 자유무역지대를 확대하고 포괄적인 무역투자협정을 통해 분업과 전문화의 이익을 얻도록 한다. 북한의 시장화 개혁을 재정·금융적으로 지원하고 북한주민의 자유주의적 권리 확대를 지지한다. 북한의

74

시장화 개혁의 구성요소는 '사영기업＋국유기업'의 기업체제, '가족농장＋협동조합/기업농장'의 농장체제, '시장화＋정책개입'에 의한 가격·유통체제, 외부로부터의 자극과 지원에 의한 기술혁신 등이다. 이는 '아래(시장)로부터의 길'과 '위(제도)로부터의 길'이 혼합된 형태라는 점에서 '복선형(複線型) 개혁의 길'이다. 한반도를 중심으로 한 인접지역으로 구성된 공간에서는 확대된 무역과 물류의 '네트워크＋허브' 형성을 주도하고 협력프로젝트를 개발하여 한반도—환황해—환동해 경제권 형성을 주도한다.

셋째, 통합발전의 단계이다. 여기에서는 경제공동체를 형성하여 경제통합의 이익을 얻도록 한다. 정치적으로는 국가연합 수준의 통합을 이루고 북한주민이 사회적 권리를 확보하도록 한다. 이는 북한주민에게 내국민 수준의 정치적 권리와 사회복지를 제공하며, 이에 대한 부담은 남북한 국가연합의 재정에서 일정하게 책임지는 것을 의미한다. 이를 위해 남북한 국가연합의 재정이 상당한 수준으로 확보되어야 한다. 또 남북한에 공통적으로 적용될 수 있는 효율적인 고용창출 복지 또는 상호주의적 복지모델의 형성이 필수적이다.[18] 그리고 동북아에서는 공동시장과 통화동맹을 추진하고, 남북한 사이에는 화폐통합과 부분적인 재정통합을 이뤄야 한다.

새로운 한반도 경제체제의 목표는 분단체제를 해체·재구성하고 동북아에서의 신지역주의를 발전시키는 과정에서 형성되는 '개방형 민족경제'의 형성이다. 개방형 민족경제는 개방경제를 지향하되 혁신적 산업씨스템과 공정하고 효율적인 공공씨스템을 결합하는 체제이다.

개방형 민족경제는 다자주의·지역주의·민족주의의 동심원 구조를 의미한다. 다자주의란 강대국의 일방주의를 견제하며 WTO체제와 공존하면서 새로운 평등한 국제경제질서를 형성하는 것이다. 지역주의란 역내 국가와의 무역·투자 확대에서 출발하여 동아시아 경제통합으로의 발전을 지지하는 것이다. 민족주의란 남북 협력발전에서 시작하여 통합적 민족경제로 발전하는 것이다. 이들이 서로 배격하지 않고 상호보완적이도록 한다.

개방의 진전은 사회적 영역의 확대와 함께 이루어져야 한다. 사회적 영역의 확대는 국가 주도와 시민 주도가 혼합된 형태여야 한다. 현재 사회적 영역은 범위가 대단히 협소하고 기능과 역할이 취약한 상황이다. 따라서 혁신을 전제로 한 공공부문의 확대 전략이 필요하다. 정부는 교육·보건의료·복지·공공행정 써비스 등 사회적 써비스에서의 경쟁력있는 공공부문을 강화하도록 한다.[19]

개방형 민족경제는 민주주의의 심화와 함께 이루어져야 한다. 이는 내부적으로 합리적인 개방·보상의 교환체계를 마련하는 것을 의미한다. 시장과 개방의 혜택을 보는 주체에게는 이에 대한 사회적 책임을 요구해야 한다. 잘 대표되지 않는 취약계층의 이익을 주장하고 실현할 수 있는 통로가 마련되어야 하고, 단기주의적 전망과 이해관계를 넘어서 '숙의(熟議)'에 기초한 민주주의(deliberative democracy)가 이루어져야 한다.[20] 민주주의를 심화하는 민중은 지속적이고 안정적인 성장(sustained and stable growth)을 중시하므로, 더 넓은 공공의 이익을 지지하고 국민국가를 강화하며 민족국가 형성에 기여한다. 이렇게 민중을 다시 정의한다면, 우리는 이렇게 말할 수 있다. "민중적인 것

76

은 민족적이고, 민족적인 것은 민중적이다."

5. 마치면서

우리가 어떤 체제를 만들고 무엇을 할 것인지를 판단하려면, 먼저 외부환경과 내부의 능력을 현실에 기초한 전략적 눈으로 점검해야 한다. 한국은 내수시장이 작고 자원이 부족한 중규모 국가이며, 주변에서는 4대 강국이 엄청난 힘으로 꽉 조이는 환경하에서 금융·무역·투자의 글로벌화와 새로운 기술혁명이 진전되고 있다. 냉전체제가 이완되면서 북한경제의 구조적 모순이 집중적으로 나타났다. 남한은 국제적 경쟁이라는 더 많은 위험에 노출되었다. 산 앞에서 산 뒤를 넘어다보는 심원(深遠)의 눈으로 보면, 고단한 삶의 정경들 뒤에는 '흔들리는 분단체제'가 산맥처럼 펼쳐져 있을지 모른다.

새로운 환경에 적응하고 한정된 내부의 힘을 효과적으로 사용하기 위해서는 핵심 표적을 선정하고 이와 관련된 정책믹스를 조직적·단계적으로 배치해야 한다. 이에 필자는 남북―동북아 협력발전 전략과 함께 중소경영체를 중심으로 한 혁신·시장화와 지역거점·특구화의 정책믹스를 제시했다. 이 길을 따라 산봉우리를 넘고 사이사이의 폭포와 기슭의 시내를 건너다보면 좀 넓고 후련한 '개방형 민족경제'로 향하는 길에 도달할 수 있으리라 믿는다. 그 길은 공공의 이익을 지지하는 민중과 국민국가, 그리고 북한민중과 다음 세대까지 포함한 '개방―혁신―연대' 체제로 가는 길이다.

4장

개방화 속의 국민경제·민족경제·지역경제

1. 시작의 실마리

〈장면 1〉 WTO 농업협정에 따라 한국도 매년 국내보조금 감축 의무를 이행하고 의무수입물량(MMA)을 확대해왔다. 국내 쌀생산이 증대되는데 쌀소비는 급격히 감소했다. 쌀 재고물량 감축을 위해 북한에 쌀 보내기가 시도되었으나, 주요 언론의 비판에 직면하여 무산되었다. 농림부장관 자문기관인 양곡유통위원회는 추곡수매가를 전년보다 4~5% 인하해야 한다고 정부에 건의했다. 농민단체들은 강력히 반발했고, 마침내 정부는 2001년 12월 4일 추곡수매가를 동결하기로 했다. 이에 양곡유통위원회의 소비자 및 학계의 일부 대표들은 위원직을 사퇴했다.

이러한 장면들을 보면서 1980년대 초에 대학을 다녔던 필자의 입장에서는 격세지감을 느끼지 않을 수 없다. 그 시절 "직접적 생산자의 이익을 증대시키는 것이야말로 역사의 진보를 위한 것이자 경제학의 임무"라는 가르침에 가슴 두근거리던 기억이 생생하다. 지금 그때의 초심을 되살려 '하강분해'중인 농민의 이익을 위해 정부·노동자·시민·기업가를 설득해야 하는가?

주어진 조건·환경 등을 감안하면서 실행 가능한(feasible) 대안, 새로운 '생각의 집'을 만들 필요가 있다고 생각한다. 이를 위해서 '민족경제론'은 일국경제·축소균형의 지향이 수정된다면 매우 의미있는 출발점이 될 것이다. 한국경제학사에서 '민족경제론'만큼 '단계론'(경제정책론)의 방법론적 문제의식을 지닌 경우를 발견하기는 쉽지 않다. 국민국가적 시장이 전지구적 시장으로 이행하면서 자본이 국민국가를 공격하고 노동과 직접 상대하려고 하는 시점에서, 민족경제론의 합리적 핵심이라고 할 수 있는 '국민경제'의 의미는 새롭게 규정될 수 있다.[1]

이 글에서 논의하는 국민경제·민족경제·지역경제는 아직 현존하지는 않지만 머지않은 장래에 존재할 수 있는 것이다. 굳이 국민경제를 정의한다면 18세기 이래의 국민경제나 1945년 이후의 국민경제에 머무르지 않고, 세계시장과 교통하는 국민경제·민족경제로 외연을 확대하려 하면서 지역경제의 내포를 충실히하려는 경제이다. 그런 의미에서 우리가 구상하는 국민경제는 '국민경제·민족경제·지역경제'이다.

이제 세계시장, 국내시장, 국제경제기구, 국민국가, 동아시아, 민족분단, 계급·계층, 지역사회 등 미궁처럼 얽힌 경제문제들에 새로이 접근하면서 제기되는 문제는 다음과 같다.

첫째, 우리는 식량과 에너지를 스스로 공급할 수 없는 작은 나라라는 것, 또 내수시장만으로는 안정된 소득과 고용이 보장될 수 없어서 수출시장이 필수적이라는 것, 따라서 세계화 또는 개방의 문제가 주어진 여건이라는 것.

둘째, 경제위기 이후 일본을 필두로 하는 '기러기행렬' 형태의 동아시아 분업구조가 동요하고 있다는 것, 중국이 '세계의 공장'으로 부상한다는 것, 세계 각국 제조업의 중국 진출 열기가 뜨거우며 한국의 기업들에도 중국붐이 고조되고 있다는 것, 한국 제조업의 중국 진출로 한국경제에서 제조업은 사라지고 써비스업만 남지 않을까 하는 우려가 고조되고 있다는 것.

셋째, 보수진영에도 진보진영에도 남북간 분단문제를 무시했으면 하고 바라는 이들이 적지 않지만 종국에는 이의 해결을 회피할 수 없다는 것, 국제관계 또는 남북관계의 환경 악화가 북한의 개방정책 지연, 경제실적 악화, 북한의 체제경색으로 이어지며, 이는 다시 관계악화를 가져오는, 이른바 '분단의 악순환'이 계속된다는 것.

2. 드높은 세계화의 파도 속에서

〈장면 2〉 예수가 십자가에 못박힌 후 유대인들은 메시아가 올 것을 확신하며 로마에 대한 투쟁을 계속했다. 로마제국은 명장 베스파시안을 파견하여 유대의 도시들을 장악해갔으며 그의 아들 티투스는 서기 70년 마침내 예루살렘을 함락했다. 그 과정에서 100만명 이상의 사상자가 발생했다. 유대인들의 저항은 계속되었고 최후의 항전은 3년 뒤

마사다 요새에서 이루어졌다. 마지막 남은 960명의 남자·여자·아이들은 로마군에게 항복하기를 끝까지 거부하고 전원 옥쇄하였다.

개방에는 두개의 얼굴이 있다

현재 우리가 당면한 개방화의 압력은 우리가 역사적으로 매우 새로운 국면에 들어섰음을 의미한다. 신자유주의적 세계화는 종래의 국민경제의 역할을 크게 약화시키고 있다. 혹은 그 성장의 자연적 결과로(성장동기이론), 혹은 그 독과점적 성격 때문에(산업조직이론), 그리고 연구개발·마케팅·지식 등을 거래할 수 있는 시장이 불완전한 경우 이들 거래를 기업 내부화하기 위해(내부화이론), 직접투자를 늘리고 전략적 제휴를 추진한다. 이제 초국적기업은 전세계에 입지를 두고 생산을 하며 세계시장을 대상으로 마케팅활동을 벌인다. 또 1980년대의 '금융혁신'을 통해 국민국가 단위의 금융규제는 급속히 약화되었다. 그리고 신기원을 이룬 정보기술의 혁신에 기초하여 정보라는 '필수품'이 세계 각지로부터 공급되었다.

이러한 세계화의 경제적 효과에 대해서는 여러가지 논란이 있다. 한편에서는 포트폴리오(분산투자)의 국제적 다변화를 통해 위험이 분산될 수 있고, 개발도상국에 유입된 자본이 성장을 위해 투자될 것으로 기대한다. 각국 정부의 방만한 정책이 제어될 수 있고, 장기적으로는 투자가 증가하여 생활수준이 향상될 것으로 전망하기도 한다.

그러나 다른 한편에서는 빈번하게 이동하는 금융자본이 돌연한 열광이나 공포에 의해 몰려다니게 됨으로써(herding) 오히려 위험이 증대될 수 있으며, 세계시장의 왜곡으로 부의 효율적 배분이 이루어지기

82

어려워지는만큼, 세계화가 국민경제 차원에서는 경상수지 악화와 거품 형성으로 귀결될 것을 우려하기도 한다. 사전에 위기를 억제하기보다는 사후적 처방으로 위기를 더욱 증폭시키는 경향이 있으며, 정책자율성의 제약 때문에 분배구조가 악화될 것이라고 주장한다.[2]

이러한 두가지 관점 모두 나름대로 설득력있는 경제학적 근거를 제시할 수 있을 것이다. 그러나 분명한 것은, 세계가 하나의 시장으로 통합되는 경향을 보이지만, 범세계적인 조절양식이 현재 존재하지 않는다는 사실이다. 세계시장의 실패를 교정하고 불공정한 거래행태를 규제하기 위해서는 세계적인 차원의 조절양식이 필요하다. 그러나 이러한 '세계정부'가 성립되기 위해서는 현존하는 국민국가의 다양한 이해관계와 정치적 자율성을 넘어설 수 있어야 한다. 어쩌면 이는 영원히 오지 않을 '대동(大同)'세계의 꿈인지도 모르겠다.

현실세계에 존재하는, WTO로 대표되는 새로운 국제질서는 후진국들을 더 확실히 세계체제에 편입시키는 한편, 자신들 이외에 강력한 국민국가가 존재하지 않는 국제질서를 수립하기 위한 선진국, 특히 미국의 의도에 따른 것이라고 할 수 있다. 이는 세계적 차원에서 과두체제를 제도화하는 것으로 볼 수 있으며, 이러한 세계질서를 건설하는데는 힘의 논리가 크게 작동한다.

그러나 국제경제질서가 단순히 미국의 이익만을 관철시키는 일원적인 구조로 편성되고 있다고 볼 필요는 없다. 우선, 국제기구들의 입장에도 다양한 스펙트럼이 존재하며, 특히 WTO는 1국 1표의 원칙을 따르고 있기 때문에 형식적으로만 볼 때는 전례없이 민주적인 국제조직이다. 물론 WTO가 실제로는 강대국들 위주로 운영되지만, 형식상의 제도가 강대국의 행동반경을 제약하는 측면을 전적으로 무시할 수

는 없다(Chang and Evans 2001).[3]

또 미국의 입장도 현실적으로 하나로 확정되어 있다고 볼 수는 없다. 미국의 대외경제정책은 자국의 이익만을 추구하는 일방주의, 다자간 무역라운드에 적극 참여하는 포용주의, EU에 대응하는 지역주의가 중첩되어 있다. 따라서 뉴라운드가 표류하여 교착상태에 빠질 경우 일방주의·지역주의가 강화될 가능성도 배제할 수 없다. 한편 동아시아의 경우에는 발전단계의 격차가 크고 뚜렷한 정치적 리더십이 존재하지 않기 때문에 지역주의의 흐름이 형성되는 데는 상당한 시간이 필요할 것으로 보인다.

우리의 입장에서는 신자유주의적 세계화, 미국·EU의 지역주의, 미국·중국 등 대국의 일방주의에 대응할 방책이 필요하다. 대체로 이는 국민국가의 역할을 개선하는 것, 이를 토대로 확대된 조절양식으로서의 민족경제 및 세계경제 형성에 참여하는 것이 될 것이다. 이제 세계를 향한 농성체제는 가능하지도 않을뿐더러 이롭지도 않을 것 같다.

자유주의적 개혁이 필요하다

1997년 말 발발한 경제위기 이전까지 한국경제는 다른 개발도상국과 비교해볼 때 극적인 성과를 나타냈다고 볼 수 있다. 높은 경제성장률을 유지하면서 급속하게 공업화를 달성하고 산업구조를 고도화했다. 또한 한국을 포함한 동아시아는 다른 지역에 비하면 상대적으로 공정성을 수반한 성장(shared growth)을 이룩했다. 세계은행은 이를 '동아시아의 기적'으로 칭송한 바 있는데, 아시아 경제위기 이후 동아시아 모델에 대한 평가는 크게 변했다. '기적'을 가져오는 데 기여했다는 합리적 경제정책, 정부의 시장에 대한 선택적 개입, 경제발전과 공업화를 촉진한 제도·조직 등 여러 요인은 '재고'(rethinking)되어야 했다(World Book 1993; 2000).

'기적'에서 '붕괴'로 이르게 된 데 몇가지 요인이 거론되었다. 첫째, 국제 단기자금설 내지 유동성 위기설(liquidity crisis), 둘째 국내 금융제도의 취약성과 금융시장의 미발달, 셋째 가족에 의해 지배되는 대기업의 기업지배구조의 취약성 등이 바로 그것이다. 세계은행은 당초 단기적인 자금수급의 불일치에 주목했으나, 나중에는 금융제도와 시장의 구조적 문제를 좀더 중시하였다. 그리하여 '붕괴'의 대처방안으로 기업활동에 관한 법률과 회계·감사제도를 포함한 금융제도 개혁을 강조하게 되었다(World Book 1998; IMF 1999).

위기의 원인이 동아시아의 제도적 후진성에 있다는 주장은, 선진국 자본의 이익을 대변하는 논리라는 비판도 제기되었다. 그러나 이같은 자유주의 경제학의 논리에 대한 비판이 대내적인 기업개혁·금융개혁의 불필요성의 근거로 해석되어서는 안된다. 또 위기의 원인을 외국자본 또는 국내재벌의 어떤 '의도'와 연결시키거나, 대내적 개혁이 외국자본 및 국내재벌의 이해관계에 모두 부합한다고 보는 것도 사실과 다르다.

기업개혁과 금융개혁은 한국경제를 운용하는 핵심주체들에게 책임성과 상호감시 및 규율을 민주적으로 강제하는 것이다. 개방이 전제될 경우, 시장의 제도와 계약과 규칙에 의한 강제가 민주적 책임성이 발휘되는 데에 매우 중요한 역할을 한다. 국가예산 사용시 관료들의 책임과 규율이 강화되어야 한다. 그리고 국가정책들이 세밀하게 추진되기 위해서는 정책이 제대로 전달될 수 있는 사회적 하부구조가

구축되어야 한다. 또 국가정책의 수립과 효과적 실행을 위해서는 관
련 정보씨스템을 구축하여 활용하고 대민써비스의 질을 높이는 것이
중요하다. 이를 위해 업무의 우선순위 조정을 위한 인쎈티브씨스템을
도입하고 평가 및 승진 씨스템을 바꿀 필요가 있다.

물론 기업이 합리적으로 의사결정을 행하고 관료-금융-기업 등의
상호감시체계가 적절하게 작동한다고 해도 특정한 조건하에서는 실
물경제와 무관하게 위기가 발생해 급속히 확산될 수 있다. 범세계적
인 자금이동을 차단할 수단이 강구되지 않는 한 위기의 가능성을 원
천적으로 봉쇄할 방법은 없다. 그러나 효과적인 국내씨스템이 구축된
다면 금융세계화에 의해 발생하는 위기의 강도를 완화할 수는 있을
것이다.

소국으로서 '신자유주의적' 세계화라는 도전에 대응하기 위해서는
'자유주의적' 개혁을 추진해야 한다. 이로써 국가의 경쟁력을 제고할
수 있는 전제조건을 만든 후 새로운 환경에 유효한 산업정책을 개발
해야 한다. 국민국가 차원의 제도와 규칙 정비라는 자유주의적 개혁
의 '과소'는 신자유주의의 '과잉'을 초래하고, 결과적으로 노동자와
농민의 경제 참여 영역도 축소시킨다.[3]

3. 가파른 동아시아의 골짜기에서

〈장면 3〉 태공망(太公望)이 영구(營丘)에 봉해졌을 때, 그곳의 땅은
소금기가 많고 주민은 적었다. 이에 태공이 방직 등 부녀자들의 일을
장려하고 공예의 기술을 높이 끌어올리고 생선과 소금을 유통시키니,

물자와 사람들이 마치 엽전 꾸러미가 꿰진 듯 수레바퀴 살이 중심으
로 모여들듯 모두 그곳으로 몰려들었다. 그리하여 제(齊)나라는 천하
에 관과 띠, 옷과 신을 공급하게 되었고, 동해와 태산 부근의 제후들은
옷깃을 여미며 찾아와 제나라에 경의를 표했다(「화식열전 貨殖列傳」 『사
기(史記)』).

동아시아는 급변하고 있다

아까마쯔 카나메(赤松要)가 주장한 '기러기행렬 형태론'(wild-
geese-flying pattern)은 원래 후진국의 무역정책과 단계적 공업발전의
상호관계를 제시한 것이다. 즉 세계경제는 국가를 기본단위로 하여
이질화(기술혁신)와 동질화(기술도입)가 이루어지며, 이에 따라 후발국
내부에서는 특정 산업의 '수입→국내생산→수출→역수입'의 무
역·생산 싸이클이 나타난다는 것이다(Kaname 1962, 赤松要 1972).
　그러나 아까마쯔의 논의는 점차 아시아 역내 경제의 분업구조를 묘
사하는 것으로 인용되었다. 즉 아시아 경제는 앞서가는 일본이 첨단·
고부가가치 분야를 담당하고, 이어 NIES·ASEAN·중국의 순서로 기술
이전과 공업화가 이루어지는, 마치 기러기가 순서를 지켜서 비행하는
모습으로 이해되었다. 그러나 이러한 분업구조와 발전패턴은 중국경
제의 부상과 일본경제의 약화로 이제는 무너지고 있다.
　일본은 90년대의 잃어버린 10년 동안 '디플레이션→기업실적 악
화→실업증가→소득감소→소비침체'의 악순환이 계속되는 장기불
황 속에서 각 부문이 연쇄적으로 '축소재생산'되었다. 구조조정을 지
연시킨 채 경기부양에 주력한 결과 정부재정은 선진국 중 최악이 되

었다. 금리도 제로 수준이어서 통화·금융정책이 효과를 거둘 수 없는 '유동성 함정'에 빠진 셈이다. 이제 단기적으로 유효한 정책수단은 엔화가치의 평가절하뿐이라고 할 수 있다.

이러한 일본경제의 부진과 함께 막강한 경쟁력을 자랑하던 일본 제조업의 위치도 조금씩 위협받고 있다. 가격경쟁력을 상실한 부문이 늘어남에 따라, 중저가제품의 생산라인·마케팅조직뿐만 아니라 첨단산업의 연구개발 분야까지 중국 등으로 대거 이전할 수밖에 없을 것으로 보인다. 이미 마쯔시따(松下)와 후지쯔(富士通)는 뻬이징(北京)에, 혼다(本多)는 꽝저우(廣州)에 연구쎈터를 발족시켰다. 또 쏘니는 우시(無錫)에 리튬2차전지 공장을, 쎄이코엡슨은 쑤저우(蘇州)에 액정표시장치 공장을 건립했으며, NEC는 샹하이(上海)에 반도체 공장을 확장했다.

한편 중국은 경쟁력 강화에 매진하면서 일본과 NIES 제조업체들의 영역을 잠식하기 시작했다. 삼성경제연구소에 의하면, 중국은 이미 일부 제조업 분야에서 '세계의 공장'으로 부상하였다. 백색가전, 섬유, 신발, 발전설비, 플랜트 건설 부문에서는 이미 일본 등 선진국을 추월했다고 한다. 또 한국과는 철강 등 중화학공업이 5년 내에, 정보통신·자동차·석유화학·조선 등이 10년 내에 대등해질 것으로 전망된다. 10년 후 한국이 중국에 비교우위를 가질 품목은 반도체 정도에 불과하다는 전망이다(유진석·박번순 2001).

미래 전망의 타당성 여부는 차치하더라도, 그간 중국의 고도성장은 매우 극적인 것이었다. 개혁·개방 이래 20년간 연평균 거의 10%라는 고도성장을 이루었으며, 동아시아 경제위기 이후에도 7~8%대에 이르는 성장을 꾸준히 유지해왔다. 이로써 중국경제는 전체 규모 면에서

2001년 말 기준으로 이딸리아를 제치고 세계 6위가 되었으며, 결국은 미국까지 추월하여 세계 1위가 될 전망이다. 게다가 2008년 하계올림픽 개최권을 획득하고 143번째 회원국으로 WTO에 가입함으로써, 새로운 '기적'과 '신화'의 주인공으로 떠오르고 있다.

이처럼 일본·한국·중국 사이의 발전단계의 격차가 점차 줄어들자 동아시아에서는 특정 부문에 대하여 자금투입이 집중되면서 각국간의 경쟁이 치열해지고 있다. 종래의 수직적인 산업간 분업체계도 흔들리고 있다. 동아시아 지역경제는 그간 미국시장에 상당한 정도를 의존해왔다. 일본은 그간 수평적 분업체제 구축을 기피함으로써 대부분의 역내 국가의 대(對)일본 무역역조가 심화되어왔다. 하지만 수출선으로서의 미국의 역할, 수입선으로서의 일본의 역할이 앞으로도 유지될 것인지는 불투명하다.

동아시아지역 내에서 완결적이고 협력적인 분업구조가 쉽게 형성될 것으로는 보이지 않는다. 오히려 국가간의 경쟁이 더욱 치열해지며, 따라서 세계적 과잉생산의 가능성도 높아지고 있다. 동아시아 각국은 현재 산업경쟁력을 제고하여 국가의 경쟁력을 확보하는 데 힘을 기울이지 않을 수 없는 조건이다.

국가의 경쟁력을 확보해야 한다

그간 동아시아에서는 시장에 대한 정부의 개입을 용인하는 경제씨스템을 발전시켜왔다. 그러나 1980년대 후반 이후 냉전체제가 붕괴하고 경제의 자유화와 세계화가 진행됨에 따라, 강력한 국가의 존립근거와 경제개입의 수단은 약화되었다. 또 정부 주도 산업정책의 문제점

이 부각되기도 하고, 신기술혁명에 따라 기술·기능과 경험축적의 중
요성이 감소했다는 주장도 제기되었다. 이에 따라 정부와 기업의 관
계, 기업지배구조, 기술형성체계, 노동시장 등을 미국형으로 개편해야
한다는 제안이 주류를 형성하고 있는 듯하다.

그러면 자유주의적 개혁을 위해 국민국가와 민족의 이해를 우선하
고 공업화에 의한 경제성장을 통해 국력을 강화하고자 하는 발전지향
국가(developmental state)의 목표까지 포기되어야 하는가. 기업개
혁·금융개혁·정부개혁과 산업정책의 추진은 양립할 수 없는 것인가.
그러나, 아직까지는 따라잡기(catch-up) 발전의 여지가 남아 있으며
국가의 경쟁력을 강화하는 노력을 포기할 수 없다.[4]

이러한 판단의 근거는 다음과 같다. 첫째, 고용과 소득분배의 문제
를 들 수 있다. 한국은 경공업 발전을 통해 농촌에서 유출된 청년 및 여
성 인력을 흡수한 다음, 중화학공업 발전을 통해 대중교육을 받은 남
성 가장노동력을 흡수했다. 이들이 중산층에 편입되면서 사회의 안정
성을 유지하는 역할을 했다. 그러나 제조업을 중심의 산업발전을 포기
할 경우, 고용구조는 '사무직–생산직' 중심에서 '전문직–써비스직'
중심으로 전환된다. 그런데 제조업 발전은 여타 써비스업 발전의 동력
이며 전문직과 써비스업의 고용을 창출하는 기초가 된다. 또 전문직–
써비스직의 '좋은 일자리'는 양적으로 제한될 수밖에 없다.

둘째, 수출 문제이다. 한국의 경우 수출의존도가 높아서 세계경제
의 영향을 크게 받는 구조적인 문제가 있다. 일정한 성장률을 유지하
면서 수출의존도를 낮추려면 수출산업 이외의 부문이 빠르게 성장해
야 한다. 그렇다고 성장 가능한 내수부문인 써비스·금융의 경쟁력을
갖추는 것도 쉽지 않은 일이다. 제조업의 써비스업으로의 대체가 경

제의 안정성에 기여하는가도 검토해야 한다. 세계경제의 불안정 속에서도 생존의 위협을 받지 않기 위해서는 제조업의 고부가가치 부문에서 수출경쟁력을 확보해야 한다.

셋째, 기술개발 또는 혁신(innovation)에 관한 문제이다. 이는 자동차·철강·조선·가전 등 전통 제조업의 비중을 축소하고, 신기술 부문으로의 전환 문제이기도 하다. 현재로서는 한국경제 내부에서 발명(invention)과 혁신의 연쇄가 이루어지고, 그에 따라 한국경제가 비선형적 발전을 계속할 '능력'을 갖추었다고 보기는 어려울 것 같다. 여전히 수입기술의 도입과 개량, 경험을 통한 학습, 누적적인 개선이 중요하다고 할 수 있다. 따라서 국가·기업·종업원의 '능력' 강화를 위한 활동에 지속적인 관심이 필요하다.

산업정책의 틀을 새롭게 짜야 한다

앞서 우리가 자유주의 자체를 위한 자유주의적 개혁을 주장한 것은 아니었으므로 이러한 개혁은 국가의 경쟁력 강화를 위한 산업정책 개발과 모순되지 않는다. 다만 경제의 자유화·세계화 추세 속에서 국내기업을 업계단체로 조직화하고 정책금융 등으로 특정 산업을 지원하던 종래의 방식은 이제 불가능해졌다.

한국의 경우, 적어도 1997년 경제위기 이전에는 금융개방을 포함한 써비스·농산물 시장의 개방을 단계적으로 확대하는 방식을 취했고, 외국인 직접투자의 비중도 상대적으로 낮았다. 자본흑자국인 일본의 경우도 미국의 압력을 단계적으로 수용하는 방식으로 개방에 대처했으며, 중국의 경우에도 외국인투자 비중이 상대적으로 높고 서부 대개발 등으로 인해 외자를 도입해야 할 필요성이 크지만, 과잉생산의 가능성이 있는 부문에 외자를 규제하는 정책을 펼치고 있다.[5]

때로는 상반될 수 있는 개방정책과 산업정책도 서로 적절한 수준에서 잘 조합될 경우, 개방이 산업정책의 효율성을 보장하고 산업정책이 개방의 폐해를 보완하는 선순환을 가져올 수 있다. 단, 금융세계화라는 새로운 흐름 속에서 개방과 산업정책이 국민국가의 생산력 발전을 담보하면서 결합될 수 있느냐는 여전히 그 국민국가의 정책능력에 달려 있다. 이때 국민국가의 정책능력은 단순히 특정 전략산업을 집중적으로 육성하는 것에 한정되지 않는다. 기업 내 기술력과 경영능력, 기업간 전략적 제휴능력이 기업의 생존을 좌우하게 될 것이다.

따라서 이제 '산업간 구조변화를 통한 산업구조 고도화 전략'보다는 '산업 내 구조변화를 통한 고도화 전략'이 중요해졌다. 전통 제조업이 그저 중국으로 이전되도록 방치할 것이 아니라, 제조업 가운데서도 고부가가치 사업영역을 개발하고 그 입지를 국내에 두도록 해야한다. 이를 위해서는 새로운 산업영역을 혁신적으로 개척하는 전략(대기업과 벤처기업 사이의 역할분담)과, 숙련도 높은 근로자와 혁신된 신기술을 결합하여 기존의 제조업을 한 단계 더 진보시키는 전략(대기업과 중소부품기업 간의 역할분담)이 동시에 추진되어야 한다.

이를 위해서는 국가경제의 전체적 관리·조정 능력, 즉 정부의 정책능력이 향상되어야 한다. 그리고 그 정책의 핵심은, 민간기업이 주체적 능력(역동성)을 발휘할 수 있도록 각종 사회적 하부구조를 구축하는 일, 사회적 갈등을 조정하는 제도적 틀을 확립하고 정착시키는 일, 기술·환경·식량 등에 관한 국가적 어젠다를 만들어내는 일등이 될 것이다.

4. 막히고 부서진 국토와 지역에서

〈장면 4〉 파리스는 스파르타의 왕비 헬레네를 꾀어 소아시아에 있
는 트로이로 데리고 갔다. 이를 징벌하기 위하여 그리스 연합군이 결
성되었고 그 유명한 트로이전쟁이 발발했다. 지루한 전투 끝에 연합
군은 거대한 목마를 이용하여 트로이 성을 함락시켰다. 그러나 싸움
에서 승리하더라도 끝이 모두 좋은 것은 아니다. 연합군의 장군 아킬
레우스, 아가멤논은 비극적인 최후를 맞았다. 오디세우스도 10년 동
안 갖은 고초를 겪은 후에야 초라하고 늙은 거지의 모습으로 고향에
돌아갈 수 있었다.

민족경제 형성이 시급하다

북한은 계속 강제축적에 의한 막대한 투자를 통해 급속한 공업화를
추구했으나, 1970년대부터는 내적 한계에 부딪히기 시작했으며, 1980
년대 말 1990년대 초에는 심각한 축적의 위기에 빠지게 되었다. 이로
써 남북한간 체제경쟁은 일단락되었지만, 향후의 문제가 그렇게 간단
하지는 않다. 일본·중국 모두 북한경제가 연착륙에 실패할 경우를 우
려하고 있으며, 이는 한국경제에도 치명적인 교란요인이 될 수 있다.

한편 남한처럼 북한도 경제의 규모 문제가 커다란 제약조건이다.
그간 북한은 자립적 민족경제를 강조하면서, 민족국가 단위로 재생산
이 실현되는 경제구조, 자체의 현대적 기술, 자체의 견고한 연료·원료
기지, 자체로 육성되는 유능한 기술간부의 확보를 위해 막대한 비용을

치렀다. 그러나 자원과 국내시장의 제약 때문에 북한 같은 소국 모형에서 자력갱생이란 목표는 당초부터 실현되기 어려운 과제일 수밖에 없었다.

사회주의권 붕괴 이후 북한은 석유·원자재·식량의 주요한 공급원과 경공업제품의 수출시장을 일거에 상실했고, 국가 전체가 '고난의 행군' 대열에 서지 않을 수 없었다. 현재 북한경제는 재생산구조를 회복하기 위해 축적의 원천을 외부에서 새로이 구하지 않을 수 없는데, 전망이 밝은 것은 아니다. 우선 국제분업구조에 성공적으로 편입되기 위한 북한경제의 외부여건이 그다지 좋지 않다. 자본주의의 황금기가 마감되고 냉전체제가 해체되었으며, 다양한 발전단계가 혼재된 중국이 급부상하고 있는 상황이다. 이제 세계체계 속에서 집단적 상향이동은 기본적으로 불가능해졌으며, 수출을 통한 개별적 상향이동을 이루기에도 상당히 어려운 조건이 형성되고 있다.[6]

다음으로는 내부의 능력과 의사 문제이다. 이는 새로운 축적의 원천, 즉 외자는 자금제공자의 이해관계와 결부되어 있다. 따라서 북한은 국가 차원의 외자유입 동기를 제공해야 한다.[7] 하지만, 현재 변화의 양상은 '제한적'이다. 아직도 집권적 계획씨스템하에서 IT산업을 집중 육성하려 하고 농업에서 토지정리·종자개량을 강조한다든지, 종전처럼 정신적 자극을 위해 여러가지 캠페인을 벌인다든지 하는 움직임이 계속되고 있다. 그래서 외부에서는 북한의 변화에 대한 능력과 의사에 대한 의심이 사라지지 않고 있다.

북한 스스로의 제도개혁이 지연되는 가운데, 남한에서는 북한에 대한 '퍼주기'를 비난·방해하는 메커니즘이 작동하고 있다. 분단이 개혁·개방을 지연하고, 개혁·개방의 지체가 분단을 심화시키는 '악순

94

환'이 계속되는 것이다. 이 과정에서 향후 남북한 양측이 부담할 기회 비용은 누적적으로 증대하고 있다.

우리가 생각하는 민족경제는 남북한 경제의 공존과 분업이 이루어 짐으로써 발전의 안정성과 가능성을 확대할 수 있는 경제이다.[8] 이러 한 민족경제 형성을 위해서는 그 한 축을 담당해야 할 북한경제가 '자 유주의적'인 방향 — 이 용어에 정치적 의미를 부여해 오해하는 일이 없기를! — 으로 개선되는 것이 전제되어야 한다. 종래 북한의 경제씨 스템은 그 구성요소들이 서로 보완관계에 있는 나름대로 견고한 체계 였다. 그러나 축적의 위기는 전략 변경의 필요성, 제도·조직의 부분 적 이완을 가져왔다. 이는 지속적이고 구조적인 압력이며, 그 영향이 전략, 기술, 제도·조직, 가치 등 씨스템 전반에 조금씩 쌓이고 있다. 이런 의미에서 북한의 경제씨스템은 복합적이고 점진적인 '적응적 진 화'(adaptive evolution)의 도정에 들어섰다고 판단된다.

여기에서 '도미노 쓰러뜨리기'의 시작이 될 수 있는 중요한 계기는, 외부로부터의 자금·기술·식량의 유입과 농민시장의 확대이다. 외부 로부터의 자금 유입은 축적메커니즘의 변화를 가져올 수밖에 없으며, 이는 농업부문의 가격결정 메커니즘, 자원배분방식, 경영조직 등의 재 편을 촉진할 것이다. 또 외부로부터의 기술 유입은 종래의 동원에 의 한 집약적 기술체계를 혁신하는 기반을 제공할 것이다. 기술혁신에 따른 생산증대는 잉여생산을 가능하게 함으로써 시장화를 촉진하는 요인이 될 수 있다.

한편 시장의 확대는 다양한 방식으로 제도의 '개선'을 가져올 수 있 다. 현재 북한의 제도·조직은 정보처리능력에 한계가 있으며, 무엇보 다도 댓가를 치르지 않고 편익만을 취하는 무임승차자(free rider)의 문제를 해결할 수 없다. 농장의 경우, 특성상 쉽게 인쎈티브를 제공할 수 있고 모니터링 비용(monitoring cost)이 거의 들지 않는 가족농장을 도입하는 것이 중요한 대안이다. 사회화 또는 조직화의 수준이 높은 일부 집단농장의 경우 모니터링과 차등임금을 도입하여 기업조직으로 전환하는 방안도 모색할 수 있다. 기업의 개혁방향은, 첫째 모니터링과 차등임금 제도를 강화해 위계제(hierarchy)의 장점을 확대하는 것, 둘째 결정의 책임과 권한을 분산함으로써 기업구조의 합리성을 제고하는 것이다.[9]

남한에서도 북한에서도 경험한 바이지만, 민족경제가 형성되지 못한 상태에서 국민경제가 불안정해지면 민중의 일상적 생활도 파괴된다. 민족적 생활양식을 보전하기 위해서는 일정 수준의 구매력을 갖춘 인구 1억 정도의 경제권이 필수적이라고 볼 수 있다.

북한이 정체하고 있는 동안 중국이 크게 약진했기 때문에 환황해경제권으로 북한이 편입되기에는 격차가 너무 벌어진 것으로 보인다. 현재로서는 한반도종단철도(TKR)와 시베리아횡단철도(TSR)의 연결사업이 순조로이 추진되고, 또 러시아 극동, 중국 동북지방이 북한과 함께 개발되기를 기대해본다. 이렇게 되면 북한의 지리적 위치가 더욱 중요해지면서 북한이 대륙경제권의 한 축으로 역할을 할 수 있게 될 것이다.

어떤 경우든, 중국의 개방 초기에 외자도입과 관련해 화교네트워크의 역할이 컸던 것처럼, 북한도 한국 자본의 중요성을 인식하는 것이 필요하다. 한국 제조업이 중국·베트남으로 이전되고 있는데, 그 방향을 북한지역으로 일부 돌리는 노력이 시급하다. 향후 몇년의 시간을 놓치면 기회가 다시 오지 않을지 모른다. 남북한 모두 보이지 않는 시간과 경쟁하고 있다.

'압축화된 공업화'(compressed industrialization) 과정은 '기적'이라고까지 불린 성과를 거두기도 했으나, 다른 한편으로 수많은 부작용을 구조화했다. 공동체적 기반의 지역사회가 붕괴되고 모든 다양한 가치는 성장지상주의로 일원화되었다. 국민국가와 기업 수준에서의 '관리'와 '경쟁'이 강화됨으로써 개인간에 지위 상승을 위한 치열한 경쟁이 벌어졌고, 그 결과가 40대 남자 사망률 세계 1위라는 현실로 나타났다. 세계적으로도 유례를 찾기 어려운 일극(一極) 집중으로, 대다수 사람들이 패배자가 되고 승리자도 안도하기 어렵게 되었다.

개발의 성과로 1인당 국민소득이 1만달러에 이르게 되었지만, 이러한 부작용을 해소할 씨스템은 아직 정착되지 않고 있다. 국민소득 1만달러의 사회는 1000달러 미만의 사회와는 다른 새로운 씨스템을 요구하지만, 그 씨스템은 3만달러 이상의 선진국과는 여전히 다를 수밖에 없다. '성공'을 이루었다고는 하지만, 한국은 서유럽에 비하면 상대적으로 후발국의 처지이며 발전의 단계도 낮은 편이다. 사회 전반의 '신뢰' 수준이 낮기 때문에, 시장경제도 제대로 작동하지 않고, 국가복지의 '전달'도 효과적으로 이루어지지 않는 경우가 많다.

당분간 국가의 재정력 확대와 기업의 경쟁력 강화는 상반(trade-off) 관계에 놓일 가능성이 많다. 그러한 점에서 시장경제의 사회적·제도적 하부구조를 갖추는 데 막대한 국가예산을 투입하는 것은 머지않아 한계에 부딪힐 것이다. 더욱이 교육예산을 GDP(국민총생산) 대비 5%

이상으로 올리는 것, 사회복지예산을 정부예산의 20% 이상으로 올리는 것은 현실적으로 쉽지 않은 과제이다. 현재 국가재정의 급속한 확대는 별 효과를 거두지 못한 채 국가경쟁력과 기업의 역동성에 부정적 영향을 미칠 가능성이 있다.

때문에 우리는 국가의 경제개입을 좀더 규율화(regularization)하고 지역 차원의 자활적 복지를 강화하는, 종래의 동아시아 모델과 서유럽의 사회민주주의 모델의 중간쯤에 해당하는 방안을 모색할 필요가 있을 것이다.[10] 여기에서 중요한 역할을 하는 것은, 국민국가보다 좁은 범위의 '지역' 즉 커뮤니티(community)이다. 지금까지 경제력은 계속 세계시장·국민국가·기업에 집중되어왔다. 그러나 그것들이 개인의 생활을 유지시키고 안전을 보장하지는 않는다는 사실이 경제위기를 통해 여실히 폭로되었다. 이에 따라 경제력 집중으로 발생할지 모르는 위험을 분산하기 위해, 주민의 생활기반 일부를 분담하는, 공공성이 강하고 소규모로 분산된 부문이 새롭게 능력을 갖출(empowerment) 필요가 있다.

'지역'은 지역주민들에게 일자리를 제공하는 역할을 해야 한다. 아울러 지역은 풀뿌리 민주주의가 실현되는 장이며, 지역 스스로 저소득층에게 복지를 제공하는 능력을 보유하여야 한다. 지역은 나름대로의 교육·훈련 체계를 확보해야 하고 자기 지역의 문화적 전통에 기반을 두고 있어야 한다(Coulton 1996).

나아가 '지역'은 따라잡기형 발전과는 다른 '또 하나의 발전' 가능성을 시험하는 무대가 되리라고 본다.[11] '지역'은 공간적 범위일 뿐만 아니라 스스로 사고하고 행동하는 주민을 기본으로 한 사회의 경제적 구성원리를 의미하기도 한다. 이러한 의미에서 지역경제는 협동형 경제라고도 할 수 있다. 협동형 경제에서는 기본적으로 경제를 구성하는 한 사람 한 사람이 서로 평등한 입장에 서서 서로의 이익을 존중한다. 이는 시장메커니즘을 배제하지 않지만 인간을 중심에 놓는 사고에 입각해 있다. 상식적인 이야기지만, 오로지 비즈니스만을 추구하는 사람만으로 가득 찬 나라를 선진국이라고 하지는 않는다.

5. 개방화 속의 한국경제를 위한 구상

층층으로 쌓인 공간을 지나오고 보니 그 모습이 마치 3층집을 닮았다. 마치 브로델이 했던 것처럼, 그러나 그와는 반대순서로 3층집 비유를 전개해보자. 각 층에는 천장과 바닥으로 구분되는 공간이 있다. 맨 꼭대기 3층은 세계시장의 공간이고, 그 아래 2층은 국민국가·국민경제의 공간이다. 맨 아래 1층은 기업이라는 공간인데, 그것을 구성하는 자재는 자본과 노동이며, 대기업이라는 방과 중소기업이라는 방이 있다.

먼저 3층에서 일어나는 움직임들에 대해서 이야기해보자. 세계시

그림 세계시장-국민경제-기업경제의 3층구조

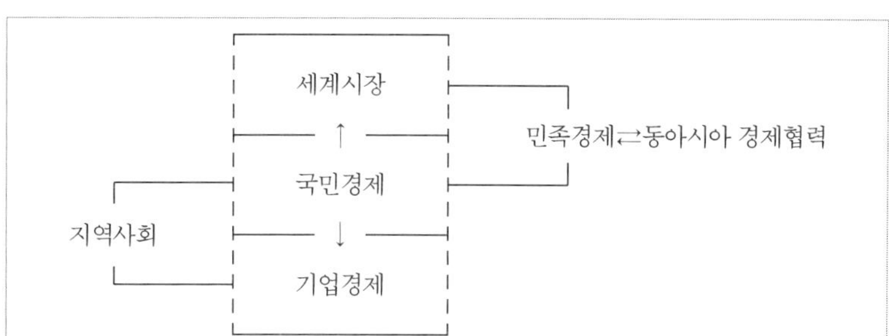

출처: 필자 작성

장의 확대 또는 개방에는 필시 두개의 얼굴이 있다. 세계화의 효과는 단일한 방향으로 확정되는 것은 아니므로 개방을 무조건 부정할 필요는 없다. 그리고 동아시아에서의 기러기행렬은 흩어지고 있다. 이제 산업간의 안정적이고 단계적인 분업구조가 해체되고 있으며, 한국·일본·중국이 거의 동일선상에서 경쟁하는 쪽으로 변화하고 있다.

다음으로, 3층의 구조변화에 맞춰 어떻게 2층과 1층을 수리할 것인가 하는 문제가 우리의 큰 관심사다. "이제 2층이 무슨 필요가 있겠는가" 하는 식의 과격한 논의도 있지만, 경제위기 후에도 경제회복과 수출경쟁력 향상을 위한 국가의 새로운 역할이 다시 주목받고 있다. 특히 각 경제주체들이 '민주적 책임성'의 원칙을 구현하도록 제도와 규칙을 만드는 것은 매우 중요한 과제이다. 개방화 속에서 시장의 제도와 계약과 규칙에 의한 강제는 민주적 책임성을 높이는 데 중요한 역할을 한다. 국가는 산업구조 전환의 비전을 제시하고 관련된 정보를 제공하는 역할을 수행해야 한다. 물론 국가부문의 책임과 규율도 강화되어야 한다.

이렇게 해서 3층구조의 골격을 살펴보았다. 그런데, 이 3층집이 과연 안정적인가. 아무래도 맨 위층의 압력은 강하고 그것을 받치고 있는 2층과 1층의 힘은 부족하지 않은가. 3층에서 내리누르는 압력을 완화하고 분산하는 새로운 기둥들이 필요한 것은 아닌가.

2층과 3층 사이에는 민족경제와 동아시아 지역협력이라는 기둥이 필요할 것이다. 남북한의 분단은 한국경제가 국민경제로서 존재하는 데 매우 위협적인 교란요소로, 그에 따른 기회비용은 누적적으로 증대하고 있다. 또 남북한 모두 안정적인 내수시장을 확보하기에는 경제규모가 작다. 따라서 민족경제의 형성은 시장교란 요인의 제거와 내수시장 확대라는 이중의 효과를 거둘 수 있다. 또 향후에는 국가간·기업간 전략적 제휴능력이 매우 중요해진다는 점에서 지역협력을 위한 적극적 역할을 수행해야 한다.

또한 2층과 1층 사이에는 지역사회라는 기둥이 필요하다. 이제 한국의 경우 기업은 물론 국가도 개인의 복지를 보장하기 어려운 형편이다. 국가재정을 쉽게 확대할 수도 없고, 확대하더라도 그 효과가 불투명하기 때문이다. 이에 따라 주민의 생활기반 일부를 분담하는 지역사회의 강화가 필요하다.

우리는 2층과 1층을 수리하고 각층 사이에 단단한 기둥을 세운 집의 모습을 꿈꾼다. 그 집은 지붕과 위층의 무게를 이겨내며, 비바람에 쉽게 흔들리지 않으면서도 양지바르고 바람이 잘 드나드는 튼튼한 집이다.

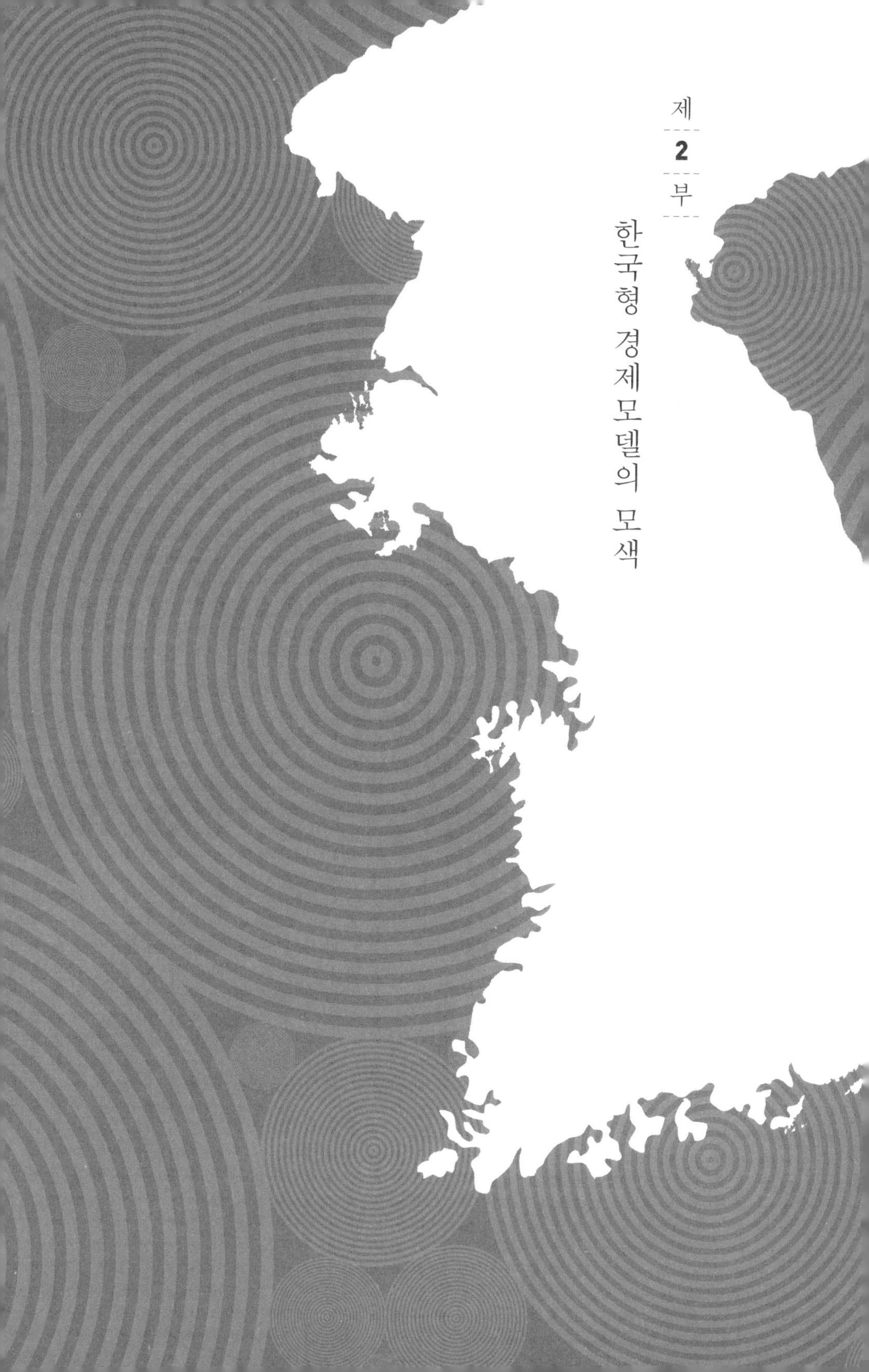
제
2
부

한국형 경제모델의 모색

5장

동아시아 경제와 한국의 87년체제

1. 왜 87년체제인가

확실히 1987년 이후 한국사회는 크게 변화했다. 무엇보다도 헌정체제의 변화와 그에 따른 형식적 민주주의의 진전이 있었는데, 이러한 의미에서 우리는 지금 87년'체제' 속에서 살고 있는 것이다. 경제적 측면에서는 민간부문이 크게 늘어났으며 국가의 역할은 축소되었다. 민주화운동과 함께 성장해온 노동운동과 농민운동도 일정하게 시민권을 확보함으로써 이전과 같은 저임금−저농산물가격 체제를 유지하기는 어려워졌다. 그런데 더욱 중요한 점은, 이러한 국내의 세력재편이 글로벌화의 진전, 동아시아 경제의 발전, 사회주의권의 붕괴라는 세계사적 변화와 중첩되어 진행되었다는 점이다.

국내처럼 확연하게 1987년으로 경계짓기는 어렵지만, 세계경제에도 1980년대 후반 이후 매우 중요한 변화가 있었다. 이러한 세계경제의 변화는, 국내에서 작동하고 있는 국가체제, 재벌체제, 노동체제, 농업체제와 교착하고 또 상충하고 있다. 경제'체제'는, 제도·조직 요소를 핵심으로 하되, 재화 고유의 특성이나 기술 요소가 포함되기도 하고 나아가 가치·규범 요소까지도 포괄하는, 안정적이고 꽉 짜인 개념이다. 이러한 '체제' 개념을 엄격하게 사용하려 한다면, 1987년 이후의 한국경제는 '체제'라기보다는 '과도기'나 '이행기'로 표현하는 것이 덜 위험할 것이다.

그러나 국제환경과 국내체제가 잘 조응되지 않는 탈구(脫臼)상태가 의외로 길어지고 있다. 또 변화의 내용에 생산기술, 생산조직 등 세계적 차원의 생산양식 문제가 포함되고 있으며, 지금까지의 운동방식과는 전혀 다른 새로운 대안 문제를 제기할 수 있다. 따라서 '문제형성'과 '문제해결'의 관점에서라면 '87년체제'라는 개념이 유용하기도 하다.

그리하여 이 글에서는 1987년 이후의 경제씨스템 형성에 영향을 미친 내외적 계기와 모순을 살펴보고 새로운 전화의 방안을 모색하고자 한다. 동아시아 차원의 새로운 생산네트워크의 진전과 달리 국내 씨스템의 지체, 그리고 이러한 교착상태에서 벗어나기 위해 필요한 과제를 살펴볼 것이다. 구체적인 논의를 위해 자동차산업과 농업을 관찰의 사례로 택한다. 자동차산업은 전후방 연관효과가 높고 주요 재벌기업과 민주노총의 핵심사업을 포함하고 있으며, 농업은 경제발전의 초기와 완성기에 중요한 산업이다. 이 두 산업은 87년체제를 형성한 동력을 담지하고 있으면서 87년체제를 넘어서기 위한 사회경제적 대안이 필요한 부문이다.

2. 87년 이전과 87년 이후의 개관

87년 이전: 국가단위의 추격체제

남북한은 분단 이래로 매우 이질적인 두 경제체제를 구축했으나, 남북한 경제체제는 선진국이나 상대국 남북한을 따라잡겠다는 강한 국가의지에 따른 발전전략의 면에서는 1980년대까지 상당히 유사했다. 국가를 기본단위로 하는 이른바 '추격·추월 전략'은 경제발전의 중심을 공업화에 둘 뿐 아니라 이를 뒷받침하기 위해 이자율, 환율, 원자재 가격, 농산물 가격을 통제같은 가격 왜곡 정책을 활용한 통제적인 관리체제였다. 종종 유치(幼稚)산업 보호를 위한 산업보호정책이 시행되고 무역장벽이 설치되기도 했다. 국가 단위에서 공업화를 통한 급속한 경제성장으로 국력 강화를 시도하고 자원의 집중적 동원과 관리를 행하는 것은 역사상 새삼스러운 사례가 아니다. 선진국들도 절대주의 국가를 통해 상대적으로 강력한 산업정책을 실시했던 시기가 있었고, 스딸린시대의 소련에서도 공업화를 위해 국가가 적극 개입했으며 억압적 정치체제를 구축했다.

한국에서 일국적이며 폭력적인 스딸린식의 추격발전 전략이 채택될 수 있었던 것은 자본주의 세계체제의 성격과 관련이 있다.[1] 먼저 2차대전 후 확립된 브레튼우즈체제가 국가 단위의 정책적 자율공간을 일정하게 허용했다는 점을 지적할 수 있다. 브레튼우즈체제는 자본통제와 고정환율제를 통해 각국 정부가 사회보장제도, 완전고용, 성장 같은 국내 목적을 달성하기 위한 거시경제정책을 희생하지 않으면서 전세계 무역을 자유화할 수 있도록 하는 체제였다. 선진국 내에서는 자유무역 옹호자들과 사민주의자들 간의 타협의 산물로 각국 정부에 경제운용의 자율성을 상당히 허용하는 체제가 등장했고(데이비드 헬드 외 2002), 한국은 이에 편승하여 거시적 안정(물가억압) 속에서 경제성장을 추구할 수 있었다.

그리고 1950년대 중반 이후에는 얄따체제가 만든 분계선이 더욱 공고화되었다. 그때까지 미국은 자국의 영향권에 있는 개발도상국을 지원하는 수단으로 무역과 해외 직접투자를 중시하였으나, 1956년부터 분위기가 크게 바뀌었다. 흐루시초프의 대외적 경제공세, 세계 최초의 인공위성 스뿌뜨니끄의 성공적 발사, 소련의 제6차 5개년계획 등으로 '소련경제 위협론'이 제기되었고, 이로 인해 체제간 경쟁이 유발되었다. 개발도상국에서도 경제적 자유주의나 정치적 민주주의가 발전하는 것보다는 개발지상주의적 국가가 등장하는 것을 용인하는 분위기가 형성되었다(末廣昭 2000).

87년 이후: 교착(交錯)과 교착(膠着)의 체제

국가 주도의 추격발전 모델이 크게 타격을 받은 것은 1980년대 후반이다. 1985년 플라자합의 이후 개선된 세계시장 여건에 편승하여 남한의 재벌체제는 그 외형을 크게 확대할 수 있었고, 국가의 조정력은 상대적으로 약화되었다. 국가가 신용할당을 통해 투자방향을 정하던 방식에서 벗어나 점차 민간기업 스스로 투자를 결정하게 되었다. 한편 민주화의 진전으로 자원유출 또는 수탈의 대상이던 노동·농업·환경 부문의 정치력이 크게 성장했다. 이에 따라 저(低)요소가격의 투

입조건을 국가가 만들어주고 자본–노동관계를 조정하던 종래의 체제
는 한계에 부딪히게 되었다.

꾸준히 축적된 민주화운동의 힘으로 군사적 지배체제를 종식시킨
것이 직접적인 계기가 되었지만, 1980년대 후반에는 과거의 체제가
더이상 스스로를 조직할 수 없도록 하는 중요한 환경변화가 이루어지
고 있었다. 첫째, 냉전체제의 이완이다. 얄따협정 이후 10년에 걸쳐 구
체화된 냉전체제가 1970년대부터 느슨해져서 마침내 1989년 사회주
의권 붕괴로 이어졌다. 동북아의 냉전구조는 유지되었지만, 강권적
위기관리체제의 존립 근거는 서서히 약화되었다. 둘째, 더욱 중요한
것으로, 1980년대 이후 무역·금융·생산에서의 글로벌화·지역화 경
향이 점점 더 국가 주도의 추격전략과 조응하지 않게 되었다. 다국적
기업이 발전함에 따라 국가단위의 '점진적 추격' 대신 특정한 가치사
슬[2]에서의 '갑작스런 비약'이 빈번하게 발생하게 된 것이다.

이렇게 87년체제는 '국가'의 능력과 '추격'의 가능성이 크게 감소
한 조건에서 출범했다. 국가가 주춤거리며 후퇴하는 가운데 재벌은
활동공간을 확대했다. 국가와 기업 모두에서 외환 및 수지 관리의 실
패가 계속되었고, 재벌기업의 신용독점과 국가의 금융관리의 비효율
성이 누적되었다. 1997년 외환위기는 곧 경제 전반의 위기로 확대되
었고, 위기를 계기로 글로벌 스탠더드가 급속히 도입되었다. 엄혹한
경쟁에서 승리한 일부 재벌은 독점성을 강화하면서 국가의 보호 없이
생존할 수 있는 기술적·금융적 기초를 마련했으며, 구조조정의 압력
을 뚫고 현장 통제력을 유지한 조합운동들도 정치적·사회적 역량을
일정하게 보존했다.

일국적 추격체제에서 잉태된 재벌체제와 운동세력은 87년체제를

떠받치는 주요한 지주가 되었다. 대외적으로 글로벌화가 진행되면서 국제적 생산네트워크가 동아시아에 형성되었고, 한국도 이에 깊숙이 편입되고 있다. 세계가 점차 복잡해지면서 동아시아 경제와 국내 씨스템과의 교착(交錯) 또한 증가하고 있다. 그러나 87년체제의 미시경제조직은—재벌기업이든 운동조직이든—경직되고 폐쇄적인 조직형태에서 탈피하지 못한 교착(膠着)의 체제로 남아 있다. 환경이 복잡해질 때 씨스템은 자신을 변화시켜 환경 대처능력을 높이지 않으면 안된다. 87년체제는 글로벌화·지역화 속에서 국경을 넘어 형성되는 수평적 네트워크와 조화되는 방식으로 스스로를 혁신해야 하며, 이를 기초로 동아시아 경제를 좀더 민주적이고 참여적인 씨스템으로 만들어가야 한다. 이러한 점에서 87년체제는 이전보다 진보된 체제이면서 새로운 진보를 필요로 하는 체제이다.

3. 동아시아 생산네트워크의 형성

글로벌화와 동아시아 경제의 발전

브레튼우즈체제에서 유지되던 국경 조건과 정책적 자율성은 1970년대를 거치며 변화했다. 1950~60년대까지는 미국은 모든 부문에서 절대우위를 지켰으나, 1970년대 들어 일부 부문의 우위를 상실했으며 이에 따라 국제무역도 급증하기 시작했다. 선진국간 진전된 자유무역화라는 거대 흐름이 1980년대부터는 대부분의 개발도상국과 사회주의권에도 영향을 미치게 되었다. 국제 유동성 증가와 국제자본시장이 확대되어, 개발도상국과 동유럽 국가들이 자본시장에 편입되었다. 또 1980년대 말 이후 세계적 차원에서 해외직접투자가 크게 증가했고, 다국적기업은 가치사슬을 분할하여 초국적 차원으로 활동범위를 확장하였다.

이러한 조건에서 동아시아 경제의 팽창이 이루어졌다. 무역성장은 주로 미주·유럽·동아시아의 3개 블록에 집중되었는데, 동아시아 개발도상국들은 주로 OECD 국가에 제품을 수출함으로써 1980~90년대에 급속히 성장했다. 해외직접투자는 동아시아에 새로운 생산네트워크를 창출했다.[3] 동아시아 신흥공업국들은 생산물과 투입요소 두 분야에서 모두 무역을 발전시켰고, 저임금 생산품은 다른 빈곤국으로 이전되었다.

동아시아 국가들이 다국적기업의 핵심시장이자 기술 및 숙련된 종업원을 조달하는 네트워크에 포함된 데는 새로운 산업의 태동이 계기가 되었다. 미국에서 형성된 IT산업이 그것인데, IT산업은 기존의 기업 가치사슬을 해체하고 새로운 형태의 경쟁방식을 낳았다. IT산업의 기술진보는 '개방하되 소유권을 갖는'(open-but-owned) 씨스템을 창출했고, 시장지배력은 수직적으로 통합된 전통 조립업체에서 기술·부품·기업지원써비스를 공급하는 협력업체로 이전되었다.

1980년대에 미국 기업들은 동아시아지역에 자동화 설비에 기초한 조립공정을 이전했고, 나아가 부품 및 반조립품의 조달을 현지 자회사에 위임했다. 1990년대 들어 생산망은 더 넓어졌고 이에 따라 동아시아지역에는 지역생산체계가 형성되었다. 일본도 비교적 낮은 기술수준의 단계에서이지만 1980년대 중반 이후 해외투자를 확대하여 동남아에 생산네트워크를 형성했다.

타이완이나 싱가포르와 달리 한국은 1980년대 초까지 국내기업을 지원하고 외국기업의 투자를 선별하는 산업정책을 견지하며, 미국이나 일본이 주도하는 동아시아 생산네트워크 안에 들어가서 첨단산업을 육성하겠다는 전략을 가지고 있지 않았다. 대신 국내기업들이 독자적으로 첨단기술산업에 진입을 시도했다. 1980년대 말 삼성이 미국 벤처기업에 투자하고 이를 인수하여 미국내 R&D쎈터로 활용한 것이 대표적인 예인데, 이후 삼성은 미국내 R&D쎈터와 한국의 생산능력을 결합하여 지속적으로 성장했다. 이는 기술력을 가진 미국 기업들이 동남아의 생산능력과 결합한 것과 동일한 원리였는데, 차이는 한국 기업이 이러한 네트워크를 기획했다는 점이다(김주훈 2004).

자동차산업의 생산네트워크

IT제품, 특히 PC가 모듈형 아키텍처 제품을 대표한다면,⁴ 자동차는 통합형 아키텍처의 전형적인 제품이다. 자동차는 차종별로 핵심부품의 최적설계를 통해서만 요구되는 수준의 기능을 구현할 수 있다. 그래서 자동차산업에서는 설계에서 생산에 이르기까지 완성품업체와 부품업체 사이에 긴밀한 연계와 조정이 필요하고, 양자간에 수직적 통합구조를 가지는 경향이 있다(藤本隆宏 2004; 조성재 외 2005). 따라서 자동차산업의 해외투자는 제품의 특성, 산업구조의 변화 때문이 아니라 시장기회의 확대 차원에서 시작되었다.

포드, GM 등이 유럽시장 확보를 위해 유럽의 각국 정부가 지원하는 업체와 경쟁했고, 1970년대에 일본 기업들이 혁신적 경영기법을 확립하면서 수출 중심으로 유럽과 미국 시장에 침투했다. 1980년대 후반 들어서는 일본에서도 전문업체를 중심으로 분업체제가 재편되면서 폐쇄적이던 하청거래가 개방되기 시작했다. 이후 선두업체들은 해외생산을 확대하고 부품의 공용화와 글로벌 쏘싱을 추진하면서 폐쇄적 분업체제를 신차종 개발네트워크로 재편하기 시작했다. 그리하여 1990년대 중반에는 해외생산이 수출을 상회하게 되었다. 미국, 유럽 기업도 일본의 생산체제를 벤치마킹하면서 1990년대의 세계 자동차시장은 글로벌 생산과 과점적 경쟁이 격화되었다.

한편 IT산업의 발전에 따라 부품의 구매·판매씨스템이 획기적으로 변화하고 부품제조의 외주화, 부품의 모듈화가 급속히 전개되었다. 그 결과 부품업체간 경쟁이 가속화되었고, 완성차업체와 부품업체 사이의 관계뿐만 아니라 부품업체간 네트워크 형성도 중요해졌다.

한국의 대기업은 현대자동차를 중심으로 가공조립 부문에서 시작해 신차개발에서도 상당한 기술력을 축적하는 데 성공했으며, 일본에 비해 저렴한 인건비로 아시아시장에서 중소형 신차개발의 지역거점으로 자리잡았다. 한편 자동차 생산국의 시장이 대부분 성숙기에 도달한 가운데, 1990년대 말부터 중국에서 '자동차 붐'이 일어나 세계시장에서 중국시장의 위상이 크게 높아졌다. 이에 따라 세계 10대 상위업체 모두 중국에 진출하게 되었고, 중국은 세계 4위의 자동차 생산대국이자 3위의 자동차 소비대국이 되었다. 폴크스바겐 등 독일계 기업이 일찍부터 중국 현지업체와 제휴하여 우위를 점하고 있는 가운데 일본·미국·한국 업체들이 그 뒤를 추격하고 있다.

중국 자동차산업의 부상으로 중국에 투자가 집중되어 동아시아에 새로운 자동차 생산거점이 형성될 전망이다. 아직 신차개발 부문에서는 기술격차가 있지만, 중국은 노동집약적인 부품공급의 새로운 거점으로 부상할 것이다. 중국산 부품은 동아시아는 물론 미국 등 역외시장으로 수출되어 부품업체간 경쟁이 격화될 것으로 예상된다(한국개발연구원 지식경제팀 2003; 서석홍 2005; 박번순 외 2005).

농업의 무역·생산네트워크

농업도 글로벌 차원에서 급속히 시장화·네트워크화하고 있다. 선진국에서는 1930년대 대공황을 거친 이후 개별 국가의 사회적 안정을 우선시하여 '소득보상적 농업보호정책 체계'가 형성되었다. 이러한 틀 속에서 다른 부문에서는 자유무역이 진전되는 가운데 농업부문만은 예외로 인정되었다. 그러나 미국과 서유럽의 여러 국가들에서 가격보조 및 수출보조 정책으로 인해 과잉생산과 재정부담 문제가 점점 누적되어가자, 1980년대에는 농산물무역을 자유화하여 국내가격과 국제가격이 직접 연계되는 자유경쟁시장을 형성하는 방향으로 전환했다. 이에 따라 UR 농산물협상이 개시되었고, 1995년 WTO의 출범으로 농업의 자유무역체제는 글로벌 차원에서 제도화됐다.

이후 농업부문에도 새로운 경쟁방식이 도입됐다. 즉 국경조치나 국내보조가 점차 감축됨에 따라 농업무역이 크게 확대되었고, 농업생산은 중장기적으로 국가간 경쟁에서 경영체간 경쟁으로 전환하게 되었다. 농업무역의 전개는 여타 생산활동과 깊숙이 연계되어 교역재와 비교역재의 연결을 강화하고 농산물과 연관된 산업의 융합을 촉진한다.

농업의 무역망이 획기적으로 넓어지고 있으나 농산물 가격에서 차지하는 유통비용의 비중, 소비문화의 중요성 등을 감안할 때 지리적 거리는 여전히 중요하다. 따라서 농업무역의 지역화는 지역간 무역에 보완적이거나 지역간 무역과 함께 성장하는 경향을 보인다. 특히 동아시아에서는 인구와 농업생산량이 압도적인 중국이 국제무역에 적극 참여하게 된 것이 지역시장 형성의 또 하나의 직접적 계기가 되었다.[5]

현재 한국·중국·일본 사이에는 토지·노동력·자본·기술 등 생산요소의 부존(賦存) 차이에 따른 특화가 진행되고 있고, 이러한 추세는 장기간 계속될 것이다. 즉 중국은 토지사용적·노동집약적인 곡물과 채소를 한국과 일본에 더 많이 수출하게 될 것이며, 한국은 자본·기술집약적인 일부 신선채소와 고품질 가공농산물을 일본으로, 그리고 고급 과일과 가공식품을 중국으로 수출하게 될 것이다. 또 일본은 채소종자 등 기술집약적인 농자재와 고급 가공식품의 수출을 확대할 것이다.

게다가 동아시아 농업의 역내 분업은 최종재의 무역에만 국한되어 있지 않다. 동아시아에서도 식료씨스템(food system), 즉 농업·식품공업·식품유통업·외식산업 등 다양한 산업이 연관돼 성립하는 다단계산업의 연쇄가 형성되고 있다. 동아시아에서의 식료·농업씨스템을 추동하는 주요한 계기는 소비자의 변화, 기술진보, 국제화 등이다. 첫째, 영양, 편리성, 입맛 면에서 차별화된 기호를 추구하는 소비자가 등장했다. 이는 대규모 대중시장이 축소되고 여러개의 분할된 소비시장이 형성되는 것을 의미한다. 둘째, 바이오테크와 IT의 발달에 따라 농민·식품기업 등에 변화의 압력이 가해지고 있다.[6] 바이오테크는 보다 자동화된 생산으로의 이행을 촉진하는 한편, 식료생산을 한층 확대된 산업구조의 일부로 재편성한다. 셋째, 식품·유통기업이 국제화를 추구하면서 중국이 동아시아 차원의 식료·농업씨스템에 주요한 요소가 되었다. 한국과 일본 모두에서 중국 농산물 수입의 증대는 유통·가공·외식업체의 활동과 관련이 있다(이일영 2004b).

4. 87년체제의 산업씨스템

자동차산업

1990년대 들어 재벌들이 경쟁적으로 자동차산업에 뛰어들어 외환위기 직전까지 5개 그룹 8개 완성차업체가 난립하는 과잉투자 상태였다. 그러나 외환위기를 전후하여 모든 업체가 경영위기에 봉착했고, 이는 80년대 후반 이후 호황을 누려온 한국경제 전체의 위기로 전화됐다. 위기극복을 위해 강도 높은 기업 구조조정이 진행됐고, 이는 재벌체제의 대규모 재편을 의미했다.

자동차산업 구조조정의 결과 현대자동차그룹이 출현했다. 고유모델 개발을 통해 상당 수준의 기술력을 보유하고 있던 현대자동차는 기아를 인수해 국내에서 확고한 위치를 굳혔다. 동시에 그룹 분리를 통해 선단식 경영에서 벗어나 자동차 전문그룹으로서의 성격을 분명히하고, 주가관리를 중시하는 주주자본주의적 경영방식을 강화하고 있다. 그럼에도 3세로의 경영승계가 쟁점이 되듯이 가족기업으로서의 성격을 유지하고 있다고 할 수 있다.

기업 내부에서는 생산합리화가 진행되고 있다. 생산합리화의 핵심은 국내외 환경변화에 대응하여 유연성을 증진시키는 것으로서, 생산기술 측면에서는 플랫폼 통합과 모듈화로 집약된다. 현대·기아자동차는 종래 20여개에 달했던 플랫폼을 6~7개로 줄여 신차모델 개발비용을 크게 절감했다. 또 10% 내외에서 시작된 모듈생산의 비율을 35~40%까지 높이는 계획을 실행중이다. 그러나 완성차업체의 부품업체에 대한 하청지배구조는 더 강화되었는데, 이는 현대자동차그룹의 규모 확대와 관련이 깊다. 즉 완성차업체의 시장지배력이 강화되면서 부품업체에 일방적 단가인하, 임률고정 등을 요구하는 불공정거래가 강화되고 있는 것이다.

자동차산업에서 기술요인이 가장 중요한 경쟁력 요소로 꼽히는 것이 최근의 변화된 양상이다. 따라서 R&D 역량을 갖춘 고급인력의 양성과 작업자들의 숙련 향상이 중요한 과제다. 그러나 대립적 노사관계 때문에 R&D에 대한 투자와 작업자의 숙련 향상에 대한 투자가 제한되고 있다. 경영진은 노동자들에 대한 교육훈련 투자를 회피하고 설비자동화와 조직개편을 중심으로 생산합리화를 추진하고 있고, 노동조합은 숙련 형성이 단결력을 약화한다고 판단하고 직무규제 등 작업장 내의 권력에 더 많은 관심을 보이고 있다(조형제 2005).

자동차산업에서의 치열한 경쟁은 계속적인 구조조정 압력으로 작용하고 있다. 국내 완성차업계의 과잉공급 상황은 1990년대 말 외국계 기업이 국내에 대거 진출하는 결과를 가져왔다. GM, 르노, 샹하이자동차가 각각 대우자동차, 삼성자동차, 쌍용자동차를 인수했으며, 외국계 기업은 완성차업체뿐 아니라 부품업체도 상당수 인수하여 전자제어기·에어백·전장부품·베어링 등 핵심부품을 담당하게 되었다. 그러나 외국업체의 진입에도 수직적 하청구조는 근본적으로 변화하지 않았으며, 국내외에서의 수요 감소에 따라 계속적인 구조조정 압력에 부딪히고 있다.[7]

한국의 식료소비는 물량적·질적 변화를 바탕으로 선진국 형태로 변모하고 있다. 즉 식품 소비구조가 더 고도화·외부화되고 있는 것이다. 이는 맞벌이 부부와 독신가계의 증가, 가계규모의 축소 등 식료소비의 주체인 가계의 특성이 변화하고 있는 것과 관련이 있다. 또한 유통부문에서도 생산자와 소비자의 거리가 점점 멀어지고 있으며, 대형할인점·식자재업체·외식업체 등 구매자가 점점 대형화되는 추세다. 이들 대형 구매자들은 소비자의 기호를 반영하여 탄력적으로 구매성향을 변경하고 있거니와, 시장 수요를 반영하여 글로벌 쏘씽을 더욱 강화할 것이다.

그러나 한국농업은 이러한 추세에 대응하는 씨스템을 갖추고 있지 못하다. 1980년대 들어 식량생산은 정체·감소하고, 과일·채소·축산 같은 우등재 비중의 증가라는 구조변화가 급속히 진행되었는데, 이는 식료의 대량소비와 소득상승에 따른 우등재 소비 증가에 꾸준히 대응해온 결과라 할 수 있다. 그러나 1990년대 후반 이후 그간 농업성장을 주도해온 과일·채소·축산의 성장이 정체하고 있으며, 그 결과 2000년대 들어서는 전체 농업성장이 둔화되고 있다. 이같은 현상은 1990년대 이후 쌀 소비가 급감한 데 이어 1990년대 말부터는 과일·채소 소비도 안정기에 접어들었음을 의미한다. 만약 이에 대응하지 않고 계속 요소를 투입한다면 경영조건은 크게 악화될 것이다.

이러한 변화에 따라 농업 경영주체도 중요한 문제다. 그동안 호당 경영규모와 함께 2ha 규모 이상의 대농경영층 비율이 증가해온 것은 사실이지만, 0.5ha 이하 규모의 경영층에서 의미있는 감소세를 보이지 않아, 결과적으로 영세농 비율이 더 증가했다. 영세농은 농업으로 소득문제를 해결하기 어렵고 신기술 수용을 통한 경영혁신에도 소극적이다. 또 65세 이상 고령농가 비율이 1/3에 이르는데, 이들의 농가소득은 전체 농가 평균소득의 절반에 지나지 않는다. 적극적으로 경영혁신을 주도해야 할 30세 미만 청년층 노동력은 전체의 2.4%에 불과하다.

농가경제에서 쌀이 차지하는 비중이 매우 높기 때문에 농민운동은 쌀 농업에 대한 국가보조를 강화할 것을 계속 주장하고 있으나, 경영구조를 바꾸지 않는다면 농가경제는 위기에 빠질 수밖에 없다. 지방정부와 생산자조직이 연대하여 새로운 생산-마케팅 씨스템을 모색하는 모습도 나타나고 있지만, 아직은 주요 흐름이 되지 못하고 있다.

5. 87년체제의 혁신을 위하여

1987년 이전의 국가 주도 추격모델이 작동하게 된 배경에는 2차대전 이후 형성된 세계체제가 있다. 개발독재를 지지하던 얄따체제와 브레튼우즈체제가 약화된 것은 1970년대이다. 1980년대 이후 무역과 생산이 보다 국제적인 차원에서 이루어지게 되었으나, 글로벌화를 통해 선진 블록에 집중되는 정도는 더욱 높아졌고, 특히 동아시아에는 국제적 생산네트워크가 형성되었다. 이러한 가운데 수명을 연장하고 있던 한국의 군사적 개발주의체제는 1987년에 붕괴되었다.

한국의 87년체제는 글로벌화·지역화와 나란히 출범했지만, 87년 체제는 과거 체제에서 형성된 폐쇄적·경직적 요소를 완전히 해소하지 못한, 과도적이고 불안정한 체제이다. 대기업은 하청부문에 대한 수직적 지배력을 강화하고 비정규직부문을 확대하여 수량적 차원의 유연화에만 집중했다. 해외공장에서도 같은 방식으로 가격경쟁력 제고에만 골몰한다면 그것은 종래의 외연적 규모 확대의 방식을 되풀이하는 것에 지나지 않는다.

산업 차원에서 보면, 유연한 생산기술의 도입에도 불구하고 작업자들의 다기능화와 숙련 형성이 제대로 이루어지지 않고 있다. 능력있고 혁신적인 인력이 산업에 유입되는 흐름이 약화되고 있고, 평균적인 품질의 생산에만 익숙할 뿐 부가가치가 높은 고급품을 생산하는 데 필요한 숙련 형성과 참여는 부족하다. 여기에는 고용조정을 둘러싼 대립적 노사관계, 시장개방과 보조금을 둘러싼 국가와 농민의 대립구도가 크게 작용하고 있다.

87년체제는 진보의 교착상태이다. 재벌체제는 세계시장·국내시장의 사다리에서 몇걸음 올라섰으며, 노동운동과 농민운동 모두 일정하게 현장통제력을 유지하고 있지만, 이러한 상태가 안정적으로 지속될 수는 없다. 동아시아에서 무역·투자 자유화를 제도화하려는 움직임은 비가역적으로 진행될 것이다. 제조업에서는 모듈화와 적기조달 씨스템으로의 진전이 계속될 것이고, 농업·식료부문에서는 소비의 고급화, 생산·유통·가공의 씨스템화가 진행될 것이다. 이러한 흐름은 경쟁과 이동성을 증대시키고 불확실성을 확대한다. 절대적 불확실성은 경제주체의 독립성과 시장원리를 강화하지만, 상대적 불확실성은 상호의존성과 위계·조직 원리를 강화한다. 절대적·상대적 불확실성이 함께 증가하면 시장도 위계·조직이 아닌 네트워크로 대응하는 것이 유리해진다.

재벌 대기업이 밖으로는 글로벌 쏘씽을 추구하면서 안에서는 수직적 위계를 강화하는 것은 장기적으로는 양립할 수 없다. 또 노동운동이나 농민운동이 동아시아 차원에서 형성되는 생산네트워크를 저지하겠다는 것은 가능하지도 바람직하지도 않다. 기존의 기업이나 운동조직이 적응력이 떨어지는 과거의 기술·자산을 지키려고만 하면 그것은 단순히 '분배동맹'이 되고 만다. 새로운 진보를 위해서는 교육훈련을 강화하고 품질경쟁력을 높이는 경영능력 혁신이 이루어져야 한다. 또 유연한 기술과 생산조직, 그리고 수평적 네트워크로 구성된 공급씨스템, 생산조직과 지자체의 네트워크에 의한 생산–마케팅 씨스템이 발전해야 한다. 복잡해진 환경에 대처하는 마법적 해결책은 '혁신동맹'으로 씨스템을 다시 복잡화하는 것이다.

과거의 시장에서는 기업간·국가간에 경계선이 필수적이었으나, 동아시아 생산네트워크 안에서 그 경계선은 더 유동적으로 변해가고 있다. 동아시아 생산네트워크는 경쟁의 성격과 협력의 성격이 혼재되어 있으며, 불신과 신뢰가 교차하고 있다. 따라서 국경을 가로질러서, 또 국경 아래에서, 혁신과 창의, 호혜와 신뢰에 기초한 네트워크 모델로 전화하는 힘을 강화하는 것이 매우 중요하다. 87년체제가 개방형 네트워크 경제로 발전할 수 있다면, 그것은 동아시아 생산네트워크를 좀더 민주적으로 교화된 씨스템으로 진화시키는 동력이 될 것이다. 87년체제의 혁신은 동아시아 경제를 다시 혁신한다.[9]

6장

하이브리드 조직 모델의 수정과 응용

격차문제에의 대응을 위하여

1. 불평등 사회의 도래

불평등(inequality)의 문제는 경제문제이면서 또한 사회문제이다. 경제학자로서 엄밀하게 불평등을 논의하는 것은 까다로운 일이지만[1] 일반 사람에게는 불평등 문제가 매우 중요한 사회문제라는 점이 직관적으로 쉽게 수용되는 것 같다. 세계에서 가장 평등한 사회로 평가받던 일본에서 2000년대 들어서는 격차사회, 하류사회, 승자조·패자조와 같은 말이 유행하고 있다. 한국에서도 대통령까지 직접 나서서 '양극화'를 거론할 정도로 중산층 붕괴와 빈곤층 증가가 심각하게 거론되고 있다.

그렇지만 불평등의 개념을 정의하고 그 정도를 측정하는 것은 쉽지 않을 뿐 아니라 그에 대처하는 적절한 방법에 대다수 사람들이 충분히 동의할지도 미지수다.[2] 다만 현실 정책에서는 불평등에 대한 대응이 항상 중요한 관심사였다. 과거 '동아시아 모델'은 국가가 적극 개입하면서 상대적으로 '성장의 공유'(shared growth)를 이루었다고 평가되지만, 이제는 그러한 성과를 재현하기가 어렵다는 것은 어느정도 분명해졌다.[3] 이제 불평등 문제에 대응하는 새로운 길을 모색하지 않을 수 없다.

한국사회에서는 정규직과 비정규직 간의 격차, 첨단산업과 쇠퇴산업의 격차, 대기업과 중소기업의 격차 등 노동시장과 산업구조상의 분단과 이중구조가 불평등 문제 해결에 커다란 장애물이 되고 있다. 특히 도소매, 음식숙박 등 전통적인 써비스산업과 농업은 규모의 영세성으로 인해 고용의 불안정성과 전문성의 부족이라는 만성적 어려움을 겪고 있을 뿐 아니라 경제환경의 변화에 대한 적응(adaptation) 및 혁신능력 면에서도 내재적 한계를 지니고 있다. 그러나 이 두 산업 분야의 특성상 대규모 기업화를 추진하기에는 한계가 있는 만큼, 이들 부문과 첨단산업, 대기업 부문과의 격차가 계속 확대되는 것에 대한 대응수단이 필요하다.

이와 관련하여, 이 글에서는 격차문제에 대응하는 경제조직상의 정책수단을 고찰하고자 한다. 여기서는 불평등의 개념에 대한 이론적 천착은 하지 않기로 한다. 단 한국 현실에서 불평등 같은 중요한 문제를 노동시장과 산업구조상의 격차를 포함하는 다양한 수준의 격차(disparity, gap)문제로 판단하고,[4] 이 문제에 대응하는 경제조직 차원의 접근방식에 대해 논의하고자 한다.

격차는 다양한 차원에서 복잡한 원인에 따라 발생하므로 쉽게 해결책을 제시할 수 있는 문제는 아니다. 그럼에도 지금까지의 접근방식은 정부의 개입에 의해 격차의 정도를 축소하고자 하는 해결방식을 취해왔다. 그러나 최근 수십년간 세계적인 추세는 격차를 조절할 수 있는 국가의 영향력이 갈수록 축소되고 있음을 보여주고 있다. 이에 여기서는 격차문제에 대응하는 다른 수단들에 대해 논의하고자 한다. 특히 최근 다양한 형태를 띠고 등장하고 있는 하이브리드 경제조직이 조직 내 격차를 줄이면서 경쟁력을 지닌 조직모형으로 발전할 수 있을지 그 가능성을 이론적으로 탐구해보고자 한다.[5]

2. 격차문제에 대한 정부의 역할

격차문제에 대응하는 전통적 수단은 정부의 개입이다. 선진국의 경우 소득재분배 이전의 불평등도에 비해 소득재분배 이후의 가처분소득을 기준으로 한 소득불평등도가 크게 완화되었음을 확인할 수 있다. 1987년 기준으로 스웨덴의 지니계수 변화율은 무려 101.4%에 달하고 핀란드도 81.3%에 이르렀다. 한국은 소득불평등도 완화율이 2000년 5.7%, 2004년 6.4%, 2007년 8.8%로 나타나고 있다. 2000년 이후 소득재분배 정책에 힘입어 소득불평등도를 완화하는 정부 역할이 조금씩 커지고 있지만, 선진국들에 비해서는 매우 낮은 수준이라고 할 수 있다(유경준 2003; 2008).

한편, 경제적 효율성과 성장에 미치는 영향 면에서 볼 때, 정부가 개입하여 소득재분배를 행하는 것이 꼭 좋은 결과를 가져온다고 말하기는 어렵다. 기존 연구에 의하면, 절대적 소득불평등도의 변화와 성장의 변화 사이에 양의 상관관계, 절대적 소득불평등도의 변화와 빈곤의 변화 사이에 음의 상관관계가 발견되고 있다. 따라서 절대적 소득

격차를 줄이려는 정책은 성장의 저하를 가져와 절대적 소득수준을 낮추고 빈곤을 증가시킬 수 있으므로 신중한 접근이 필요하다(유경준 2007).[6]

선진국에서는 불평등 확대의 원인으로, 기술요인, 글로벌화 요인, 제도적 요인 등 세가지가 거론되고 있다. 이 중에서 기술혁신, 특히 정보화 및 지식경제의 확대가 격차 확대에 주요한 영향을 미쳤다는 데에는 별 이견이 없다. 글로벌화 요인을 보면, 그동안 글로벌화나 규제완화가 격차 확대와 겹쳐 나타났지만, 양자간에 분명한 인과관계를 설정하기는 쉽지 않다.[7]

글로벌화를 격차 확대의 원인으로 쉽게 단정하기는 어렵지만, 국가가 격차 확대 저지를 위해 여러 정책적 조합을 구사하는 것은 상당히 특수한 조건에서 가능한 것이었다. 2차대전 후 확립된 브레튼우즈체제는 자본통제와 고정환율제를 통해 각국 정부가 사회보장제도, 완전고용, 성장과 같은 국내 목적을 달성하기 위한 거시경제정책을 희생하지 않으면서 전세계 무역을 자유화할 수 있도록 하는 체제였다. 그러나 1970년대를 통해 브레튼우즈체제가 무너지면서 자국 경제를 운용하는 각국 정부의 자율성이 제약되는 쪽으로 환경변화가 진전되었다.

한국에서는 김대중-노무현 정권 집권시 사회적 최저수준(social minimum)을 보장하려는 정부의 역할이 증대된 바 있다.[8] 그러나 복지예산이 확대되고 복지지출의 빈곤감소 효과가 증대했음에도 빈곤과 불평등은 확대되었다. 한국은 생산물시장과 노동시장 양쪽 모두에서 이중구조화의 정도가 심해서 잠재적 복지수요층이 대규모로 존재하게 됐다. 즉 낮은 고용률과 높은 자영업 비율, 높은 비정규직 비율 등의 조건 때문에 웬만한 복지예산 확대로는 불평등을 평등화의 방향으로 바꾸기 어려운 실정이다.

한국에서의 격차 축소는, 정부의 재분배정책보다는 자영업, 전통산업, 중소기업 등이 새로운 경제적 역할을 수행하도록 하는 것이 중요할 수 있다. 또한 남북간의 격차도 복지제도나 정책을 통해 제어할 수 있는 차원이 아니다.[9] 북한의 경우 관료제에 의한 자원배분이 적절하지 않은 경우가 많기 때문에, 조직형태를 재배열하는 것은 피할 수 없지만, 격차와 이중구조 문제에 대응할 수 있는 방식을 찾는 것도 중요한 과제이다. 이같이 남북한 모두 격차문제에 대응하는 미시적 조직혁신 방안을 마련하는 것이 필요하다.

3. 기업의 본질과 격차문제: 거래비용경제학과 맑스의 관점

경제이론이 조직문제를 전면적으로 다루게 된 계기는 로널드 코우즈(Ronald H. Coase)의 문제제기때문이었다. 코우즈는 경제조직, 특히 기업과 관련해 두가지 중요한 문제를 제기했다. 첫째는 기업의 존재에 관한 것으로, 왜 전문화된 교환경제에서 기업이 등장하는가 하는 것이다. 이에 대하여 그는 기업을 설립하는 것이 이익이 되는 이유는 "가격기구를 사용하는 비용"(a cost of using the price mechanism)이 존재하기 때문이라고 논함으로써 거래비용경제학의 단초를 열었다. 즉 탐색, 교섭, 계약, 집행 등에 비용이 존재할 때 특정 재화-써비스에서 장기계약이 바람직한 경우가 있을 수 있고, 계약한도 내에서 구매자가 자원을 지배(direction)하게 되면 '기업'이라고 하는 관계가 성립된다고 보았다.

코우즈의 두번째 질문은 기업의 범위(firm boundaries)에 관한 것이다. 기업의 규모를 결정하는 힘은 무엇인가? 왜 시장거래가 존재하기도 하는가? 왜 하나의 대기업에 의해 모든 생산이 이루어지지 않는가? 코우즈는 이에 대하여, 기업의 기능에 대한 수확체감의 법칙이 작용하고, 규모가 커질수록 요소의 최적사용에 실패하게 되며, 기업 내에서 생산요소의 공급가격이 상승하여, 소기업이 대기업보다 우위를 점하는 경우가 발생한다고 지적했다. 요점은, 기업 내 추가거래에 소요되는 조직비용의 크기가 개방된 시장에서의 교환에 의하거나 여타 기업을 조직해 동일한 거래를 수행했을 때의 비용과 같아지는 정도까지 기업의 규모가 확대된다는 것이다(Coase 1937).

당초 코우즈는 거래비용에 관한 아이디어를 제시했으나 분명한 정의를 내리지는 않았었다. 명시적으로 거래비용과 재산권의 연관성을 제시함으로써 이후의 엄청난 흐름을 만들어낸 것은 1960년에 발표한 논고였다(Coase 1960). 그 글에서 코우즈는 '시장 실패'라는 용어는 시장이 단일하고 지배적인 배분기구가 아니므로 의미가 없다는 주장을 했는데, 윌리엄슨(Oliver E. Williamson)이 이를 보다 발전시켜 다양한 자원배분 기구의 모형으로 구체화하였다.

윌리엄슨은 교환을 기본 분석단위로 설정하고 그 교환의 순이익을 최대화하는 재산권 분배를 최적분배로 보았다. 여기에서 재산권 분배의 '거버넌스 구조'(governance structure)라는 용어를 사용하는데, 이는 관계를 다스리는 데 적절한 인쎈티브를 제공한다는 의미이다.[10] 기회주의를 막고 신뢰를 높이는 거버넌스 구조의 선택은 최적화의 문제인데, 그것을 결정하는 것은 거래빈도, 불확실성, 자산 특수성 등이다. 이 중 가장 핵심적인 개념은 자산 특수성(asset specificity)이다. 윌리엄슨은 독특 자본(idiosyncratic capital)의 의의를 강조하면서 이를 거래비용과 연결시켰는데, 최초 단계의 매몰비용이 계약문제와 수직통합을 유발한다고 주장하였다. 요컨대 윌리엄슨은 재산권 접근으로 거대한 사적 환경적 규칙을 다루고, 거래비용 접근으로 사적 불완전계약을 다루었던 것이다(Williamson 1971; 1979).

기업의 본질에 관한 거래비용경제학 이론의 중요한 한계는 격차와 불평등이 발생하는 현실을 설명하지 못한다는 점이다. 거래비용경제학에서는 기업의 본질을 계약과 계약선택의 관점에서 조직형태의 선택이라는 문제로 파악하기 때문에, 격차와 불평등의 발생이라는 문제의식은 존재하지 않는다.[11]

기업의 본질과 함께 그 내부에서 발생하는 격차의 메커니즘을 밝힌 것은 맑스의 이론이다. 맑스는 우선, 기업의 생산적 속성을 중시했다. 그는 기업을 협력생산을 행하는 경제조직 또는 생산조직으로 규정하면서 교환을 특징으로 하는 시장과는 본질적으로 다른 조직으로 구별했다. 즉 시장을 상품교환 문제를 주로 해결하는 조직의 한 형태로 보았다면, 기업은 상품생산 문제를 해결하는 조직으로 본 것이다.

또한 맑스는 분업과 생산조직을 동시에 고찰하면서, 분업이 생산조직을 유기적 체계로 만든다고 보았다. 특히 수공업 공장을 예로 들면서 분업이 공장내의 노동등급제를 만들어내고, 이는 다시 공장의 내부구조, 즉 하이어러키(Hierarchy)를 창출한다고 지적했다. 하이어러키는 자본이 노동을 통제하는 토대 위에서 자연발생하며, 이는 분업에 따른 필연적 선택이라는 설명이다. 맑스는 기업이 갖는 계약의 성격도 포착해냈다. 자본주의 기업 안에서 맺어지는 자본과 고용노동의 계약관계가 자본주의 생산양식의 가장 핵심적 요소의 하나라고 본 맑스는 계약 개념을 이용해 자본주의 기업을 이해한 선구자라 할 수 있다(楊蕙馨·馮文娜 2008, 28~30면).

한편, 맑스는 자본주의 기업의 계약관계에서 자본과 고용노동 사이에 격차가 생겨나는 메커니즘에 관한 이론을 제시했다. 그에 의하면, 자본주의에서 재산권 구조의 핵심은 자본–노동관계이며, 자본이 노동을 고용하는 목적은 잉여가치의 획득에 있다. 즉 자본주의 기업의 계약관계는 기본적으로 불평등하여 노·자 쌍방은 통치와 복종이라는 관계를 맺게 되고, 이러한 불평등한 관계하에서 노동이 창조한 잉여가치의 착취가 성립한다는 것이다. 물론 자본주의 기업을 사회주의 기업으로 전환하면 불평등 문제를 해결할 수 있다는 논리는 성립되지 않는다.[12] 그러나 경제조직 내에 불평등이나 격차가 존재한다는 문제의식은, 계약이 자유로운 선택의 과정이자 결과라는 인식보다는 현실 상황을 좀더 잘 반영하고 있다고 할 수 있다.

4. 기업과 시장 사이: 하이브리드 조직[13]

하이브리드 조직의 의의

거래비용경제학에서는 시장 이외의 경제조직, 특히 기업의 존재에 대해 이론적 설명을 제공한다. 그러나 시장과 기업에 관한 거래비용경제학의 설명에 대해서는 여러 측면에서 비판이 이루어지고 있다. 자주 지적되는 것은 거래비용경제학이 현실 경제제도의 복잡성을 지나치게 단순화하고 있다는 점이다. 통상 경제조직은 시장과 하이어러키라는 두개의 극단적인 형태로 나타나는 것이 아니라, 시장 안에 하이어러키 요소들이, 하이어러키 안에 시장 요소들이 존재한다는 것이다.

그리하여 보다 다양한 조직형태를 설명하기 위한 노력이 이어지게 된다. 이와 관련하여 윌리엄슨은 경제조직의 혼합형태에 대해 다음과 같이 선구적으로 정의한 바 있다. "나는 일찍이 중간형태의 거래는 조직하기 어렵고 불안정한 것으로 보았는데 (…) 이제는 중간범위의 거래가 좀더 일반적으로 되었다는 점을 납득하게 되었다"(Williamson 1985, 83면). 그러나 하이브리드의 개념에 대한 체계화와 모델화는 좀더 시간이 지난 뒤에 이루어졌다. 윌리엄슨은 시장과 기업의 상호대체성은 물론 양자의 상호보완성에도 주의를 기울였으며, 이에 따라 거버넌스 구조에 시장 및 하이어러키와 함께 이의 혼합형(hybrid)이 존재한다는 점을 제시하였다(그림 1 참조).[14]

그림 1 윌리엄슨의 경제조직 비교

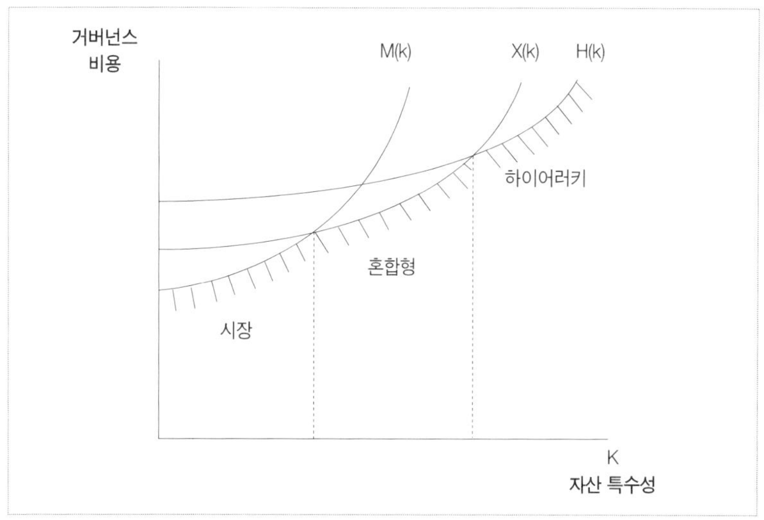

출처: Williamson(1991), 284면.

윌리엄슨에 의하면, 거버넌스 구조들 사이의 트레이드 오프(trade-off) 관계에서, 즉 거래를 시장을 통해서 할 것인지, 기업 내에서 할 것인지, 기업간 협정에 의해 할 것인지를 결정하는 데 있어서, 핵심적인 요소는 자산 특수성이다(Williamson 1979; 1985; 1991). 이에 기초하여 메나드(Ménard 2004)는 투자결정의 상호의존성과 협정의 모니터링을 위한 거버넌스 사이의 관계를 논의했다. 즉 경제주체들이 함께 투자했을 경우 그 투자의 특수성이 클수록 기회주의 행동이 발생할 위험도 더욱 커지고 통제의 형태도 더욱 강화된다는 것이다. 또 투자의 특수성이 커짐에 따라 그 결과를 전유하려는 관심도 커지는데, 전유의 관심이 커질수록 통제의 형태도 더욱 강화된다고 한다.

특수한 자산이 존재하지 않는 경우 혼합형은 등장하지 않지만, 파트너들이 특수한 자산을 통해 연결되었을 경우에는 불확실성이 중요한 역할을 수행한다. 즉 하이브리드는 버퍼(buffer, 완충지대)로 작동하는데, 위험분배를 주요 동기로 한다. 이에 따라 불확실성이 내적 조정형태의 유형을 예측하게 하는 데 중요한 요소가 된다. 즉 불확실성이 클수록 기회주의의 위험도 커지고, 더욱 집권화된 조정형태가 나타나게 된다(Ménard 1996; 2004). 적응, 통제, 안전장치 등은 부분적으로 계약조항에 반영되는데, 이러한 장치에 대한 필요성의 정도는 조직의 집권화 정도를 예측할 수 있게 한다. 요컨대 기회주의 또는 그 위험, 그리고 오조정(miscoordination) 또는 그 위험의 결합에 의해 하이브리드조직의 거버넌스 구조가 결정되는 것이다.

하이브리드 조직들의 거버넌스 구조는 다음과 같은 기능을 수행한다(Ménard 2004, 350~54면). 첫째는 자원의 공동이용(pooling resource)이다. 시장으로는 관련된 자원과 능력을 충분히 묶을 수 없을 것으로 인식되기 때문에 혼합형이 존재하게 된다. 하이어러키로의 통합은 불가역성을 창출하고 인쎈티브를 약화시킴으로써 유연성을 축소시킨다. 하이브리드 조직에서는 인쎈티브가 추진력이 되고 유연성을 갖는다. 그런데 각각의 지대(地代) 추구 경향은 자원의 공동이용과 조정의 결정을 필요로 하는 전략에 대해 엔진을 제공하지만, 지대의 분할은 쉽게 갈등을 유발하고 협정을 불안정하게 만들 수 있는 재량적 선택을 포함하게 된다.[15] 자원의 공동이용이 이루어지려면 관계의 지속성이 필요한데, 이를 위해서는 협동과 조정이 이루어져야 한다. 분권화된 의사결정의 이익을 잃지 않으면서 낮은 비용으로 조정을 행할 수 있도록 하는 협력을 확보하는 것이 하이브리드 조직의 존재 요건이다.

둘째는 계약(contracting)이다. 계약은 거래적 상호성을 창출함으로써 거래자간의 관계를 조절하는 방식을 제공한다. 협동이 이익과 위험을 동시에 가지고 있을 때 관계적 계약의 중요성이 인정된다. 이익은 시장점유율의 확대, 핵심역량의 이전, 희소자원의 공유 등으로부터 유래하고, 위험은 자산 특수성, 불확실성과 관련된 계약의 불완전성으로부터 나온다. 이러한 상황에서는 계약에서 언급되지 않은 공백을 메우고 협정을 모니터하며 재협상을 반복하는 일 없이 문제를 해결하는 메커니즘이 고안되어야 하다. 즉 하이브리드 조직에서는 계약을 확실하게 지켜낼 수 있는 메커니즘이 있어야 한다.

셋째는 경쟁(competing)이다. 경쟁은 기업조직에도 존재하지만, 하이브리드 조직에서는 잔여수입 청구자로서 의사결정을 행하는 독립적 주체들에게 경쟁 압력이 주어진다. 조직내 파트너들 사이에서도 경쟁이 이루어지고, 다른 하이브리드 조직들과도 경쟁을 해야 한다. 조직 내외의 경쟁이 이루어지는 상황에서 자산특수적인 투자가 보통의 정도이면 파트너들은 협정을 변경하고자 하는 유혹에 빠질 수 있고 이는 협정을 불안정하게 한다. 파트너들은 사전적으로는 협동적 관계에서 필요한 거래특수적 투자의 성격과 범위를 인식하지 못하는 경향이 있다. 상호의존성은 사후적으로만 제대로 인식되는 것이다. 따라서 결합적 의사결정, 파트너들의 규율, 갈등 해결, 무임승차 방지를 할 수 있는 메커니즘이 존재해야 한다.

하이브리드 조직의 여러가지 형태

시장이라는 개념은 수요와 공급의 조정에서 가격이 핵심적 역할을 한다는 의미이고, 기업에서는 의사결정과 조정에서 하이어러키가 중심적 역할을 수행하게 된다. 그 사이에 존재하는 혼합적 조직들은 느슨한 클러스터에서 준통합적인 파트너에 이르기까지 매우 다양한 형태를 취하지만, 일원화된 소유권 형태를 취하지 않는다는 공통점이 있다. 이러한 하이브리드 조직으로는, 하청계약, 기업 네트워크, 프랜차이징, 집단상표, 파트너십, 협동조합, 기업동맹 등을 들 수 있다(Ménard 2004, 347~50면).

하청계약(subcontracting)의 관계에 관한 연구는 비교적 일찍부터 전개되었다고 할 수 있다. 하청관계는 원청자가 하청자를 협상 또는 경매를 통해 선발함으로써 성립한다. 계약이 특정 프로젝트에 한해 단기적으로 체결되지만 계약관계는 지속적으로 유지되는 경향이 있다. 이는 조립업체와 부품업체의 협력이 중요한 자동차산업 등에서 많이 발견되기 때문에 이를 중심으로 한 사례연구가 풍부하다.

다음으로는 기업 네트워크(networks of firms)에 관한 연구가 발전하였다. 이는 독립적인 실체들이 순환적으로 계약적 연계를 맺는 쎄트를 의미하는데, 여기에서 공급체인씨스템, 유통채널 등 하위의 쎄트에 대한 연구로 구체화되었다. 공급체인씨스템은 농업 및 식품 분야에서 전형적으로 발견되는데, 안전성과 함께 수량과 품질에 대한 조정이 핵심과제라고 할 수 있다.

프랜차이징(franchising)은 1960~70년대에 급속히 발전한 사례인데, 초기에는 "브랜드 명칭을 임대하는 기업"으로 인식되었다(Klein, Crawford, and Alchian 1978). 프랜차이징 씨스템에서는 수많은 계약의 배치와 관련된 문제가 존재하는데, 특히 브랜드 명칭에 대한 사용권은 품질보장, 써비스-재화의 가시성 제공, 사용자에 대한 모니터링 능력과 관련된 협약 문제를 발생시킨다. 또한 대리인 문제와 인쎈티브 문제, 그리고 그를 넘어서는 거버넌스 문제도 제기된다(Lafontaine and Raynaud 2002).

집단상표(collective trademarks)와 그를 뒷받침하는 조직형태는 프랜차이징에서 나타나는 특징을 상당 부분 공유하고 있다. 이는 프랜차이징과 마찬가지로 고객의 탐색비용을 줄이고 연합마케팅의 이익을 추구한다. 프랜차이징과 다른 점은, 집단상표는 보통 후방조정과 관련되고 공급자측에서 형성되는 경우가 많다는 것이다(예를 들면 도매상협회나 딜러 협동조합). 집단상표 조직은 다수의 파트너가 관계하므로 기회주의의 위험이 높고 모니터링과 통제가 어렵다는 문제가 존재한다(Ménard 1996).

파트너십(partnership)은 통합된 기업의 특징과 네트워크의 특징이 혼합되어 있는 것으로, 보통 파트너들간의 연계의 정도는 매우 다양하다. 인적 자산이 중요한 역할을 해서 모니터링이 어려운 경우가 존재하는데, 이때 파트너십이 이루어지게 된다. 복잡한 써비스를 조정해야 하기 때문에 불가피하게 의사결정을 분권화하지만 브랜드를 공유하고 엄격한 위계제를 인입하는 복잡한 거버넌스가 형성된다. 법률회사 또는 대학과 생명공학기업 간의 연계 등에서 파트너십의 사례를 발견할 수 있다(Powell 1996).

협동조합(cooperatives)은 집단상표와 파트너십의 특징을 공유한다. 협동조합은 일반적으로 집단상표를 사용하는데, 집단상표의 브랜드 가치를 확보하기 위해 독립성을 지닌 조합원들에 대해 적절한 품질통제를 수행해야 하는 어려운 문제에 직면하게 된다. 또 파트너십에서와 같이 다수의 업무에 연관된 다수의 파트너를 밀착해서 모니터해야 하고, 여기에 높은 비용이 소요되므로 불가피하게 분권화된 의사결정에 의존하게 된다. 이러한 어려움 때문에 집단상표와 파트너십의 특성이 나타나는 일부의 부문만이 협동조합의 우산 아래에서 발전할 수 있다. 협동조합은 인적 결합의 요소가 강해서 재산권이 잘 정의되지 않는 문제가 있고 이 때문에 조직 내부에서 지대를 분배하는 문제가 잠재적 갈등의 원천이 되는 경향이 있다. 특히 조직에서 보다 구체적이고 장기적인 투자에 대한 의사결정을 해야 할 때에 지대 분배를 둘러싼 긴장이 더욱 첨예하게 나타난다(Cook 1995).

기업동맹(alliance)은 기술발전이나 기술이전이 중요한 시기나 부문에서 자주 출현한다. 항공회사나 생명공학기업, 신물질분야, 자동차 분야 등에서는 기술개발 비용이 너무 크기 때문에 다수의 관계자의 협력이 필수적이다. 이때 이들 관계를 조정하는 문제와 계약위험(contract hazard)의 중요성이 등장하고, 기업동맹 계약의 관계가 나타나게 된다(Holmström and Roberts 1998; Baker, Gibbons, and Murphy 2002).

　　이같은 여러 형태의 하이브리드 조직들은 사적 통치체(private government) 또는 권위(authorities)를 갖는데 이는 하이어러키와는 다른 조정양식이다. 기업내에서의 하이어러키는 맑스가 인식한 것처럼 불평등한 비대칭적인 관계이나, 사적 통치체 형태가 갖는 권위는 의도성(intentionality)과 상호성(mutuality)을 함께 포함한 것으로 조직성원들간의 대칭성을 보장한다.

　　이러한 여러가지 하이브리드 조직들의 거버넌스 구조는 윌리엄슨(Williamson 1991)이 제안한 틀에 입각해서 거래비용과 자산 특수성간의 관계 속에서 파악할 수 있다(그림 2 참조). 시장조직과 가장 가까운 극단에 있는 하이브리드 조직은 트러스트(Trust)이다. 여기에서 의사결정은 분권화되어 있으며 상호영향과 호혜성의 원리에 의해 느슨한 조정이 이루어진다. 또다른 극단에는 기업조직 가까이에 공식적 통치체(formal government)가 있다. 여기에서는 조직성원들이 독립성을 유

그림 2 하이브리드 경제조직의 유형

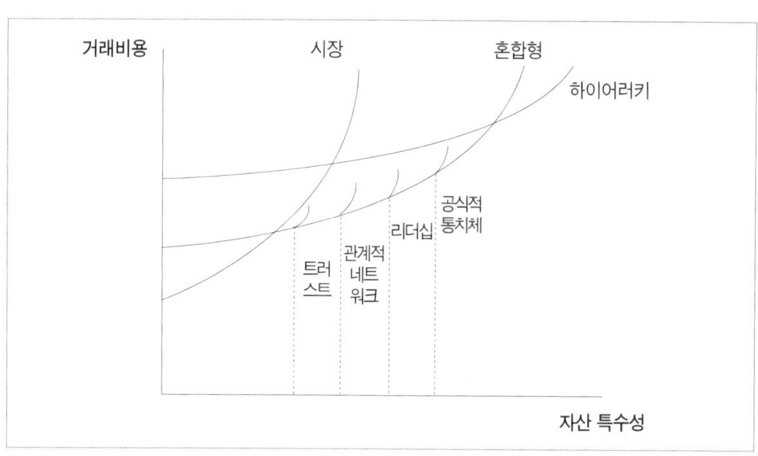

출처 Ménard(2004), 369면.

지하면서 자신들의 행위 중 일부에서 경쟁할 수 있으나, 의사결정의 중요한 부분들은 자율성을 지니는 민간적 관료와 같은 실체에 의해 조정이 이루어진다. 예를 들면 합작투자기업(joint venture) 같은 경우가 전형적인 사례라고 할 수 있다.

이러한 두 극단 사이에 관계적 네트워크(relational networks)와 리더십(leadership)이 존재한다. 관계적 네트워크에서는 트러스트에 비하면 더 긴밀한 조정을 행하게 되는데, 공식적 규칙과 관례에 따라 성원들 사이의 관계를 형성하고 기회주의의 위험을 통제한다. 이때의 조정기능은 마치 클럽에서와 같이 기존의 제도, 사회적 묵인의 기반 위에서 수행된다. 그리고 리더에 의해 조정이 이루어질 경우에는 파트너들을 더욱 긴밀하게 감독할 수 있다. 리더는 거래과정에서 핵심기능을 수행할 경우 또는 다른 파트너들에 비해 특수한 능력을 지닌 경우에 출현하게 되는데, 다른 파트너들에 대해 권위를 지니면서 조정을 행한다. 리더십이 기업조직과 다른 점은 구성원들 사이에 재산권의 대칭성이 존재하고 적어도 공식적으로는 의사결정에서 독립성을 유지한다는 점이다. 협동조합이나 첨단기술분야의 기업동맹에서 리더십의 거버넌스 구조를 자주 발견할 수 있다.

5. 격차에 대응한 하이브리드 조직 모델

격차 요인을 감안한 조직 모델의 구성

거래비용경제학에서는 시장과 기업 사이에 다양한 하이브리드 조직이 존재한다는 점을 제시함으로써 현실의 다양한 조직형태의 존재를 이해하는 이론틀을 제시한 바 있다. 이에 따르면 시장에서 기업 쪽으로 갈수록 좀더 타이트한 거버넌스 구조를 나타내는데, 이를 규정하는 핵심요인은 자산 특수성이다. 이때 거버넌스가 강해질수록 파트너들은 보다 덜 독립적인 존재로 변화해가지만, 그럼에도 이러한 거버넌스 구조는 기본적으로 상호성과 평등에 입각한 계약관계로 간주된다.

그러나 맑스가 인식한 것처럼, 자본주의 기업의 계약관계는 기본적으로 비대칭적이고 노동과 자본은 현격히 불평등한 관계에 있다는 것이 좀더 현실에 가깝다고 할 수 있다. 맑스는 생산과정에서의 부등가교환을 기본적인 문제로 보았으며, 유통과정은 기본적으로 등가교환의 세계인 것으로 가정했다. 그러나 현실은 꼭 그렇다고 할 수는 없다. 상업자본이 지배적인 단계에서 산업자본의 시대로 이행한 경쟁시장 조건에서는 유통과정의 등가교환이 기본논리가 되겠지만, 독점과 과점이 좀더 보편화된 단계에서는 유통과정에 비대칭성과 격차가 만연하게 된다.

따라서 이제 유통과정과 생산과정에 불평등 또는 격차 요인이 존재한다는 현실을 반영하여 하이브리드 조직의 모델을 구성해보고자 한다. 이 모델은 다음과 같은 기본 명제들에 의해 설명할 수 있다.[16]

①통상 경제조직은 시장과 기업이라는 두개의 극단적인 형태로 나타나는 것이 아니라, 시장 안에 기업의 요소들이, 기업 안에 시장 요소들이 함께 존재한다. 즉 조직의 제도형태는 시장과 기업이라는 양극단 사이에 연속적인 스펙트럼으로 나타난다.

②시장이나 기업 모두 항상 대칭적인 관계에서 계약이 이루어지는 것은 아니다. 계약관계에는 정보의 비대칭성은 물론 교섭력의 비대칭

성이 존재한다. 특히 기업은 단순한 계약의 연결망에 그치지 않고 자원의 사용과 배분을 지시하는 권위를 지닌다.

③조직방법과 조직의 제도형태를 구분해야 한다. 조직방법에는 교환씨스템(가격)과 하이어러키가 있고, 제도형태로는 시장과 기업이 존재한다. 교환씨스템이 꼭 시장제도를 의미하는 것은 아니고, 하이어러키가 기업제도와 반드시 일대일로 대응하는 것도 아니다.

④가격씨스템은 생산물을 기준으로 하여 교환이 이루어지지만, 하이어러키에서는 행위(투입)의 기준 위에서 교환이 행해진다. 이 교환과정에서 거래비용이 발생하는데, 거래비용이 영(zero)이라면 두개의 조직방법이 모두 똑같이 효율적이겠지만, 현실의 세계에서는 거래비용이 양(plus)이다.

⑤가격씨스템에서의 비용(cheating cost)은 생산물의 측정 비용과 측정이 불완전할 때 나타나게 되는 기만행위에 따른 손실의 합이다. 하이어러키 비용(shirking cost)은 행위를 감독하는 비용과 불완전한 감독행위에 따른 태만에 의해 초래된 손실을 더한 값이다.

⑥기회주의 행동에는 기만과 태만이 있다. 가격씨스템은 태만을 억제하지만 기만을 부추길 수 있다. 하이어러키는 기만을 억제하지만 태만을 불러올 수 있다. 계약당사자간 교섭력의 격차는 기만의 위험을 증대시킨다. 교섭력의 격차가 너무 작거나 너무 클 때, 태만의 위험이 높아진다.

⑦자산 특수성과 불확실성은 가격씨스템 비용에 영향을 미친다. 자산 특수성과 불확실성이 클수록, 즉 투자의 특수성이 클수록 기만행동이 발생할 위험도 더욱 커지는 경향이 있다.

⑧가격씨스템과 하이어러키 비용 모두에 영향을 미치는 것은 신뢰

의 정도이다. 생산물을 교환하는 계약당사자 사이에 신뢰 정도가 높으면 기만의 확률이 크게 낮아진다. 그리고 행위를 교환하는 조직내 구성원 사이에 신뢰의 정도가 높으면 감독의 비용이 낮아지고 자발적 의지에 의한 하이어러키가 형성될 수 있다.[17]

⑨가격과 하이어러키 사이의 선택은 가격씨스템 비용과 하이어러키 비용을 비교한 결과에 따라 이루어진다. 시장은 가격이라는 조직 방법을 우선으로 하는 제도이다. 기업은 하이어러키에 우선적으로 의존한다. 그러나 단위간 생산물 교환과 단위 내 행위교환에 따른 수익이 감소함에 따라, 기업과 시장 모두 가격씨스템과 하이어러키의 혼합을 종종 이용하게 된다. 이에 따라 가격씨스템과 하이어러키의 조합은 다양한 제도형태로 나타나게 된다.

⑩〈그림 3〉에 의하면, 가격씨스템과 하이어러키를 결합시킨 하이브리드 조직 형태가 총 조직비용을 최소화하는 것으로 나타나 있다. 물론 때에 따라서는 시장이나 기업이 총 조직비용을 최소화할 수 있

그림 3 조직형태 선택의 결정요인

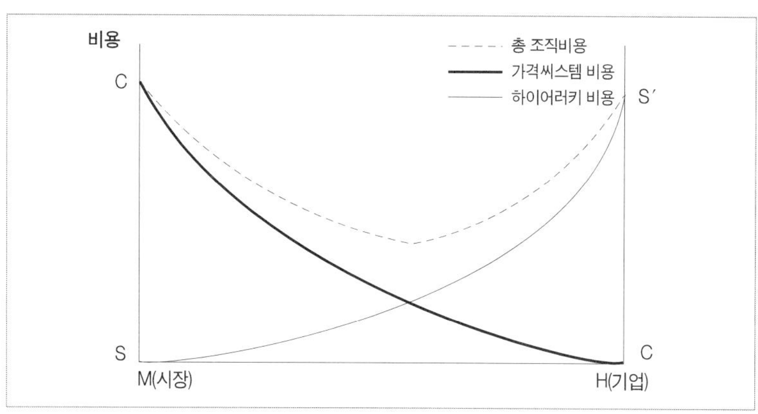

출처: Hennart(1993), 539면을 기초로 작성.

다. 〈그림 3〉에서 총 조직비용이 우상향하는 경우 시장이 지배적인 조직형태가 되고, 총 조직비용이 우하향하는 경우 기업이 지배적인 조직형태가 된다.

격차 축소에 유리한 조직형태

다양한 하이브리드 조직 중에서도 격차 축소라는 사회적 목표와 잘 부합되는 조직형태로는 협동조합이 있다. 협동조합은 투자자가 아닌 생산자-소비자가 소유자인 조직형태로, 생산자-소유자는 지분투자를 행하지만 잔여소득의 분배는 후원의 원리 또는 조합활동에 기초해서 이루어진다. 협동조합은 인적 결합을 기본원리로 하기 때문에 격차 확대를 저지하는 메커니즘이 내재화되어 있다고 할 수 있다. 격차 확대를 막기 위한 장치는 '모호하게 정의된 재산권'으로 인한 지대 분배 문제를 발생시키며, 이는 협동조합이라는 조직의 운영비용을 크게 증대시키기도 한다. 그러나 생산자와 조직 사이의 정보의 비대칭성을 줄이고 신뢰의 정도를 높이는 데에는 협동조합이 투자자 소유 기업(investor-owned enterprise)에 비해 장점을 지니고 있다(Sykuta and Cook 2001, 1272~74면).

계약당사자간 교섭력의 격차는 정보의 비대칭성을 확대시키고, 이는 기만의 인쎈티브를 증대시킨다. 협동조합은 생산물 단위의 교환에서 평등한 교섭을 추구하는 조직형태로 기만의 비용을 감소시킨다. 전통적인 협동조합의 경우 조직 내에서의 행위교환에도 교섭력 격차는 매우 낮은데, 이 경우 무임승차의 인쎈티브가 작동한다. 이때 무임승차 문제를 줄이는 방안은 가격씨스템의 원리를 도입하는 것이다.

즉 행위를 기준으로 한 보상체계에서 생산물을 기준으로 한 보상체계로 전환하는 것이다.

조직 내 교섭력의 격차가 작으면서 행위교환시 태만의 증대를 줄이기 위해서는 높은 수준의 신뢰관계가 필요하다.[18] 고도의 신뢰관계가 성립되면 당사자들간에 어떠한 기회주의적 행위도 용납되지 않아 태만에 의한 비용증가를 막을 수 있다. 높은 수준의 신뢰관계가 형성되려면 배반행위에 관한 징벌 메커니즘이 성립되어야 한다.[19] 이는 정규적인 계약장치 이외에 강력한 정서적 징벌이 이루어지는 것을 의미한다. 협동조합이 높은 신뢰수준과 반드시 일대일 대응하는 것은 아니지만, 발전된 협동조합은 높은 신뢰수준을 구비하고 있다고 볼 수 있다.

협동조합이라는 기업형태는 하이어러키에 의한 통제는 낮고 자립의 정도는 높은, 즉 당사자간 높은 신뢰를 추구하는 하이브리드 조직의 한 형태다. 신뢰수준이 높으면 협동조합에 포함된 가격씨스템과 하이어러키 때문에 발생하는 비용 전부를 낮출 수 있다. 생산물을 교환하는 계약에서 기만의 확률을 크게 줄일 수 있고, 행위를 교환하는 조직내 구성원간의 감독 비용도 낮출 수 있다. 즉 협동조합에서의 높은 신뢰수준은 자발적 의지에 의한 하이어러키를 형성할 수 있다. 생산자와 소비자 사이의 신뢰, 기업 내 구성원들의 신뢰와 독립성이 중요해진 경제환경에서는, 당사자간 교섭력 격차가 작은 하이브리드 조직이 더욱 높은 경쟁력을 갖게 된다.

협동조합과 유사하게 조직내 성원간 교섭력 격차가 작은 조직형태로 비영리조직(NPO, nonprofit organization)이 있다. 그러나 협동조합과 달리 비영리조직은 시장과 기업 사이에 존재하는 하이브리드 조직형태라 하기는 어렵다. 발생한 잉여를 처분하는 문제와 관련하여 비영리조직은 잉여배분 제약(nondistributional constraints) 규정에 의해 조직관계자들에게 잉여의 배분을 금지한다. 활동과 관련된 경비를 벌어들이는 경우는 있으나 본질적으로 교환의 순이익을 최대화하는 데는 관심을 두지 않는다.[20]

한편 기업조직과 동일한 하이어러키를 갖지만 기업의 성과를 분배하는 과정에서 격차 축소의 목표를 실현하는 조직형태로 사회적 기업(social enterprise)을 들 수 있다. 사회적 기업은 기존의 투자자 소유 기업과 조직구조는 동일하지만 이윤극대화보다 사회적 혜택을 우선시하는 기업이다. 사회적 기업은 기업조직, 협동조합, 비영리조직의 특성을 부분적으로 공유한다. 사회적 기업은 투자금에 대한 회수의 권리를 가진 소유자가 존재하고 그 소유자들에게 잉여배분을 허용하지만, 비영리조직처럼 공익적 성격도 지닌다. 즉 소유자들에게 제공할 수익을 최대한 축적하려고 노력하는 대신 빈곤퇴치 등 사회적 목표를 추구하는 비손실·비배당 기업인 것이다(무함마드 유누스 2008, 제2장).

한반도 차원에서는 남북한 경제통합 과정에서 효율화와 격차 해소를 동시에 진행하는 것이 중요한 과제이다. 이를 위해서는 남북한 경제조직들에서 역동적인 상호변화가 이루어져야 하고, 여러 조직형태가 창의적인 역할을 수행해야 한다. 따라서 대규모 기업화를 추진하기에는 특성상 한계를 지닌 분야에서는 하이브리드 경제조직 형태를 도입하는 조직상의 혁신(organizational innovation)이 필요하다. 또 빈곤과 환경문제 해법을 마련하는 일에 투자자 소유 기업과 국가가 중심적 역할을 하는 데는 한계가 있을 수 있다. 이러한 문제에 대응하기 위한 조직형태로 협동조합, 사회적 기업 등 다양한 실험들을 전개할 필요가 있다.

144

6. 지역발전과 하이브리드조직

시장거래와 기업의 활동이 더욱 증대함에 따라 교환의 공간적 범위도 확대되는 경향이 있다. 교환공간의 확대는 현실에서 경제협력과 경제통합으로 나타나는데, 이는 경제단위간 차별을 없애는 과정이기도 하다. 그런데 불평등 문제에 대한 고려 없이 협력과 통합을 추진하면 낙후국과 부유국 간, 낙후지역과 부유지역 간 빈부격차가 더욱 벌어질 가능성이 있다. 격차가 커지게 되면 낙후국이나 낙후지역에서는 더이상 협력과 통합에 참여할 유인이 없어지게 된다. 이는 교환의 범위를 축소시켜 분업의 이익을 구할 수 없게 만든다.

따라서 교환을 증대할 때에는 경제단위간 격차를 줄일 수 있는 장치를 함께 마련하는 것이 중요하다. 유럽연합의 사례를 보면, 격차 축소를 위한 노력이 지역발전(local development)을 지원하는 것으로 나타났는데, 이때 지역발전을 추진하는 각국과 지자체는 사실상 협동조합, 상호공제조합, 결사체에 근접한 존재였다.

유럽에서 격차 해소를 위한 구조정책의 지원은, 최초 단계에서 투자, 소득증대, 일자리 창출 측면에서 고안되었다. 그러나 곧이어 새로운 질의 문제, 즉 과정을 심화시키고 지역의 이니셔티브를 장려하기 위해 무엇을 할 것인가 하는 문제가 대두되었다.[21] 그리하여 지역발전과 사회적 경제가 수렴하는 사례들을 보여주었다. 예를 들면, 프랑스의 '농업상호공제조합'은 가정방문 양로써비스 같은 다양한 유형의 개인써비스의 발전을 장려하여 농촌지역의 실업자를 재통합했다. 스웨덴의 사용자단체는 회원사의 관리자들을 신생기업에 '꿔주는' 결사체를 만들었는데, 이는 1994년에 유럽위원회의 지원으로 설립된 '사회적 결속을 위한 유럽 기업네트워크'의 일부가 되었다(자끄 들로르 2007).

지역발전의 요소로서 협동조합, 기업 네트워크, 사회적 기업 같은 하이브리드 조직이 적절하게 이용될 가능성은 점점 높아지고 있다. 경제발전이 어느 단계에 이르면, 새로운 기업의 창업과 고용의 창출이 대규모 제조업보다는 써비스 부문에서 주로 이루어지게 된다. 또 외부에서 자본과 기업을 유치하는 전략이 더이상 성과를 거두기 어렵고 오히려 경제의 안정성을 위협하는 부정적 효과가 커지게 된다. 심각한 실업문제가 종래의 확장적 경제정책에 의해 해결되지 않으며, 사회구조나 인구통계, 라이프스타일의 변화에 따라 써비스업의 비중과 역할이 더욱 커진다. 자산특수적인 투자의 성과가 이전에 비해서 감소하고 지역 차원의 써비스 수요가 증대될 경우, 하이브리드 조직이 상대적으로 강점을 발휘하게 된다.

7. 남은 연구과제

격차를 완전히 해소한다는 것은 불가능한 일이고, 또 그러한 시도가 바람직하지 않을 수도 있다. 그러나 격차가 지속적으로 확대된다면, 장기적으로 그 사회는 불안정성 때문에 유지되기 어려울 것이다. 종래 동아시아에서의 자본주의 모델은 성장과 불평등도의 저하라는 두가지 결과를 양립시킬 수 있었는데, 이것을 가능하게 한 핵심고리는 정부의 개입으로 금융과 소비를 억압하여 저축률과 투자율을 높이는 것이었다. 그러나 이제는 더욱 가속화되고 있는 무역자유화와 금융세계화의 영향으로 정부가 이전 같은 역할을 하기가 어려워졌다. 그 결과 성장 추세는 불안정해지고 격차는 확대되고 있다.

현재와 미래의 새로운 제도를 구축하는 데 경로의존(path dependence)이 큰 제약이 된다는 점을 감안하면, 새로운 것을 홀연히 창안해내는 방법은 존재하지 않는다. 유일한 방책은 과거의 경로를 '개선'(improve)하는 것이다. 개선을 말할 때, 그 핵심요소는 격차를 제어하는 것인데, 격차가 발생하는 원인은 아주 다양하므로, 어느 한 가지 수단으로는 격차를 통제할 수 없다. 따라서 여러가지 수단을 결합하여 격차에 대응할 수밖에 없다.[22]

하이브리드 조직은 시장제도와 위계적 기업제도라는 극단적인 형태 사이에 존재하는 경제제도의 일종이다. 하이브리드 조직은 자원의 공동이용, 계약, 경쟁이라는 속성을 지니며, 기업 네트워크, 파트너십, 협동조합, 기업동맹 등 여러가지 형태로 나타난다. 이러한 하이브리드 조직은 격차문제에 좀더 적절하게 대응할 수 있는 조직형태라는 점에서 의의가 있다. 코우즈를 계승한 거래비용경제학은 기업의 본질을 계약과 계약선택의 관점에서 이론화했다. 특히 유통과정과 생산과정에 불평등이나 격차의 요인이 존재하는 현실을 반영하여, 다양한 하이브리드 조직이 선택되는 모델을 구성하였다.

앞서 전개한 조직선택의 모델에 따르면, 협동조합 같은 하이브리드 조직은 조직 외부와의 평등한 교섭 덕분에 기만비용은 낮으나, 반면에 조직내 교섭력 격차도 낮아 무임승차라는 인쎈티브를 발생시킨다. 이때 무임승차 문제를 줄이기 위해 가격씨스템 같은 원리를 도입하겠지만, 높은 신뢰관계가 존재한다면 무임승차 같은 태만비용이 증대하지는 않을 것이다. 그리하여 사회구성원의 신뢰나 독립성이 중요해진 경제환경에서는, 당사자간 교섭력 격차가 작은 하이브리드 조직이 더욱 경쟁력을 가질 수 있다.

그리고 격차 축소를 위한 현실적 노력은 지역발전과 깊은 연관이 있다. 격차문제를 거시정책의 차원에서 접근하는 단계를 넘어서면 지역의 이니셔티브를 제고하는 것이 중요해진다. 그렇게 되면 지역발전을 추진하는 중앙과 지방 정부는 사실상 협동조합, 상호공제조합, 결사체에 접근하게 된다. 또 경제발전 단계의 성숙으로 지역 차원의 써비스 수요가 증대되고 새로운 기업의 창업과 고용의 창출이 지역의 써비스 부문에서 주로 이루어지게 되면, 하이브리드 조직이 상대적으로 강점을 발휘하게 된다.

이번 장에서는 사회불평등을 해결할 조직모형에 관한 이론적 탐색을 주요 목적으로 했다. 따라서 여러 한계와 새로운 연구과제가 남는다. 하이브리드 조직이 격차를 축소시킬 수 있는 메커니즘의 구체화나 하이브리드 조직 내부의 조직적 특성(소유권, 분배구조 등), 하이브리드 조직과 사회의 관계(기업 이윤의 사회환원, 새로운 고용창출) 등에 대한 실증적 연구도 필요하다. 또한 미시적 경제조직의 혁신, 하이브리드 경제조직의 발전이 이루어질 수 있는 방식에 대한 연구도 좀더 진전되어야 한다.

7장
새로운 농업·농촌 패러다임의 모색

1. 개방론과 개방반대론을 넘어

지금까지 한국의 국가전략은 국내·국외로 영토를 경계짓는 관습적 방식으로 상상력의 범위를 스스로 제한하는 경향이 있었다. 그러다 보니 개방화나 FTA 추진에 대해서 찬성론과 반대론만 선명히 부각되었다. 한편에서는 개방론이 주류를 이루었다. 정부의 통상관련 부처, 수출 부문에 종사하는 기업가, 영미식 경제에 익숙한 대부분의 경제학자들이 신고전파적 비교우위론에 입각한 대외개방이 국민경제에 이익을 가져다준다는 믿음을 가지고 있다. 다른 한편에는 개방반대론이 포진하였다. 특히 민주화 과정에서 급성장한 노동운동, 농민운동, 교육단체, 그리고 이들과 관련된 정부·비정부 조직들의 상당 부분이 이러한 입장에 서서 개방론과 대칭구조를 이루었다.

그중에서도 개방반대론의 중요한 축을 이루고 있는 것이 농업부문이다. 1987년 이후 한국농업은 국내적으로 국민경제의 발전전략에 일정한 영향력을 행사할 수 있는 정치력을 확보했다. 그러나 전세계적 차원에서는 이 시기에 1930년대 이후 세계적으로 형성된 소득보상적 농업체계를 해체하는 세계질서가 형성되기 시작했다.[1] 여기에 국가는 글로벌화의 압력과 농민운동의 압력을 절충하는 혼합적 정책체계를 배열하는 방식으로 대응하였다.

그러나 그간의 농업정책은 일관된 이념, 목표, 원칙을 제시하지 못하고 임기응변과 정치적 고려가 우선되었으며, 노무현정부 시절 이른바 119조 대책도 기존 농정 패러다임의 연속인 것으로 볼 수 있다. 관행처럼 되풀이되고 있는 '종합대책' 같은 접근으로는 정책의 효율성을 확보하기 어려우며, 하위정책과의 상충이 불가피하다. 이에 따라 막대한 예산을 사용했음에도 불구하고 농업경영의 위기와 농촌사회의 해체 추세를 막지 못하고 있다.[2]

필자는, 기본적으로 개방론과 개방반대론의 틀에서 벗어나 지역주의적 관점에서 개방과 협력을 결합하는 한국경제의 새로운 발전모델을 구축해야 한다고 생각한다.[3] 개방화 추세의 국제경제질서는 당분간은 우리가 변화시키기 어려운 '구조'이고, 새롭게 태동하고 있는 동북아 경제질서는 도전과 기회의 두 얼굴을 가진 '형성과정'이다. 이에 조응하여, 새로운 농업과 농정 패러다임은 농촌주민과 소비자의 안전을 도모하면서(사회적 연대성), 경쟁과 혁신을 통해 자생력을 갖추는(시장친화적 접근) 방향으로 재구축되어야 할 것이다.

이에 따라 이 글에서는, 새로운 농업·농촌 패러다임의 기본요소로서 국제·국내시장에 탄력적으로 대응하는 농업·식료씨스템과 세계적 차원에서 경쟁력을 가진 도농복합공간이 형성될 수 있는 방안을 모색하기로 한다.

2. 탄력적인 농업·식료씨스템의 형성

현재 산업으로서의 농업의 가장 본질적인 문제는, 성장의 침체와 시장수요에 대한 적응능력 부족이라고 할 수 있다. 한국농업에서 쌀 생산은 1960년대 중반까지 50% 이상을 차지했을 정도로 비중이 높고, 70년대 중반까지는 농업성장을 주도했다. 1972~77년에 쌀생산은 연평균 7%의 성장률을 기록했으며, 농업생산은 5%의 높은 성장을 달성했다. 그러나 1980년 이후 쌀생산 성장률이 감소하면서 농업성장도 정체국면에 들어서게 되었다. 반면 과일, 채소, 축산의 비중은 계속 상승하였는데, 이는 1980년대 이후의 우등재(優等財) 수요 증대에 부응한 생산구조의 변화를 의미한다. 그러나 1990년 후반 이후에는 과일, 채소, 축산의 성장률도 둔화되고 있다(표 1 참조).

한국농업의 생산구조가 변화하고 있는 것은 분명하지만, 소비구조의 변화속도는 더 빠르다. 1980년대 이후 쌀의 소비량이 계속 감소하고 있으며, 90년대에는 감소 속도가 더 급격하게 나타나고 있다(표 2 참조). 1990년대 이후 한국의 식료 소비구조는 성숙기에 접어들었으나 생산부문은 소비구조의 다양화에 발맞춰 품목별 수급조정을 탄력적으로 수행하지 못하고 있다.

따라서 산업으로서의 농업정책의 핵심적 목표는, 생산부문의 공급탄력성을 높이거나 수급 연계성을 높이는 경영체제를 확립하는 것이다. 농가경제에서 쌀이 차지하는 비중이 높기 때문에 쌀농업에 대한

표 1 한국농업의 생산 성장률 (단위: %)

	농업총생산	쌀	채소	과실	축산물
1972~82년	2.5	2.5	5.1	9.3	11.1
1982~92년	1.7	−0.1	3.8	4.4	8.2
1992~02년	1.3	−0.4	2.0	3.3	3.6

출처: 『농림통계연보』; 유영봉(2006), 9면.

표 2 한국의 1인당 식품소비량 성장률 (단위: %)

	쌀	채소	과실	육류	우유류	어패류
1972~82년	0.1	6.8	7.3	4.2	19.5	3.9
1982~92년	−1.2	1.4	4.9	7.4	7.8	0.7
1992~02년	−2.4	1.0	1.2	3.7	4.5	2.0

출처: 한국농촌경제연구원 『식품수급표』; 유영봉(2006), 21면.

국가보조를 강화해야 한다는 목소리가 높지만, 이는 산업정책으로서는 타당한 방향이 아니다. 시장수요에 탄력적으로 반응할 수 있는 농업경영체가 형성되어야 하는데, 이를 위해서는 직접적인 국가보조보다는 시장개척과 요소투입에 장애가 되는 요인을 제거하는 방향으로 지원이 이루어져야 한다.[4]

농민들은 경쟁력있는 조직형태를 찾아내서 애그리비즈니스 활동을 강화하고 농장에서 식탁까지의 거리를 줄여나가야 하고, 정부는 농가가 통합하여 기업을 결성하도록 유도하는 법적 체제를 갖추고, 다양한 협동조합이 활동할 수 있도록 지원한다. 지금까지의 농업경영 규모 변동 추세를 볼 때, 농업 내부에서의 전업농의 경영규모 확대를 통해 경영체의 능력을 강화하는 것만으로는 부족하다. 논농사의 경우 3ha 이상 경영규모 농가가 빠르게 증가하고 있으나, 2004년 현재 3ha

표 3 논 경영규모별 농가호수 구성비 (단위: %)

연도	0.5ha 미만	0.5~1ha	1~2ha	2~3ha	3ha 이상	합계(%)	합계(1000호)
1990	40.4	33.9	21	3.5	1.2	100	1508
1995	41.2	31.4	20	4.6	2.8	100	1205
2000	42.2	30.6	18.8	4.6	3.8	100	1078
2004	44.3	28.7	17.5	4.7	4.8	100	914

출처: 통계청의 농업총조사 및 농업기본통계조사.

이하 농가가 95.2%에 이른다(표 3 참조). 3ha 경영규모로는 국제경쟁력을 갖추기 어렵거니와, 농가 단독으로 경영규모를 확대하는 데도 한계가 있다. 농업경영이 시장수요에 탄력적으로 대응할 수 있는 체제를 갖추려면, 가족농적 경영형태를 극복하는 것이 기본 방향으로 설정되어야 한다.

현대의 농업이 맞닥뜨리고 있는 주요한 환경변화는 식료와 농업 사이의 거리가 확대되고 있다는 것이다. 식료와 농업 부문의 구성주체 간의 부정합(mismatching) 현상에 따라 국내농업과 식품산업의 건전한 발전이 교란되고 있으며, 국민의 건강한 식생활이 위협받고 있다. 이러한 문제를 해소하기 위해서는 농업과 식품산업 간의 연계를 강화해야 한다.

종래에는 농업과 식품산업 간의 괴리현상은 숙명이라는 인식, 그리고 농업과 식품산업은 서로 대립적 관계라는 인식이 지배적이었다. 농정 영역에서 식품산업은 배제돼왔으며, 농업·식품산업·소비자 사이의 부정합이 지속되면서 값싼 외국산 농산물이 식탁을 지배하게 되었고 국내농업은 축소일로의 길을 걸어왔다. 그러나 농업과 식품산업의 연계를 통해 유통·생산씨스템을 합리화하고, 신상품개발 등으로 새로운 가치를 창조해낸다면 국내농업의 경쟁력을 강화할 수 있는 가능성은 높다. 국산농산물 중심의 푸드씨스템이 소비자의 신뢰를 확보하고, 식품산업과의 연계를 통해 농업부문이 가치사슬(value chain)을 형성할 수 있느냐의 여부에 따라 국내농업의 성장과 재편의 방향이 결정될 것이다.

식품산업과 농업의 연계는 급속히 진행되고 있지만, 아직은 점적인 형태에 불과하며, 현실에는 갖가지 장벽이 놓여 있다. 가장 큰 문제는 이러한 변화에 대해 농업 경영주체의 대응이 매우 뒤처져 있고, 소비-식품산업-농업생산을 연계하여 대응하려는 관점이 결여되어 있다는 것이다. 농업경영이 전체적인 식료씨스템 속의 한 구성요소로서 잘 기능할 수 있도록 체질을 강화하지 않으면, 결국은 산업으로서의 자생력을 갖추지 못하게 될 수밖에 없다.

3. 다양한 협동조합의 발전과 경쟁적 환경에의 적응

농업경영이 체질을 강화하려면 경쟁적인 환경에 적극 대응하는 것이 필요한데, 이는 다양한 협동조합이 발전하는 속에서 이루어질 수 있다. 현재 한국의 농협은 농협중앙회가 연합회 기능을 독점하고 있고, 회원농협은 시장 대응능력을 갖춘 자립적 농협으로 정립되어 있지 못하다. 이러한 하향식 조직구조는 각 지역에서의 조직의 창의력과 생명력을 억제하고 있다. 초대형 조직인 농협중앙회는 금융사업과 경제사업을 겸영하는데, 회원조합과 통합된 전국적 조직망은 중앙회가 금융사업에서 우월한 시장지위를 확보하는 중요한 고리이다. 중앙회와 지역조합의 금융사업 관점에서 보면, 이같은 조직구조는 매우 효율적인 전략이라 할 수 있다. 그러나 회원농협의 경제사업 관점에서 보면, 각 농협의 진취적인 경제사업 개발을 저해하는 측면이 있다.

농협의 하향식 조직체제 및 제도는 정부의 농협법 정관과 정관예, 농협중앙회 정관의 승인 등 제도적 환경에 의해 규제되고 있으므로 이를 대폭 완화할 필요가 있다. 지역농협과 품목농협, 농협중앙회로 구분하고 세부적으로 운영조항을 명시하는 것 자체가 농협의 다양성, 유연성, 창의성 발전에 저해가 된다. 농민들이 구체적 목적에 맞게 제도를 자율적으로 만들도록 허용하는 것이 필요하다. 물론 전환과정에 시행착오가 있을 수 있으므로 이를 보완하는 작업이 병행되어야 한다. 즉 신세대 조합의 설립이나 기존 농협의 전환에 필요한 시장조사나 자문을 위한 지원이 필요하다(장종익 2006, 368~76면).

다양한 협동조합이 탄력적인 경영체로 발전하기 위해서는 농업부문 외부의 인력과 자본이 유입될 수 있도록 환경이 마련되어야 한다. 중소규모의 협동조합은 지역과 연계된 다양한 틈새시장을 개발해야 하며, 대규모 협동조합은 체계적인 물류 인프라를 구축하고 델몬트(Delmont)나 썬키스트(Sunkist) 같은 국제화된 브랜드를 확립하도록 해야 한다. 지방정부와 생산자조직이 연대하여 새로운 생산-마케팅 모델을 구축하는 것도 필요하다. 또다른 방법으로, 농촌공사나 농협이 사업을 독점하고 있는 체제를 좀더 경쟁적인 체제로 전환하며, 이 과정에서 자본이 유입될 수 있는 다양한 협동조합 중심의 공간을 만드는 것도 고려해볼 만하다.

외부로부터 자본요소가 유입될 수 있는 유인이 주어지더라도, 이를 뒷받침하는 토지와 기타 요소가 제대로 공급될 수 있는 체제가 갖춰

지지 않으면 자생력있는 경영체가 발전하기 어렵다. 현재의 농지제도
는 가족농 중심의 농업경영구조에 조응한 것으로, 경직적 경자유전 원
칙이 오히려 농지의 비효율적 이용을 강요하고 있다. 따라서 주식회
사를 포함한 기업적 경영체의 등장을 방해하지 않는 방향으로 농지의
소유 및 이용제도를 개편할 필요성이 있다.

4. 농지제도의 혁신

현단계의 한국경제 및 농업부문이 안고 있는 농업구조 개선과 경쟁
력 향상이라는 과제뿐 아니라 농지의 효율적 이용과 농업·농촌의 건
전한 발전을 위해서는 농지정책에 대한 인식의 전환과 제도혁신이 요
구된다. 특히 법인 경영체 및 우수 경영인력 육성 위주의 농지소유 및
이용제도 개편, 적정 규모의 농지보전에 대한 국민적 합의와 새로운
보전방식의 도입, 우량농지의 보전과 규제손실에 대한 보상체계의 구
축, 농지의 계획적 이용·관리체계의 구축과 농지법 체계의 한계 보완
등이 필요하다. 이를 위해서는 농지의 소유, 이용, 보전, 조성, 정비 등
을 종합적으로 이해하면서 농업적 측면뿐 아니라 전체 국토의 합리적
관리와 효율적 자원배분 등을 아우르는 이해가 필요하다.

농지정책의 주요 과제인 우량농지의 확보, 농지의 효율적 이용, 농
업구조 조정 등을 위해서는 농지의 제도적 측면, 농지의 효율적 이용
기반 조성의 하드웨어적 측면(생산기반 정비 및 시설유지관리 지원), 쏘프트
웨어 측면(영농규모화, 농업구조 개선), 농지시장 안정 측면(농지은행 및 농지
정보화) 등을 통합적으로 인식하여 문제진단과 발전방안을 제시할 필

요가 있다.

  적정 규모의 우량농지를 안정적으로 보전관리하기 위한 농업진흥지역 지정 제도 등 농지제도적 측면과 우량농지 확보를 위한 농지개량행위(농업생산기반 정비)는 상호 연계성이 높아 통합적으로 이해할 필요가 있으며, 농지의 효율적 이용기반의 측면에서 농지의 개량행위(농업생산기반 정비)라는 하드웨어적 면과 우수 영농인에게 농지이용을 집중시키는 영농규모화(농지유동화와 전업농 육성)라는 쏘프트웨어적 면이 동시에 이해될 필요가 있다.

  농지 소유 및 이용체계의 합리화와 안정적 영농규모화를 추진하기 위해서는 농지시장의 안정이 전제되어야 한다. 그런 차원에서 농지의 제도적 측면 및 영농규모화라는 쏘프트웨어 측면이 농지의 시장안정 측면과 연계되어 통합적으로 검토되어야 할 필요가 있으며, 영농규모화 사업이 중장기적으로 안정화될 수 있도록 사업비의 효율적 운용을 위한 측면에서 농업진흥지역 내 우량농지 중심으로 추진되도록 하는 등 영농규모화와 농지관리제도 간의 통합적 인식이 필요하다.

  기존의 무원칙적인 농지전용 규제완화 과정에서 허용된 행위에 대한 규제수준 재조정에 대한 대책도 강구될 필요가 있다. 콘크리트구조물로 된 대규모 버섯재배사, 고정식 온실, 축사시설 부지 등을 농업용 시설부지로 범주화하고, 일본의 예처럼 농업용이든 비농업용이든 농지의 형상을 변화시키는 전용행위로 간주해 농지전용 절차를 거치게 하고, 계획적 입지를 유도할 필요가 있다. 다만 농업용 시설에 대해서는 허가절차를 대폭 간소화하는 방안 등이 검토될 필요가 있다.

  또한 농지의 보전에 대해서도 단순히 규제강화 차원으로 접근할 것이 아니라 적절한 보상과 더불어 조건부 농지전용제도를 도입하는 등

전향적 접근이 요구된다. 현실적으로 유휴농지가 늘고 있는 만큼 승마연습장, 놀이공원, 간이골프장 등을 위한 농지전용규제를 완화하되, 정부가 정한 일정 기준 내의 식량위기가 발생했을 때는 식량작물 재배지로 전환한다는 조건하에 비농업적으로 이용하는 방안을 적극 도입하는 등 발상의 전환이 필요하다.

다만, 농지는 한번 다른 용도로 전용되면 다시 농업용으로 환원되기 어려운 비가역성(irreversibility)이 있으므로 농지제도의 운용 및 농지정책의 추진과정에서는 신중한 접근이 요구된다. 더불어 농지법에서 규정하고 있는 "농지는 국민의 식량공급과 국토환경보전의 기반이고 농업과 국민경제의 균형있는 발전에 영향을 미치는 한정된 귀중한 자원이므로 소중히 보전되어야 함은 물론 공공복리에 적합하게 관리되어야 하며 그에 관한 권리의 행사에는 필요한 제한과 의무가 따른다" "농지는 농업의 생산성을 높이는 방향으로 소유·이용되어야 하며 투기의 대상이 되어서는 아니된다" 같은 농지 관련 기본이념은 지켜져야 할 것이다.

5. 환경농업의 발전

자유무역이 진전되고 있는 상황에서 농업경영이 가격경쟁 위주로 발전하는 데에는 한계가 있다. 따라서 국내 경영체의 경쟁력을 강화하기 위해서는 농업의 생산구조가 친환경적 방향으로 발전해야 한다. 최근 세계 농업의 새로운 경향으로 부각되고 있는 '환경성'과 '안전성' 그리고 '어메니티'(amenity)는 현재의 구조조정정책 패러다임과 구별되는 새로운 요소로서 향후 지속가능한 농업·농촌 패러다임에서 핵심적인 가치관을 형성할 가능성이 높다.

지속가능한 패러다임은 트리플 디커플링(trifle decoupling)에 기초한 환경농업정책을 강조하며, 유기농법이라는 새로운 기술패러다임에 기초하고 있다. 이러한 가치관과 정책 그리고 기술적 조건하에서 지속가능한 패러다임은 모든 것을 시장에 맡기는 것이 아니라 시장과 제도적 장치가 결합된 형태를 지향한다. 한편 지속가능한 패러다임은 농촌공간을 단지 생산공간으로만 보지 않고 국토환경 보전을 위한 어메니티와 문화다양성의 복합공간으로 인식하여 단순히 도시적 개발을 농촌공간에 이식하는 농촌정책이 아니라 어메니티를 기본축으로 도농 융합공간을 추구하는 정책을 구사한다. 이처럼 '환경성'과 '안전성' 그리고 '어메니티'라는 세개의 가치관에 기초한 지속가능한 농업·농촌 패러다임에서 환경농업은 세가지를 모두 연계시키는 핵심고리 역할을 담당한다.

구조조정 패러다임에 입각하여 가격경쟁력 제고를 기본 방향으로 하는 것은 한국농업·농촌의 제반 여건을 감안할 때 한계가 있다. 한국농업·농촌은 미래 비전을 산업으로서 환경농업, 식품안전을 위한 안전한 식료체제 그리고 환경 어메니티를 위한 농촌공간으로 설정하고, 이들 세 부문을 환경성과 연계하여 통합하는 방식으로 나가는 것이 좀더 발전 가능성이 있을 것으로 판단된다.

농업경영에서 환경성을 강화하는 데도 지역단위로 이루어지는 협동조합의 역할이 중요하다. 유기농업을 시도하되, 거래의 폭과 거리를 줄여 지역별로 다양하고 특수한 형태로 이루어져야 하기 때문이다. 전체 농업에서 유기농의 비중이 커질수록 유기농산물은 가격파동에 휩싸이게 된다. 유기농업도 시장을 무시하고 반기술적 태도를 견지할 경우 성공할 수 없으므로, 지역 특수적 요소와 관련된 기술혁신과 지속적인 시장세분화가 필수적이다. 따라서 지역 특수적인 바이오테크를 개발·수용하고, 지역 안에서 농업자원을 순환하도록 하는 씨스템을 창출해서 농업이 환경에 부과하는 압력을 줄이는 방안을 찾는 것이 중요한 과제이다.

여기에서 정부와 시장의 역할을 적절히 구분하는 것이 필요하다. 정부는 생산지원 등의 직접적인 개입 방식보다 유통씨스템 및 관련인프라 정비, 유인프로그램 제공, 기술개발과 연구개발, 인력양성과 경영능력 강화 프로그램 등에 역량을 집중할 필요가 있다.

6. 확대된 지역단위의 농촌개발

개방 추세가 강화되면서, 농업경영에 대한 충격을 최소화하는 개방전략의 추진과 국내·국제적 시장조건에 탄력적으로 대응할 수 있는 경영체제의 수립을 기본 방향으로 하는 농업정책이 필요해졌다. 이와 함께 농촌개발의 중요성도 높아지고 있다. 산업구조의 고도화로 전체경제에서 농업의 비중이 감소함에 따라 농촌지역에서도 농업이 차지하는 비중이 줄어들었다. 농업이 쇠퇴하면서 농촌지역은 소득과 함께 인구가 감소하여 도시에 비해 생활여건이 취약하다. 이제 농촌지역에서도 비농업 부문의 중요성이 높기 때문에 농업정책만으로 농촌지역의 활력을 회복할 수 없게 되었다. 지역사회가 유지·발전되지 않으면 산업으로서의 농업에 필요한 자원을 제대로 공급할 수 있는 기본환경이 마련되지도 않는다.

한국의 농촌개발은 기본적으로 외생적 개발전략으로 추진되었다. 농촌지역의 성장동력을 외부에서 찾으며 개발주체를 중앙정부나 외부자본으로 본 것이다. 그러나 이러한 하향식 농촌개발은 뚜렷한 성과를 나타내지 못했다. 우선 농촌지역의 쇠퇴를 막지도 못했으며, 농촌지역의 특성을 파괴하고 특색 없는 지역으로 만드는 경향이 있었다.

이에 대한 대안으로 주장되고 있는 것이 내발적 발전전략인데, 이의 접근방법은 다음과 같다. 첫째, 농촌의 주요 문제를 외부가 아닌 지역 내부의 역량 부족에서 찾고, 둘째 이에 따라 발전동력을 원칙적으로 지역 내부에서 찾는다. 셋째, 지역발전의 주체는 지역 그 자체이며 따라서 지역 주도의 상향식 발전, 주민 참가와 협동, 자치에 의한 발전이 중시된다. 넷째, 발전전략으로 지역 내 자원을 최대한 활용하고, 다섯째 발전목표로서 지속가능한 발전을 추구한다. 여섯째, 농촌지역의 기능은 식량공급 이외에 다양한 써비스를 제공하는 것으로 파악한다(박진도 2006, 157~58면).

원리적인 면에서는 내발적 발전전략의 접근방법에 별다른 이의를 제기하기 어렵다. 그러나 현재의 농촌 상황에서 자생적이고 내발적인 방식으로 자원을 동원하는 데 한계가 있다는 현실 문제가 있다. 외부자본과 인력, 정책의 지원이 필수불가결한 현실에서 너무 좁은 지역단위로 개발전략을 짜면, 효과적으로 자원과 역량을 배치하기 어렵다. 과거 참여정부에서 농촌개발정책을 추진했지만, 중앙정부나 지방정부 차원의 다른 발전계획과 체계적·거시적으로 연계하면서 기획·추진되지 않았으며, 지역단위로 미시적 설계도가 마련된 것도 아니었다.

유럽의 경우 이미 1980년대 후반부터 낙후된 농촌지역의 개발과 구

표 5 참여정부 부처별 농촌지역 개발사업

주관부처	권역단위 개발사업			마을단위 개발사업		
	사업명	지원규모	사업특성	사업명	지원규모	사업특성
농림부	농촌마을 종합개발사업	권역당 70억원, 2013년까지 1000개	상향식, 소득증대 및 정주기반 확충 등 종합개발	전원마을 조성사업	마을당 30~50억원, 2013년까지 300개	정주기반 확충
	정주권개발사업	면당 30억원, 총 800개 대상	정주기반 확충	녹색농촌 체험마을 육성사업	마을당 2억원, 2013년까지 850개	도농교류
				농촌복합 생활공간 조성사업	2006~2008년간 27개소, 186억원	정주기반 조성
행정자치부	소도읍육성사업	권역당 연 30억원	정주기반 확충	농어촌주거환경개선사업	빈집정비 동당 30만원, 마을정비 마을당 1~3억원	정주기반 확충
	오지종합개발사업	권역당 50억원, 399개	정주기반 확충	도서종합 개발사업	도서당 연 5억원, 410개	정주기반 확충
	신활력사업	70개 시군에 평균 70억원	종합개발	아름마을 가꾸기시범사업	마을당 평균 20억원	종합개발
				정보화마을	마을당 5억원, 2012년까지 280개	도농교류
해양수산부	어촌종합개발사업	권역당 평균 35억원	소득기반 등 종합개발	어촌체험 마을조성	마을당 5억원, 2009년까지 31개	도농교류
문광부				문화역사 마을사업	1단계 사업당 1억원, 2단계 마을당 10~80억원	문화관광 자원개발
농진청				전통테마 마을육성 사업	마을당 2억원, 2009년까지 66개	도농교류
산림청				산촌개발 사업	지구당 14억원, 2007년까지 153개	소득기반 조성
환경부				자연생태 우수마을	마을지정 및 홍보	자연보호

출처: 이성우(2006), 61~63면.

조조정에 집중하는 쪽으로 유럽구조기금을 개혁하면서, 인구 10만 이하의 농촌지역을 대상으로 하는 참여적 지역개발을 확대하고 있다(LEADER 프로그램). 그러나 한국은 아직 자치의 경험이 부족하고 농업과 지역산업의 발전 수준이 낮다. 소규모 지역단위에서는 발전주체를 찾기 어렵다. 따라서 지역단위를 보다 확대된 규모로 설정하여 거점적 개발을 추진하는 것이 합리적인 방안이라고 할 수 있다. 도(道)와 시·군들이 확대된 지역연합을 결성하여 중앙과 국외의 인력과 자본을 결합하는 방향으로 추진한다. 노무현정부 시절 농촌개발사업은 농림부, 농촌진흥청, 산림청, 행정자치부, 환경부, 건교부, 산업자원부에서 각각 추진하였다(표 5 참조). 지역연합이 이루어진다면, 각 부처의 사업들을 이양받아 통합적인 계획을 세우고 집행하도록 자율성을 확대할 수 있다.

7. 농촌 사회써비스의 확대와 지역화

농산물시장의 개방은 불가피하지만, 충격을 완화하기 위해서는 이행기간을 길게 확보하는 관리대책이 필요하다. 그러나 개방은 다만 속도의 문제일 뿐 확대되는 것이 기본 추세라고 할 때, 근본적으로는 농업경영의 혁신으로 대응하되 농촌개발 및 농촌사회정책의 발전으로 이를 보완하고 뒷받침해야 한다.

한편, 복지전략적 면에서 볼 때는, 농업·농촌의 위기를 국가 차원에서 복지사회로의 전환을 선도하는 전략과 연계하는 사고가 필요하다. 주요 선진국에 비해서 우리나라는 사회정책예산과 사회써비스 관련 고용비중이 현저하게 낮다. 지금까지 사회보험·공적부조 중심의 제도가 확대되었으나 이와 관련된 재정투입은 크지 않았다. 단번에 보편주의적 사회정책을 설계하고 재정투입의 양을 획기적으로 확대하는 것은 현실적으로 어렵다. 농업개방과 농촌복지를 교환하는 것은 정부, 국회, 재계, 언론, 노동계, 시민사회가 함께 동의할 수 있는 실행가능한 전략이다.

농업인의 욕구 차원에서 본 농촌복지정책의 과제는 크게 네가지로 요약할 수 있다. 첫째는 농어민이 국민연금에 가입하여 납부하는 보험료에 대해 국가가 보조하도록 하는 문제, 둘째는 농촌에서의 사고·상해를 보장하도록 건강보험의 급여범위를 확대하는 방안, 셋째 국민기초생활보장제도 운영에 있어 농가의 재산기준과 부양의무자 기준완화, 넷째 사회복지시설 및 써비스 확충 등이다(조흥식 2001).

이 중에서도 개방화시대의 복지전략으로서 중요한 의미를 가지는 것은 농촌지역 사회써비스를 확대하는 것이다. 한국의 개발지상주의 전략은 개방화된 조건에서는 더이상 잘 작동하지 않게 되었으며, 새로운 발전모델을 구축해야 하는 과제를 안고 있다. 농업·농촌의 위기를 극복하는 과정에서 농촌지역에 대한 사회적 투자를 확충함으로써, 이를 통해 사회투자국가(social investment state)의 기초를 마련할 필요가 있다. 숙련, 연구, 기술, 보육, 공동체의 발전 등 사회적 투자는 지속가능한 성장의 선순환을 위한 매우 중요한 수단이다.

지금까지 한국에서 복지나 사회적 투자에 대한 정부지출은 억압되어왔고 정부규제가 강한 편이었다. 그래서 협의의 복지국가적 소득보장 및 사회써비스 대신 기업, 가족, 커뮤니티 등 비정부기관이 복지 공급의 주체가 되어왔다. 한국의 재정상태나 새로운 성장동력을 발굴해야 하는 국가적 과제, 그리고 세계화와 기술혁신의 속도가 빨라지고 있는 여건을 감안할 때, 소득보장보다는 사회써비스 확충이 바람직한 방향이다. 개방으로 경영불안에 빠진 농촌에 이행기의 안정화 정책을 시행한다고 할 때, 사회적 투자를 행함으로써 경제정책과 사회정책을 연계시킬 수 있는 접점이 될 수 있다.

한국농업에서 산업정책은 농업경영의 혁신과 경쟁력 강화를 목표로 하여 추진되도록 하지만, 사회정책 차원에서는 다양한 고용기회를 제공하는 고용정책과 복지정책 간의 적절한 정책믹스(police-mix)가 필요하다. 사회정책으로서의 사회써비스 확충은 농업경영에 과다한 고용책임을 부과하지 않도록 하는 데 기여한다. 농업에 머물러 있는 한계노동력 계층을 비농업 노동시장으로 끌어들임으로써 농촌의 사회적 배제에 대해 적극적으로 대응하고 농촌의 심각한 저출산·고령화 추세 속에서 사회보장제도가 작동하도록 조건을 마련한다.

이는 농촌 실업률을 낮추는 것뿐만 아니라 농업 이외에 취업기회를 확대한다는 정책목표로의 전환을 의미한다. 탈공업화가 진행되고 있는 조건에서 고용률 제고는 도시에서조차도 제조업을 통해 이루어지지는 않는다. 고용률 제고를 위해서는 종래의 농촌공업화 정책이 아니라 여러 사회정책 수단들을 복합적으로 사용하는 것이 좋다. 농촌에서의 사회써비스 수요는 단순히 농촌주민에게만 한정되지 않는다. 한국의 교통여건 등을 고려하면 농촌지역에 도시와 연계된 사회써비스 거점을 마련할 수 있고, 이는 부동산 가격 상승을 가져오는 기존의 개발사업보다 좋은 성과를 가져올 수 있다.

농촌에서의 사회써비스 확대는 후기 산업사회로의 이행이 초래하는 새로운 사회적 위험에 대응하는 체제 구축에 기여한다. 이는 사회적 배제를 단순하게 현금지급 같은 방식이 아니라, 교육이나 의료처럼 기회의 평등 확보에 도움이 되거나 모든 시민들에게 혜택을 제공하는 분야에 대한 지출을 확대하는 정책이다. 농업에서도 농업부문에서의 교육훈련정책, 농촌여성의 가족책임과 농업노동을 양립할 수 있도록 하는 보육정책, 농업에서의 은퇴에 대응하는 정책 등이 모색되어야 한다. 아울러 국가 전체 차원에서 환경보전, 교육, 의료·요양, 전원형 주거의 거점으로 농촌지역을 적극 발전시킬 필요가 있다.

농촌 사회정책의 틀을 구축할 때 매우 중요한 문제는 사회정책의 다양한 주체와 대상들의 책임과 역할의 문제이다. 즉 정책씨스템과 써비스 전달체계를 마련할 때 현재 조건에서 국가, 가족, 시장, 제3쎅터의 역할을 어떻게 재배분하고 재구성할 것인가의 문제이다.

농업경영에서 협동조합의 역할이 중요한 것처럼, 농촌의 사회써비스 씨스템에서도 공급자는 다양한 형태로 발전해야 한다. 여기에서 중요한 것은 다양한 이해관계를 가진 공급주체들간에 사회적 파트너십을 형성하는 것이다. 사회적 합의를 토대로 씨스템이 형성되어야, 써비스 공급이 차질 없이 이루어지고 농촌지역사회의 연대성도 확보될 수 있다(복지다원주의).[5]

사회써비스와 관련해서는 정부 각 부처에서 각개약진 식으로 사업이 시행되고 있다. 여기에는 자활, 사회적 일자리, 노인일자리 사업 등으로 구분할 수 있는데, 구체적으로는 보육시설 신축일자리 사업, 산모도우미사업, 지역아동쎈터 등 보육·아동 관련 사업, 자활 및 사회적 일자리 사업, 노인일자리 사업, 노인돌보미 바우처 등 노인·시설 관련 사업, 정신보건상담쎈터, 방문보건사업 등 보건의료 관련 사업, 장애인직업재활시설 확충 등 장애인 관련 사업 등이 있다. 이 사업들은 현재 뚜렷한 기본 방향과 핵심 전략분야 없이 산발적으로 진행되고 있어 체계적 운영과 성과 측면에서 많은 문제점을 안고 있다. 이들 사업을 평가하고 정비하는 과정에서 도(道)와 시·군들이 확대된 지역연합을 결성하는 경우, 이 단위에서 지역 차원의 사업을 통합하여 추진할 수 있도록 해야 한다.

8. 특구 방식을 통한 통합적 정책 프로젝트 추진

농업경영체 강화, 농촌개발, 농촌 사회써비스 확대도 연계·통합적으로 이루어져야 한다. 그러나 이러한 사업의 통합과 권한 이양은 부처간 다양한 이해관계와 매우 복잡한 현실적 문제가 개입되어 쉽게 추진되기 어려운 것이 현실이다. 따라서 특정 지역을 정하여 실험적으로 사업의 모델을 구축할 필요가 있다. 무엇보다도 농촌과 지방이 쇠락해가는 속도가 빠르기 때문에 신속하게 역량을 집중하여 성공모델을 창출하지 않으면 안된다. 전국 차원의 조정된 정책패키지를 내놓으려다가 시기를 놓칠 가능성이 크다. 따라서 중단기적 성과를 낼 수 있도록 '특구'에서 농촌개발과 복지, 그리고 특성화된 농업을 연계하는 사업의 구상이 필요하다.

특구의 규모는 기존 정책에서 대상으로 하고 있는 마을이나 권역보다는 커야 한다. 앞서 언급한 것처럼, 유럽에서는 인구 10만 이하의 농촌지역을 대상으로 참여적 지역개발을 확대하고 있으나, 한국의 경우 이 정도 규모로는 자원을 결합할 수 있는 규모의 경제를 이루지 못할 가능성이 크다. 시·군 단위의 지금까지의 지방자치 경험에 근거해볼

때, 농촌과 지방을 살리는 획기적인 프로젝트를 기획하기에는 역량이
부족하다. 따라서 이보다는 확대된 규모가 좋다. 도(道)를 중심으로 하
고 시·군이 참여하는 지역연합을 결성하여 프로젝트를 기획하고 중
앙정부가 이를 적극 뒷받침하여 지역, 중앙, 국외의 인력과 자본이 결
합할 수 있도록 해야 한다.[6]

마침 천혜의 공간이 있다. 서남지역은 그간 산업화 과정에서 소외
되어 전국에서 1인당 민간지출이 가장 낮은 농어촌 지역이다. 대신 청
정하고 수려한 자연환경이 있고 동북아–황해경제공동체의 허브가 될
수 있는 지리적 잇점을 가졌다. 서남지역이 국제적 경쟁력을 가진 지
역으로 살아나면, 지방과 농촌의 새로운 발전모델을 보여줄 수 있다
(이일영 2006c).

이제 지방과 농촌의 운명은 수도권 도시를 뛰어넘는 새로운 매력을
만들 수 있는지에 달려 있다. 서남지역이 성공하려면, 새로운 상상력
으로 동북아와 세계로 연결되는 모델을 창안해야 한다. 행정도시나
기업·산업도시를 복제하는 방식으로 수도권과 경쟁해서는 결코 성공
할 수 없다. 새만금 간척사업, 광주 싸이언스파크, 대불공단, 전남도청
이전사업 같은 고식적인 투자를 반복해서는 안된다.

이에 비하면, 서남해안포럼의 S프로젝트나 명지대 김석철(金錫澈)
교수의 진도오아씨스플랜은 몇걸음 진전된 구상이다. S프로젝트는 무
안공항을 중심으로 국제항공물류단지를 조성하고 자연·생태환경을
활용한 장기체류형 고급 휴양도시를 개발하자는 것이다. 진도오아씨
스플랜은 서남해안에 오아씨스 같은 해안도시를 건설하여 다도해와
제주도를 잇는 국제적 휴양권을 만들자는 것이다.[7]

이들 사업의 성패는 기존 관광단지 개발프로젝트와는 다른 새로운

비전을 보여주는 데 있다. 서남지역이 진정 차별적인 국제경쟁력을 가진 곳으로 발전하려면, 기존의 도시개발과는 다른 방식, 즉 농업·농촌과 도시가 상생하고 통합되어야 한다. 달리 말하면, 농촌과 농업을 도시와 여타 산업과 분리해서 생각해서는 안된다. 기존에는 농업, 제조업, 써비스업이라는 분리된 틀에서 산업정책을 추진했고, 도시와 농촌으로 분리하여 공간·지역정책을 추진했다. 이는 필연적으로 산업적·공간적으로 일정한 규제와 장벽을 쌓는 정책으로 귀결된다. 그 결과 농업과 농촌의 성장동력은 억압되고, 도시는 획일적인 공간으로 복제되고 만다. 그래서 새로운 지역공간은 제1지역(농업-써비스업), 제2지역(제조업-써비스업), 제3지역(도심기능-써비스업)이 함께 어우러져야 한다.

서남지역을 농촌과 도시를 연계하는 특구로 발전시킨다면, 기존의 도시지역은 도심과 주거 기능을 정비하되, 제조업과 써비스업이 어우러지는 도시와 농촌의 점이지대로 발전시켜야 한다. 구체적으로 광주-목포를 축으로 첨단산업과 의료·복지써비스 벨트를 형성하고, 서남해안과 다도해, 그리고 제주도를 연결하여 국제적 휴양권으로 개발한다. 그 후방의 내륙 농촌지역은 도시·해외와 연결되는 동북아의 친환경적 식료공급 기지로 발전시키는 한편, 도시와 쉽게 연계되는 지점에 휴양과 요양·복지의 거점을 확대한다.

서남지역에서는 환경에 부담이 큰 축산업 비중을 줄이고 농수산물의 청정도를 더 높여야 한다. 동북아로의 물류의 출구를 만들고 가공·유통기업을 끌어들여야 한다. 농업에 민간자금과 인력이 들어와야 하는데, 이를 위해 기존 농촌공사나 농협의 독점체제를 경쟁체제로 전환해야 한다. 가족농체제를 전제하고 있는 농지제도도 기업형태를 뒷받침하는 방향으로 개편해야 한다. 의료클러스터, 관광휴양권의 배

후지역에는 가정간호써비스 씨스템을 촘촘히 깔아서, 서남 농촌지역
을 복지국가 전략의 전진기지로 삼는다.

9. 활력있는 농업·농촌을 상상하며

1990년대 이후 추진되어온 급속한 개방과 그에 따른 개방대책은 역
설적으로 농업·농촌에 정부의 과잉개입을 초래했다. 개방피해를 보
전하기에는 정부의 보조가 부족했음에도 불구하고 농업·농촌은 보조
에 결박되어 유동성이 약화되는 상황이 발생했다. 2004~13년의 10년
간 119조원을 투입하기로 되어 있는 '농업농촌종합대책'도 개방에 대
응하여 농업·농촌 관련 예산을 확대한다는 차원에서 마련된 것이다.

그러나 농업과 농촌이 산업·공간적으로 개방·융합되지 않는 한 농
업의 체질을 강화하고 농촌복지를 증진한다는 목표를 달성하기는 어
려울 것으로 보인다. 필자가 제시하는 정책 패러다임의 기본 방향은,
국경의 개방속도를 조절하여 이행기간을 확보하되 국내적으로 산업·
공간의 개방은 과감하게 추진하자는 것이다. 농업과 농촌만을 분할하
는 것을 넘어 산업과 지역을 재배열하고 종합해야 선택 가능한 경영
과 생활이 구축될 수 있다.

1980년대 이후 전세계적 차원에서 농산물 무역이 증대하는 가운데,
동아시아지역 안에서의 농산물시장도 급속히 성장하고 있다. 지역 내
시장은 최종생산물 무역에서뿐 아니라 투입재의 무역, 품목 안에서의
산업 내 무역, 인적 교류 측면에서도 함께 성장하고 있다.

이러한 조건에서 산업으로서의 농업정책의 목표는, 생산부문의 공

170

급 탄력성을 높이거나 수급 연계성을 높이는 경영체제를 확립하는 것
이 될 수밖에 없다. 이러한 경영체가 형성되려면 무엇보다도 농업부
문 외부의 인력과 자본이 유입될 수 있는 환경이 마련되어야 한다. 좀
더 경쟁적인 농업경영 환경을 마련하기 위해서는, 다양한 협동조합의
발전이 이루어져야 한다. 아울러 국내 생산구조가 친환경적 방향으로
발전해야 현재의 빠른 소비구조의 변화에 대응할 수 있다. 농업경영
에 환경성의 가치를 적극 도입해야 하고, 안전한 농산물을 생산할 수
있는 기술체계도 수립되어야 한다. 생산구조를 친환경적으로 전환하
는 초기과정에는 소비자·도시와의 연계가 중요한 과제다.

농촌이 지역으로서 활력을 갖게 하기 위해서는 농촌개발이 이루어
져야 한다. 그러나 한국은 아직 자치의 경험이 부족하고 농업과 지역산
업의 발전수준이 낮아 소규모 지역단위에서는 발전주체를 찾기 어렵
다. 따라서 지역단위를 좀더 확대된 규모로 설정하여 거점적 개발을 추
진하는 것이 합리적이다. 이와 더불어 농촌복지도 뒷받침되어야 한다.
대표적으로 농촌주민에 대해 국민연금 보험료 보조, 건강보험의 급여
범위 확대, 국민기초생활보장제도 운영기준 완화, 사회써비스 확충 등
을 들 수 있다. 이 중에서도 사회써비스 확대는 새로운 사회적 위험에
대응하는 체제 구축에 기여한다는 점에서 전략적인 의미를 가진다.

농업경영체 강화, 농촌개발, 농촌 사회써비스 확대는 연계·통합적
으로 이루어져야 한다. 그러나 이를 전국적 차원에서 실시할 수 있는
정책 조정이 이루어지는 데는 상당한 시간과 노력이 필요할 수밖에
없다. 신속하게 역량을 집중하여 성공 모델을 창출하기 위해서는 특
정 지역에서 선도적으로 농촌개발과 농촌복지, 그리고 특성화된 농업
을 연계하는 '특구' 전략을 추진할 필요가 있다.

8장
한국농업과 동북아 농업
새로운 시대의 의제와 전략

1. 변하는 것과 변하지 않는 것

시간이 지나면 변하는 것이 많다. 한 학기 강의가 끝날 무렵이면, '민주화 이후'의 대학생 농활풍경에서 격세지감을 느낀다. 그 시절, 일찌감치 시작되었던 예비쎄미나, 역에 내리자마자 만나게 되는 눈 부릅뜬 정보과 형사, 못마땅한 표정의 이장어른과 긴장된 마을청년, 새참 대접은 절대 받지 않는다는 추상 같은 규칙, 이런 것들은 전설 같은 이야기가 되었다. 필자가 재직중인 대학에서는 농활을 격려하는 편이다. 학생들 농활은 봉사학점으로 인정되고, 학교에서는 출발 당일 예비교육을 제공한다. 분위기는 자유롭고 여유가 있다. 차량도 지원받고 교수와 교직원들이 현지에 농활지원본부를 차리기도 한다. 이제 학생회는 농활준비나 진행에 많은 노력을 들이지 않아도 되고, 학생회와 현지 농민회 간부는 허물없이 어울리기도 하고 갈등하기도 하는 모양이다.

시간이 지났지만 변하지 않은 것도 있다. 무엇보다도 농활을 주도해야 하는 학생회 간부들의 생각과 태도는 오랜 세월 변함이 없다. 필자는 예비교육에 여러번 나간 경험이 있는데, 나름대로 변화된 한국농업의 환경과 혁신의 과제를 이야기하면서 다양한 지역적 과제와 결합하기 위해서는 중앙 차원의 연대활동은 지양되어야 한다고 주장하지만 메아리가 없었다. 선배 세대로서 연구자로서 교육자로서 안타까움을 느낄 수밖에 없지만 학생회에 가장 중요했던 것은 농활이 농학연대의 핵심적 공간이라는 점인 것 같다. 이를 통해 WTO와 신자유주의에 반대하는 투쟁에 힘을 모으고, 나아가 한국농업을 사수하자는 것이다.[1]

그러는 중에 농활에 참여하는 학생들의 규모와 열의는 계속 줄어들고 있다. 그간 많은 사람들이 힘껏 투쟁했고 많은 정책이 쏟아져나왔다. 그러나 이런 식으로 가면 우리 들판이 생명력있는 모습으로 지속될 수 있을까? 한국경제와 농업(그리고 농민운동)은 어디로 가야 하나?

필자의 주장을 서둘러 말하면 다음과 같다. 이제 관습적 사고에서 물러서서 새로운 발걸음을 준비할 때이다. 한국농업은 여러가지 국제적·국내적 요소와 복잡한 연관관계를 맺고 있다. 한국농업을 둘러싼 외부환경에는 변하지 않는 것도 있고 변하는 것도 있다. WTO로 대표되는 국제무역질서는 당분간은 쉽게 대안을 구하기 어려운 '구조'이다. 새롭게 태동하고 있는 동북아 경제질서는 도전과 기회의 두 얼굴을 가진 '형성과정' 속에 있다. 우리는 분단을 넘어서는 새로운 질서를 지지한다. 이를 위해 농업과 농정은 농촌주민과 소비자의 안전을

도모하면서(사회적 연대성), 경쟁과 혁신을 통해 자생력을 갖추어야 한다고(시장친화적 접근) 생각한다.[2]

2. WTO 쌀협상: 오래된 의제

WTO는 악마인가

2004년 한국농업 최대의 이슈는 WTO 뉴라운드에서 협상을 어떻게 가져가는가 하는 것이었다. 그렇다면 WTO에 대해서는 어떤 관점을 가질 것인가? 필자는 거부와 추종의 양극단에서 벗어나 '이용'의 입장을 취하는 것이 옳다고 생각한다.

하나의 예를 들어보자. 한국은 1999년 11월 중국산 마늘에 대해 잠정 긴급관세를 부과한 적이 있다. 이에 대해 중국은 2000년 6월 한국산 휴대전화와 폴리에틸렌 수입을 중단하는 일방적 무역보복조치를 취했다. 일본 역시 마늘을 두고 중국과 분쟁을 벌인 바 있다. 중국은 자국 농업을 보호하고 수출을 확대하려는 충동을 가지고 있고, 이것이 거친 행동으로 나타나기도 한다. 그러나 이제 중국도 WTO 회원국이 되었고 따라서 WTO 규범에 따라 행동해야 하기 때문에, 분쟁의 전개과정은 일정하게 제도화되고 있다고 할 수 있다.

자유무역은 누구에게나 이익이라는 식으로 추종하는 것도 문제지만, 자유무역질서를 막무가내로 거부하는 것도 현실적이지 못하다. 반세계화 시위에 흔히 등장하는 구호로 "WTO는 가난한 사람들의 주머니를 터는 강도"라는 주장이 있다. 분명 그런 측면이 있기는 하다.

WTO를 주도하는 선진국의 경우 보호관세와 보조금, 할당제 등 여러 가지 수단을 통해 공업을 발전시켜놓고 다른 나라들에는 자유무역을 권고하고 있기 때문이다.[3] 그러나 만에 하나, WTO 무용론이 현실화된다고 해도 강대국의 일방주의에 대응할 수 있는 새로운 국제경제질서를 마련할 구상과 능력이 있는가? WTO를 움직이는 주요 세력, 즉 미국·유럽·일본·중국 등을 빼고 국제적 차원의 조절이 가능한가? WTO가 사라지면 당장 우리 눈앞에 천하위공(天下爲公)의 대동세상이 펼쳐질 것인가?

어쩌면 WTO로 상징되는 국제무역질서에서 한국이 빠져나갈 수 있는 여지는 당분간 없다는 것은 상식적인 판단에 속한다. 오히려 미국이나 중국의 일방주의 경향이 강화되고 WTO의 기능이 약화된다면 한국으로서는 자기 목소리를 내는 것이 더 어려워질 수도 있다. WTO 체제가 침몰하고 일방주의, 블록화가 득세하여 세계무역이 급속히 축소된다면, 국내에 완결된 재생산구조를 갖추지 못한 한국경제, 그리고 한국의 농업·농촌경제는 엄청난 어려움에 직면할 것이다. 한국으로서는 국제무역질서의 불공정성을 내부적으로 비판하면서 장기적으로 세계경제의 통합을 지지하는 것이 선택 가능한 합리적인 전략이라고 할 수 있다.

WTO에서 쌀협상이 우리에게 몹시 부담스러운 것이기는 하지만, 모든 책임을 외부에 뒤집어씌울 일은 아니다. 세상에는 천사와 악마, 두 편만 있는 것은 아니다.

역사는 반복된다고 하는데, 2004년에도 농업관련 단체들은 쌀시장의 관세화를 극력 반대하여 최대의 투쟁목표로 설정하였다.[4] 칠레와의 자유무역협정(FTA)을 반대한 것도 쌀시장 개방을 막기 위한 기싸움의 성격이 짙었다. 농민들이야 자신의 생존권이 달려 있는 문제라 절박할 수밖에 없지만, 정부나 정치권은 '우는 아이 젖 주는' 식으로 대응하고 있지는 않은지, 관련 전문가들은 자신들의 써비스 영역을 확보하기 위해 이에 편승하고 있지는 않은지 돌아볼 필요가 있다.

정부는 당초 한·칠레 FTA를 추진하면서 농업·농촌 지원을 위해 4대 특별법을 마련하고 2004년에 1조 575억원의 예산을 책정했다. 그러나 국회에서 비준동의안이 7개월 만에야 통과될 수 있었고, 이 과정에서 정부는 이후 5년간 1조 700억원 규모의 추가지원을 약속함으로써 지원액이 대폭 불어났다. 비전과 계획 없이 지원액수가 결정되니 '시위 한번에 얼마씩'이라는 얘기가 나오는 것도 무리는 아니다.[5]

우리는 온 나라를 들끓게 했던 UR 협상과정을 기억한다. UR은 한국농업의 파멸을 가져올 것이므로 막아야 한다고 했고, 또 유럽이 반대하므로 농업무역의 자유화는 합의될 수 없을 것이라고도 했다. 쌀시장은 외국에 양허할 수 없다는 것이 지배적인 분위기였다. 당시 대통령도 "직을 걸고 막겠다"고 공언했을 정도이다. 그러나 미국과 유럽은 결국 합의에 도달했고 WTO체제는 마침내 출범했다. 농업무역에 있어서 예외없는 관세화 원칙이 확립되었다.

그렇게 되자 한국은 쌀을 지키는 방향으로 열정을 쏟았다. 그 결과 한국은 2004년까지 쌀의 관세화를 유예하는 성과를 거두었다. 그러나 문제를 잠시 회피했을 뿐이었다. 시장이 아닌 국회에서 쌀값이 결정되는 동안 국내외 가격차는 4~5배로 더욱 확대되었고, 쌀소비가 감소하고 수입이 증가함으로써 재고가 누증되었다.[6] 이러한 상태에서 2004년이 찾아왔다. 쌀 관세화 유예의 연장 여부를 둘러싼 협상에 나서야 할 시간이 된 것이다.

뉴라운드 쌀협상의 결과

농업관계자 대부분은 쌀협상에서 다시 한번 관세화 유예를 주장했다. 그러자니 한국이 개발도상국임을 호소하고 농업의 형편이 매우 어렵다는 읍소를 해야 했다. 다른 나라들은 한국이 공산품 협상에선 선진국 편에 서서 관세인하를 요구하면서 농업협상에선 개도국임을 주장하는 '박쥐외교'를 반복하고 있다고 생각했을 것이다. 관세화는 결국 유예되었지만 댓가를 치러야 했다. 예외조치를 인정받는 댓가는, 의무적으로 농산물을 수입해야 하는 최소시장접근(MMA, Minimum Market Access) 물량을 상당한 정도로 늘리는 것이다.

WTO체제의 출범이라는 외부환경 변화를 엄정하게 인식하여 정공법으로 대응하지 않고 문제를 미봉한 댓가는 누적되어 되돌아올 수밖에 없다. 1987년 이후의 민주화과정에서 농민의 정치력은 크게 증대되었고 농업에 대한 전국민적 동정은 정치권을 압박했다. 농민운동의 '아스팔트 농사'가 이어지는 속에서 쌀의 관세화는 유예되었고, 국내 쌀값은 '정치적'으로 인상되어왔다. 그러나 뉴라운드 이후 매년 의무 수입량이 늘면서 국내 쌀 재고가 급등하고 있는 상황은 쌀농업을 보호하겠다는 정부, 농민운동, 농업관련 써비스계층의 '선한 의도' 또는

‘담합’이 농민이나 국민경제 전체에 꼭 ‘선한 결과’를 가져오지는 않는다는 것을 웅변하고 있다.

정직하게 말한다면, 쌀협상과 관련해서 ‘그럭저럭 버티기’[7]를 기대하기는 더이상 어려운 것 같다. WTO 협상에서 우리가 취할 수 있는 카드는 관세화 수용 아니면 의무수입량의 대폭적 증대뿐이다. 정부도 농민운동도 그것을 모른 척하고, 쌀농업을 안전하게 보호할 수 있다거나 그와 관련된 국제협상에 모든 것이 걸려 있는 것처럼 의제를 만들어가면, 협상결과가 나온 뒤 우리는 또 분노와 좌절을 반복해야 한다. 결국은 냉정한 판단과 창조적 기획을 위한 시간 및 자원을 낭비하게 된다. 이제 지금까지와는 다른 새로운 비전과 전략, 새로운 의제설정이 필요한 시점이다. 새로운 전략과 정책을 세우기 위해서는 변하는 것과 변하지 않는 것을 분별해야 한다.

3. 동북아 농업씨스템: 새로운 의제

동북아 역내 농산물시장의 확대

쌀협상 문제는 이미 UR 때부터 나온 이야기이고, 선택할 수 있는 대응의 폭도 제한되어 있기 때문에 대강은 답이 나와 있다고 할 수 있다. WTO 협상건이 비교적 잘 알려진 문제라면, 한국농업이 맞이한 미지의 환경변화는 중국문제이다.

농산물시장의 경우 이미 1990년대 중반부터 중국의 영향이 엄청나게 커졌으며, 양념류·과일·채소·수산물을 다루는 유통업자나 생산자들은 이미 이를 피부로, 그리고 뼛속으로 느끼고 있었다. 다만 시간을 두고 진행되는지라 부지불식간 익숙해져서, 이를 정책문제로 어떻게 다루어야 하는지를 제대로 정리하지 못하고 있었을 뿐이다.[8]

간단한 통계수치를 통해 상황을 요약해보자. 농산물유통공사에서 파악한 바에 따라 농산물·축산물·수산물·임산물을 모두 합쳐 수입액 기준으로 국가별 점유비율을 살펴보면, 한국은 1995년에 미국에서 34.7%, 중국에서 7.3%, 인도네시아에서 6.9%를 수입했는데, 2003년에는 중국에서 24.3%, 미국에서 23.2%, 호주에서 6.8%를 수입했다. 1995년에는 주로 미국으로부터 먹거리를 수입하던 데에서, 2003년에는 수입선이 중국과 미국으로 분산되었음을 알 수 있다.[9]

중국의 입장에서 보면 일본이 최대의 시장이고 미국과 한국도 중요한 고객이다. 금액을 기준으로 볼 때, 중국의 2003년(1~11월) 채소 수출은 일본 22.3%, 미국 17.9%였으며, 과일의 경우 일본 40.1%, 미국 6.9%, 한국 6.2%의 순이다. 일본에서도 중국 및 한국 농산물의 비중이 커지고 있다. 채소의 경우를 예로 들면, 최근 10년 동안 일본에서는 신선품 수입이 3배 이상 증가했는데, 2003년에 중국산 신선채소가 38.8만톤, 액수로 930억엔이 수입되었다. 국가별로는 중국이 37.4%로 최대 수입선이며, 미국 18.5%, 뉴질랜드 11.1%, 한국도 9.6%를 차지하고 있다.[10]

이렇게 동북아 국가간의 농산물무역이 확대되고 있는 데에는, 중국의 생산력과 구매력 증가가 큰 역할을 하고 있다. 1990년대 한국의 수출시장 비중은 미국 29.8%, 일본 19.4%, 중국 0.9%였는데, 2004년 1/4분기에는 중국이 18.6%로 최대의 수출시장이 되었다. 홍콩 9.1%를 합하면 27.7%를 차지하여 1990년대 초 최대 수출시장이었던 미국과 비숫한 정도로 성장했다.

중국은 2001년 WTO 가입을 통해 시장화 개혁에 더욱 박차를 가하고 있다. 농업 전체로 보면, 중국도 개방으로 타격을 입을 것으로 예상되지만, 중국정부는 2005년까지 농산물의 수입제한을 폐지하고 관세화하는 데 합의했다. 중국정부는 산업피해를 걱정하면서 WTO에 대해 수세적 입장을 취하는 쪽이 아니라, WTO를 이용해 국내 개혁을 진행하고, 미국·EU와 함께 국제질서를 만들어가는 쪽으로 주사위를 던진 것이다.[11]

중국의 WTO 가입으로 동북아 농업에는 다시 한번 넓고 깊은 시장화의 물결이 밀려올 전망이다. 중국의 생산량·소비량은 양적으로 매우 크기 때문에 농산물 수입의 증가가 자국 내 생산에 미치는 영향의 정도는 한국·일본에 비해 매우 작은 편이다. 이는 중국이 적극적으로 농산물 무역확대를 도모하는 유인으로 작용하고 있다. 특히 농촌개발이 중요한 과제가 되고 있는 지방정부들의 열의는 대단하다. 지린(吉林)·헤이룽장(黑龍江) 등에서는 쌀과 옥수수, 산뚱(山東)·랴오닝(遼寧) 쪽에서는 과채류를 적극적으로 수출하려는 열망을 지니고 있다.

동북아 식료씨스템의 형성

농산물을 국경 차원에서 보호하는 것의 실효성이 크게 감소하고 있는 가운데, 생산과 소비에서 지역의 고유한(region-specific) 성격이 강한 농산물의 특성상 지리적으로 가까운 동북아 역내 시장이 확대되는 것은 필연적인 추세이다. 그러나 한국·중국·일본 등 동북아 국가들 사이에서 일어나고 있는 일은, 최종재(最終財)의 무역에만 국한되어 있지 않다. 동북아에서는 식료씨스템(food system), 즉 농업·식품공업·식품유통업·외식산업 등 다양한 산업연관에 의해 다단계 산업의 연쇄가 형성되고 있다.

서구에서는 이러한 식료·농산물시장에서의 '조용한 혁명'(the quiet revolution)이 이미 상당한 정도로 진행된 바 있다. 그것은 생산자에서 소비자에 이르는 전단계에 걸쳐 유통업자·가공업자·외식업자·사료업자·종묘업자 등 여러 경제주체들이 '계약'과 기타 다양한 형태의 '수직적 조정'이 진전되어 대규모 식품회사와 수직적으로 통합된 시장씨스템이 형성됨을 말한다(Schertz and Daft 1994). 동북아 차원에서도 식료·농업씨스템이 새롭게 형성되고 있는데, 이를 추동하는 주요한 계기는 소비자의 변화, 기술진보, 국제화 등 크게 세가지이다. 이를 좀더 구체적으로 살펴보자.

첫째, 영양·편리성·입맛 면에서 차별화된 선호를 추구하는 소비자가 등장했고, 전체적으로 구매력이 높아진 가운데 소득격차는 확대되고 소비자의 문화적 다양성은 증가하고 있다. 여성의 취업률이 높아지고 결혼을 기피하는 여성이 늘고 있고 기혼부부의 경우에도 자녀를 적게 가짐으로써 세대규모가 축소되고 있다. 이는 중산계급을 중심으로 한 대규모 대중시장이 축소되고 여러개의 분할된 소비시장이 형성되는 것을 의미한다.

둘째, 바이오테크와 정보기술의 발달에 따라 농민, 식품기업 등에 변화의 압력이 가해지고 있다(Schertz and Daft 1994). 바이오테크는 더욱 자동화된 생산으로의 이행을 촉진하는 한편, 식료생산을 더욱 확대된 산업구조의 일부로 재편성한다. 정보기술의 발달은 통합적 경영관리씨스템 구축을 용이하게 하고 마케팅의 역할을 변화시킴으로써 중앙집권적 관리의 가능성을 높인다. 기술혁신과 기술변화를 주도하는 소수의 지배적 기업이 등장하고 정보기술의 네트워크에 의한 통합이 진전된다. 기업화·협동화의 추세가 가속화되면 소규모 경영체는 몰락하거나 틈새시장으로 편입될 수밖에 없다.[12]

셋째, 식품·유통기업이 국제화를 추구하면서 동북아에서는 중국이 식료·농업씨스템의 주요한 요소가 되었다. 한국이나 일본 모두에서 중국 농산물의 수입이 증대한 것은 유통업체·가공업체·외식업체의 활동과 관련이 있다. 몇가지 예를 들어보자. 식품기업의 경우 중국기업과 계열관계를 맺는 경우가 크게 늘어났다. 2004년 당시 일본의 닛세이(日淸)식품은 중국에서 즉석면 제조에서 2위를 차지하던 화룽(華龍)이 실시한 증자에 33.4%를 출자했다. 중국 최대 즉석면 업체인 캉스푸(康師傅)에는 산요오(三洋)식품이 약 30%를 출자했다. 중국의 즉석면 시장을 절반 이상 장악하고 있는 상위 2개사가 일본 메이커와 계열관계를 맺은 것이다(『日本經濟新聞』 2004.4.14). 한편 식품기업은 농가, 중간상인과도 관계를 맺고 있다. 중국의 칭따오(靑島)지역에는 1980년대 말부터 일본으로의 수출을 위한 채소가공 공장이 집적되기 시작했는데, 1990년 타이완 기업이 진출하여 합작 설립한 뻬이하이(北海)식품도 그중의 하나이다. 뻬이하이식품은 농산물을 수집·가공하는 기업-농민, 기업-중간상인-농민, 기업-촌민위원회의 3원적 유통구조 또는 거래관계를 형성하며, 이 지역 농업의 생산-유통-가공을 계열화하는 데 핵심적 역할을 담당했다(朴紅 外 2002).

이렇게 중국의 식료·농산물이 수직적 계열화를 통해 동북아시장과 연결되고 있는 데에는 중국정부의 정책이 적극적인 역할을 하고 있다. 최근 중국의 농업정책에서 가장 강조하고 있는 것이 '농업산업화경영조직'이다. 중국은 1970년대 말 이후 토지제도의 개혁을 통해 가정경영을 기초로 하는 농업경영제도를 확립했다. 그 결과 집단농업이 해체되고 다수의 소규모 농가경영이 광범위하게 창출되었다. 이로 인해 생산과정 자체와 생산 전후의 써비스 기능이 크게 위축되었는데, 이러한 문제에 대응하기 위해 여러가지 형태의 중개조직, 즉 전업연구회·전업기술협회·전업합작조직·산업화경영조직 등이 발전했다. 그 중에서도 농업산업화경영조직의 육성은 1990년대 중반 이후 중국 농업정책의 중요한 지주가 되었다.[13]

북한농업의 등장

동북아 차원에서 수평적으로 무역이 확대되고 수직적으로 계열화가 진행되고 있는 것이, 한국농업이 맞이하고 있는 '동북아 문제'이다. 그런데 한국농업의 '동북아 문제'에는 민족경제 차원의 문제도 포함된다. 북한농업이 매우 '어려운 시절'을 거치면서 시장화 쪽으로 방향이 잡히고 있는 것도 한국농업에는 매우 중요한 환경변화이다.

과거 강제저축과 대중동원에 기초한 북한의 사회주의적 축적메커니즘은 효율과 생산구조상의 문제를 누적시켰다. 특히 1989~91년 사이 전개된 사회주의권의 붕괴는 북한농업에 결정적 타격을 가해 1990년대 초에 GDP 및 모든 경제활동에서 엄청난 위축과 생활수준의 하락이 나타났다. 식량공급 사정도 걷잡을 수 없이 악화되어 마침내 북한은 1995년에 처음으로 국제기구에 식량의 긴급지원을 요청하기에 이르렀다. 엎친 데 덮친 격으로 1995,96년 홍수에 이어 1997년부터 계속된 기근은 북한농업을 최악의 상황으로 몰아갔으며, 1996년부터는 기아사태가 발생하기 시작했다.

이렇게 경기침체와 농업생산 감소로 생필품과 식량부족이 심화되자 1990년대 중반부터 농민시장이 급증하기 시작했다. 2002년에는 '7·1경제관리개선조치'를 내놓고 임금·물가 현실화와 배급제 축소, 성과급·독립채산제 강화 등을 시도했으며, 2003년에는 농민시장을 공산품까지 취급하는 종합시장으로 개편했다. 북한은 농업·식량 부문의 붕괴를 계기로, 경제씨스템 전체에 조금씩 시장원리를 도입하지 않을 수 없게 되었다. '고난의 행군' 속에서 분권화와 시장화의 씨앗이 자랐다. 아직 공식적인 움직임은 없지만, 머지않아 농업부문에서도 '아래로부터의 길'과 '위로부터의 길'이 혼합된 형태로 개혁의 움직임이 나타날 것이다.[14]

지금 남한에서는 농민운동이나 관련 전문가들 사이에서 '통일농업'에 대비해 식량자급률 목표치를 높여잡아야 한다거나, 새만금 간척을 진행하면서 북한의 식량문제를 거론하는 등, 북한농업의 상황을 한국농업의 '기회'로 인식하고 있는 측면도 없지 않다. 그러나 북한이 국제분업체계 속으로 편입되고 시장화가 진전되면 나름대로 '농업구조조정'과 '농민층 분해'가 진행될 것이다. 이렇게 되면 남한은 상당한 정도의 재정자금을 북한에 투입해서 과도기의 불안정 요인을 통제해야 하고, 이는 한국농업에 투입되는 재정자금과 경합할 것이다. 이 과정에서 북한농업이 일부 품목에서 경쟁력을 갖출 수 있고, 한국농업은 중국 농업이 시장을 잠식해 들어온 것과 비슷한 '도전'에 직면할 수도 있다. 앞으로 전개될 상황은 그리 단순하지 않다.[15]

동북아의 '모래시계'

이제 호흡을 가다듬고 먼눈으로 다시 상황을 보자. 유럽의 산업혁명은 자유무역주의와 동행하였고, 이로써 유럽의 밀은 전세계적인 무역재가 되었다. 그러나 동아시아는 지형적 분산, 교통의 비효율성으로 한참 동안 하나의 시장씨스템으로 통합되지 못했다. 강고한 기반을 확보하고 있는 지역적 시장권은 하천과 분수령으로 분할되고 여러 층에 존재하는 중앙정부·지방정부의 권력에 의해 보완되었다. 쌀도 물을 다스리는 권력과 함께 각 지역·지방별로 전제적 역할을 수행한 셈이다.

한편 동아시아 각국은 '압축적 산업화'(compressed industrialization)를 경험했으며, 그 과정에서 한국·일본·중국의 농업은 빠른 속도로 재편성되고 있다. 북한농업도 우여곡절은 있겠지만 시장화의 방향으로 움직일 것이다. 이들 사이에 농산물시장의 국경이 낮아지고 '쇠스랑에서 포크까지'(fork to fork) 연쇄가 강해지는 것은, 당분간은 역전되지 않을 추세이다. 동아시아를 낳은 어머니 역할을 한 쌀은 그간 '얇은 시장'(thin market)에서만 교역되었을 뿐이지만, 이제 쌀도 동북아의 농업도 시장화·계열화·국제화라는 새로운 파도에 직면해 있다.

동북아에는 거대한 '모래시계'와 같은 식료·농업씨스템이 형성되고 있다. 모래시계 위쪽과 아래쪽의 넓은 부위에는 다수의 생산자와 소비자가 자리하고 있고, 가운데 잘록한 부분에는 유통·가공·외식 등 상대적으로 소수인 농업관련 산업(agribusiness)이 포진해 있다. 식료·농산물은 모래처럼 위에서 중간의 홀쭉한 허리를 거쳐 아래로 흘러내려간다. 중국과 북한은 이 모래시계의 주로 위쪽으로 들어와서 아래쪽에 있는 한국·일본의 소비자 쪽으로 식료를 밀어내려 할 것이다.

농산물 무역의 확대, 농업관련 산업의 성장으로 먹거리가 풍성해지고 편의성이 높아진 것은 사실이나 농장에서 식탁까지의 거리가 멀어짐에 따라 위험도 늘어나고 있다. 위험은 크게 두가지이다. 하나는 거래의 위험이다. 식료씨스템의 모래시계 각 단계에서 유통기능이 정비되고 있기는 하지만, 각 단계간 거래에서 불확실성과 불안정성이 증대되고 있다. 농산물은 상품 특성상 계획적 취급이 곤란하기 때문에 고부가가치형 식품의 원재료 거래에서 불확실성과 불안정성이 커질 수 있고, 이러한 거래의 위험은 생산자와 소비자에게 치명적인 피해를 가져다줄 수 있다. 또 하나는 안전의 위험이다. 씨스템의 고리가 늘어남에 따라 각 단계에서 비롯되는 위해(hazard)요인이 늘어나고 있으며, 그 전파속도와 범위가 엄청나게 빨라지고 넓어졌다. 식품의 안전문제는 소비자에게 결정적인 문제가 되고 있다.

4. 무엇을 해야 하나: 보호에서 혁신으로

'87년체제'는 지속가능하지 않다

그러면 한국의 농정과 농민운동은 지금 어떻게 하고 있는가? 현재의 농정–농민운동 체제는 '87년체제'라고 할 수 있다. 1987년 이전까지의 한국경제는 산업을 '형성'하기 위한 국가와 재벌의 담합, 그리고 이를 뒷받침하는 저임금–저농산물가격의 노동–농업체제를 핵심으로 하는 것이었다. 그러나 이러한 체제는 1987년 이후 민주화의 진전으로 더이상 지속되기 어려워졌다. 경제발전 과정에서 소외된 노동자·농민은 희생에 대한 보상을 요구했다. 정부, 농민운동, 농업관련 써비스 계층 사이에 여러 차원의 갈등이 있었지만 결국 타협과 담합에 도달하곤 했다. 그 결과 쌀값의 정치적 인상, 쌀 관세화 유예는 물론 특별세 설치, 부채경감 등 '보호'조치가 이어졌다.

그러나 '87년 농업체제'는 WTO로 상징되는 국제무역질서를 등지고 있는 것으로, 중규모 무역국가를 지향하지 않을 수 없는 한국에서 '지속가능'한 것은 아니다. 게다가 관세와 비관세장벽 등 국경보호 수단은 동북아 차원에서 진행되는 역내 무역의 증대, 식료씨스템의 진전, 북한농업의 등장이라는 삼각 파도에 대응할 수 있는 수단도 되지 못한다. 국가, 농민, 관련 전문가들이 모두 위험기피자가 되어 '나쁜 균형' 상태를 오래 끌고 가면 모순이 계속 누적되어 언젠가는 댓가를 치르게 된다. 이제 발상을 전환하고 새롭게 전략을 가다듬을 때가 되었다.

새로운 전략은 외부의 환경을 정확히 인식하고 이에 맞추어 내부의 체제를 정비하는 것이다. 농업의 국제화는 당분간 역전되지 않는, 변하지 않는 구조인데, 동북아 차원의 지역시장 형성은 새롭게 변화된 추세이다. 이를 전제로 할 때, 밀려오는 파도에 부동자세의 보호주의로 부딪치고 나면 결국은 중한 상처를 입게 된다. 완강한 파도를 타고 넘을 수 있도록 혁신의 자세로 전환하는 지혜가 필요하다.[16]

농기업과 협동조합으로

우선 '산업으로서의 농업'에는 지금보다는 '더 많은 시장'이 필요하다. 국제화된 환경에서는 정부가 자원을 선택적으로 집중해 제조업을 육성할 수 없듯이, 정부가 산업으로서의 농업을 보호육성하기는 어렵게 되었다. 또 정부의 보조금과 시장에서 멀찍이 떨어져 있는 전문가의 조언으로는 자생력있는 경영체가 만들어지지 않는다. 농업의 경우도 모험적이고 혁신적인 기업가정신으로 경영하도록 해야 한다. 이를 위해서는 발상과 환경을 바꿔 농업부문에 외부의 인력과 자본이 유입될 수 있도록 해야 한다. 농민층 분해를 두려워하고 막을 일이 아니라, 고령화되었거나 경쟁에서 낙오한 농가에 대한 복지제도 등 사회안전망을 마련한다는 전제에서 농기업과 협동조합을 발전시킴으로써 규모의 경제, 네트워크의 경제를 추구해야 한다.

식료씨스템의 모래시계 구조에서 허리 부분이 너무 가늘어지면 씨스템이 불안정해지고 생산자와 소비자의 위험이 증가한다. 농민들은 경쟁력있는 조직형태를 찾아내서 농업관련 산업활동을 강화하고 농장에서 식탁까지의 거리를 줄여가야 한다. 또한 농가를 통합해 기업을 결성하도록 유도하는 법적 체제를 갖추고, 다양한 협동조합이 활동할 수 있도록 지원해야 한다. 기업화·협동화를 촉진하기 위해서는 점진적·부분적으로 대기업의 농업 참여를 허용할 수도 있다. 기업화·협동화된 경영조직 중 중소규모의 경우에는 지역과 연계된 다양한 틈새시장을 개발하고, 대규모 기업이나 협동조합은 '델몬트'나 '썬키스트'처럼 체계적인 물류 인프라를 구축하고 국제화된 브랜드를 확립하도록 해야 할 것이다. 그렇게 되면 모래시계의 키는 낮아지고 허리는 두툼해져서 안정적인 모습이 된다.

기업농이나 협동조합 같은 경영조직이 자생력을 갖추지 못한 채 재정자금의 도움을 받아 추진하는 사업은 반드시 실패해 농민들에게 피해를 입힌다. 이런 사례는 매우 많지만, 하나만 들어보자. 정부는 쌀산업의 경쟁력 제고를 위해 1992년부터 미곡종합처리장(RPC) 건설과 운영을 지원했다. 2004년 현재 시설건설비 8천억원, 운영비 3조원을 보조했고, 이제 미곡종합처리장은 정부 수매의 50%를 소화하고 생산량의 30%를 가공처리할 수 있을 정도로 성장했다. 그러나 상당수의 처리장이 원료쌀 확보에 어려움을 겪고 있고 경영수지도 부실해져서 구조조정이 불가피한 상황이다. 아래로부터의 생산조직 발전 없이 유통·가공사업이 잘 발전할 수는 없는 것이다(『한국농정』 2004.5.17 참조).

농업의 혁신이 경영·경제적 측면에서만 필요한 것은 아니다. 인적으로 결합된 협동조합의 존재는 식료씨스템의 위험을 줄이는 중요한 조건이다. '슬로우 푸드'(slow food)의 가치가 재평가되지 않으면, 생산자와 소비자 사이의 거리는 줄어들 수 없다. 이런 점에서 소비자가 함께하는 협동조합은 식문화와 식료씨스템을 바꾸는 문화운동체가 되는 게 바람직하다. 또 협동조합은 농업을 지역(community)과 연계시키는 고리이다. 협동조합은 지역의 고유한 바이오테크를 개발·수용하고 지역 안에서 농업자원을 순환하도록 하는 씨스템을 창출해서 농업이 환경에 부과하는 압력을 줄이는 방안을 찾아야 한다.[17] 다양한 협동조합이 존재해야만 지방자치가 활성화되고 공공부조와 복지써비스가 효과적으로 이루어질 수 있다.[18]

국가의 역할

물론 농업에는 시장에서 경제적으로 계산되지는 않지만 꼭 필요한 공공재적 가치가 있다. 이른바 '비교역적 요소'(non-tradable concerns)가 그것이다. 정부는 이러한 공공재를 직접 공급하거나 그 공급자를 보호 지원해야 한다. 정부는 식료를 확보해 공급함으로써 국가안보를 도모하는 기능, 북한농업의 회생을 지원하는 기능, 국민의 건강보호를 위한 식료안전성 확보 기능, 농업이 수자원을 확보하고 대기를 정화해 환경을 보호하는 기능, 농촌 지역사회와 지역경제를 유지·관리하는 기능 등을 중심으로 더욱 전문화해야 한다.

다른 한편 정부는 국가 차원의 위험관리에 더 많은 관심을 기울여야 한다. 전통적으로 '식량안보' 개념이 중시되어왔으나, 이제는 '식품안전' 개념이 더 중시되어야 한다. 우리나라와 같은 중규모의 무역국가에서는 식량자급률과 같은 통계수치가 절대적인 의미를 갖는 것은 아니다. 세계적인 차원에서의 생산과 안정화, 관련된 정보의 수집·관측 능력의 제고와 무역체계의 효율화, 다국간 식량협력관계 구축 등과 같은 문제의 비중이 훨씬 커졌다. 이러한 점에서, 수매의 결과로서 비축재고가 형성되는 지금까지의 방식에서, 비축 목표치를 설정해 수매가 비축의 수단으로 기능하도록 개편하는 것은 중장기적으로 중요한 과제이다. 또 동북아 역내에서 시장화가 가속화되어 식(食)과 농(農)의 거리가 멀어지고 있는데, 동북아 차원의 농업협력, 식량공동체 결성 등으로 그 위험을 줄여야 한다. 북한농업의 변화와 관련된 문제는 한국정부가 주도적으로 대응방안을 연구하고 마련해야 할 것이다. 북한농업의 연착륙은 이행의 사회적 비용을 줄일 수 있을 것이나, 시장적 방식으로는 지원방법을 마련하기 어렵기 때문에 결국 정부가 나설 수밖에 없을 것이다. 북한농업의 시장화를 지원하기 위해서는 합작 형식의 농기업을 설립하는 것이 좋다. 그러나 농업의 수익성이 낮고 북한의 투자환경이 열악해 민간이 진출하기에는 위험의 정도가 너무 크다. 이 때문에 위험의 일부를 정부가 부담해야 한다. 또 부실화된 북한 농기업의 구조조정을 위해 공공자금 투입이 불가피한데, 이를 위해 정부는 적절한 금융씨스템과 공공기금을 마련해야 할 것이다.

식품위험에 대한 우리나라의 안전보장체계는 매우 낙후되어 있다. 현재의 씨스템으로는 긴급사태에 대한 대응은 물론이고 일상적인 위험관리도 쉽지 않다. 식품업체 중 10인 미만 업소가 전체의 80%를 차지하고 있는 상황에서 국민은 항상 불안과 불신을 느끼며 살고 있다. 소비자 보호와 예방조치를 우선하고 농장에서 식탁까지 포괄적·체계적으로 관리하는 씨스템을 마련하는 것이 시급하다(황수철 2004).

한편 정부는 지역성장거점을 기획하여 농업경영체와 연결되도록 해야 한다. 분산적-내발적 전략하에서는 국제 환경요소의 도전에 대응하는 활력있는 경영체가 만들어지기 어렵다. 따라서 중앙정부는 특색있는 지역거점을 기획하고 이를 위한 인프라를 마련해야 한다.[19]

정부는 이 과정에서 경영체에 직접적·평균적인 보조금을 배분함으로써 모럴 해저드를 발생시켜서는 안된다. 정부는 혁신과 경쟁을 촉진하는 방식으로 지원사업을 설계해야 한다. 구체적으로 대규모 연구개발과 혁신적 투자에 대한 위험, 국내외 시장 정보의 비대칭성, 고령화되었거나 경쟁에서 낙오한 농가에 대한 복지제공 등과 같이 시장에서 해결할 수 없는 문제를 맡아야 하는 것이다.

5. '천하삼분'을 위하여

"장군께서 패업을 이루시려거든…… 먼저 형주를 취하시어 집을

삼으시고, 뒤에 곧 서천을 취하시어 기업을 세우셔서, 저 조조와 손권으로 더불어 정족(鼎足)의 형세를 이루신 연후에 가히 중원을 도모할 것이겠습니다." 삼고초려한 유비에게 제갈공명이 올린 융중대책(隆中對策)이다. 당시 천하대란 속에서의 제갈공명의 충정과 노고를 냉전·분단·세계화가 교차하는 현재의 동북아 정세와 함께 생각해보면, 천하삼분지계(天下三分之計)라는 전략이 새삼 심금을 울린다.

그러나 우리가 생각하는 천하삼분론은 미국과 EU에 대한 터전으로서의 동아시아론이되, 패권론이 아닌 협력론·평화론이다(최원식 2004). 필자는 대내적 개혁, 동북아 경제협력 프로젝트의 추진, 그리고 동북아 공동시장의 장기적 지향 등을 통해 새로운 성장동력, 개방에 대한 안전판, 평화와 민족경제를 위한 경제적 토대를 마련할 수 있다고 생각한다(이일영 2003a). '동북아로 가는 길'은, 냉전과 분단 속에서 근대의 '청춘'을 살고 있는 우리에게는 '이상의 꽃'이고 '희망의 놀'이다. 순서나 속도가 어찌되든 간에 중국과 일본이 나서서 추진하는 동아시아국가의 자유무역협정(FTA) 논의는 진전될 것이다. 그러나 우리는 지구 반대편에 있는 칠레와의 FTA만으로도 일대 홍역을 치른 바 있다. 그럴진대, 무역적자 규모가 커서 단기적으로 이해관계가 더 복잡한 일본과의 FTA 추진은 의미있는 결실을 보기 쉽지 않을 것이다. 중국과의 FTA는 아예 모두가 겁에 질려 말도 못 꺼내고 있고, 미국과의 문제도 과장되고 감정에 휩싸이기 일쑤이다. 열정 뒤에 숨은 소심성, 이것이 오늘 한국경제의 초상이다.

동북아 협력의 제도적 틀을 만드는 데 가장 큰 걸림돌은, 국내에 국제화의 진전으로 피해를 보는 집단이 현실적으로 존재한다는 것이다. 농업·농민이 강력한 개방 반대세력이 된 것도 이 때문이다. 그러나 한국의 농업·농민이 동북아를 감도는 새로운 시대의 기운에 눈감아서는 안된다. 지금 우리가 천시(天時)와 지리(地利)와 인화(人和)를 외면하면, 근대적응과 근대극복의 이중과제를 해결할 길은 요원해진다. 농업이 강해지지 않으면, 농업이 혁신하지 않으면, 우리는 발걸음을 앞으로 내디딜 수 없다.

덧붙이는 글

이 글은 2004년 WTO 쌀협상을 앞두고 쓴 것으로, 이후 쌀문제는 다음과 같이 진행되었다. 한국은 우루과이라운드(UR) 농업협상에서 1995년부터 10년간 쌀의 관세화 유예를 허용받았는데, 2004년 협상에서 다시 2005~14년까지 관세화 유예를 연장하기로 했다. 대신 '의무적으로 수입해야 하는 물량'을 기준 년도(1988~90년) 소비량의 4%에서 8%로 늘리며 밥쌀용 판매를 허용하도록 했다. 그러나 그간 쌀소비량이 감소하여 의무수입 물량은 상대적으로 더 큰 폭으로 증가했다. 2009년 현재 소비량을 기준으로 할 때, 현 소비량의 약 6%에서 12%까지 늘려가야 한다. 쌀에 관세를 매겨 자유롭게 수입하는 쌀시장 개방의 충격을 예방하기 위해, 2004년 협상 당시에는 일단 '보험' 차원에서 관세화 유예를 얻어내고 유예기간중 관세화로 전환할 권한을 확보한 것이었다.

그러나 관세화 유예가 오히려 부담이 커지는 방향으로 상황이 전개되었다. 국제 쌀값이 급등하여 지금 당장 관세화, 다시 말해 쌀시장을 개방하더라도 현재의 의무수입 물량보다 더 많은 외국쌀이 수입될 가능성은 거의 없어졌기 때문이다. 앞으로도 쌀은 관세 감축폭이 미미하거나 감축되지 않을 가능성이 높다. 2008년 기준으로 수입량을 포함한 한국의 쌀 공급량은 534만 6000톤인데, 수요량은 467만 1000톤으로 67만톤 정도의 재고가 쌓이고 있다. 2009년 의무수입 물량은 30만 7000톤이고 2014년에는 40만 8000톤까지 증가하게 된다. 2009년 현재 한국 쌀은 WTO 회원국 중 관세화 원칙에 대한 유일한 예외로 남아 있다.

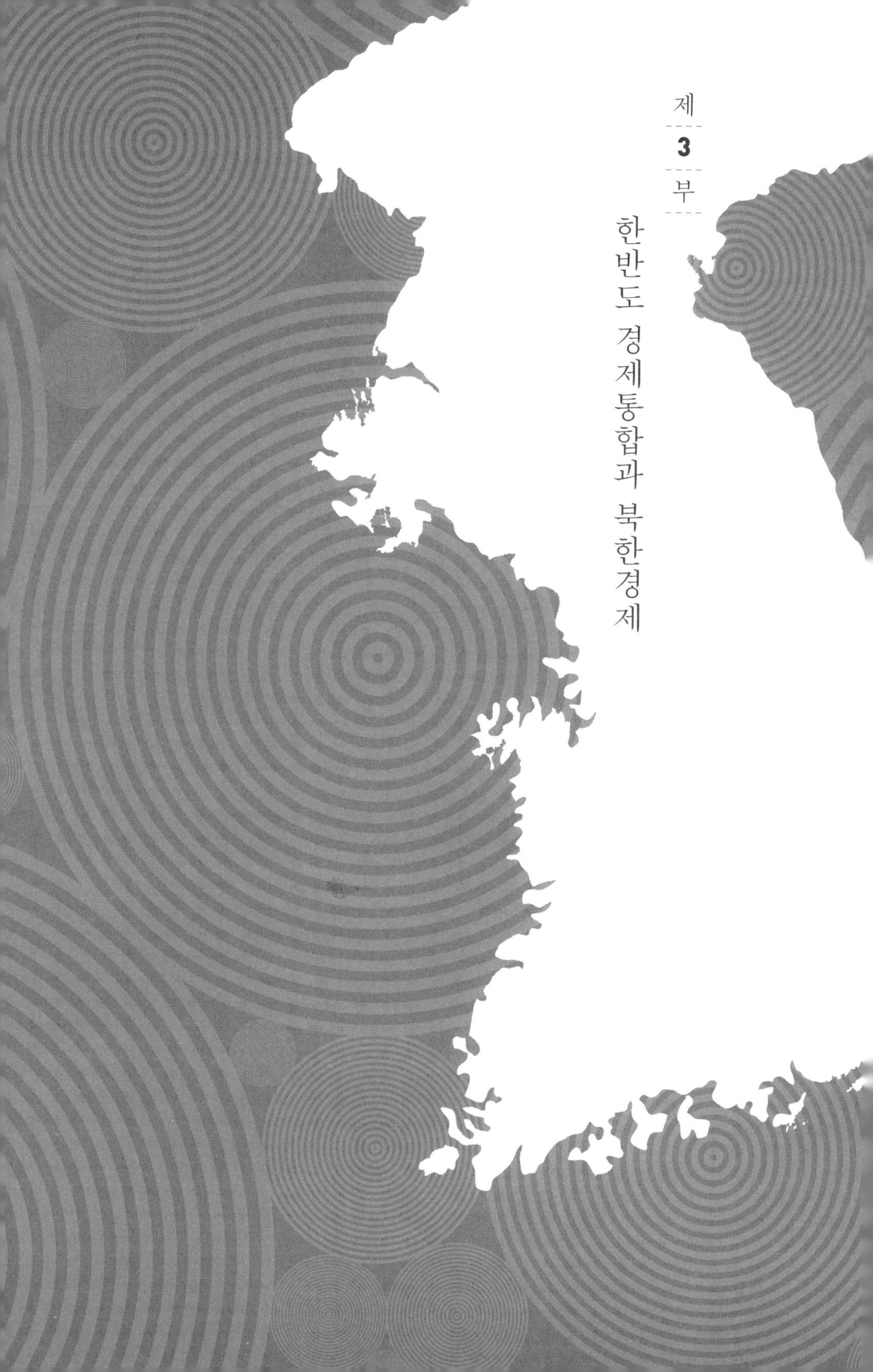
제 3 부
한반도 경제통합과 북한경제

'북한형' 경제개혁과 한반도 경제통합

개혁과 통합의 연계

1. 남북한 경제통합의 특징

한반도에서는 남북한 모두 내부적으로 구조변화의 와중에 있고 이전의 체제를 해체·분해하는 힘이 강해지고 있다. 물론 북한에서 이러한 변화의 압력은 훨씬 강하고 변화의 속도는 더딘 편이지만, 남북한 모두 경제 내부에 작동하던 강제적·명령적 동원체제의 힘은 전보다 약화되었고, 양극화 또는 이중구조화가 진행되고 있다. 한반도 차원에서 통합된 경제체제가 수립되기 위해서는, 남북한 모두 개방경제를 지향하면서 혁신적 산업씨스템과 공정하고 효율적인 공공씨스템이 구축되는 개혁과정이 결합되어야 한다. 이 글에서는 북한경제의 개방·개혁이 남한의 개방·개혁과 한반도경제의 형성과 연계하는 청사진을 제도적 측면에서 고찰하고자 한다.

기존의 남북한 경제통합에 관한 연구는 크게 보아 점진주의와 급진주의 접근으로 나누어볼 수 있다. 단계론적 접근의 경우 최신림(崔信林)·이석기(李錫基)(2000)의 경우가 전형적이다.[1] 이들은 남북한 경제통합의 추진단계를 통일의 각 단계에 조응하여 설정했다. 즉 화해협력 단계에는 민족경제공동체의 기반 조성을, 남북연합 단계에는 공동체의 건설 착수를, 연방제 단계에는 공동체의 형성 본격화를, 완전통일 단계에는 공동체의 발전을 대응시켰다. 물론 이러한 점진주의적 과정을 통한 남북한 경제공동체 형성을 위해서는 이질적 경제체제 문제, 통합 주체의 주권 문제, 경제수준과 경제규모의 차이 문제 등을 해결하는 구체적 경로를 제시하는 것이 관건이다(김영윤 2004).

급진주의 접근에서는 독일 통일의 경험을 강하게 의식하고 있다. 전홍택(全洪澤)·이영선(李榮善) 편(1997)에서는 급속한 통일에 대비한 재산권 처리와 사유화, 화폐 및 금융의 통합, 인력 및 인구이동, 통일비용 조달 등의 분야를 중심으로 경제통합 전략을 논하였다. 고일동(高日東) 편(1997)은 독일의 경험에 대한 평가에 입각해 남북한의 경제통합 전략을 모색하면서도, 체제전환기의 확장적 재정정책을 주장하고 있다. 북한경제통합을 급진적 씨나리오와 점진적 씨나리오로 나누어 고찰하고 있지만, 독일의 경험을 기본으로 하고 이를 수정하여 통합방안을 마련하고자 하였다. 급진주의 접근은, 역사적 경험을 볼 때 이행비용이 작지 않다는 점, 급진적 이행을 촉진하는 내·외부의 조건이 필요하다는 점 등 때문에 현실성과 가능성에 제약이 있다.

이 글에서는 남북한 경제통합과 '북한형' 개방·개혁을 제도적으로 연계하는 방안을 추구했다. 필자의 판단으로 북한의 초기 발전수준은 동유럽에 좀더 가깝고, 역사·지리적 조건, 참고할 개혁모델은 중국에 가까운 편이다. 또 북한에서의 이행 주체는 중국형, 속도와 순서는 동

200

유럽과 중국의 혼합형이 될 것으로 보고 있다(이일영 2005). 이 글의 기본 관점은 다음과 같다. 첫째, 경제통합과 개혁·개방은 북한, 남한, 남북한관계, 국제사회의 네 차원에서 '연계'되어야 한다. 둘째, 개방, 개혁, 통합은 '점진적'으로 추진되어야 한다. 이때 '점진적'이란 말의 의미는, 시간의 장기성을 의미하는 것이 아니라 단계를 뛰어넘지 않는다는 의미이다.[2] 단계는 이륙단계, 이륙 이후 단계, 통합단계로 나누고, 이륙단계는 다시 개방에 집중하는 전기와 제도개혁에 본격 시동을 거는 후기로 구분한다.

2. 이륙 전기: 대외개방

개성특구의 확대 발전

현단계에서 북한이 전국토를 전면적으로 개방하기에는 정치적·경제적으로 많은 부담이 있을 수밖에 없다. 경제 전체의 개방화 및 규제 완화가 현실적으로 어려울 때, 특정 지역부터 이를 실시하여 그 성과를 차츰 타지역으로 확대하는 경우가 많다. 경제특구는 이렇게 구역을 지정하여 그 구역 내에서 다른 지역과 달리 일정한 경제활동 부문에 대해 예외적인 조치를 허용해주는 특별지역을 통칭한다. 여기서 예외적인 허용조치는 경제특구의 목적과 유형에 따라 다양하나 대체로 규제를 완화해주거나 관세 및 조세 등을 경감해주는 형태로 나타난다.[3]

남북한의 경우에도 입지에 따라 특구는 매우 다양한 유형으로 발전할 수 있다. 현재 개성공단의 입지를 고려할 때, 개성을 수도권과 연계하여 발전시키는 것이 성과를 극대화할 수 있다. 개성은 생산중심형 경제특구로 발전시키면서 무역중심형 특구인 인천과 연계하여 서울 주변의 첨단기술력을 보유하는 산업단지(IT, BT분야 등의 특화된 산업단지)와 클러스터를 이루도록 하는 것이다.

개성특구를 인천, 서울과 연계하여 발전시키는 방안과 관련해서는 선전(深圳)과 홍콩의 관계를 참고할 필요가 있다. 중국의 경제특구 선전은 홍콩과 불가분의 관계를 가지면서 발전했다. 중국에서 가장 낙후된 농촌에 속했던 선전은 경제특구가 건설되면서, 20년도 못되어 중국에서 가장 발전된 거대도시가 되었다. 선전을 정점으로 하여 중국의 주장(珠江) 삼각주와 허난(和南)지역 경제가 홍콩을 통해 국제적인 연관을 맺었으며, 선전은 홍콩·뚱꽌(東莞)·꽝저우(廣州)를 이어주며 인구 3000만이 넘는 주장 삼각주 메갈로폴리스(megalopolis)를 형성하게 되었다.

개성-인천-서울을 연결하는 특구연합이 결성되면 이는 해주, 남포, 평양을 연결하는 자유무역지대로 확대되는 기반이 될 것이다. 이 일대에는 한국자본은 물론 미국·중국·일본 자본도 적극 유치하여 동북아 경제협력의 중심지가 될 수 있도록 하는 것이 바람직하다. 이 지역은 지경학(地經學)적으로 동북아의 경제허브가 될 수 있는 잠재력을 지닌 곳이다.

남한과 개성특구 사이에도 중국-홍콩간에 체결된 CEPA(Close

Economic Partnership Agreement)와 유사한 협정을 추진할 수 있다. 만일 남북간 상호신뢰를 바탕으로 이러한 협정을 체결할 수 있다면 남한은 대북지원을 제도적으로 보장하는 한편 남북한 상호의존도를 획기적으로 증대시킬 수 있을 것이다. 북한의 특구와 남한 인접지역의 결합도를 높이기 위해 한국에서도 특구를 지정하고 특구간에 보다 심화된 관계를 맺도록 보장하는 방안도 개발할 수 있다.[4]

남북한 FTA는 남북 경제통합의 실질적 내용을 확보해가는 교두보 역할을 한다. 그리고 남북한 FTA의 체결은 어느 한순간에 이루어지는 것이 아니라 중장기적으로 추진되는 과정으로, 경제적 측면과 비경제적 측면에서 단계적으로 협력과제를 추진해야 한다.

남북한 FTA는 수평적 시장통합보다는 수직적 시장통합에 가깝다. 전반적으로 북한의 산업경쟁력은 남한에 비해 취약한 편이다. 다만 자본이나 기술보다는 농업이나 비숙련 노동력이 집중 투입되는 일부 농업, 경공업의 경우에는 남한보다 경쟁력이 강할 수 있다. 양측 모두 취약하고 민감한 분야를 비대칭적으로 안고 있는 것이다. 따라서 상호주의에 입각해 시장통합을 이루는 모델을 만들어가야 한다. 남북한은 시장경제의 경험은 물론 경제제도의 투명성, 민주화의 정도, 시민사회의 성숙도 면에서도 차이가 많기 때문에 남북한 FTA는 단순한 통상협상의 결과로 이루어질 수는 없다. 이런 점에서 남북한 FTA는 다양한 협력의제를 포함하는 '새로운 FTA'를 지향해야 한다.

FTA는 매우 다양한 형태가 존재하고 여러가지 과제를 포함한다. 비관세장벽을 개선하는 과제로는 기술표준의 조화, 상호인증제의 확대, 유통구조 개선, 정부조달 문제 등이 있다. 그리고 전반적인 경제정책과 통상제도를 조화시키는 과제로, 위기관리 및 개발정책의 조화,

통상정책 공조, 무역구제제도 개선, 통관절차 간소화 등이 있다. 경제 협력과 관련된 과제로는 상호무역 확대, 산업구조조정 공조, 에너지·환경 협력, 인터넷·정보통신 협력 등이 있다(정인교 외 2003, 149~70면). 국가마다 중시하는 과제도 다양하다. 농업부문은 미국·중국·아세안(ASEAN) 등이 중요하게 다루어왔고, 투자부문(FDI)은 일본·미국이 중시했다. 써비스부문(유통, 건설 등)은 싱가포르·일본·미국이, 비관세장벽은 일본·중국이, 규범부문은 미국·중국(반덤핑), 일본(경쟁정책) 등이 역점을 둔 과제이다.

남북한간에는 특히 인력이동, 정부조달, 비관세장벽 등과 같은 과제에서 일반적인 FTA와는 다른 특별한 예외조치가 불가피할 것으로 보인다. 북한경제의 특성상 시장통합과 북한의 산업구조조정 압력 사이의 관계를 좀더 감안해야 하고, 동북아 및 동아시아 경제통합과 연계성을 확보하는 것에도 유의해야 한다.[5]

북한의 대외개방을 위한 제도개혁

협력단계에서는 북한 내에 무역확대와 외자도입을 위한 제도적 인프라가 마련되어야 한다. 지금까지 북한에서는 외국무역을 국가(중앙)가 독점하고 있으며, 외자도 집중 관리되고 있다. 우선 중앙단위에서 하달하는 지령성 무역계획과 지도성 무역계획을 축소해야 하며, 무역과 외자도입에 관한 지방과 기업의 자주권을 확대해야 한다. 전면적인 개방을 시행하는 것이 현실적으로 어렵다면, 특정 지역을 수출기지로 삼는 지역경사정책을 채택할 수밖에 없다.[6]

북한은 이미 개성, 금강산, 나진-선봉, 신의주 등 특구 설치에 대한

의지를 공표한 바 있다. 중국의 경우 외자도입을 위한 법적·제도적 인프라를 마련한 후 특구를 지정했으나, 북한에서는 특구 지정 방침이 먼저 제시된 셈이다. 따라서 중국에서 외국인투자를 유치하기 위해 마련했던 관련 법제와 유사한 형태의 법률적 인프라를 갖출 필요가 있다. 중국은 중외합작경영기업법 및 실시세칙, 중외합자경영기업법 및 실시세칙, 외자기업법 및 실시세칙을 마련한 바 있다.[7]

한국자본과 외국자본을 차별하는 제도화는 사실상 불가능하므로, 외국인에 대한 포괄적이고 일반적인 형태의 제도를 마련할 수밖에 없다. 관련 제도는 외자도입의 폭을 확대하고 외국인투자의 안정성을 보장하기 위해 투자지분을 확고하게 보호하는 것을 기본 목적으로 한다. 외국인이 투자한 기업은 허가받은 경영범위 내에서 자주적인 경영관리 권한을 가지며 간섭을 받지 아니한다는 점을 분명히 보장한다. 물론 북한의 산업정책 차원에서 투자 및 기업 설립조건을 제한할 수는 있다. 중국의 예를 들면, 외자기업은 ①선진기술과 설비를 이용하여 신제품개발에 종사하고, 에너지와 원자재 절약형이며 품질향상을 실현하고 수입대체품을 생산하는 기업이거나 ②연간 수출액이 해당 년도 제품생산액의 50% 이상으로서 외환수지에 균형을 맞출 수 있는 기업이어야 한다.[8]

남한의 제도정비와 남북한간 협정 추진

김영윤(金鍙允) 외(2002)에 의하면, 남북한 당국간에 경협 채널로 가동되는 '남북경제협력추진위원회'와는 별도로 남북한 경제협력과 관련된 실무적 문제를 해결하기 위한 비영리 재단법인 형태의 민간단체를 설립할 필요가 있다고 주장한다. 이 주장이 참고하는 제도적 모델은, 통일 이전 서독의 상공신탁관리소(商工信託管理所, Treuhandstelle fur Industrie und Handel)와 중국-대만의 해협양안관계협회(海峽兩岸關係協會)-해협교류기금회(海峽交流基金會) 등이다.[9]

남한에서도 북한당국과의 직접 교섭보다는 민간 차원의 교섭이 유리한 부분이 많다. 남북한간에 장기적으로 해결해야 할 정치·군사적 현안이 많이 남아 있고, 남북한 내에 당국간 협상을 방해하는 세력이 많기 때문에 민간 차원에서 시장원리에 따라 논의하는 것이 무역 및 투자 확대에 유리한 경우가 있는 것이다.

이에 따라 대북사업에 필요한 정보제공 및 상담, 대북사업 기획, 기업간 과다경쟁 및 중복투자 조정, 대북사업에 필요한 자금 알선, 남북한간의 이해관계 조정, 경협사업 과정에서 발생하는 문제(클레임처리, 분쟁처리, 청산결제 등) 해결을 지원하는 민간기구를 조직한다. 이러한 민간기구는 특히 프로젝트 사업에 주력한다. 현재 한국은 동북아 비즈니스 허브 육성을 추진중인데, 이를 대북한 무역-투자와 연계시키는 프로젝트가 필요하다. 새로이 조직되는 민간기구는 이러한 사업을 중점적으로 추진하도록 한다.[10]

현재의 남북교류협력법은 남북간의 교류·협력을 국가간 교류가 아닌 민족 내부교류로 규정하고 있으나 그 절차는 매우 복잡하다. 남북간 무역·투자 절차는 기본적으로 남북 정부가 관리하는 것이 원칙이다. 다만 북한에서 경제특구를 지정하고 외자도입을 촉진하는 법제를 마련할 경우, 남한에서도 북한 특구지역과의 무역·투자 절차를 간소화하는 방향으로 남북교류협력법에 관련 규정을 추가할 필요가 있다. 효율성과 법적 안정성의 측면에서는 별도의 특별법을 두기보다는

206

남북교류협력법을 보완하고 이를 남북간 협정으로 뒷받침하는 것이
필요하다.[11]

북한의 대외개방을 위한 국제협력 모색

북한의 경제특구에 국제적 차원의 자금이 원활하게 유입될 수 있는
환경을 조성하는 것이 중요하다. 이를 위해 일본, 중국, 미국과의 FTA
체결시 북한경제특구에 국제적 투자를 확대할 수 있는 방안을 마련할
필요가 있다.

국제금융기구가 본격적으로 북한에 투자하기 이전 단계에서 민간
기금 형식의 사회간접자본기금을 설립하여 북한에 투자하는 방법을
모색할 수 있다. 여기에는 아시아개발은행 등 국제개발금융기구와 상
업금융기관, 보증회사, 연금기금 및 국제기업들이 투자자로 참여할 수
있도록 해야 한다. 필요한 경우 정부가 직접 나서지만, 기본적으로는
프로젝트 파이낸씽을 통해 민간기업이 정부와 양허계약(Concession
Agreement)을 체결해 시설물을 건설하고 일정기간 운영한 후, 그 시
설물을 정부에 무상으로 이전해주는 방식(BOT, Build-Own-Transfer)
을 고려하는 것이 좋다. 이 경우에는 북한의 사회간접자본 수요에 대
처하면서도 민간자본을 사용하기 때문에 정부예산을 절약할 수 있고,
민간기업의 효율적 경영기법도 도입할 수 있다는 장점이 있다.

자금조달은 개발도상국의 사회간접자본시설 확충을 효율적으로
지원하기 위한 세계은행의 직접대출제도를 비롯하여, 대출 또는 지분
출자 형식으로 개발도상국의 민간사업을 지원해주는 국제금융공사
(IFC, International Finance Corporation)의 직접대출 및 민간금융기관

의 협조융자 등이 있다. 그외에도 아시아개발은행(ADB, Asian Development Bank)이나 민간상업은행을 통해 조달이 가능하다. 그 밖에 북한과 일본이 교섭중인 자금에는 개발도상국에 무상이나 장기 저리로 지원하는 일본 공적개발원조(ODA, Official Development Assistance)가 있다. 현실적으로는 한국기업들이 미국과 일본 등 외국 기업들과 동반 진출하는 형태로 일본의 공적개발원조 자금에 참여할 수 있을 것으로 판단된다(김영윤 외 2002).

한편 원조조정그룹(aid coordination group)의 형태로서 북한에 대한 자금지원과 기술지원을 하는 방안도 모색한다. 원조조정그룹은 효과적인 원조 프로그램 조정을 위한 다자간 협력체로서 세계은행과 유엔개발계획(UNDP, United Nations Development Programme)이 주로 운영하고 있다(장형수·박영곤 2000).[12]

3. 이륙 후기: 제도개혁

기업제도 개혁

북한의 생산조직 개혁은 상당 기간 동유럽형 분권화 모델과 중국의 분권화 모델이 혼합된 방식으로 추진될 것이다. 국유부문 바깥에서는 특구나 농촌지역에서 중국에서와 같이 비국유기업이 형성될 것이지만, 국유부문의 비중과 경제규모 등을 고려할 때 국유부문의 개편 압박은 중국보다 훨씬 큰 편이다. 게다가 생산시설의 노후화가 심해서 국유기업을 전면적으로 개편해야 할 시점은 더 당겨질 수도 있다.[13]

이 단계에서는 외국인 직접투자에 의해 운영되는 외자기업의 활동을 확고히 보장하는 한편, 국유기업의 생산 정상화를 위해서 기업 차원에서 생산유인을 제공하는 제도를 마련해야 한다. 가장 쉽게 시작할 수 있는 것은 권한을 하부단위로 이양하는 분권화로, 권한과 효율의 교환을 시도하는 것이다. 이미 부분적으로 도입되고 있지만, 종업원과 경영자의 의욕을 유발하는 조치로, 임금인상, 보너스 지급, 기업에의 이윤 유보를 폭넓게 허용한다. 계획지표의 수를 축소하고, 계획 외 생산과 자가 판매를 허용하며, 기업 내에 새로운 기구의 설치권 및 중간급 이하에 대한 인사권을 부분적으로 허용한다. 한편 재정권, 물자배분권을 하향 이양한다.

아울러 새로운 기업경영 메커니즘을 도입하기 위하여 여러가지 형식의 경영책임제를 도입하고, 소형 국유기업은 임차제(租賃制) 도입 또는 매각을 추진한다. 또 개인이 기업을 영위할 수 있는 권리를 법적으로 보장해야 한다. 사회주의 경제제도하에서 민사권리로서의 물권법 체계를 전면 도입하는 것이 어렵다면, 기존의 법체계 밖에 개인 소유권이나 경영권에 관한 법을 먼저 제정하는 것도 좋다. 여기서 핵심적인 사항은 개인이 생산수단을 소유하는 것을 허용하고 보호해야 한다는 것이다.[14] 국유기업도 국가로부터 경영관리를 위임받은 재산에 대해 경영권을 갖는다는 점을 법적으로 명문화해 향후 소유권개혁의 법제적 기반을 마련한다.

또한 기업조세제도를 수립하도록 한다. 기업소득세를 부과한다는 것은 국가의 기능을 기업의 직접적 운영자에서 사회관리자 및 국유자산 소유자로 전환한다는 것을 의미한다.[15] 이러한 국가와 기업 기능의 전환이 일거에 이루어지기는 어렵기 때문에, 최초 단계에서는 국유기업에 일정 비율의 기업소득세를 징수하고, 납세 후 남은 이윤은 다시 국가와 기업이 배분하는 방식을 취한다. 소득세 이외에 유통세를 정비하고, 자원세, 도시유지건설세, 건물세, 토지사용세 등을 신설한다.

기업지배구조에 대한 고려도 해야 한다. 북한의 생산 정상화가 시급하므로 단계적인 방식으로 기업지배구조를 개선하는 수밖에 없다. 이때는 내부자 통제와 외부자 통제를 결합하는 방식으로 기업지배구조를 재설계해야 한다. 자본시장과 상업은행이 없는 북한으로서는 시장메커니즘에 기초한 외부자 통제씨스템을 곧바로 도입하기는 어렵다. 따라서 먼저 기업단위의 인쎈티브씨스템을 강화하기 위해서 내부자 통제씨스템을 만들고, 이를 보완하기 위한 위계적 형태의 외부자 통제씨스템을 결합하는 방식이 바람직하다.

지배구조를 확립하지 않은 채 분권화를 진행하면, 내부자 통제의 진전과 그에 따른 공유자산의 침식과 사실상 사유화(de factor privatization)가 진행되게 된다. 그리하여 사업체 단위로 권한을 위임하면서도 그보다 상위 수준에서 기업의 경영성과를 관리하는 행정적 통제씨스템을 구축할 필요가 있다.[16] 이러한 행정적 통제씨스템은 가급적 빠른 속도로 감독의 인쎈티브를 갖춘 자산관리씨스템으로 전환하도록 한다.

농업제도 개혁

북한의 식량난을 감안하면 수매가격을 인상하여 생산을 자극하는 것이 시급하다. 계획가격과 시장가격의 이중가격 구조하에서는 국가 수매량을 줄이는 것이 농민에게 이익이 된다. 따라서 정부가 재정보조를 통해 수매가격을 인상하지 않으면 공급량은 확보되지 않는다. 공급량이 확보되지 않으면 다양한 시장경로가 생겨날 수 없다.

생산유인을 자극하는 가격정책 설계와 함께 양정사업소 등 국유 유통기업을 행정기관으로부터 독립시켜 기업화해야 한다. 이를 위해서는 수매가격이 배급·방출가격보다 높은 구조여서는 안된다. 국유식량 유통부문의 비축기능을, 정책을 위한 비축과 경영을 위한 비축으로 구분할 필요가 있다. 정부는 매크로적 조정과 관리의 책임을 맡고, 기업은 내부구조를 정비해 순수기업화해야 한다. 식량기업의 신구 채무를 분리해 경영적인 손실은 기업이 부담하도록 하되, 비축기능에 따르는 비용은 국가재정에서 부담해야 한다.

농장조직 차원에서의 제도혁신도 이루어져야 한다. 현재의 조직형태로는 구성원들의 무임승차 문제를 해결할 수 없다. 무임승차 문제는, 첫째 감시비용이 불필요한 가족농장으로의 전환과 둘째 감시와 차별임금을 도입하여 기업조직으로 전환하는 것을 통해 해결할 수 있다.

가족농장이나 기업농장 중 어느것이 절대적으로 우월하다고 쉽게 단언할 수는 없다. 가족농장은 당장의 거래비용을 감소시킬 수 있으므로, 북한은 조건이 허용하는 한에서 신속하게 가족농장으로 전환해야 한다. 적절한 기준에 의해 토지소유권을 농장원들에게 분여(分與)하는 것이 바람직하나, 토지정리사업 등으로 소유권 처리 문제가 복잡해진 경우는 소유권 문제를 우회할 수도 있다. 어느 방향이든 경영의 재조직화가 중요한 과제이며, 신속한 전환이 조직화 비용을 감소시킨다.

경우에 따라서는 집단농장에 감시와 차별임금을 도입하여 기업조직으로 전환하는 방안이 부분적으로 도입될 수 있다.[17] 기존의 수리조직과 농지건설 부분, 기계화 관련 조직, 최근의 토지정리사업 등을 고려하여 가족농장으로 분할하기 어려운 조건일 때는, 주식합작 형태의 농기업 형태로 전환하여 운영의 효율성을 담보할 수 있는 내부구조 수립에 주력해야 한다.

노동 및 사회보장제도 개혁

임금, 고용, 사회적 써비스 제공씨스템이 점진적으로 시장화되어야 한다. 급격한 충격이 발생하지 않도록 미시적 단위에서의 조정에 주력하고 포괄적으로 적용되는 법제도 형성은 치밀하게 준비한다(이일영 2005).

첫째, 임금이 노동자의 생계비를 충족하는 수단으로 그치지 않고 노동인쎈티브를 유발할 수 있는 씨스템으로 정착되어야 한다(임금제도 개혁). 임금이 노력투입을 촉진하기 위한 인쎈티브로 작동하기 위해서는 임금차등화를 적절하게 설계해야 한다. 기업의 성과를 임금에 연동하기 위해서는 기업단위 성과급제도나 집단성과급제도 등을 도입할 필요가 있고, 임금을 개인의 노력과 숙련도와 연계시키기 위해서는 직종(작업형태)별 차별임금이나 교육과 숙련에 대한 보상씨스템을 구축해야 한다. 즉, 임금은 일할 의욕과 숙련 습득의 인쎈티브를 제공해야 한다.[18]

둘째, 노동이동과 직업선택의 자유가 확대되어야 한다(고용제도 개혁). 국유기업의 노동력 축장(labor hoarding) 관행을 단계적으로 해소하고, 비국유기업에 채용권과 해고권을 부여해야 한다. 북한의 노동력 부족(labor shortage)은 노동력 축장의 결과이다. 따라서 이행과정에서 '국유기업으로부터의 노동력 방출'(labor shedding)은 어느정도

212

피할 수 없다. 이는 현재 기업에 연동되어 있는 각종 사회적 써비스 제공씨스템의 붕괴를 의미할 수 있다. 각국의 사례를 볼 때, 선택의 여지는 별로 없는 것 같다. 사회보장씨스템이 갖추어지지 않은 상태에서는 임금을 안정시키고 고용은 유지하는 방향을 채택해야 한다.[19]

이러한 노동제도 개혁은 사회적 써비스 제공씨스템을 점진적으로 개혁하는 문제와 맞물려 있다. 기존의 사회주의적 씨스템하에서는 보상의 절반 이상이 주택, 교육, 의료 등을 포함하는 국가보조(benefits)로부터 나왔다. 특히, 북한의 경우 생필품까지 배급되는 비율이 높았다. 따라서 배급과 임금의 비중 조정이 우선 필요하다. 교육, 보건, 의료, 주택과 일부 기초생필품을 제외한 배급품목은 단계적으로 축소하고, 나머지 소비재들은 임금으로 충당할 수 있도록 해야 한다. 나머지 소비재들의 가격은 시장가격은 아니더라도 적어도 '기회비용'의 관점에서 가격이 설정되어야 한다.[20]

제도적으로는 노동계약제와 실업보험제를 도입하고 그 적용범위를 확대해야 한다. 국유기업에도 노동계약제를 도입하는데, 도입 초기에는 노동시장에 새로 진입하는 노동력에 제한적으로 적용하다가, 점차 그 범위를 확대하도록 한다. 신설되는 개인기업이나 외국인기업은 처음부터 전면적으로 노동계약제를 실시한다. 실업보험의 경우 처음에는 적용대상을 국유기업으로 하다가 점차 도시 비국유기업과 외국인 투자기업, 사영기업, 그리고 비영리성 사업단위로까지 확대한다. 실업보험료와 실업급여도 시간을 두고 점진적으로 인상하고, 노동자 개인도 자신의 임금의 1% 정도를 보험료로 납부하도록 한다.

사회주의하의 토지·부동산이라는 요소는 엄격한 법·제도적 제한이 존재한다. 농촌 토지는 집단 또는 국가가 소유하며, 도시 토지는 모두 국가에 귀속되어 무상으로 무기한 사용하도록 되어 있다. 토지는 매매나 양도가 금지되어 기본적으로 공유제를 실현하고 있으며, 부동산은 국가투자에 의해 건설되고 할당·분배되며, 주택은 낮은 임대료로 복지정책에 의해 제공된다. 협력단계에서는 기업활동에 필요한 토지와 부동산이 원활히 공급될 수 있도록 하고, 농장단위의 생산유인 제고를 위해 농지사용권이 보장되어야 한다.

우선 외국인 투자기업이 활동하는 데 필요한 부지를 제공하기 위해 외국인투자 관련법에 토지와 관련된 사항을 포함시켜 제정해야 한다. 토지 제공은 중앙정부보다는 외국인 투자지의 지방단체가 관할하도록 하고 영업허가가 나면 토지사용에 관한 수속 후 토지사용증명서를 발급하도록 한다. 외국인기업의 토지사용비와 토지개발비 징수에 관한 규정도 마련한다.[21]

특구 이외 지역까지 기업활동을 활성화하려면 보다 일반적인 차원에서 토지 및 부동산 관련 입법을 추진할 필요가 있다. 초기부터 토지의 사유화를 추진하기는 어려우므로 민법상 제한물권의 개념으로 법적 권리·의무관계를 규정하도록 한다. 즉 어떤 조직이나 개인도 토지를 매매·임대·양도할 수 없다는 헌법 규정을, 법적 근거에 의해 사용권을 보장하는 규정으로 대체하고, 근거법으로 '토지관리법'을 제정한다. 토지관리법은 토지사용권을 규정하고 이를 양도할 수 있도록 하며, 사용권 분배와 사용권 양도에 관한 절차, 사용료 관련 규정을 포함하도록 한다. 아울러 개인이 자기 주택을 가질 수 있도록 허용하고, 도시의 사유 부동산 소유권을 보호하고 사유 부동산 거래를 규율하는 '부동산관리법'을 제정한다.[22]

남한과 국제사회의 협력

기업과 농장에 생산유인을 제공하는 방향으로 가격정책을 실시하고, 유통의 독점을 제한하는 규제조치를 시행하여 다양한 유통주체를 형성하는 데는 상당한 재정이 소요된다. 만약 이러한 재정자금 조달이 힘들 경우 과거 소련식의 전면적인 가격자유화와 급속한 조직개편 방식으로 접근할 수밖에 없다. 그렇게 되면 북한농업의 생산구조는 국제시장가격 조건에 맞추어 전면적으로 구조조정에 들어가게 된다. 이 경우 환율조정과 인플레이션, 생산위축을 감수해야 하고, 식량 및 소비재 수입을 위한 외환부담은 더욱 증가하게 된다.

북한의 제도개혁에는 대외협력을 통한 재정확보가 중요한 전제조건이 된다. 또 북한 내부에서 새로운 기술체계를 채용하는 데는 많은 비용이 소요되므로 외부와의 기술교류를 통해 적정 기술체계를 찾아내야 한다. 이때 북한의 경제개혁이 본격적으로 작동하기 위해서는 외부로부터의 충격 또는 지원이 중요한 역할을 하게 된다. 국제사회의 대북한 식량지원, 에너지 지원, 무역과 투자 확대는 북한 내부의 시장화 개혁의 계기가 된다. 남북간의 합자기업·합작농장을 설립·운영하면서 자금유입은 물론 인력교류를 통해 효율적인 운영기법과 기술지원을 가능하게 한다. 남한정부 차원에서는 투자기업과 합작농장의 위험을 분산하는 재정·금융체계를 마련한다.

실무적 차원에서의 지원도 필요한데, 특히 중요한 것은 인력지원이다. 시장경제 경험이 풍부한 전문인력의 지원이 있어야 북한기업들이 시장경제에서 생존할 수 있는 노하우를 전달받을 수 있다. 따라서 남한에서 파견된 실무진들이 근무하는 북한기업에 조세상의 유인을 제공한다든지 보조금을 제공하는 등 금전적 보상이 필요하다. 이러한 조치들을 실행에 옮길 수 있는 기구조직도 필요한데, 이는 앞서 언급한 비영리 민간법인의 형태를 취하는 것이 좋을 것이다. 이 기구는 정부조직 바깥에 존재하는 공공기관으로 유지되면서 구성원들의 고용조건과 관련해 상대적으로 높은 탄력성을 갖추도록 함으로써 전문인력의 영입이 가능하도록 한다.

북한경제가 신속하게 정상화되지 않는 한, 북에서 남으로 불법이주하여 남한의 노동조건과 사회보장제도의 적용을 받으려는 유인력은 감소하지 않을 것이다. 남한 헌법에 북한주민을 남한국민으로 규정하고 있기 때문에 협력이 진전될수록 문제는 확대될 가능성이 크다. 북한에 대한 지원과 투자를 통해 이주 압력을 완화하고, 점차적으로 남한 헌법의 국민 조항에 대한 검토가 필요하다.

남한에서는, 정부 출연금·민간자본 유치 등을 통해 협력기금을 확충해야 한다. 민간 차원에서는 통일복권, 통일통장, 입장료 수입(국립공원 및 국가시설 방문)을 통한 기금확충 및 민간출연을 통한 기금확대를 추진할 수 있다. 이보다 더 중요한 것은 정부 차원에서 남북협력기금을 확대하고 재정투융자 및 특별회계의 일부분을 남북협력사업으로 사용할 수 있도록 제도적 장치를 마련하는 것이다.

다른 항목으로부터의 전용보다는 재정기반을 확충하는 근본적인 방안을 모색하는 것이 더 중요하다. 본격적인 통합단계에 들어가서

216

조세수입을 대폭 확충하는 것은 사실상 어렵기 때문에 비교적 재정부
담이 덜한 단계에서 조세기반을 어느정도 확충해놓아야 한다. 즉 조
세부담률의 순증가를 통한 대북 투자재원을 조달하는 방법을 적극 추
진한다. 물론 남한경제 및 납세자의 조세부담 능력을 감안하여 점진
적으로 조세부담률을 인상하고, 새로운 목적세 신설의 저항감을 완화
하기 위해 우선은 미미한 세율에서 시작하는 것이 좋다.

4. 이륙 이후: 개혁의 심화

기업제도

이 단계에는 사적 소유권을 창출하는 소유권 개혁에 들어감으로써
남북간 소유제 조화를 위한 노력을 기울여야 한다. 다만 일거에 사유
화를 시도할 필요는 없고, 단계적으로 추진하면서 공공성을 일부 유지
하는 것이 좋다. 아래로부터 새로운 기업이 생겨나도록 하고 이들에
대해 사적 소유권을 보장하는 한편, 경쟁력 없는 국유기업은 위로부터
빠르게 구조조정하고 민영화하는 전략이 동시에 추진되어야 한다.[23]
국유자산의 매각을 통해서 국유기업을 빠르게 사유화하는 전략도
상정해볼 수 있다. 국유기업을 일거에 사유화하는 것은 정치적 문제
를 유발할 가능성이 크지만, 투자가 중단되고 시설의 노후화가 심각하
게 진행된 경우 신속한 사유화 조치가 이루어지는 것이 바람직하다.
개인의 영업활동에 의해 소규모 합작기업소를 설립하도록 유도하는
정책과 사회협동단체의 생산영리활동을 확대하는 조치도 함께 추진

되어야 한다. 지방기업이나 중소규모 기업의 사유화는 신속하게 추진한다.

소유권을 완전히 민간에 이전하는 사유화 과정에서 사유화 대상기업을 누구에게 우선적으로 양도할 것인지에 대한 정치적 결정이 내려져야 한다. 이는 북한기업의 자산에 대한 소유권을 북한인들이 우선적으로 가지도록 하느냐, 혹은 남한인이나 외국인투자자에게도 허용하느냐의 문제를 의미한다. 자본 및 노하우가 북한으로 이전되기 위해서는 남한인이나 외국인의 소유를 허용하는 것이 필요하다.

그리고 기업소유권을 어떤 형태로 분산시킬지에 대한 원칙도 마련되어야 한다. 지나치게 소유가 분산되면 기업경영에 대한 감독이 곤란하다. 그러나 기업에 관계된 이해당사자에게 주식을 분산하는 것은 안정적인 조직전환을 위해 필요하고 바람직한 일이다. 따라서 일정 비율을 이해당사자에게 분산하되, 외부 투자자의 지분보유를 허용하고 최대 투자자의 경영권 확보 정도까지 소유집중이 허용되면 큰 문제는 없을 것이다(고일동 편 1997).

사유화의 진전과 함께 민간기업이 운영될 수 있는 지배구조를 규정한 법제도가 마련되어야 한다. 북한의 경우 기존의 경제조직 관련법들이 존재하고 있는데, 이를 일거에 남한의 상법과 유사한 체계로 변경하면 법적 안정성에 엄청난 혼란을 초래하게 된다. 따라서 법적 일관성이 다소 훼손되더라도 총칙, 상행위, 회사, 보험, 해상, 어음·수표법을 포함한 독립법전으로 상법을 제정하기보다 실질적으로 필요한 회사법, 해상법, 기업파산법, 국유기업법, 증권법, 어음법, 보험법 등을 나누어 입법하는 방식을 고려할 수 있다.

이 중에서도 핵심은 단연코 회사법이다. 남한에서 상법상 회사는 네가지 종류로 규정되어 있다. 즉 무한책임사원으로 구성된 합명회사, 무한책임사원과 유한책임사원으로 구성된 합자회사, 유한책임사원으로 구성된 유한회사, 주주의 출자로 이루어진 자본단체인 주식회사 등이다. 합명회사와 합자회사는 회사의 형성기에 주로 존재했고 현재는 드물게 나타나고 있다. 그러나 법제 통합을 고려하고 예외적인 경우에도 대처할 수 있다는 점에서 남한처럼 네 종류로 규정하는 것이 좋다고 판단된다.[24]

그리고 국유기업이 회사로 전환되는 과정에 대해서도 법적 요건과 절차를 마련해야 한다. 이는 회사법 체계를 고려하여 국유기업법에 규정하는 것이 좋을 것이다. 국유기업이 회사 형태로 전환되는 데에는 회사법에 규정된 회사 설립조건을 충족해야 하고, 국가 행정법규상의 조건, 국가의 정책규정의 조건, 그리고 증권관련 법의 조건을 충족할 것을 규정한다. 아울러 전환의 순서를 구체적으로 규정한다. 회사로 전환할 수 없는 국유기업의 퇴출조건과 절차도 마련한다.[25]

농업제도

생산 정상화를 위한 유인 제공을 넘어, 남한과의 시장적 분업을 위한 토대를 구축해야 한다. 농지소유권도 제한적인 범위에서 점진적으로 사유화한다. 생산조직의 경우 가족농장의 비중을 대폭 증대시키고, 가족농에 분여된 농지를 매우 저렴한 가격으로 사유화한다. 생산기반 등 여건 때문에 가족농장으로 세분화하기 어려운 경우 기업조직 또는 협동조합으로 재편한다. 협동조합으로 재편되는 경우 과거의 사적 소유지 상태를 파악하기 어렵고 공유지 비중이 많을 것이지만, 농장의 총의에 의해 비교적 빠른 속도로 농지를 분배하여 농지 사유화를 완료할 수 있다. 문제는 국유농지인데, 일부는 공공적으로 이용하여 국가에 유보하고 일부는 점진적인 방식으로 매각하여 처리한다. 매각하는 경우 시장가격으로 매각하는 것을 원칙으로 하고, 국가에 유보된 국유농지의 경우 선진적 경영구조를 창출하기 위한 목적에 이용한다.[26]

한편 농업생산에는 생산을 지원하는 생산자재 공급체계, 농업용수 공급체계, 기술개발 및 확산보급 체계의 역할이 중요한데, 이 체계는 국가 주도로 조직적으로 재편한다. 이 시기에는 남북간에 기본적으로 농산물무역이 자유화되어, 시장적 기초 위에서 분업구조가 확립되어야 한다. 단 공공적 필요가 인정되는 한에서는 보조금을 허용한다.

이 단계에 진입하면, 북한도 국내외의 농산물 가격차를 관리해야 한다. WTO 규정에 의하면 품목별로 국경보호율을 관리해야 한다. 가격정책, 재정보조는 국내외 가격차를 고려하여 제한될 수밖에 없으므로, 보호율이 지나치게 높은 경우는 그린박스(Green Box)[27]를 활용하는 등 구조정책으로 전환하는 방안도 강구해야 한다.

노동제도

이 단계에는 노동시장의 통합에 대비하여 노동관련 시장제도를 형성하는 것이 본격적인 과제로 설정된다. 기업 차원에서 경영자와 노동자 사이에 시장원리에 입각한 임금 및 고용 계약이 이루어지는 방향으로 제도가 형성되어야 한다. 그러나 이러한 목표는 달성되기 매우 어렵고 미시적 시장화가 거시적 안정화를 해치는 결과를 초래할 수 있다. 이 때문에 노동부문의 시장화는 비교적 제한적으로 이루어질 수밖에 없다.

많은 체제전환 국가들의 사례를 볼 때, 실질적인 생산성과를 개선시키며 안정적인 체제전환을 위해서는 초기에 실질임금의 감소가 요구되지만, 실제로는 노동자들이 실질소득 감소에 대해 쉽게 수긍하지 않으려 하며 오히려 높은 명목소득을 요구하는 경향이 있다. 자율적인 교섭에 입각하여 임금을 결정한다면, 북한은 남한 노동자의 임금수준을 보면서 더 높은 수준의 임금인상을 요구할 가능성이 크다. 북한의 임금수준을 남한과 비슷한 수준으로 가져가는 데는 시간이 필요하다. 과도적으로 정부는 북한기업에 대해 적극적인 임금 가이드라인을 제시하고 이를 구조조정 지원프로그램과 연계하도록 한다.

정부의 임금 가이드라인이 존중되도록 하기 위한 수단으로 북한의 기업들에게 제공되는 보조금의 일부를 임금 추세와 관련되도록 한다. 구체적으로, 근로자 수취임금과 생산자 지불임금 사이에 차이를 둘 수 있다. 즉 종업원은 정부보조금으로 인해 기업에서 지급되는 임금보다 더 많은 임금을 받게 되는 대신, 정부는 임금보조금을 지급함으로써 임금상승에 대한 직접적 영향력을 행사하게 된다. 가령 기본급 인상이 가이드라인을 초과하는 경우 기업과 종업원은 즉시 보조금 감소의 불이익을 받게 된다.[28]

남북간 임금격차를 단기간에 줄이는 것은 불가능하므로, 실업자가 양산될 수 있는 고용제도의 유연화를 제한적으로 실시할 수밖에 없다. 북한에서 새로이 형성되는 기업과 남한 및 해외로부터의 투자가 실업을 충분히 흡수할 때까지 고용을 안정화하고 보호하는 제도가 필요하다. 농업부문에서 배출되는 인구이동을 억제하기 위해 농지 사유화 과정을 농촌 거주와 연계시킬 필요가 있다.[29] 광업과 제조업 부문에 종사하는 노동력 중에서 불가피하게 배출되는 실업자는 신설되는 기업과 써비스부문에서 흡수해야 한다. 배출된 노동력이 재취업하여 새로운 직무에 적응할 수 있도록 직업훈련과 정보써비스를 제공하는 씨스템이 마련되어야 한다. 한편 교육제도 자체가 시장경제체제에 적응할 수 있는 노동력을 양성할 수 있도록 개혁되어야 한다.

사회보장제도

북한에서의 사회보장씨스템은 연금 및 산업재해보험, 의료써비스, 교육, 주택, 기본 필수품에 대한 현물 사회보조로 구성되어 있다. 남북 경제통합이 이륙 이후 단계에 도달하면, 남북간 사회보장제도의 통합의 전제로서 북한의 사회보장제도가 독립된 체계를 갖도록 한다.

기업개혁과 노동개혁이 진전됨에 따라 주로 기업을 통해 제공되던 복지 기능을 분리하여 사회보장제도를 마련해야 한다. 협력단계에 마련된 실업보험제도 이외에 연금보험, 의료보험, 산업재해보험을 도입하여 사회보험체계를 완비하도록 한다. 북한의 연금제도는 임금 가이드라인과 연계하여 유지한다. 북한의 출산휴가제도는 현재의 형태를 기본적으로 유지하되, 기업이 퇴직자에게 제공하는 연금제도는 폐지한다. 또한 현재의 사회보장 혜택이 임금형태로 변화되는 데 있어서 고정적 요소로 보이거나 임금의 경직성을 야기하지 않도록 한다.

아울러 공공부조제도를 새롭게 확립해야 한다. 현재 북한의 사회보장은 헌법, 노동법, 인민보건법에 의해 근거가 마련되고 있다. 즉 북한 헌법 72조는 무상치료제, 의료시설의 확대, 국가사회보험과 사회보장제를 규정하고 있다. 노동법은 노동능력 상실자에 대한 연금혜택, 근로자에 대한 무상의료 혜택을 보장하며, 인민보건법은 보건의료에 대한 공민의 혜택을 규정하고 있다. 또 사회주의의 원칙상 빈곤층은 존재하지 않으므로 공적부조라는 개념은 존재하지 않는다. 그러나 현실적으로 존재하는 빈곤층에게 사회보장써비스를 제공하기 위해 생활보호사업, 의료보호사업, 재해보호사업 등 공적부조제도, 노인·장애인·아동 등의 재활을 위한 시설을 운영하는 사회복지써비스 제도를 도입한다.[30]

토지·부동산 제도

토지시장 통합에 대비하여 전국적 차원에서 시장제도의 심화가 이루어져야 하고, 다른 한편으로 국토관리 차원에서 계획적인 개발씨스템이 마련되어야 한다. 전국에서 토지사용권의 유상 양도와 사용권 거래가 가능하도록 하고, 토지용도제도, 토지이용규획제도, 경지보호제도, 건설용지제도 등을 마련함으로써 토지관리제도의 체계를 수립해야 한다. 이러한 관리체계가 확립되면 부분적으로 토지소유권을 매각하는 제도를 실험적으로 도입한다.

주택의 경우에도 정부에 의한 실물분배를 중단하고 주택소유권을 전국 차원에서 수립하며 점진적으로 화폐단위로 거래되도록 한다. 이를 위해서 정부는 저가로 취득할 수 있는 서민주택 공급을 위한 기구를 결성하고, 화폐단위로 주택소유권을 획득할 수 있도록 지원하는 금융체계를 마련해야 한다.

5. 통합으로의 진전

남북한 FTA가 안정적으로 운영되는 단계에 이르면 남북한 사이에 효율적인 자원배분, 경제안정화, 통합이익의 재분배, 공동체의 대외관계 조정을 수행해야 한다. 이를 위해 남북한 정부 차원에서 대표성을 위임한 경제공동체를 구성하고, 이의 권능을 보장하는 국내법을 각각 제정해야 한다.

자원배분의 효율성 제고를 위해서 남북한 공동정책이 수립되거나 정책의 조화가 필요하다. 통합된 상품시장의 효율성을 보장하기 위해 독점을 견제하고 경쟁을 촉진하는 공동경쟁정책과 법·제도의 정비가 필요하다. 또 최저임금제나 농가의 경영·소득 안정화를 위한 조치 등 공동체 차원의 가격·수량 조치가 필요하다. 보건·위생·환경·기술 등에서 후생 감소가 있을 경우 시장접근 통제조치도 함께 수립하도록 한다. 또 농업, 써비스업 등 시장신호가 불완전한 부문의 경우 남북한 산업구조조정이 합리적으로 진행될 수 있는 공동의 조정정책과 법·제도가 필요하다.

시장통합의 진전은 남북한 모두에 경제변동 폭을 확대할 수 있다. 또 경제의 상호의존성이 증가함으로써 일국의 경제정책 변경이 상대방에 미치는 영향이 확대된다. 따라서 남북한간에는 각각의 경제안정과 조화로운 발전을 도모하기 위해 주요 거시정책 및 통화정책에서의 정책 조화 또는 공동정책을 시행하고 관련 법·제도를 정비해야 한다.

한편 일반적으로 무역 증대는 생산 특화와 소득재분배를 가져오기 때문에 적절한 재분배정책이 이루어지지 않으면 전체적으로 후생이 증대되었다고 할 수 없다. 따라서 남북한 시장통합과 무역확대에 따른 재분배 효과를 교정하기 위한 공동정책이 마련되어야 한다. 아울러 제3국에 대한 무역·투자정책, 경제협력정책 등도 남북간에 조화되도록 해야 한다.

마지막 단계에서는 시장통합과 관련된 공동정책에서 더 나아가 남북한 통화동맹을 결성한다. 최초에는 남북한 통화의 환율을 고정시킴으로써 환율변동으로 인한 불확실성을 제거한다. 이어 남북한간에 공동통화를 제정하여 통화간 교환에 따른 비용을 제거한다. 외환보유고에 대해 풀(pool)제를 시행하고, 자본시장·금융시장도 통합한다. 통화동맹이 결성되면 참여 국가가 단독으로 환율정책을 통해 국제수지를 조정하는 것이 불가능해지므로 국제수지 적자를 일시적으로 지원하기 위한 공동기금과 신용기관을 설치하도록 한다.

제도개혁의 완성

공공성이 약한 국유기업은 시장에 의해 규율되는 체제로 전환하고, 농지는 원칙적으로 사유화를 추진한다. 사유화 방식은 이전 자산소유자에 대한 정당한 배상, 판매와 경매, 참가모델 등 세가지 방식이 있다. 배상을 하기 위해서는 이전의 소유권을 확인해야 하는데, 그 과정에서 많은 분쟁이 발생하고 오랜 시간이 소요된다. 따라서 기본적으로는 매각을 주된 방식으로 하되 여기에서 생기는 문제를 참가모델을 통해 제거하는 것이 좋다.

예컨대 민영화 기구가 초기에 기업의 주식을 모두 보유하는데, 남한에도 투자를 허용한다. 투자자는 기업혁신과 구조조정에 쓰일 현금뿐 아니라 그들의 경영·기술적 지식 면에서도 경합적으로 입찰한다. 민영화 기구는 침묵하는 파트너로서 존재하고 기업의 실질적 경영은 투자자에게 맡긴다. 시간이 흐를수록 투자자들은 추가적인 경영권과 투자자금으로 기업의 보유주식을 늘려가고, 일정 기간이 지나면 민영화 기구의 주식은 북한주민과 기업관계자에게 비교적 낮은 가격으로 매각·이전한다.[31]

남한 및 국제사회의 역할

남한은 북한과 사회보장제도 조화를 위한 조치를 시행한다. 먼저 북한주민을 남한국민이 아닌 외국인으로 간주하는 조치를 취하고 남북한 이주민의 사회보장권리에 관한 협정을 체결한다. 이와같은 협정은 노동력의 이주가 빈번한 국가간에 필요한 것으로, 세계노동기구(ILO)가 제시한 이주민에 대한 사회보장 적용의 4대 원칙, 즉 동일법 적용의 원칙, 적용법 결정의 원칙, 획득 권리의 유지 원칙, 획득과정 중 권리유지 원칙을 포함하도록 한다.[32] 그리고 협력단계에 도입한 실업보험제도의 경우 남한의 고용보험제도와 비용을 분담하는 재정적 보조관계를 마련하도록 한다. 비용을 분담하는 방식은 미국의 사례를 참고할 수 있다. 남북은 각각의 법률에 따라 실업보험세를 징수하여 남북간 협정에 의해 마련된 공동기금에 납부하는데, 일부는 공동사용 계좌에 들어가고, 일부는 남북으로 구분된 계좌에 예치한 후 실업급여 지급에 따라 인출할 수 있게 한다.

북한경제조직의 구조 전환 및 사회보장제도 형성에 필요한 자금 조달을 위해 남한에서는 조세징수와 국채발행의 방법을 사용할 수 있다. 이 시기가 되면 조세만으로는 자금조달을 감당하기 어려울 것이므로, 불가피하게 국공채를 발행하고 이에 대해 이자를 지불하는 방식을 확대할 수밖에 없다. 통합의 이익은 아마 몇세대에 걸쳐 분산되어 나타날 것이기 때문에 현세대에 부담을 집중시키는 조세만을 고집할 필요는 없다.

그러나 국공채 발행은 이용 가능한 자금을 민영화된 기업의 투자자로부터 사회적 프로젝트로 전환하며, 이자율 상승을 초래한다(구축효과). 이용 가능한 외국자금이 한정적이라면, 대규모 국내 부채는 이자율을 더욱 상승시킬 것이다.[33] 따라서 북한의 구조 변화가 점진적으로 이루어지고 이에 필요한 자금지원 규모가 적정 수준에서 관리되어야 남북한 경제통합에 유리한 조건이 마련된다.

6. 개혁과 통합의 제도적 연계

이 글에서는 남북한 경제통합과 '북한형' 개혁을 제도적으로 연계하는 방안을 고찰했다. 통합과 개혁을 연계하는 단계는 이륙 전기, 이륙 후기, 이륙 이후, 통합 단계로 구분했다.

이륙 전기에는 북한의 대외개방을 집중적으로 추진한다. 개성특구를 확대·발전시키고, 남한과 개성특구 사이에 CEPA를 체결하며, 특별지역을 해주·남포·평양까지 확대한다. 이를 남북한 FTA로 발전시키되 인력이동, 정부조달, 비관세장벽 등에서 특별한 예외조치를 허용한다. 북한에서는 외국인투자를 유인하는 법제를 정비하고, 남한은 경제협력 프로젝트를 추진하고 지원하는 민간기구를 조직한다.

이륙 후기에는 북한의 제도개혁이 집중적으로 진행된다. 이때 특구에 유치한 외자기업에 자유로운 기업활동을 보장하고, 이에 경쟁할 수 있도록 기존 기업의 분권화와 인쎈티브 개혁을 추진한다. 남한은 합작기업 설립에 따르는 위험을 분산해주는 재정·금융적 지원체계를 마련해야 한다. 또 북한에 진출하는 기업의 요소비용을 낮춰주기 위해 에너지 공급, 도로 확보 등 인프라 구축을 지원해야 한다.

이륙 이후에는 제도개혁의 심화가 이루어져야 한다. 기업과 농업부문에서는 사적 소유권을 창출하는 소유권 개혁에 들어감으로써 남북한간 소유제 조화를 위한 노력을 기울인다. 시장원리에 입각한 임금·고용제도를 형성하지만, 거시적 안정화를 해치지 않는 수준에서 추진한다. 기업·노동제도에 포함되어 있던 사회보장제도는 독립된 체계를 갖도록 한다. 토지사용권을 거래하고 부분적으로 토지소유권을 매각한다.

통합된 시장의 안정화가 이루어지면 마지막 단계인 통합단계에 진입한다. 통합단계에 이르면 남북한 정부 차원에서 대표성을 위임한 경제공동체를 구성하고, 이의 권능을 보장하는 국내법을 각각 제정해야 한다.

10장

신제도주의 제도환경 이론 재고찰

한반도 경제통합에의 시사

1. 왜 신제도주의 경제학인가

1945년 해방과 함께 분단된 한반도가 새로운 체제를 향해 변화하는 중이다. 그사이 세계경제에는 과학기술혁명, 경쟁 격화, 국가사회주의 몰락, 세계화의 진전 등 중요한 변화가 진행되었다. 이처럼 현실은 격변하고 있는데, 이를 뒤좇는 이론의 속도는 느려 보인다. 새로운 현실의 의미와 변화의 방향을 깊이있게 통찰한 경제이론에 대한 갈증은 더 커지고 있다.

갈증이 커진다고 경제이론이 어느 날 갑자기 하늘에서 뚝 떨어지는 것은 아니다. 이론(theory)은 비공식적(informal), 공식화 이전(preformal), 준공식적(semi-formal), 전(숲)공식적(fully formal)이라는 단계를 거쳐 발전하는 것이 보통이다(Williamson 2000, 604면). 이론이 발전의 각 단계를 넘기 위해서는 엄격한 공식화와 경험적 검정을 거쳐

야만 하며 설명력과 예측력이 부족한 이론들은 중도에 탈락하게 된다. 현단계에서 이론화의 발전단계가 가장 높은 것은 주류경제학이라 불리는 신고전파 경제학이다. 하지만 이 이론은 현실적(realistic)이지 않다는 문제를 안고 있다. 시장사회주의 경제이론도 가격 메커니즘의 조정 역할을 인정하고 그것을 계획경제 내에서 복제할 수 있다는 논리에 서 있다는 점에서 근본적으로는 신고전파 경제학의 추종자였다 (허준석 1999, 57~60면). 내면적으로 신고전파의 시장 관념을 공유하던 국가사회주의는 이론과 현실 모두에서 파탄에 이르렀다.

이 때문에 1990년대 후반 이후 한국에서는 급진 제도경제학 이론이 상당정도 소개되었고(강신욱 1998; 최정규·허준석 1998; 허준석 1999; 정건화 2004), 이는 한국의 진보개혁진영에 일정한 영향력을 미쳤다고 여겨진다.[1] 그러나 필자의 판단으로는, 급진 제도경제학이 제시하는 공동체적 지배구조로의 전환론, 쿠폰사회주의론, 자본주의 유형론 등이 이론과 현실을 잘 다룰 수 있는(manageable, tractable) 모형으로 발전해가리라 전망되지는 않는다. 물론 이들 이론에 대한 정밀한 검토가 이루어져야 하지만, 일단은 현재의 이론 수준이 한반도경제 형성의 속도를 따라잡기는 어렵다고 판단된다.

그렇다면, 현실성과 조작성의 두가지 기준에서 신고전파 경제학과 경합하거나 신고전파 경제학을 넘어설 수 있는 이론적 자원으로 신제도주의 경제학(New Institutional Economics)을 상정해볼 수 있을 것이다.[2] 굳이 로널드 코우즈(Ronald Coase), 더글러스 노스(Douglass North), 올리버 윌리엄슨(Oliver Williamson) 등 거장의 이름을 거론하지 않더라도, 신제도주의 경제학은 경제학 분야에서 "가장 활기찬 분야 중 하나"이며 "실증분석연구의 성공스토리"를 쓰고 있다.[3] 신제도

주의 경제학은 이제 준공식적 이론의 단계를 넘어 전(全)공식적 이론
으로의 발전을 모색하고 있다.

그러나 한국에서는 신제도주의 경제학에 대해 "정체가 수수께끼"
"신고전파만큼이나 낡은 것"이라는 식의 평가가 이루어지기도 했다
(허준석 2000). 이러한 평가는 일면 일리가 있지만, 또다른 면에서는 신
고전파 또는 급진파의 입장에 기초한 오해와 과소평가를 반영하기도
한다. 이렇게 신제도주의 경제학을 비교적 부당하게 대우함으로써 우
리는 변화하는 새로운 현실에 대처하는 새로운 이론 구축에서 적지
않은 시사점을 끌어낼 수 있는 기회를 차단해버렸다고 할 수 있다. 때
문에 좀더 개방적인 자세로 신제도주의를 재독해하는 과정이 필요하
다. 이 글에서는 우선 신제도주의 경제학의 주요 연구분야인 '제도환
경'(institutional environment)에 관한 이론들의 핵심개념을 재검토하
고자 한다.

2. 제도연구의 범위와 제도환경

신제도주의 경제학이 국내에 소개되는 과정에서 가장 뚜렷하게 문
제로 지적되었던 것 중 하나가, 신제도주의도 신고전학파와 마찬가지
로 사회제도와 구조를 원자화된 경제적 인간(Homo Economicus)들의
합리적 선택의 결과물로 이해한다는 것이었다. 제도의 효율성은 그
자체로는 평가될 수 없으며 사회적 맥락 속에서 논의되어야 하며, 인
간은 타인 자체, 타인과 자신의 관계, 자신이 속한 제도적 환경을 고려
하여 행동하는 상호적 인간(Homo Reciprocan)이라는 것이다

(Granovetter 1985; 최정규·허준석 1998; 정건화 2004).

　　신제도주의에 대한 이러한 비판은, 분석단위가 개인이라는 것, 그
리고 그 개인이 고립적이라는 것으로 나누어볼 수 있다. 전자는 방법
론과 관련해 따로 논의해야 하지만,[4] 후자는 신제도주의에 대한 오해
이거나 과도한 비판이라고 판단된다. 신제도주의 경제학에 중요한 이
론적 자원을 제공한 애로우(Arrow 1994)는, 개인주의 패러다임이 '모든
사회적 상호작용은 개인간의 상호작용의 뒤에 있다'라는 사실에서 출
발한다고 했다. 경제학적 개인은 화학에서의 원자와 같은 존재이지
만, 개인은 서로 떨어져 행동하지는 않는다는 것이다(Arrow 1994, 3면).
대부분의 신제도주의 경제학 연구자들은 "제도가 중요하다" "제도 요
인을 경제이론의 도구로 분석에 수용해야 한다"는 점을 공유한다고
할 수 있다. 물론 제도 요인은 다양한 수준에 걸쳐 있으면서 서로 영향
을 미치며 발전하는데, 장기적이고 일반적인 제도가 단기적이고 특수
적인 제도에 미치는 영향력이 더 강하다.

　　윌리엄슨(Williamson 2000)은 제도의 경제학에 대해 임베디드니스
(embeddedness), 제도환경(institutional environment) 거버넌스
(governance), 자원배분(allocation)이라는 네가지 수준에서 분석을 전
개하는데, 신제도주의는 이 중에서 특히 두번째와 세번째 수준에 관계
되는 것이라고 한다(그림 참조). 제도환경에 대한 연구는 주로 공식적
규칙(헌법, 법률, 재산권)을 다루는데, "재산권을 정의하고 분쟁을 조정하
는 법체계가 필요하다"는 것이 재산권 경제학의 핵심 문제의식이다.
이보다 구체적인 현실 수준에서는 법체계를 이용하는 데 많은 비용이
들기 때문에 대부분 사적 질서에 의해 조정이 이루어지고 있어 계약
관계의 거버넌스가 초점이 된다.

232

	수준	빈도	목적
L1: 사회이론	임베디드니스: 비공식 제도, 관습, 전통, 규범 종교	100~1000년	종종 비계산적: 자연발생적
	↓↑		
L2: 재산권경제학/ 실증적정치이론	제도환경: 게임의 공식 규칙― 특히 재산 (국가조직, 사법부, 관료제)	10~100년	제도환경상의 권리 획득: 제1계 경제화
	↓↑		
L3: 거래비용경제학	거버넌스: 게임의 운영― 특히 계약 (계약에 따른 거버넌스 구조 정렬)	1~10년	거버넌스 구조의 권리 획득: 제2계 경제화
	↓↑		
L4: 신고전파경제학/ 대리인이론	자원배분 및 고용 (가격 및 수량 : 인쎈티브 정렬)	연속적	한계조건의 권리 획득: 제3계 경제화

출처: Williamson(2000), 597면.

3. 제도환경 이론의 기본개념

기업의 존재와 거래비용

신제도주의 경제학은 로널드 코우즈의 두 논문, 즉 '1937년 논문'
과 '1960년 논문'에서 촉발되었다. 코우즈는 1937년 논문을 통해 거
래비용 개념을 제기하여 기업의 존재를 논증함으로써 시장이 단일하
고 지배적인 배분기구가 아니라는 인식을 분명히했다. 또 1960년 논
문을 통해서는 표준적인 경제이론의 '시장실패'라는 용어는 의미가
없다는 기본 아이디어를 제시하면서 재산권 문제를 음지에서 양지로
끌어냈다.

코우즈의 작업은 명백히 신고전파 경제학에 대한 비판의식에서 출
발했다고 볼 수 있다. 그는 1991년 노벨상 수상 강연에서 자신의 업적
은 생산의 제도 구조라고 명명할 수 있는 경제체제 작동의 중요성을
보이는 것이라고 밝히면서, 기존 주류경제학에서는 이러한 경제체제
의 제도적 특징이 무시되어왔다고 지적했다. 대부분의 경제학자들이
애덤 스미스(Adam Smith) 명제의 공식화에 주력했는데, 이는 현실세
계(real world)에서는 나타나지 않는 필요조건—예를 들면 기술과 소
비자 기호가 일정하다든지 이익을 추구하는 개인은 가격체계에 의한
선택에 지배된다든지 하는 가정—에 기초했다고 한다. 코우즈는 이
러한 극단적인 분권화체제는 교과서에서만 존재하고 현실세계에서는
나타나지 않는다고 비판한다(Coase 1992).[5]

신고전파는 경제학에서 가정은 그다지 중요하지 않고 추론과정과

그 결론이 중요하다고 하는데, 코우즈는 이 모든 것이 다 중요하다고 보았다. 코우즈는 특히 경영관리라는 생산요소(조정)의 존재에 주목했다. 그는 러시아혁명 후 레닌이 하나의 거대한 공장으로서의 경제체제를 언급한 것이라든가 다수 경제학자들의 부정에도 불구하고 서구에도 엄청난 규모의 공장이 존재하는 현실에 주목했다. 가격기구의 역할과 집권적 계획의 불가능성에 대한 경제학자들의 확신과 경제체제에 계획(planning)이 존재하는 현실에 다리를 놓는 것이 그의 1937년 논문의 목적이었다(Coase 1937, 387~89면; 1992, 715면).[6]

거래비용 개념은 이 논문에서 출발했다. 코우즈는 기업의 존재를 해명하는 과정에서 가격기구를 사용하는 비용(a cost of using the price mechanism)이 존재한다는 점을 제시했는데, 시장을 통한 거래비용을 피하기 위해 자원배분에 관한 관리적 결정의 결과로 기업이 존재하게 되었다고 한다(Coase 1937, 390~91면). 효율적 경제체제에는 시장은 물론 조직 내 계획도 필요한데 이의 혼합은 경쟁의 결과이다. 코우즈는 1937년 논문에서 거래비용 개념을 창조하면서 그 예로 가격탐색, 협상과 계약의 종결, 집행 등을 제시했으나, 분명한 정의는 하지 않았다. 명시적으로 거래비용과 재산권의 연관성을 제시함으로써 이후의 엄청난 흐름을 만들어낸 것은 1960년 논문에서였다(Allen 2000, 895~96면).[7]

거래비용과 재산권

코우즈의 1960년 논문은 사적 생산물과 사회적 생산물 간의 괴리에 관해 분석한 신고전파 경제학자 피구(Arthur C. Pigou)의 분석의 약점을 드러내기 위한 것이었다. 즉 표준적 경제이론은 거래비용이 없다는 것을 가정하는데, 코우즈는 이 조건하에서는 재산권이 초기에 어떻게 배정됐는지와 무관하게 당사자간 교섭에 의해 문제해결의 제도적 장치가 마련된다고 주장한다. 피구의 경제이론에서는 정부 행동—보통 조세 부과로 나타나는데—은 타인에게 해로운 영향—외부성 또는 시장실패라고 표현된다—을 미치는 행동을 바로잡기 위해 필요한 해결책이다. 코우즈는 이러한 표준적 경제이론의 결론이 불필요하다는 점을 보여주려고 한 것이다(Coase 1960; 1992).

이 과정을 통해 거래비용과 재산권의 연관성은, "거래비용이 존재하지 않을 때 자원배분은 재산권 분배와 독립적"이라는, 유명한 '코우즈 정리'로 요약되었다. 경제학에는 재산권 분배가 중요하지 않다는 여러가지 명제가 성립되어 있는데, 주식과 회사채에 관한 모딜리아니-밀러(Modigliani-Miller) 정리, 과세와 국채에 관한 리카디언(Ricardian) 정리, 그리고 소비세와 생산세, 관세와 쿼터의 관계 등이 그것이다. 그러나 유사한 논의를 하면서도 코우즈와 신고전파 경제학자들이 의도하는 바는 전혀 달랐다. 신고전파가 이들의 등가(equivalence) 결과를 확인하는 데 그쳤다면, 코우즈는 거래비용 개념을 도입하여 거래비용이 제로가 아니면 등가 결과가 나타나지 않는다는 점에 관심을 두었다. 코우즈는 자신의 결론이 "거래비용이 양(+)인 세계를 연구하자는 것"이었음을 분명히 밝히고 있다(Coase 1992, 717면).

코우즈가 거래비용을 언급한 이후 현실의 재산권 문제의 중요성이 새롭게 인식되었다. 재산권에 대한 현대적인 인식은 앨치언(Alchian 1965)에서 시작되었는데, 그에게 재산권은 '자원을 자유롭게 이용할 수 있는 개인의 권리'였다. 그는 재산권 개념을 법률적(legal) 권리이기보다는 현실 속에 존재하는 경제적(economic) 능력으로 정의했는데(Alchian 1965, 817면), 그의 정의는 이후 상용적인 개념으로 정착되었다. 재산권이 완전하면(거래비용이 0이면) 그 권리를 보호하려는 노력이 불필요하지만, 재산권이 불완전하면(거래비용이 +이면) 개인은 기존 재산권을 유지하거나 새로운 재산권을 설립하려 시도하게 된다는 것이다.[8]

뎀쎄츠(Demsetz 1967)는 재산권과 거래비용을 보다 명료한 형태로 연관지었다. 그는 재산권의 1차적인 기능이 외부성(externality)을 더 많이 내부화하도록 인쎈티브를 부여하는 것이라고 보았다. 사회적 상호의존과 관계있는 모든 비용과 편익은 잠재적으로 외부성이 될 수 있는데, 이것이 외부성으로 나타나기 위해서는 교섭당사자간의 권리의 거래(내부화)비용이 내부화의 이익보다 커야 한다는 필요조건이 있어야 한다. 교환의 자연적인 어려움 또는 법률적 제약 때문에 거래비용이 내부화를 통해 얻는 이익보다 클 때 외부성이 존재하게 되고, 반대로 내부화의 이익이 그 비용보다 커지면 외부성을 내부화하기 위해 재산권이 발전하게 된다는 것이다.[9]

4. 법과 제도의 중요성

재산권 체계의 의의

신제도주의 경제학의 특징은 법과 제도가 경제에 미치는 영향의 중요성을 강조한다는 점이다. 이에 비하면 신고전파와 급진파 경제학은 공히 법과 제도가 경제발전에 기여하는 측면에 대해 크게 주의하지 않았다고 할 수 있다. 신고전파에 있어 법과 제도는 시장이 담당하지 못하는 영역에 대해서 정부가 일정한 역할을 수행하도록 하기 위한 것에 국한되었다. 예컨대 공공재(치안, 국방), 외부효과 및 불완전시장 구조의 해소를 위한 규제와 조세, 케인즈 이후 실업의 해소를 위한 화폐 및 금융정책 등을 위해서 법과 제도가 필요할 수 있다는 정도이다. 급진파 경제학의 경우는 부와 소득의 재분배 및 자산소유자들의 소유권 규제 수단으로 법과 제도를 사용하는 관점을 취했다. 이에 비해 신제도주의는 법과 제도 문제를 좀더 깊고 신중히 통찰할 것을 요구한다. 법과 제도는 그것을 설계하는 자의 의도대로 작동하는 것이 아니라 거래비용이 소요되는 경제적 거래의 게임규칙이라는 것이다.

이러한 게임의 규칙에서 핵심적 역할을 하는 것이 재산권이다. 사회구성원들에게는 재산권을 가장 생산적으로 사용하고 그렇게 되도록 하는 인쎈티브를 가진 이들에게 재산권이 배정되도록 하는 것, 그리고 적절한 재산권 분배 상태를 발견하고 유지하기 위해 재산권의 양도비용을 낮추는 것이 바람직하다. 결국 경제체제가 원활하게 작동하고 발전하기 위해서는 적절한 재산권 체계가 존재해야만 한다. 현실의 교환에서는 거래자의 행위를 매우 구체적으로 규제하고 있는데, 이러한 규칙과 규제가 없으면 교환이 신속하게 결말지어지지 않는다는 것이 코우즈의 주장이다(Coase 1992, 718면).

한편, 재산권 체계는 형성되고 출현하는 것이지 국가가 주도적으로 설정하는 것이 아니라는 것이 신제도주의의 관점이다. 예나 지금이나 국가가 재산권의 창설자라는 '국가 또는 법 중심주의'가 만연해 있는데, 신제도주의 경제학은 재산권의 원천은 본질적으로 비공식적 사회

238

관계이며 이에 의거해 규칙이 창조된다고 생각한다.

엘릭슨(Ellickson 1989)의 연구가 이러한 사고의 대표적인 예이다.[10] 그는 포경(捕鯨)산업의 예를 통해 재산권은 사회적 관습으로부터 무정부적으로 발생했다는 명제를 뒷받침했다. 배 하나에서 고래가 포획될 경우 문제가 간단하지만, 작살에 찔리고 나서도 도망을 치다가 나중에 다른 배에 잡히는 경우는 고래에 대한 소유권 문제가 발생한다. 그러나 현실을 추적해보면, 고래잡이 규범은 조직이나 국가의 개입 없이 자연발생적으로 출현했다. 고래잡는 사나이들은 법을 모방하지 않았을 뿐 아니라 법을 창조했다.[11] 그에 의하면, 소유권 관련 규칙은 지역에 따라 다르게 출현했다. 그린란드(Greenland)에서 고래잡이를 한 영국인들은 고래를 줄 같은 것으로 묶은 배에 소유권을 인정했다(Fast-fish, Loose-fish). 뉴잉글랜드의 미국인들에게는 줄로 묶여 있지 않아도 작살이 박혀 있으면 작살을 던진 배가 고래를 소유했다. 물론 오래전에 고래 모비딕(Moby Dick)에 작살을 던진 에이허브(Ahab) 선장에게까지 모비딕의 소유권을 인정할 수는 없으므로 최근까지 계속 추적하고 있는 배만이 권리를 주장할 수 있었다(Iron-holds-the-whale). 갈라파고스제도와 케이프코드(Cape Cod) 지역은 최초로 작살을 찌른 배와 최종 발견자가 소유권을 분할하도록 했는데, 이는 노동의 분업을 가능케 하고 거래비용을 최소화할 수 있게 했다(Split Ownership).

재산권의 형성은 다분히 자연발생적이지만, 그것이 법체계로 응결되고 입헌체제로 발전하는 데는 정치적 요소가 개입된다. 국민경제의 성장과 시장의 발전이 이루어지기 위해서는 이를 뒷받침하는 제도의 덩어리가 존재해야 한다. 교환을 규율하는 규칙과 함께 그 규칙을 어떻게 집행하고 어떻게 변경하는가 하는 문제는 경제활동의 인쎈티브에 중요한 영향을 미친다. 지배권력이 자신의 이익을 위해 자의적으로 재산권을 변경할 경우 투자의 인쎈티브는 저하되고 결국 국가는 재정위기에 부딪히게 된다. 경제발전을 위해서는 재산권과 관련된 정교한 법체계를 확립하고 그에 대한 신뢰할 만한 참여가 이루어져야 한다.

17세기 명예혁명은 근대영국의 경제성장을 가능케 한 제도형태의 진화를 성공적으로 이루어낸 사례이다. 무엇보다 비토(vito)권을 가진 참가자가 늘어남으로써 정부의 자의적이고 기회주의적인 행동이 발생할 환경이 제한되었다. 1688년의 명예혁명에 의한 권력의 균형은 60여년 계속되었고, 영국은 지난 16세기의 영국 그리고 동시대의 유럽대륙의 절대주의 체제에 비해 훨씬 강력한 제도형태를 갖출 수 있었다. 입헌체제에 따른 재정혁명을 수행한 영국과 그렇지 못한 프랑스는 역사의 갈림길에서 다른 길을 걸었다. 1690년대에 프랑스는 유럽의 헤게모니 국가였으나 1765년에는 거의 파산상태에 이르렀다. 이후 프랑스는 프랑스혁명의 길로, 영국은 산업혁명의 길로 갔다(North and Weingast 1989).

법체계와 경제발전

코우즈가 1960년 논문에서 의도한 것은, 법체계가 경제체제 작동에 매우 중요한 역할을 한다는 점을 밝히는 것이기도 했다. 즉 거래비용이 영(0)인 체계에서 거래비용이 양(+)인 체계로 이행한다면, 이 신세계에서는 법체계의 결정적 중요성이 즉각 분명히 드러나게 된다. 시

240

장에서의 교환은, 흔히 경제학자들이 가정하듯 물적 존재를 대상으로 하는 것이 아니며, 일정한 행위를 행할 수 있는 권리, 즉 재산권을 교환하는 것이다. 그런데 개인이 소유하는 이 권리는 법체계에 의해 확립된다. 거래비용이 영이라면 교환당사자는 교섭에 의해 생산의 가치를 증가시키는 방향으로 법의 공급을 변경시킬 것이나, 거래비용이 양인 현실의 세계에서는 그것이 허용되지 않거나 많은 비용이 소요되기 일쑤다. 때문에 개인이 소유하는 권리는 법체계의 제한을 받고, 그 결과 법은 경제체제의 작동에 심대한 영향을 미치게 된다는 것이다(Coase 1992, 717~18면).

코우즈는 재산권과 법체계의 중요성을 이론적 차원에서 제기했는데, 여기서 한발 나아가 저명한 네명의 경제학자들은—흔히 LLSV로 지칭된다—방대한 자료를 바탕으로 현실세계의 문제로 분석한 기념비적 연구를 내놓았다(La Porta, Lopez-de-Silanes, Shleifer, and Vishny 1998). 그들은 49개국의 기업관련 법의 특징과 각국의 법계(法系)의 기원 사이의 통계적 관계를 분석했다. 49개국의 법계를 영미법, 프랑스 대륙법, 독일-스칸디나비아 대륙법으로 구분하고, 투자자는 주주와 채권자의 두개 그룹으로 나누었으며, 법 집행 또는 준수의 정도, 회계의 질, 소유 집중도를 측정했다.

분석 결과는, 법체계와 경제발전 사이에 연관이 있다는 것이었다. 법규칙이 투자자를 보호하는 정도는 영미법, 독일-스칸디나비아 대륙법, 프랑스 대륙법의 순서로 강한 것으로 나타났다. 또 법적 강제력(legal enforcement)의 정도를 법체계의 효율성을 나타내는 변수로 간주했는데, 이는 독일-스칸디나비아 대륙법, 영미법, 프랑스 대륙법의 순서로 나타났다. 투자자 보호에 강력하고 효율적인 영미법에 기원을 둔 법체계를 가진 국가들은, 대륙법 특히 프랑스 대륙법의 체계를 수용한 국가들에 비해 더 빠른 경제성장을 보인 것으로 분석되었다. 그리고 투자자 보호가 약한 법체계를 가진 경우 이를 보완하기 위한 메커니즘이 발전하게 되는데, 강제배당제도나 법정지급준비제도 등을 성문화하거나 소유권 집중이 나타난다는 것이다. 반면 회계기준과 주주 보호 정도가 높은 경우는 소유권 집중도가 낮다고 한다.

LLSV가 제기한 법과 경제발전의 연관성에 대해, 마호니(Mahoney 2001)는 의문을 제기했다. 일단 영미법 국가와 대륙법 국가 간에 성장률 격차가 있더라도 그리 큰 것은 아니라는 입장이다. 그리고 나뽈레옹에 의해 채택된 대륙법이 남유럽, 프랑스령 아프리카, 그리고 스페인과 뽀르뚜갈을 통해 라틴아메리카로 전파된 역사적 상황을 감안하면, 법의 기원이라는 요소의 중요성은 더 감소한다고 한다(Mahoney 2001, 516~17면; Dam 2006, 9~10면). 또 경제발전이 법체계 형성의 원인 요소로 작용하는 역의 인과성의 가능성도 무시할 수는 없다. 그러나 계속된 실증연구는 LLSV의 명제를 지지하는 쪽에 무게가 실리고 있는 상황이다. 카우프만(Kaufmann 2004)은 분석 국가 사례를 늘리고 연구의 범위를 거버넌스로 확대하는데, 그중에서 특히 '법의 지배'를 분석의 핵심으로 삼는다.[12] 그에 의하면, 더 좋은 거버넌스에서 개선된 발전의 성과로 '광범한 직접적 인과성'(a large direct causality)이 존재한다 (Kaufmann 2004, 145면; Dam 2006, 29면).

불확실성과 위험이 증대하는 경제현실을 감안하면, 성문법보다는 판례법이 좀더 탄력적으로 대응할 수 있는 개연성이 있고, 대륙법이 거래를 통제하고 규제하는 편이라면 영미법은 거래를 지원하는 쪽에 무게가 두어져 있다는 점이 경제성과에 영향을 미쳤을 수 있다. 그러

나 영미법인가 대륙법인가 하는 문제는 더 깊이 탐구되어야 할 문제
이거니와, 어떤 국가가 법체계를 바꾼다고 할 때에는 또 엄청난 비용
이 소요되므로, 그 문제가 현실에서 당장 직접적으로 의미를 갖는 것
은 아니다. 보다 분명하고 중요한 것은, 거래비용을 줄이고 재산권을
효율적으로 배정할 수 있는 법체계가 경제발전에 유리하다는 기본 관
점이다.

5. 경제체제의 이행

이행문제에의 유용성

신제도주의 경제학은 제도의 수준별로 나타나는 시간대(빈도)나
수명이 다르다고 보는데, 이에 따라서 제도의 변화, 즉 발전과 이행의
문제에 깊은 관심을 기울이게 된다. 그러나 이에 비판적인 입장에서
는, 신제도주의 경제학이 경제제도의 발전과 이행을 효율성이라는 기
준에만 의거해서 설명하고 있다고 비판한다. 예를 들면, 신제도주의
경제학은 "어떤 조직이나 제도가 단지 존재한다는 이유로 효율적이라
고 하는 최악의 순환논법"(Hodgson 1996; 정건화 2004, 210면에서 재인용)이
라는 비판이 그것이다. 신제도주의 경제학에서 경제사와 경제발전의
핵심적 이슈로 생산성, 효율성, 교환의 이익 증대를 유도하는 제도의
진화과정에 관심을 두는 것은 주지의 사실이다. 그러나 제도가 만들
어내는 경제환경이 오직 효율성 기준에만 의해 결정된다는 주장이 있
다면—우수한 연구라면 그렇지 않을 것이다—그것은 모든 일들이

결국은 자본가의 이익을 충족시키는 방향으로 전개된다는 주장과 마찬가지로 조야한 것이다.

윌리엄슨이 말하는 제2수준, 즉 제도환경에 관한 고전적 연구들을 보면, 자본주의 시장경제로의 단선적이고 계기적인 발전과정을 상정하고 있는 경우는 많지 않다. 노스(North 1991)의 경우, 교환의 증대가 국내적·국제적 수준에서 분업·전문화 그리고 재산권 제도의 심화를 가져오는 경로와 함께, 제도가 진화하지 않은 세가지 교환형태—부족사회, 수크(Suq)의 바자 교역, 캐러번 원격지 교역—를 병렬적으로 제시하면서, 역사상 전자 같은 제도적 진화가 일어날 필연적 이유는 없다고 말하고 있다. 그라이프(Greif 1989)는 정보의 비대칭성과 미약한 법집행 체계의 조건에서 평판 메커니즘에 기초한 동맹관계에 의해 원격지 교역을 행한 11세기 마그리브(Maghrib) 상인의 사례를 분석하고 있다.

효율성이라는 기준 자체가 문제라기보다는 그 기준을 통해 분석하는 내용이 얼마나 현실적이고 풍부한가가 더 중요하게 취급되어야 할 것이다. 논의를 지나치게 단순화하여 비판을 행하는 것보다는, 과연 어떤 요인들에 따라 발전과 이행이 이루어지는지를 논하는 것이 좀더 건설적인 연구방향이다.

하나의 예를 들어보자. 거장들이 참여한 최근 한 연구는 경제학과 정치학을 통합하여 거대한 역사변동의 요인을 다양한 수준에서 재구성하려는 야심찬 시도를 보여주고 있다(North, Wallis, and Weingast 2006). 이에 따르면, 인류발전을 이해하려면 제도가 지속가능한 인간의 협동을 가능하도록 하는 조직을 어떻게 주조하는지를 파악하는 것이 핵심이며, 정치체제가 정치적 안정, 폭력의 제어, 사회질서의 제공을 위해

경제를 어떻게 조작하는지를 보여주는 것이 중요하다고 한다. 역사상 사회에는 세가지 기본형식(order)이 존재했는데, 첫째 일종의 수렵·채취사회인 원시사회 형식(primitive social order), 둘째 진입 제한에 기초한 지대(地代) 창출의 방식으로 경제체제를 정치적으로 조작함으로써 사회적 안정과 질서를 제공하는 제한적 접근 형식(limited access order), 셋째 지대 창출보다 정치적·경제적 경쟁을 통해 사회질서를 유지하는 개방적 접근 형식(limited access order)이 그것이다.

남북한 경제통합과 사회체제의 선진화를 과제로 두고 있는 한반도 경제의 좀더 중요한 관심사는 어떤 조건에서 사회형식간에 발전과 이행이 이루어지는가 하는 문제다. 그런데 노스 등에 의하면, 이행의 핵심적 특징은 엘리뜨들 사이의 비인격적 교환의 발전이다. 엘리뜨간 비인격적 교환은 특수한 조건, 즉 세가지 도어스텝(doorstep) 조건에서만 발전할 수 있는데, 첫째 엘리뜨들에 대한 법의 지배, 둘째 개인 생명주기를 넘어선 영속적인 엘리뜨들의 조직, 셋째 군부의 정치적 통제 등이다. 이러한 문턱을 넘은 사회가 매우 희소하다는 점에서, 남북한 모두에 만만치 않은 개혁과제가 산적해 있고, 한반도 통합과 선진화를 동시에 진행하는 일이 매우 좁은 오솔길이 될 것임이 분명하다.

무엇보다 북한의 경제씨스템 문제가 화급하다. 그래도 다행인 것이, 여기에는 상당한 정도 경험이 축적되어 있고, 이에 대한 신제도주의 경제학의 설명과 예측력이 상대적으로 높은 편이다. 1989년 이후 28개국이 시장자본주의로 전환했는데, 이 문제에 신고전파와 급진파는 대체로 무능했다고 할 수 있다. 이행의 처음 몇년간은 생산후퇴보다는 초인플레에 대한 두려움이 커서, 거시경제학이 미시경제학을 지배했고 IMF의 단기적 조세(인상) 정책과 급속한 자유화와 사유화 처방이 채용되었다(Murrell 2005).

이행과 관련하여 1990년대 초에는 신제도주의 경제학이 별다른 역할을 수행하지 못했다. 대신 신고전파적 처방의 문제점에 대한 예언자적 통찰들을 내놓은 바 있다. 코우즈는 1991년의 노벨상 수상 강연에서 기존의 주류경제학을 "칠판에서나 통하는 경제학"(backboard economics)이라고 평가하면서, 경제학에 제도적 요소를 포함시키는 것의 가치는 동유럽에서의 체제이행에서 잘 드러난다고 말했다. 자기 자신의 경제에 대해 보다 더 많이 알고 있었다면 충고하는 데 더 좋은 위치에 있었을 것이라는 것이다(Coase 1992, 714면). 바로 2년 뒤 노스도 노벨상을 수상하면서 다시 비슷한 경고를 했다. 국가조직이 경제성과를 주조하는데, 그런 국가를 어떻게 만들 것인지에 대해서는 알고 있는 것이 너무 적다는 것이다(North 1994, 366면).

이후 시간이 지나면서 신고전파 처방이 이행 경제에 오버킬(overkill)을 가져왔다는 점이 점차 분명해졌다. 고통스런 이행의 경험이 쌓이면서 주류적 견해가 차츰 변화했고, 이행 문제는 경제학 내부의 분석양식의 변화를 가져오는 쪽으로 영향을 미쳤다(Roland 2001). 이행 초기에는 생산감퇴와 제도 문제를 연결지어 분석한 경우가 많지 않았으나, 이제는 사회주의 경제제도가—장기적으로는 열등하지만—기업 생산성에 기여하는 바가 있음이 인정되고 있다(Murrell 2005).

경로의존

이행과 관련해 경로의존(path dependence)이라는 개념을 우리는 다시 주목해야 한다. 제도는 정치·경제·사회적 상호작용을 구조화하

246

는 인간이 고안한 제약으로서, 비공식적 제약(도덕적 구속, 터부, 관습, 전통, 행위규범 등)과 공식적 제약(헌법, 법률, 재산권 등)을 모두 포함하며, 거래비용과 생산비용을 줄여서 교환의 잠재적 이익을 실현하도록 한다(North 1991, 97~98면). 그런데 경로의존은 어제의 제도적 틀이 오늘의 조직과 개인에게 기회 집합을 제공하는 제도적 진화의 점진적 과정이다. 제도의 매트릭스는 제도의 상호의존적 그물망과 그에 따르는 정치·경제조직으로 구성되는데, 조직은 제도의 틀에 의해 주어지는 기회로 인해 존재하게 된다. 여기에는 네트워크의 외부성이 발생하는데, 이는 제도 수립의 초기비용, 학습효과, 다른 조직과의 계약을 통한 조정효과, 기존 제도에 기초한 계약의 확산에 따른 적응적 기대의 형성 등으로부터 나온다(North 1991, 109면).

어쨌든 과거로부터 계승된 규칙은 현재와 미래의 제도 형성에 상당한 제약이 되며, 이 경로를 너무 급진적으로 수정할 경우 많은 비용과 고통을 발생시킬 수 있다. 한반도 분단체제는 내부에 심각한 모순을 안고 있으며, 경로의존은 현재와 미래의 제도 구축에 상당한 제약이 될 것이다. 일각에서는 유럽형 사회민주주의 모델이 한국경제에 가장 적합하며 남북문제 해결에도 유리하다는 주장이 나오고 있다.[14] 그러나 이는 기존 네트워크의 외부성을 과소평가하는 문제가 있다. 순이익을 계산해야 하는 현실 속에서는 비용이 들지 않는 절대적이고 우월적 대안이 존재하지는 않으므로 경로의존을 고려하여 집행(implement)의 비용과 그에 따른 순이익을 정밀하게 계산해야 한다.

필자의 판단으로는 분단체제 이후에는 두가지 경로가 놓여 있다고 생각한다. 그것은 '더 압축된 동아시아 모델'과 '더 좋아진 동아시아 모델'이다.[14] 경로의존은 반드시 효율적이고 바람직한 제도틀을 형성하도록 하는 것만이 아니므로, 한반도경제는 전자의 방향으로 경도할 가능성도 있지만 이는 장기적으로 지속가능하지는 않다. 따라서 '더 좋아진 동아시아 모델'이라는 길을 한반도경제의 새로운 대안으로 개척하고 창조해야 한다. 이는 분단체제의 경로의존의 제약을 완화시키면서 기존 동아시아 모델의 압축적 성격을 완화하고 공평성과 생태적 가치를 발전시키는 과제를 포함한다. 그러면서 정치적 안정과 잠재적 경제이익을 확보하는 데 필수적인 비인격적 교환을 보장하는 방향으로 제도를 진화시켜나가는 것이 관건이다.

국가의 역할

한반도경제의 과제는 남북한 경제통합과 경제제도의 선진화를 연계하는 것이다. 이는 국가가 다양한 방식으로 진입을 제한하여 지대를 창출하고 경제체제를 조작하던 데서 벗어나는 것을 의미한다. 그렇다고 국가의 역할이 없어지는 것은 아니다. 왈리스와 노스(Wallis and North 1986)는 미국의 경제사는 거래비용을 줄여 전문화의 이익을 확대하는 과정이었다고 설명한다. 전문화의 확대와 분업 증대, 거래써비스 분야에서의 기술 변화, 증가된 정부의 역할에 따라 거래부문의 비중이 증가했다는 것이다.[15] 요컨대 시장에 투입되는 엄청난 양의 자원을 조정하는 데 필요한 기능이 새롭게 증가하고 있으며 이와 관련하여 정부에도 새로운 역할이 부여되고 있는 것이다.[16]

특히 이행기 경제에서 제도를 구축하는 데 있어 국가의 역할은 매우 중요하다. 동유럽의 경우 이행을 시작할 당시엔 제도수준이 낮았으나, 1990년대를 통해 뚜렷한 개선의 증거가 나타났다(EBRD 2002). 특히 법체계의 성과는 기대 이상이었는데, 프랑스법 계통보다 양호하고, 독일법 계통보다는 약간 양호한 상태로 개선된 것으로 평가되고 있다 (Djankov and Murrell, 2002). 주주와 채권자 권리 보호 차원에서는, 이제 영미법과 프랑스·독일법의 중간쯤에 위치한다고 할 수 있다(Pistor, Raiser, and Gelfer 2000). 동유럽의 경우 정치제도가 가장 빠르게 변화했고, 법체계도 비교적 빠르게 개선되었는데, 여기에는 독립적인 정부기구가 중요한 기여를 했다.[17]

단 국가의 관리층, 특히 핵심 관료제는 매우 느리게 변화하고 있고, 하부 단위에서 국가 소유의 자산을 운영하는 관료제는 경쟁에 매우 취약한 능력을 보여준다. 동유럽·소련·중국의 경험을 볼 때, 전통적 국유기업에서의 국가소유제는 다른 형태의 소유제에 비해 효율성이 떨어지고, 부분적으로나마 사유화된 국유기업에서의 국가소유제는 뛰어난 성과를 보이는 것이 공통된 현상이다. 생산물시장에서는 비교적 빠른 속도로 경쟁이 도입되어 기업 성과에 큰 영향을 미친 데 반해, 기업 내부로 들어가면 관료제 관성 때문에 변화의 속도가 매우 더디다. 이행을 시작할 당시의 기업 경계(firm boundaries)는 거래비용이 반영되지 않은 것이므로, 이행이 진행되면 시장지향적인 방향으로 기업 경계가 재구축되어야 한다. 하지만 그런 경우는 매우 드물거나 있더라도 미미한 변화에 그치는 경우가 대부분이다.

이와 관련해 정부에 관한 코우즈의 언급을 다시 주목해보자. "정부는 관리적 결정에 의해 생산요소 사용에 영향을 미칠 수 있다는 점에서 일종의 초대형 기업(super-firm)이다. 그러나 보통의 기업은 다른 기업과의 경쟁을 통해 관리가 잘되고 있는지 일상적인 점검을 받고, 또 관리의 비용이 너무 커지면 기업 내 조직이 아니라 시장거래라는 대안적 선택이 존재한다. 그러나 정부는 시장거래를 피할 능력이 있다. 기업은 생산요소를 사용하려면 그 소유자와 협약해야 하지만, 정부는 재산을 징발하거나 장악할 수 있다. 또 정부는 경찰력과 기타 법적 강제력을 가지고 있다. 정부는 가지고 있는 권한 덕분에 다른 사조직에 비해 저비용으로 일을 할 수 있지만, 정부라는 관리적 장치에 비용이 들지 않는 것은 아니고, 때로는 그 비용이 막대할 수도 있다. 정부의 직접규제보다는 문제를 시장이나 기업에 맡기는 것이 더 좋은 결과를 가져올 수도 있고, 마찬가지로 어떤 경우에는 정부의 관리적 규제가 효율의 개선을 가져올 수도 있다. 어떤 문제를 해결할 때 정부가 나서는 것이 너무 비용이 많이 들면, 그 문제에 대해 전혀 아무일도 하지 않는 것(to do nothing)도 또 하나의 대안(a further alternative)이다"(Coase 1960, 17~18면).[18]

정부와 관료는 유지비용이 많이 들기 때문에 꼭 필요한 경우에 선택해야 하는 조직형태라는 점을 거듭 되새길 필요가 있다. 관료제에 자원을 할당하려면 먼저 시장, 불완전한 장기계약, 기업, 법적 규제 등 다른 수단과 신중히 비교한 후 실시하는 것이 바람직하다. 현실에서는 시장이나 기업이 담당하기 어려운 거래가 있을 수 있고, 또 그중에는 정부관료가 이를 조정하는 것이 더 적합한 경우도 있다. 그러나 정부조직이나 관료제가 과다하게 이용되지 않도록 경계할 필요가 있다.[19]

6. 한반도경제의 제도환경

이번 장을 두가지로 간단히 설명하면 이렇다.

첫째, 신제도주의 경제학의 제도환경에 대한 연구는 주로 게임의 공식적 규칙, 특히 재산권과 관련된 체계를 대상으로 이루어진다. 이에 따르면, 역사적으로 제도환경의 발전은 다양한 형태로 이루어졌으며, 효율적인 경제제도로 발전하는 경우는 오히려 드물다. 그러므로 발전과 이행의 요인을 탐구하는 것이 신제도주의 경제학의 주요 관심사이다. 신제도주의 경제학의 제도환경에 대한 연구는 신고전파 경제학의 비현실성에 대한 교정을 목표로 이루어졌다. 신고전파는 시장이 단일하고 지배적인 배분기구라는 점을 전제로 하지만, 현실에서는 거래비용 때문에 기업이 존재하고 재산권이 발생한다. 신제도주의는 거래비용을 줄이고 재산권을 효율적으로 배정할 수 있는 법체계가 갖춰지면 경제성과가 크게 향상되는 것이 역사의 경향이라고 주장한다.

둘째, 신제도주의 경제학에 따르면, 발전과 이행에는 비용이 소요되며 이 때문에 경로의존이라는 경향이 존재한다. 한반도경제 형성에서 비용과 경로의존을 감안한다면, '더 좋아진 동아시아 모델'이라는 새로운 대안을 추구하는 것이 바람직하다. 이때 한반도경제의 핵심과제는 "남북한 각각의 내부에, 그리고 남북한 사이에 경제적 거래비용을 줄이는 제도를 구축하는 것"이다. 이행기의 새로운 제도 형성에 국가가 수행하는 역할은 매우 크고, 거래가 증가하면서 국가에 새로운 조정기능이 요구될 것이다. 그러나 정부와 관료의 유지에는 많은 비용이 들기 때문에 그것이 과다하게 사용되지 않도록 경계해야 한다.

11장
북한의 개발전략과 경제씨스템
동아시아론의 관점

1. 변화하는 세계·동아시아·북한

1945년 이후 20세기를 거치면서 자본주의는 효율성과 안정성 면에서 비교적 뛰어난 성과를 거둔 반면, 사회주의는 소련의 붕괴, 동구권의 체제전환, 중국의 개혁·개방이라는 격변을 경험하였다. 또 세계경제는 점차 포괄적인 단일 활동단위로 조직화되는 경향이 가속되는 가운데, 지역적으로는 일본·한국·중국 등 동아시아 경제가 뚜렷한 성장세를 나타냈다.

세계와 동아시아가 이렇게 커다란 변화를 보이는 와중에 북한은 20세기를 마감하면서 나름대로 의미있는 정치적 환경변화에 직면하게 되었다. 1994년 7월 김일성 사망 후 김일성 '유훈'에 의한 통치가 계속되다가, 1998년 9월 김정일시대가 공식적으로 개막되었다. 이어 2000년 6월 역사적인 남북정상회담을 개최함으로써 남북관계에 새로운 전기를 마련했다.

　이런 변화에 대해 다양한 해석이 제시되었다. 본격적인 개혁·개방 정책으로의 변화가 시작된 것이라는 6·15선언 직후의 평가(장상환 2000; 김세균 2000)에서부터, 당 중심의 계획경제, 폐쇄적 자력갱생 원칙, 정치 우선주의 등은 결코 포기되지 않을 것이라는 전망(조동호 2000)이 함께 제시되었다. 2001년 말 이후 북미관계와 남북관계가 교착상태에 빠지자, 북한경제는 개혁·개방보다는 계획경제의 효율 제고와 집권 강화라는 방향을 선택한 것으로 평가되기도 한다(양문수 2001a).

　이 글에서는 이러한 논의와 관련하여 북한의 개발전략과 경제씨스 템을 발전경제학, 제도경제학, 비교경제학, 동아시아 경제론 등의 관 점에서 재구성하고 해석하고자 한다. 이 글의 기본 입장은 다음과 같 다. 기존의 축적메커니즘이 붕괴하면서 북한은 축적의 원천을 변경하 는 것이 불가피해졌다. 이 과정에서 북한의 경제씨스템은 매우 복합 적이고 점진적인 '적응적 진화'(adaptive evolution)의 도정에 있다. 이 같은 진화 과정에서 북한은 동아시아 모델의 경험을 깊이 참조하고자 할 것이다.

　이러한 관점에 따라 이하에서는 먼저 발전론의 관점에서 종래의 북 한 사회주의의 경제개발전략을 서술하고, 제도론·체제론의 관점에서 미시경제조직, 즉 기업의 존재형태를 제시한다. 이어 전략변경의 불 가피성과 씨스템 진화에 관하여 분석한다.[1] 마지막으로 향후 북한경 제 전망과 관련하여, 동아시아 모델과 지역협력 문제에서 짚고 넘어갈 점을 논의할 것이다.

2. 북한 사회주의의 경제개발전략

북한형 개발전략의 구성요소

경제개발전략은 경제개발의 목적과, 그 목적을 달성하기 위한 수단·정책의 체계로 이루어진다. 북한체제의 장기 목표는 '사회주의 건설'과 '체제의 생존'으로 요약할 수 있다. 때문에 북한에서 경제개발은 군사력의 확보·강화와 경제발전을 목적으로 한다. 이러한 목적을 달성하기 위해 북한은 사회주의 경제, 더 구체적으로는 중앙집권적 계획씨스템이라는 제도적 기반 위에서 자력갱생, 정신적 자극 우선, 고(高)축적-강(强)축적, 중공업 우선발전 같은 수단과 정책을 활용하여 경제개발전략을 전개하였다.

중앙집권적 계획경제의 토대하에 소비희생에 근거한 강제저축을 통해 높은 수준의 축적을 달성한 뒤, 이 자금을 중공업부문에 우선적으로 투하함으로써 급속한 공업화를 추진하는 방식은 이른바 쏘비에뜨식 경제개발전략의 전형적인 모습이다. 다만 자력갱생, 정신적 자극을 우선하는 것은 쏘비에뜨식 경제개발전략과는 거리가 있다.[2]

그러면 이들 정책들은 구체적으로 어떤 내용을 담고 있는지 간단히 살펴보기로 하자. 본격적인 개혁·개방 이전의 이른바 북한 같은 고전적인 사회주의 경제의 특징은, 남한 같은 자본주의 경제와 비교하여 세가지 특징이 있다. 첫째, 소유제는 사유제가 아니라 국유제이다. 둘째, 자원배분의 메커니즘이 시장이 아니라 계획이다. 셋째, 경제행위에 관한 의사결정 권한이 기업, 가계 같은 개별 경제주체에게 분산되어 있는 것이 아니라 중앙의 행정당국에 집중되어 있다.

북한의 국가경제 운영기구는 크게 '중앙의 계획당국–정부의 산업 관련 각 부처(省, ministry)–기업'이라는 삼중구조의 위계제(hierarchy)로 이루어져 있다. 즉 위계제 정점에는 경제 전체를 컨트롤하는 계획당국(국가계획위원회)이 있고, 위계제의 맨 아래에는 기업이라는 생산단위가 있다.

폴란드 경제학자 브루스(W. Brus)는 사회주의 제도의 모든 경제적 의사결정은 다음의 세가지 그룹으로 나눌 수 있다고 한다. ①성장의 속도와 방향, 국민소득 분배구조 등 기본적인 거시경제적 문제 ②개인적 소비와 취업(고용)에 관한 결정 ③투입·생산·판매 등 기업활동에 관한 의사결정이다(Brus 1971, 105~17면). 이에 따르면 북한은 거시경제 문제와 기업활동에 관한 의사결정은 말할 것도 없고 소비·고용에 관한 의사결정 권한도 기본적으로 중앙의 계획당국에 집중되어 있다. 소비재에 대해 광범한 배급제가 실시되고 있고 개인은 직업선택권이 없기 때문이다.

자본주의 기업과 달리 사회주의 기업은 기업활동 대부분을 스스로 결정할 수 없다. 무엇을 얼마만큼 생산할 것인가, 원재료 등을 누구에게 사서 생산물을 누구에게 팔 것인가, 어떤 노동자를 고용하고 투자는 얼마나 할 것인가, 나아가 이러한 모든 행위를 움직이는 거래가격을 얼마로 정할 것인가 등 모든 의사결정은 중앙의 계획당국 손에 집중되어 있다. 그리고 이러한 결정은 기업에 '계획지령' '명령'의 형태로 내려온다. 기업의 주임무는 이 명령을 실행에 옮기는 일이다. 즉 기업은 위로부터의 명령을 집행하는 수동적인 존재에 지나지 않게 된다.

이어 자력갱생을 살펴보자. 북한은 자력갱생에 대해 "자국의 혁명을 기본적으로 자기의 주체적 역량에 의거해 이루고자 하는 철저한 혁명적 입장이며, 자국의 건설을 자국 인민의 노동과 자국의 자원에 의해서 추진하고자 하는 자주적 입장"이라고 설명한다. 이러한 자력갱생론은 자립적 민족경제 건설의 원칙으로 이어진다.

자립적 민족경제는 어디까지나 자국과 인민의 수요를 자력으로 충족하는 것을 목적으로 한다. 북한의 자립적 민족경제는 다음 네가지를 본질적 내용으로 한다. 첫째, 다방면적이고 종합적인 경제구조. 즉 중공업·경공업·농업 등 모든 생산부문이 갖추어져 있을 뿐 아니라 민족국가 단위로 재생산이 실현되는 경제구조다. 둘째, 인민경제의 현대적 기술로의 장비(裝備). 자립적 민족경제는 자체 개발한 현대적 기술에 의해 발전하는 경제이다. 셋째, 자체의 견고한 연료·원료기지. 이것은 연료·원료의 자급자족 정책에 다름아니다. 연료와 원료를 남에게 의존하는 것은 경제적 목숨을 남에게 맡기는 것과 같으며, 자력으로 발전하는 자립적 민족경제의 본질은 원료의 자체 해결 정도에 의해 규정된다.[3] 넷째, 자체의 유능한 민족기술 간부이다.

그렇다면 이러한 자력갱생, 자립적 민족경제론은 왜 등장한 것일까. 명분상으로는 다음 두가지가 지적될 수 있다. 첫째, 경제적 자립은 정치적 독립의 물질적 기초라는 것이다. 둘째, 사회주의를 건설하기 위해서는 계급적 차이와 동시에 민족적 불평등도 없애지 않으면 안되는데, 자립적 민족경제 건설은 민족간 불평등의 실제적인 기초를 이루고 있는 경제적 낙후성을 제거한다는 것이다. 현실적인 배경도 지적되지 않으면 안된다. 소련이 50년대 후반과 60년대에 개인숭배 비판, 코메콘(Council for Mutual Economic Assistance, 경제상호원조회의) 참여 종용 등을 통해 북한에 대해 영향력을 행사하려는 것을 못마땅하게 여긴데다 중·소분쟁, 꾸바사태 등을 거치면서 북한·소련의 외교적 관계가 악화되면서 북한지도부는 자력갱생 논리를 한층 더 강화하게 되었다.

한편, 자극(incentive)이란 조직의 목표 실현과 일치하는 방향으로 조직성원의 노력을 끌어내기 위해 취하는 모든 수단을 가리킨다. 자극에 대한 북한 정책당국의 기본적인 입장은 물질적 자극보다 정신적 자극을 우선시한다는 것이다. 정신적 자극은 대인사업·정치사업을 최우선으로 하여, 근로자들 속에서 주체사상 교양을 비롯하여 혁명교양, 계급교양 등의 사상교양 사업을 강화하면서 노동에 대한 자발적 열성을 끌어내고 노동 결과를 정치적으로 평가하는 방식으로 실현된다. 북한이 천리마운동을 필두로 3대혁명 붉은기 쟁취운동, 공작기계 새끼치기 운동, 속도전 등 갖가지 대중운동을 광범하고 지속적으로 추진했던 것도 정신적 자극 우선의 정책방향과 밀접한 관계가 있다.

다음으로 중공업 우선 정책은 사회주의 국가의 공통된 정책이다. 냉전체제하의 사회주의 국가들은 대체로 중공업을 우선발전시킴으로써 선진공업국을 추월하려는 정책의지를 가지고 있었다. 사회주의 국가들은 미국을 위시한 서방국가와 대립하는 위치에 있었고, 이러한 상황은 당시 사회주의 국가의 지도자들로 하여금 신속한 경제발전을 통해 세계 여러 민족들 속에서 자립하는 것을 최우선 정책과제로 삼게했다. 이는 국가와 민족의 존망에 관계되는 시급한 문제였다. 이들은 급속한 중공업화의 실현이 곧 경제발전이며 빈곤과 낙후에서 벗어나는 지름길이라 판단했다.

중공업 우선 정책은 군사력 확보·강화라는 측면도 강하다. 냉전시대에 사회주의 국가들은 주변의 적(자본주의 국가)들로 둘러싸여 있었

258

다. 더욱이 북한은 미국뿐 아니라 한국과도 대치하는 상황이 반세기
동안 지속되었다.

북한형 개발전략의 한계

강제축적 메커니즘에 의해 고축적을 달성했다 하더라도 생산에서
그에 상응하는 성과가 나온 것은 아니었다. 〈표 1〉은 북한에서 자본효
율의 급격한 하락현상이 나타나고 있음을 보여준다. 자본생산성의 증
가율은 극히 낮으며, 특히 70년대부터는 마이너스를 기록하고 있다.
축적된 자금을 중공업에 우선적으로 투하하였지만 이것이 국민경제
의 생산증대로 이어지지 않은 것이 주된 원인의 하나이다. 북한의 여
리가지 제도적·정책적 비효율, 특히 현실의 사회주의 경제가 공통적
으로 가지고 있던 문제점, 즉 가격구조의 왜곡, 수요를 무시한 공급,

표 1 북한경제의 산출, 투입, 생산성의 추이(연평균증가율)

	1966~70	1971~77	1978~86	1987~90	1966~90
GNP (A)	10.2	12.1	7.1	5.2	8.8
자본 (B)	10.1	14.3	13.4	9.9	12.4
노동 (C)	3.0	3.6	3.4	2.7	3.3
자본생산성 (D)	0.1	−2.2	−6.3	−4.7	−3.6
노동생산성 (E)	7.2	8.5	3.7	2.5	5.5
총요소생산성 (F)	3.2	2.5	−1.9	−1.6	0.4

주 * GNP, 자본은 1985년 불변가격.
　** 자본은 조동호(1993)의 추정치이고, 노동은 통일부가 추정한 북한의 경제활동인구수.
　*** D=A−B, E=A−C, F=A−(0.563×B＋0.437×C). 총요소생산성을 구할 때, 자본 및 노동에
　곱해진 계수(0.563과 0.437)는 조동호(1993)의 추정치를 이용함. 이는 컵다글라스형 생산함
　수의 적용에 의해 얻어진, 생산량의 생산요소에 대한 탄력성을 의미함.

출처: 이일영 · 양문수(2001).

표 2 북한의 경제성장과 공업화의 장기 추세(연평균성장률)

	1954~56	1957~60	1961~64	1961~70	1971~76	1978~84	1980~86	1991~93
북한 국민소득의 공식통계(1)	30.0	21.0	10.0				8.8	−11.3
한국정부의 GNP 추정치 (2)			10.9	10.1	16.0	4.7	4.8	−3.9
북한 공업성장률 공식통계 (3)	41.7	45.2	36.6	15.1	12.8	16.3	12.2	
한국은행의 추정치 (4)							8.8	−7.7

출처: (1) 각년도 『조선중앙연감』; 국토통일원 『북한경제통계집』, 1986, 133면;『1946~1960 조선민주주의 인민공화국 인민경제발전통계집』, 27면; 1991~93년은 북한이 유엔에 제출한 통계.
(2) 통일부(1990), 51면; 통일부(1995), 62면.
(3) 각년도 『조선중앙연감』; 국토통일원 『북한경제통계집』, 1986, 133면.
(4) 한국은행 『1994년 북한GNP 추정결과』, 3면.
이상 양문수(1998), 27과 29면에서 재인용.

과다한 재고 및 미완성공사, 기술의 정체, 노동의욕의 저하 등도 자본 효율 하락의 원인이다. 즉 1980년대 말~90년대 초의 외부적 쇼크 이전부터 내부적 한계에 직면하고 있었던 것이다.

투자의 효율이 하락하는 가운데 70년대 후반 혹은 80년대 전반부터는 농·공업 생산이 둔화되기 시작했다. 경제적인 면에 국한할 때 북한은 1970년대 말 또는 80년대 초부터 일정한 한계에 직면한 것으로 판단된다. 〈표 2〉의 북한 국민소득 성장 추세로 미루어보면, 북한경제는 50년대 고속성장 하다가 60년대부터 성장세가 둔화하기 시작해 70년대 전반 일시적으로 회복하였지만 70년대 후반 또는 80년대 전반부터 장기침체에 들어가고 특히 90년대 들어 크게 악화되었음을 알 수 있다. 공업성장률도 국민소득 증가율과 거의 유사한 장기추세를 보이고 있다(양문수 1998, 23~33면).

농업부문에 대해서는 총생산액에 대한 북한측의 통계가 없고 이에 대한 추정치도 부족하므로 장기적 추세를 파악하기는 어렵다. 다만 북한의 식량난이 심각해지기 시작한 것은 1984년 이후부터인 것으로 알려져 있다. 이때가 북한이 7200톤의 쌀을 '수해구호물자' 명목으로 남한에 공급한 시기이다. 이후부터 북한의 식량사정이 더 어려워지면서 1990년대에는 전반적인 경제위축에 홍수와 가뭄 등 자연재해까지 겹쳐 평시라면 상상하기 어려운 식량난이 발생하였다.

이에 국가는 강제저축을 한층 더 강화하는 방향으로 대응했다. 그동안은 주된 축적원이던 노동자·농민에게 일방적 희생을 강요함으로써 어느정도 높은 축적률을 유지할 수 있었다. 그러나 이러한 방식이 무한지속되기는 힘들다. 우선 인구가 계속 증가했고, 개인의 소비를 억제하는 데도 한계가 있다. 게다가 생산이 부진하면, 아무리 소비를 억제하더라도 축적을 위한 잉여를 만들어내는 것 자체가 한계에 봉착하게 된다. 해외부문도 70년대 중반 이후의 외채위기 및 극심한 외화난 등으로 국내 자본축적의 애로를 타개하는 데에 아무런 도움이 되지 않았다. 결국 종래와 같은 고축적이 불가능하게 되었을 뿐 아니라, 투자금 부족 사태까지 빚어지게 되었다.

문제는 강제저축과 대중동원에 기초한 축적메커니즘의 한계뿐만이 아니었다. 1989~91년 사이 전개된 사회주의권의 붕괴는 침체의 추세를 크게 가속화하였다. 북한은 그때까지 석유, 원자재, 식량의 핵심적 공급원이자 경공업제품의 수출시장으로서 소련에 의존해왔다. 이전까지 소련은 북한과의 무역시 우호가격과 바터무역(barter trade)에 의해 특혜를 제공했으나, 이 시기부터 경화(硬貨, hard currency)에 의한 결제를 요구했다. 그 영향으로 북한의 대러시아 무역비중은 1990년

표 3 1990년대 북한의 경제상황(연간 변화율)

	1992~93	1993~94	1994~95	1995~96
농업	3.0	−31.3	−30.9	−30.2
공업 및 건설업	4.0	−22.6	−17.1	−12.6
써비스 및 기타	−5.6	−28.2	−6.7	−17.3
GDP	0.5	26.3	−17.0	−17.3
인구(%)	1.6	1.5	1.5	1.5
1인당 GNP($)	−1.1	−27.4	−18.2	−18.2

출처: 코바야시(2000), 199면에서 재인용.

60.3%에서 1991년 13.9%로 크게 감소했다.[4] 이후 〈표 3〉처럼 GDP 및 모든 경제활동에서 엄청난 위축과 생활수준의 하락이 나타났다. 식량 사정도 걷잡을 수 없이 악화되어 마침내 1995년에는 북한이 처음으로 국제기구에 식량의 긴급지원을 요청하기에 이르렀다.

3. 북한의 기업관리체계

북한 기업관리체계의 현상

북한의 공업기업은 국유기업과 집단소유기업으로 대별할 수 있는 데, 그중 국유기업이 압도적인 비중을 차지하고 있다. 북한은 주요 산업에 대한 국유화를 1946년에 착수해 1958년에 완료했다. 따라서 국가는 국유기업의 운영에 관하여 법률적으로는 물론 실제적으로도 전권(全權)을 가지게 되었다. 기업의 최고경영자[5]는 국가에 의해 임명되고 그는 국가가 정한 목적에 따라 국가재산을 관리·운영할 임무를 부

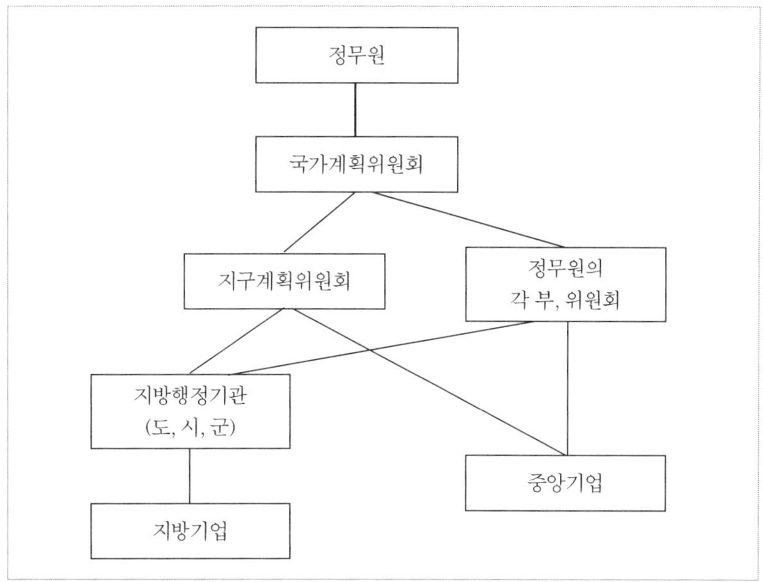

출처: 양문수(2001c).

여받는다. 기업이 창출한 이윤은 국가가 기업이 유보하는 것을 인정
한 부분을 제외하고는, 모두 국가재정으로 흡수된다. 기업운영을 위
한 자금도 대부분은 국가재정에서 공급받는다.

그렇다면 국가는 기업을 어떤 식으로 관리하는가. 위 그림에서 알
수 있듯이 북한의 기업관리기구는 위계제(hierarchy) 구조다. 경제 전
체를 컨트롤하는 계획당국(국가계획위원회)이 중앙에 위치하고, 말단에
는 기업이 있는 피라미드형 수직구조다.[6]

1965년부터 도입된 '계획의 일원화·세부화'는 북한의 계획제도의
기본축이라고 할 수 있다. 북한의 공식적인 설명에도 나오지만, 계획
의 일원화는 국가계획위원회의 통일적인 지도하에 계획화의 유일성

을 철저히 보장하는 것을 의미한다. 계획의 일원화는 국가가 인민경제의 모든 부문의 경제활동을 통일적으로 장악하고 전국가적 범위에서 생산의 물적·인적 조건을 장악할 수 있게 해준다. 계획의 세부화는 중앙으로부터 지방과 기업에 이르기까지 국민경제의 부문간, 기업간, 지역간 그리고 그것들 내부 상호간의 모든 경제활동을 세부에 이르기까지 구체적으로 계획에 맞물리게 하는 것을 의미한다. 계획의 일원화·세부화는 북한당국도 강조하듯이 중국을 포함한 여타 사회주의 국가에서는 예를 찾아보기 힘든, 북한 특유의 제도라 할 수 있다. 김일성은 계획의 일원화·세부화에 대해 "경제분야에 있어서 중앙집권적 규율을 강화하기 위한 가장 올바른 길"이라고 규정한 바 있다.

기업 내에는 1961년부터 도입된 유명한 '대안의 사업체계'가 여전히 기업관리의 가장 중요한 축을 이루고 있다. 그것은 한마디로 종전의 '지배인(공장장) 유일관리제' 대신 '공장 당위원회에 의한 집단지도체제'를 기업운영의 중심으로 삼는다는 의미다. 공장의 관리운영체계는 공장 당위원회가 최상부에 있고 그 밑에 지배인과 공장 당비서[7]가 있는 것으로 되어 있다. 다만 실제로는 지배인이 공장을 운영하고 당비서가 지배인을 감독하는 경우가 대부분이다.

그런데 계획의 일원화·세부화라는 환경 속에서 기업 및 지배인은 기업운영에 있어서 자주성이 거의 없다. 무엇보다 의사결정권을 가지고 있지 않다. 무엇을 얼마만큼 생산할 것인가, 원재료 등을 누구에게 사서 생산물을 누구에게 팔 것인가 같은 기업활동과 관련된 제반 의사결정 권한은 중앙의 계획당국 손에 집중되어 있다. 그리고 기업활동과 관련된 제반 결정은 중앙의 계획당국에서부터 중간적 행정기관을 거쳐 기업에까지 '명령·지령'의 형태로 내려온다. 기업은 위로부터의 명령을 실행·집행하는 수동적 존재에 지나지 않는 것이다.

이러한 구상은 계획메커니즘에 의해 국민경제 전체를 '하나의 공장'처럼 운영하려는 것이다. 그러나 이는 고도의 정보처리 능력을 갖춘 제어기구가 존재할 때에 비로소 실현 가능하다. 그러나 실제로 북한에서는 이 존재가 전제되지 않았다고 할 수 있다. 북한은 처리해야 할 정보량과 처리할 수 있는 정보처리 능력 사이의 심각한 불균형으로 고심해온 것은 주지의 사실이다. 그러다보니 중앙에서 기업으로 내려오는 각종 지령·명령은 비정합적(非整合的)으로 되는 경우가 많다. 특히 지령수행의 현실적 조건(대표적으로 자재공급)이 갖추어지지 않는 경우가 종종 발생한다. 더욱이 이들 지령은 때로는 애매모호하거나 수미일관하지 않거나 심지어는 상호모순되는 것도 있다. 기업 입장에서는 중앙으로부터의 지령에 따르기만 한다고 해서 계획목표를 달성할 수 있다는 보장이 없다.

한편 중앙의 계획당국, 경영자, 노동자는 각각 이해관계가 다르다. 예를 들어 경영자의 목적함수는 보너스 등 물질적 이익의 획득, 신망의 유지, 승진, 평온한 생활, 실패·처벌 위험의 축소이다. 그것은 중앙이 경영자에게 요구하는 '애국심' 같은 것과 상당히 다르다. 더욱이 기업은 이윤이 나더라도 국가가 가져가고 적자가 나더라도 국가가 메워주는 상황에서 아무런 책임을 느끼지 않는다. 북한에서 흔히 하는 이야기로 '주인의식'이 없다.

이런 조건하에서 기업들은 국민경제 전체에 미치는 영향은 무시한 채 계획목표, 특히 생산목표 달성 하나만 추구하면서 갖가지 규칙과 법률을 위반하는 행동을 보이게 된다. 예를 들면 ①기업의 생산능력에 대한 과소신고 ②자재에 관한 과다 요구 ③자재의 기업 내 껴안기

및 사장(死藏) ④수요를 무시한, 생산물조합(組合)의 자의적인 선택 ⑤
생산물을 수요 기업에 적기에 적정량 납품하는 데 대한 무관심 ⑥신
기술 도입과 개발의욕 결여 ⑦기업간 비공식적인 자재거래 등이다.
이러한 행동들은 국민경제 전반에 무수한 낭비와 비효율을 가져온다.

　더 큰 문제는 이러한 기업의 비공식적 행동들을 그 누구도 제대로
감시·감독하지 못한다는 점이다. 우선 중앙은 전국 모든 개별기업의
구체적인 상황을 파악하는 데 한계가 있다. 개별기업에 대한 정보 면
에서 중앙보다 나을 수 있는 중간적 행정기관과 중간적 당조직, 특히
말단의 공장 당비서는 기업에 대한 감독기관으로서의 임무를 부여받
고 있으나, 실제로는 제 역할을 다하지 못하고 있다. 감독기관을 평가
하는 기준과 기업을 평가하는 기준이 같기 때문이다. 즉 중간적 행정
기관과 당조직 모두 기업의 계획달성 정도에 의해 평가를 받기 때문
에 기업의 비공식적 행동에 대해 대부분 묵인하는 행태를 보인다. 다
시 말해 보고도 못 본 체한다.

북한 기업관리체계의 평가

　개혁·개방 전 중국에서도 공업기업은 국유기업과 집단소유기업으
로 나뉘는데 기본은 국유기업이다. 중국의 기업도 북한과 유사한 계
획관리 계통을 통해 상부기관의 관리감독을 받았다. 중국의 계획제도
는 ①계획관리기구가 위계제의 성격을 가지고 있으며 ②기업운영에
관한 의사결정이 중앙에 집중되어 있고 ③의사결정은 상부에서 하부
로 명령·지령의 형태로 전달된다는 점에서 '집권제'의 요소를 다 갖
추고 있다. 이런 점에서는 북한과 다르지 않다. 다만 중국은 북한에 비

해 국가계획위원회의 역할이 상대적으로 작은 반면 지방정부의 역할이 상대적으로 크다.

다른 면에서 중국은 '느슨한(slack) 집권제'[8]라면 북한은 '빡빡한(tight) 집권제'라 할 수 있다. '느슨한 집권제'란 중앙의 계획에 포함되는 국민경제의 범위가 한정적이며 중앙의 계획·균형 자체가 느슨하다는 의미이다. 이에 반해 '빡빡한 집권제'는 계획에 포함되는 국민경제의 범위가 꽤 넓으며 중앙의 계획·균형 자체가 빡빡한 씨스템이다.

중국은 1956년에 종래의 '공장장 단독책임제'를 폐지하고 '당위원회 지도하의 공장장 책임제'를 도입했다. 공장은 기본적으로 공장장이 관리하지만 공장장은 당위원회(사실상은 당서기)의 지도를 받게 되었다. 또 직원노동자대표대회의 권한이 강화되면서 종업원들이 기업의 의사결정에 참여할 수 있게 되었다. 다만 실제로는 종업원들의 기업 경영참여가 매우 제한적이었다.

중국기업도 제도상으로는 기업운영에 관한 자주성이 거의 없다. 뒤집어보면 기업운영권뿐 아니라 책임도 거의 없다. 중앙이 머리라면 기업은 손과 발이라 할 수 있다. 이런 사실은 북한도 크게 다르지 않다. 다만 중국기업은 지방정부의 지시와 지도에 의해 구속받는 면도 꽤 크다.

그렇더라도 중국기업도 북한과 마찬가지로, 기업의 비공식적 행동들이 광범하게 나타났고 이는 국민경제 전반에 갖가지 낭비와 비효율을 초래했다. 그리고 행정기관이든 당조직이든 어느 누구도 이를 제대로 관리·감독하지 못했다.

현재 북한의 기업은 '동료집단조직'(peer group)과 '하이어러키(hierarchy) 조직'으로서의 기업의 성격이 섞여 있는 존재로 파악할 수 있다. 거래비용을 줄이기 위한 가장 단순한 내부조직 형태가 동료집단조직인데, 이는 집단적·협동적 활동, 지배·복종의 관계를 핵심 요소로 한다. 하이어러키 조직은 동료집단조직에서 발생할 수 있는 무임승차 문제에 대처하기 위해 감시와 차별임금을 도입한 것이다. 하이어러키 조직에도 여러 형태가 있는데, 북한기업은 그중에서도 단일형(unitary form, U-form) 조직에 가까운 형태를 취하고 있다.

일반적으로 'U-form 기업'은 제조·영업·재무·기술 등 직능별 부문을 최고관리자가 통괄하는데, 이 때문에 컨트롤 로스가 누적된다거나 이윤 이외의 다른 목적을 추구하게 되는 경우가 발생하는 결점을 가지고 있다. 이러한 U-form 기업이 시장제도하에서 발생한 문제점을 극복하고 생존·발전하기 위해 도입한 것이, 다수사업부제(multidivisional structure, M-form)라는 조직혁신이었다. 'M-form 기업'은 업무상의 결정 책임을 여러 곳으로 분산하였다. 한편 본사 직속의 엘리뜨 스탭이 조언과 감사 역할을 수행하는데, 본사는 전체 성과에 관심을 두고 계획·평가·통제 등 전략적 결정을 행하게 된다.

이와같이 기업조직은 동료집단조직에서 U-form 기업으로, 그리고 다시 M-form 기업으로 발전해왔다. 이러한 기업조직의 역사를 감안할 때 북한기업의 비효율성을 해결하는 방법은, 첫째 감시와 차별임금제도를 도입해 하이어러키 조직의 장점을 강화하고, 둘째 결정의 책임과 권한을 분산함으로써 기업구조의 합리성을 제고하는 것이다.[9]

4. 북한경제의 전략변경과 씨스템 진화

북한경제의 전략변경

한편 내부적 요인과 외부적 요인이 겹침으로써 북한경제는 종래와 같은 축적방식을 더이상 지속하기 어려워졌다. 지속적인 마이너스 성장, 공장가동률 30% 이하로의 하락, 심각한 식량사정은 축적에 필요한 자금을 공업과 농업 부문에서 구하기 어려워졌다는 사실을 의미한다. 축적자금의 고갈은 다시 생산의 부진을 심화시키고 이는 씨스템의 이완으로 이어졌다.

특히 1990년을 기점으로 급속하게 경제가 후퇴하면서 계획부문과 비공식부문의 경계가 급속히 허물어지기 시작했다. 계획부문에서 비공식부문으로 불법적으로 자원이 이동하는 사례가 빈발하고, 배급체제가 약화되면서 농민시장과 직매점 등이 수행하던 합법적 비공식부문의 기능이 암시장화하였다.[10] 이중가격체계가 형성되면서 공식임금은 무의미해졌으며, 계획부문의 공동화와 비공식부문의 활성화가 진전되었다(최수영 1999; 김연철 2001).

기존의 축적메커니즘이 제대로 기능하지 않게 되면서 내부로부터 씨스템 이완이 진행되자, 북한당국은 이를 묵인하거나 소극적 변화를 시도하거나 개혁 거부로 대응했다. 6·15공동선언 이전이지만 근래에도 북한은 자립적 민족경제는 "자기 나라의 자원과 기술, 자기 인민의 힘에 의거하여 제 발로 걸어나가는 경제"이고 "경제를 활성화하는 길은 자립의 길 이외에는 있을 수 없다"고 주장하기도 했다.

그러나 위기 이전의 북한경제가 완전히 자립적인 재생산구조를 확보하고 있었던 것은 아니다. 또 중공업 우선전략을 취한 모든 나라가 일정한 한계에 부딪히기 시작한 1970년대 초 이후가 되면, 이미 이러한 과제는 실현되기 어려운 것이었음이 드러났다고 볼 수 있다. 결국은 씨스템 이완의 가속화를 막기 위해서라도 재생산구조의 회복과 이를 위해 축적자금의 원천을 변경하지 않을 수 없다는 점이 분명해졌다.

또 대외환경도 북한이 축적전략 변경에 대해 결단을 내리게 하는 쪽으로 바뀌어갔다. 우선 한국에서 김대중정부의 출범 이후 지속적인 대북 포용정책을 추진함으로써 남북화해 무드가 서서히 조성되어갔다. 아울러 미국의 페리 대북정책조정관 등장 이후 북·미, 북·일 관계가 대립국면에서 협상국면으로 바뀌어갔다.

사실 외부에서 새로운 축적의 원천을 구하는 것 이외에는 다른 대안이 없는 구조에서, 전략변경의 시점은 주변국의 전략과 북한의 지도부가 결심하는 시점이었다. 그리하여 한국의 대북정책, 미국의 아시아정책, 이에 대한 중국의 용인, 그리고 북한당국의 호응이 결합하여 이루어진 6·15정상회담은 전략변경의 중요한 계기가 되었다.

축적자금을 외부에서 구하는 것은 이미 낯선 방식이 아니다. 중국에서는 이미 농민과 노동자를 대신하는 새로운 축적자금 원천을 구하기 위해 경제특구를 통해 외국자본을 도입하는 조치를 취한 바 있다. 즉 중국은 개혁·개방을 통해, 농민과 노동자의 희생을 바탕으로 한 소비·분배·억제정책으로 성장을 추구하던 '강제축적구조'로부터, 외자를 기초로 고도성장을 추진하는 '외자의존적 축적구조'로 전화했던 것이다.[11]

북한도 재생산과 일정 수준의 축적을 유지하기 위해서는 축적자금의 원천을 외자에 의존하는 방식으로 전환하는 것 이외에 현실적으로 다른 대안은 없는 상황이다. 이러한 상황에서 비교적 성공적인 중국의 경험은 전략변경에 대한 지도부의 심리적 부담을 상당부분 경감해주었을 뿐 아니라, 6·15정상회담은 북한이 축적전략을 변경하는 계기도 마련했다.

북한경제의 씨스템 진화

한편 북한에 있어 축적전략의 변경이 곧바로 씨스템의 개혁을 의미하는 것은 아니다. 단기적으로는 오히려 실용주의적인 분권화를 통해 계획경제의 효율성을 추구하는 방향으로 정책을 전환할 가능성이 높은 것으로 여겨진다. 이러한 전망의 근거는 다음과 같다.

첫째, '씨스템의 해체'는 기본적으로 상당히 장기적인 진화의 과정이다. 사회 속에서 어떤 행동패턴이 보편화되면 될수록 그 행동패턴을 선택하는 것이 전략적으로 유리해지고, 따라서 그것이 자기구속적인 제약으로 정착된다. 그리하여 제도는 나름대로 안정적으로 존재하게 된다(제도의 전략적 보완성). 경제씨스템 내부에는 이러한 여러 제도가 서로 보완적으로 존재하고 이것이 씨스템 전체적으로 강점을 창출한다(경제씨스템 내부의 제도적 보완성). 그 때문에 경제씨스템에는 관성이 있고 씨스템은 경제의 외부환경과 축적된 내부환경의 변화와 더불어 서서히 진화·변모한다(경제씨스템의 진화와 경로의존성).

둘째, 씨스템의 개혁에 있어 북한경제의 초기조건(initial condition)이 유리한 것만은 아니다. 체제전환을 시도하는 국가의 초기조건은 전환정책 자체에 영향을 미치는 중요한 변수가 된다. 그런데 현재의 북한경제는 씨스템의 개혁에 적지 않은 비용이 투입되어야 하는 조건에 놓여 있다. 중국이 개혁을 추진하던 시점은 산업구조의 왜곡, 효율의 저하, 국민생활의 부진 등이 문제가 되긴 했지만, 현재의 북한처럼 재생산의 문제 자체가 위협을 받을 상황은 아니었다. 북한의 경제구조는 1978년의 중국보다 공업화 단계가 높고 군산복합체에 의한 독점적 구조를 가지고 있다고 할 수 있다. 물론 러시아보다는 발전단계가 낮아 경제개발의 여지가 존재하기는 하지만 이미 악개발(maldevelopment) 된 공업분야의 경우 전환비용이 클 것으로 전망할 수 있다.

셋째, 정치적인 측면에서도 축적전략의 변경이 씨스템의 개혁을 동반하기 어렵게 한다. 씨스템의 개혁이 제제불안의 위험을 조래할 수 있기 때문이다. 씨스템의 개혁은 기존 씨스템에 대한 부정 내지는 기존 씨스템의 문제점을 인정하는 것을 전제로 하는데, 경제씨스템에 대한 부정은 곧 정치씨스템에 대한 부정으로 이어질 위험이 있다. 씨스템의 개혁 내지 경제개혁의 핵심적 내용이 '시장화' 내지 '분권화'라 할 때, 이는 중앙집권적인 정치체제와 갈등을 유발할 가능성이 많다. 즉 수령을 중심으로 일원적으로 편제되어 있는 북한의 사회체제와 시장경제의 다원적 요소는 긴장상태를 유발할 가능성이 높다(이종석 2000, 349~50면).

결국 북한경제는 축적전략 변경의 불가피성과 씨스템 개혁의 어려움이라는 현실적 제약 속에서 '제한적 변화'를 시도할 수밖에 없다. 북한이 지속적으로 외자도입이 가능한 조건을 형성하는 데 어느정도 성공한다면, 그것은 축적전략의 변경이 성공적으로 이루어졌음을 의미한다.

이미 북한은 노동력이 상대적으로 풍부한 경제성장 초기에 상당한

272

시간 동안 노동집약적 산업을 성장의 견인차로 삼아 국제무역의 비교
우위를 실현하고자 하는 '비교우위전략'으로의 전환을 탐색해왔다.
1991년 이후 나진·선봉 자유경제무역지대 설립 추진에서 드러난 북
한의 의도는 수출의 관문이 되는 투자를 촉진하는 것이었고, 이를 위
해 조세유인을 통해 수익률을 증가시키는 수단을 채용하였다. 또
1994~97년의 완충기에 채택한 3대 제일주의(농업, 경공업, 무역)는 식량
난, 생필품난, 외화난의 해결을 우선시하는 것으로, 부존자원의 비교
우위를 무시한 그간의 중공업 우선전략에 대한 수정 가능성을 시사한
것이기도 하다(최수영 1999, 14~23면).

　지금까지의 흐름으로 보아 북한의 지도부는 한국, 일본, 서방과 무
역을 확대하고 외국으로부터 자본·기술·설비 도입을 적극 추진하는
한편, 북한 내 유치산업 제품에 대해서는 수입금지와 고관세정책을 실
시하려고 노력할 것이다. 축적자금이 확보된다면 북한이 쉽게 취할
수 있는 조치는 좀더 제한된 영역에 더욱 강력한 산업정책의 실시일
것이다. 산업정책이란 경제성장과 국제경쟁력 강화를 위해 산업에 대
한 지원·조정·규제를 통해 산업일반 또는 특정 산업의 생산·투자·
거래활동에 개입하는 경제정책으로, 동아시아에서 널리 사용된 바 있
다(이경태 1996).

　그러나 장기적인 관점에서 본다면, 북한의 경제씨스템은 매우 복합
적이고 점진적인 '적응적 진화'(adaptive evolution)의 도정에 있다고
평가할 수 있다. 종래의 경제씨스템은 그것을 구성하고 있는 다양한
제도적 틀이 서로 보완관계에 있는 나름대로 견고한 체계이다. 이러
한 제도적 보완성(institutional complementarity)이 존재하는 가운데,
씨스템 중에서 한가지 틀의 비중이 높아질수록 그 틀을 선택하는 것

이 유리해지는 전략적 보완성(strategic complementarity)도 있다(Aoki and Okuno-Fujiwara 1996). 북한에서의 축적의 위기는 전략변경의 가능성, 제도·조직의 부분적 이완을 가져왔다. 이는 단지 부분적이고 일회적인 현상이 아니라 지속적이고 구조적인 압력이며, 종래의 씨스템을 구성하고 있는 전략, 재·기술, 제도·조직, 가치 등 모든 요소에 조금씩 영향을 누적시키고 있는 것으로 평가할 수 있다.

여기에서 '도미노 쓰러뜨리기'의 시작이 될 수 있는 중요한 계기는, 외부로부터의 자금·요소·기술·식량의 유입과 농민시장의 확대라고 판단된다. 외부로부터의 자금유입은 축적메커니즘의 변경을 확정할 것이며, 이는 농업부문에서의 가격결정 메커니즘, 자원배분 방식, 경영조직상의 재편을 촉진할 것이다. 또 외부로부터의 요소 및 기술의 유입은 종래의 동원에 의한 집약적 기술체계를 혁신할 수 있는 기반을 제공할 것이다. 기술혁신에 따른 생산증대는 잉여생산량을 발생시킴으로써 시장화를 촉진하는 요인이 될 수 있다.

물론 외부로부터의 유입이 북한에서 곧바로 시장의 활성화로 이어진다는 보장은 없다. 여기에서는 정책주체의 전략적 반응이 변수가 될 수 있다. 외부로부터의 유입에 의해 식량 및 소비재의 공급여력이 어느정도 확보될 경우 '그럭저럭 버티기' 전략을 택해 시장의 영역을 다시 축소하려고 시도할 가능성도 배제할 수는 없다. 이렇게 될 경우 모순이 누적될 것이며 결국은 빅뱅이 불가피할 것이다. '그럭저럭 버티기' 전략을 걱정한다면서 외부가 스스로 지원을 봉쇄하는 행동도 빅뱅을 유도하기는 마찬가지이다.[12]

또 중요한 사실은, 여유분(slack)이 존재하는 조건에서는 시장에 의한 배분이, 부족(shortage)의 조건에서는 대기행렬(queue)을 이용한 배분이 이루어지는 것이 기본적인 경향이라는 점이다(Kornai 1990). 시장 '형성'의 전제조건은 여유분을 공급하는 능력이다. 또 시장은 하루 아침에 설계되는 것이 아닐 뿐 아니라, 여러가지 복합적 조건을 충족한 이후에야만 시장이 기술혁신을 가져올 수 있다. 분명한 사실은, 빅뱅으로 인해 재·기술, 제도·조직, 가치 등 씨스템이 붕괴되는 경우에도 씨스템이 재구성되는 과정은 오랜 시간과 많은 비용이 소요되는 '진화'적 과정이라는 점이다.

5. 북한경제와 동아시아

북한경제와 동아시아 모델

1945년 이후 20세기를 거치면서 세계는 자본주의와 사회주의의 양대 체제로 분점되는 가운데 강대국간에는 기본적으로 평화가 유지되었다. 특히 공황과 전쟁의 폐허 위에 건설된 1945년 이후 자본주의는 포드주의 또는 국가독점자본주의로 명명되었으며, 기간산업의 국유화, 사회복지, 화폐의 국가통제를 제도화하여 사회를 통합하고 국민을 동원하였다. 안정성·효율성에서 비교적 뛰어난 성과를 거둔 자본주의는 결국 20세기를 마감하면서 소련의 붕괴, 동구권의 체제전환, 중국의 개혁·개방 등을 맞이하면서 '황금기'의 정점에 들어섰다고 할 수 있다.[13]

한편 세계경제는 점차 포괄적인 단일 활동단위로 조직화되는 경향이 가속화되고 있다. 경제통합이 진전되고 무역·금융·기술 발전이 세계적인 차원에서 진행되었다. 정보기술, 바이오테크, 로보틱스 등 새로운 기술이 등장하는 가운데, 세계시장을 대상으로 세계에서 생산하는 새로운 생산체제가 확립되고 있는 것이다.

지역적으로는 동아시아 경제가 뚜렷한 변화를 보이고 있다. 1980년대에는 일본을 비롯하여 한국, 대만, 홍콩, 싱가포르 등 '네마리 용'이 눈부신 성장을 나타냈다. 이와 함께 1970년대 말 이후 개혁·개방에 착수한 중국이 꾸준한 성장을 거듭하여 이제 동아시아는 일본-홍콩·싱가포르-한국·대만-아세안으로 이어지는 기러기행렬(flying geese)과 중국 내 각 지방을 잇는 또 하나의 기러기행렬로 재편성되고 있다.

이렇게 세계경제와 지역경제에 돌풍을 일으키고 있는 중국이 동아시아 신흥공업국의 발전전략으로부터 상당한 영향을 받은 것은 잘 알려진 사실이다. 북한경제의 경우에도 개발목적과 정책의 패키지를 새로이 설정하는 데 있어서 일본, 한국, 중국 등 동아시아 국가들의 경험을 참조하지 않을 수 없을 것이다.

동아시아 모델에서 논의하는 동아시아 경제의 공통적 특징은 다음과 같다(World Bank 1993). 첫째, 시장을 주체로 하고 정부의 적극적 관여를 인정하는 경제 메커니즘이다. 세계은행은 이것을 '시장조화형 어프로치'(market friendly approach)라고 불렀다. 둘째, 수출지향을 중심으로 한 대외개방정책이다. 무역이 '성장 엔진'으로서 큰 역할을 담당하고 또한 해외로부터의 직접투자는 자금과 함께 기술도 가지고 들어와 경제발전에 중요하게 작용하였다. 셋째, 높은 교육수준과 그것을 떠받쳐주는 높은 교육투자이다. 경제발전 수준보다 높은 교육수준은 근면한 노동력, 질 높은 노동력을 공급할 수 있는 조건이 되었다.

넷째, 성장과 공정성이 양립하여 비교적 평등한 분배가 실현되었다. 성장이 공정한 분배를 가져왔을 뿐만 아니라 공정한 분배가 높은 성장을 낳는 중요한 요인의 하나가 되었다. 다섯째는 비교적 효율적인 행정조직이다. 정부가 중요한 역할을 하는 경우 행정조직이 부패하거나 비효율적이어서는 안된다.

동아시아 경제에 있어서 효율성과 공평성을 비교적 조화롭게 양립시킬 수 있었던 성공의 원인으로는 크게 두가지를 들 수 있다. 첫째는 기초적 조건이 적정하게 정비되었다는 것이다. 이는 높은 수준의 국내저축과 투자, 안정적인 농업발전, 적절한 인구성장률, 교육된 노동력, 우수한 행정제도 등을 갖추었다는 것을 의미한다. 둘째는 기본적으로 건전한 개발정책이 이루어졌다는 것으로, 복수채널을 통한 개발에 개입하는 선택적 진흥전략이 적절히 추진되었다는 것이다.[14]

북한경제의 새로운 발전전략과 관련하여 동아시아 모델로부터 얻을 수 있는 시사점은 다음과 같다. 첫째, 지속적으로 저축률과 투자율을 제고해야 하는데, 이를 위해 직접투자, 기술도입을 유도하는 획기적인 조치가 불가피하다. 또 자금이 효율적으로 배분될 수 있는 여러 가지 제도적 유형들이 갖추어져야 한다. 특정 분야에 정책자금을 집중하는 경우에는 지원의 씨그널이 중요한데, 엄격한 업적기준에 의한 배분과 감시를 수행해야 한다. 둘째, 무너진 농업기반을 정비하여 농업생산성과 농업소득을 증대시킴으로써 인구구조를 개선하고 노동시장을 정상화시키는 조건을 마련해야 한다. 아울러 임금, 적어도 임금상승률은 노동수요의 변화에 따라 하방탄력적으로 작동할 수 있도록 해야 한다.

성장을 위한 기구의 기초가 구축되는 것도 중요한 문제이다. 북한이 동아시아 모델을 수용하여 성과를 낼 수 있으려면, 현실적으로 북한에 수준급의 관료가 존재해야 한다. 경제 컨테스트(contest)를 통해 특정 산업에 선택적으로 집중할 수 있기 위해서는 현실적 유연성(정책변경에 대한 허용성과 진취성)을 지닌 공평한 레프리(심판)가 필요하기 때문이다. 여기서 강조되어야 할 점은, 전문관료가 정치적 압력으로부터 자유로운 강력한 존재라는 점보다 이들 관료가 민간으로부터 협조를 획득하는 세련된 방식으로 개입해야 한다는 점이다.

현재 북한의 씨스템에 동아시아 모델의 성공 조건이 잘 충족된 상태인가는 의문이다. 그러나 유능한 관료제는 반드시 '매우 특이한 역사적이고 제도적인 환경'으로부터 나오는 것은 아니다. 그러한 제도적 능력은 기술과 마찬가지로 모방과 혁신에 달려 있기도 하다(장하준 2002, 102~105면). 또 동아시아 모델은 다시 일본형, 한국형, 중국·대만형으로 나누어질 수 있다. 북한의 관료기구 및 제도설계의 수준, 자유화로 경사된 세계경제의 흐름 등 현재의 여건을 감안한다면, 북한의 경우 중국·대만형의 모형에 가까운 방식으로부터 좀더 쉽게 시작할 수 있다(이일영 외 2002a).[15]

무엇보다도 동아시아 모델이 개발독재라는 정치체제와 비교적 쉽게 조화된다는 사실 때문에, 정치적 안정성을 유지한 채 경제적 개선을 도모하고자 하는 북한당국의 입장에서는 큰 관심을 가질 수밖에 없을 것이다.

권위주의적 개발체제, 혹은 개발독재라고 불리는 정치체제는 다음과 같은 특징을 지니고 있다. 첫째, 개발지상주의라는 정책목표가 명확하다. 둘째, 중앙집권적 행정씨스템이 확립되어 있기 때문에 의사결정이 신속하다. 셋째, 정부 비판세력을 억압한다. 넷째, 권력집단이

군 또는 당에 있다(岩崎育夫 1997, 8면). 이러한 체제에서는 개발과 민주주가 양자택일(트레이드 오프trade-off)의 관계에 있는 것으로 간주되어 개발이 우선시된다.[16]

그러나 북한이 개발독재를 추구하더라도 강권이나 공포만으로는 지배의 정치적 비용이 많이 소요되기 때문에, 북한당국은 국민들에게 어느 정도의 생활수준을 또한 보장해주어야 한다. 이를 위해 외부의 축적자금을 확보하여 무너진 축적메커니즘을 복원해야 하며, 또 성장의 과실을 적절히 배분하는 얼마간의 평등적인 조치가 필요하기도 하다. 또 경제발전이 어느정도 진전되면 소위 중간층이 확대되고 그들은 점차 민주주의와 언론의 자유를 요구할 것이다. 이렇게 되면 권위주의체제는 다시 문제가 될지도 모른다.

동아시아 경제협력과 북한경제

동아시아 경제는 특히 1980~90년대에 크게 성장했으나, 세계경제에 대한 의존성이 증가하면서 완결적인 지역경제를 형성하지 못함으로써 위기에 취약한 구조를 드러냈다. 특히 1997년에는 국제금융자본의 급격한 이동에 따른 역내 경제위기에 각국이 공동대응하지 못하여 아시아 전역으로 위기가 확산되는 것을 막지 못했다. 한국은 동남아시아에서 시작된 외환위기라는 충격파를 견디지 못하고 구제금융을 신청했으며, 중국과 일본은 외환위기는 모면했지만 불안감에서 벗어날 수 없게 되었다.

현재 미국이 주도하는 글로벌 스탠더드(global standard)가 경제씨스템 전반에 확산되고 있으나 이것이 각국 경제의 안정적 발전을 완전히 보장하기는 어려우므로 위기를 조절할 수 있는 지역협력체계의 마련이 시급한 형편이다. 반면 위기 이후 침체와 불안정에 시달리는 동아시아 각국과는 달리 중국경제는 흔들림 없이 성장세를 유지하고 있다. 그러나 중국의 성장 효과를 동아시아 경제협력체제의 구도 안에 흡수해야만 지역경제의 안정성이 확보되며, 이것이 동아시아가 세계경제의 중심지로 부상하기 위한 전제조건이다.

그러나 현재로서는 협력적이고 호혜적인 방향으로 동아시아 지역경제가 전개되고 있다고 보기는 어렵다. 일본-한국-중국 사이에 발전단계의 격차가 클 때는 산업간·산업내 분업이 쉽게 이루어진 편이었으나, 그 격차가 점차 줄어들면서 특정 부문의 집중과 경쟁이 치열해지고 있다.

국제시장에 진입한 시기상의 차이 때문에 그간에는 산업구조상으로 '일본→한국→중국'의 순으로 직접투자나 기술이전이 이루어지는 수직적 분업체계가 정착되어왔다. 그리하여 1990년대 중반까지 일본은 기술우위를 기반으로 핵심 자본재 및 부품, 소재와 고부가가치 완성재(특수강, 전자·전기부품, 공작기계, 자동차 등)를 주로 생산하였고, 한국은 범용자본재·부품 및 완성재(범용선박, 일반기계, 범용부품 등)를 생산하였으며, 중국은 저임금에 기초한 노동집약적 완성재(섬유, 봉제 등) 위주의 산업구조를 가지고 있었다. 이에 따라 중국은 자본재를 일본에서 도입하면서 필요한 부품과 원재료는 한국에 의존하고, 한국은 기술집약적 핵심부품이나 자본재를 일본에서 수입하였다.

또 섬유·화학처럼 품목이 다양하고 여러 단계의 공정을 거치는 업종에서는 한중일 3국간 산업 내 분업체제가 형성되었다. 여기에서 일본은 기술집약적, 한국은 자본집약적, 중국은 노동집약적인 분야를 주

280

로 담당하였다. 섬유산업을 예로 들면, 대형설비를 요하는 합섬 위주
는 한국이, 원사·직물을 수입하여 의류를 수출하는 봉제 위주는 중국
이 담당했으며, 일본은 의류를 수입하는 대신 신합섬 등 고급소재 등
에 특화하였다.

그러나 최근 상황은 급변하고 있다. 제조업의 기술발전 속도가 완
만해지고 일본의 산업구조조정이 지체되면서 세계시장에서 한중일간
경쟁관계가 심화되고 있다. 이에 일본기업은 부품산업 등 지원산업
(supporting industry)을 장악하고 핵심기술의 이전과 수평적 분업체
제 구축을 기피하고 있다. 한국과 중국이 부품과 자본재의 수입대체
를 위해 기술이전을 요구하고 있으나 일본기업은 이를 꺼리고 있는
것이다. 최근 세계경제의 정보화·써비스화가 강화되는 가운데 한중
일 3국의 산업은 전통적 제조업의 국제시장에서 치열하게 경쟁하여 3
국 모두 중장기적으로 교역조건 악화가 불가피할 전망이다.

이같은 동아시아 지역경제 현황을 북한경제의 개방 문제와 관련지
어 검토하면 다음과 같은 점을 지적할 수 있다. 우선, 동아시아에는 일
정 정도의 자기완결적인 지역경제체제가 미처 형성되어 있지 않다.
동아시아 지역경제는 수출 위주의 산업구조를 지니고 있으나, 지역시
장 중심의 자기완결적인 무역보다는 미국시장에 상당한 정도를 의존
하고 있다. 지역 내의 안정적인 수요처 역할이 기대되는 일본이 수평
적 분업체제 구축을 기피함으로써 대부분의 역내 국가의 대일무역 역
조가 심화되고 있다. 또 중요한 자본수출국인 일본의 역내 직접투자
도 다른 지역에 비해 저조한 편이다. 이러한 점은 북한경제가 개방되
더라도 현시점에서는 동아시아 지역경제로부터 안정적인 수요구조를
확보하지 못하는 구조 속에 있다는 점을 시사한다.

동아시아 경제의 불안정성과 취약성을 극복하기 위해서는 특히 한중일 3국간 경제협력이 중요한데, 이 문제와 관련해 북한문제가 일정하게 해결되는 것이 중요하다. 3국간 경제협력은 북한의 적극적인 협력 없이도 발전할 여지는 있다. 다만 북한이 지금보다 훨씬 더 적극적으로 협력한다면 3국간 경제협력은 그 잠재력을 빠른 속도로 현재화할 수 있다. 그리고 북한의 경제개발전략도 그러한 방향에서 수립되는 것이 북한 자신에게도 도움이 된다.

북한문제와 한반도에 대한 한중일 3국간의 시각차가 해소된다면 동아시아 지역협력은 더욱 탄력을 받을 수 있다. 중국은 한국과 협력하기 위해 북한을 정치·군사적으로 일방적으로 배세하려 들지는 않을 것이며, 일본은 현재 한반도의 불안정이 자국에 미치는 파급효과를 최소화하는 데 주로 관심을 집중하고 있다. 과거사 문제, 영토분쟁 문제 등 다른 갈등요인도 없지 않지만 한반도의 긴장·갈등관계를 지혜롭게 해결하는 것은 동아시아를 협력의 틀로 묶는 관건 중 하나이다.

한편, 북한은 축적자금의 내부원천이 고갈되고 계획씨스템이 이완되면서 대외경제관계에서 돌파구를 찾을 수밖에 없게 되었다. 그러나 동아시아 지역경제의 형성이 불완전한 시점에서 북한경제에 투자할 외국자본은 주로 남한과 서방이 될 수밖에 없다. 이런 상황에서 현재로서는 미국의 대북 경제제재 완화가 이루어져야 북미·북일 수교협상이 진전될 것이다. 이러한 문제는 북한 핵문제, 평화협정 논의와 관련된 북한의 진전된 입장이 제시되고, 또한 대북 경제제재가 완화되어야 해결될 수 있다. 한반도에 평화적 환경이 조성되어야 북한의 외자도입에 우호적인 외적 환경을 마련할 수 있다.[17]

북한을 둘러싼 긴장상태는 동아시아 경제협력에 부정적으로 작용하는 국제정치적 환경을 조성하기도 한다. 미국은 북한의 위협과 관련하여 동아시아 지역의 안전보장에 강력한 영향력을 행사하고 있고 이러한 영향력을 기초로 동아시아 3개국의 결속에 대해 부정적 입장을 관철시키고 있다. 미국과의 세력균형을 의식한 중국은 북한에 대하여 우선적 배려를 그만둘 수 없는 처지이고, 이 때문에 이 지역의 대결구도가 재생산된다. 이 때문에 남북한간 대립과 긴장의 완화, 북한 경제의 개혁·개방과 동아시아 경제에의 편입은 동아시아 경제권 형성과 맞물려 돌아가는 중요한 문제이다.

6. 북한의 개혁과 새로운 동아시아

북한은 사회주의 경제, 좀더 구체적으로는 중앙집권적 계획씨스템이라는 제도적 밑절미 위에서 자력갱생, 정신적 자극 우선, 고(高)축적·강(强)축적, 중공업 우선발전 같은 수단·정책을 동원하여 경제개발전략을 전개해왔다. 그러나 당초 의도한 성과가 산출되기보다 외려 1970년대 후반 혹은 80년대 전반부터는 투자효율의 하락과 농·공업 생산이 둔화되기 시작했다.

북한은 급속한 중공업화를 위해 대량의 자금이 필요했고, 그 자금의 대부분은 농업부분에서 충당했다. 이를 위해 저가격정책, 유통의 국가독점, 집단경영 메커니즘이 형성되고, 전통적 집약농법을 강화했다. 그러나 이러한 농업씨스템하에서는 무임승차 문제를 해결할 기제가 없다. 이를 해결하기 위해 가족농장으로 전환하거나, 감시와 차별임금을 도입하는 기업조직으로의 전환이 불가피하다.

북한의 공업기업은 국유기업이 대부분인데, 이는 계획당국(국가계획위원회)을 정점으로 하는 피라미드형 수직구조의 말단에 존재한다. 북한기업의 비효율성에 대처하기 위해서는, 첫째 감시와 차별임금제도를 도입해 하이어러키 조직의 장점을 강화하고, 둘째 결정의 책임과 권한을 분산함으로써 기업구조의 합리성을 제고해야 한다.

내외적 요인이 겹침으로써 북한경제는 더이상 축적자금을 내부에서 구하기 어려워졌고 결국 외부자본에 의존하는 방식으로 전환하는 것이 불가피해졌다. 그러나 이같은 북의 축적전략 변경이 곧바로 씨스템의 개혁을 의미하지는 않는다. 오히려 단기적으로는 실용주의적인 분권화를 통해 계획경제의 효율성을 추구하려 할 가능성이 높다.

그러나 장기적인 관점에서 보면, 북한경제는 매우 복합적이고 점진적인 '적응적 진화'의 도정에 있다. 여기서 '도미노 쓰러뜨리기'의 시작점이 될 수 있는 중요한 계기는, 자금·요소·기술·식량의 외부로부터의 유입과 농민시장의 확대라고 생각한다.

새로운 발전전략과 관련하여 북한경제는 동아시아 모델, 특히 중국·대만형 모델과 친화성을 지니고 있다. 북한경제가 생존·발전하기 위해서는 지속적으로 저축률과 투자율을 제고해야 하는데, 이를 위해 직접투자, 기술도입을 유도하는 획기적인 조치가 필수적이다. 또 성장을 위한 기구의 기초가 구축되어야 하는데, 이를 위해서는 모방과 혁신을 위한 노력이 필요하다.

현재로서는 동아시아 경제가 자기완결적인 구조를 갖추고 있지 못하다. 때문에 북한경제가 개방되더라도 당장은 지역 차원에서 안정적인 수요구조를 확보할 수 없는 상황이다. 한편 동아시아 경제의 취약성 극복을 위해서는 특히 한중일 3국간 경제협력이 중요하며 이를 위해 북한문제의 해결이 시급하다. 따라서 북한경제의 발전은 동아시아 경제협력과의 상호 관련 속에서 모색할 필요가 있다.

12장

'북한형' 기업·노동개혁
체제이행의 유형과 대안

1. 사회주의의 인쎈티브 문제

현실 사회주의 경제의 문제점은 대개 효율성의 저하(efficiency problem)와 물자의 부족(shortage economy)으로 나타난다. 이러한 문제점의 원인에 대해서는 다양한 방식으로 논의되고 있다. 예컨대, 중앙집권적 계획경제에서의 정보의 문제를 제기하기도 하고(Stiglitz 1994), 연성 예산제약의 문제로 설명하기도 한다(Kornai 1992).

이 글에서는 이에 대해 사회주의 경제의 핵심적 문제를 보상씨스템, 고용씨스템과 관련된 기업 내 인쎈티브 문제로 설명할 수 있다고 본다.[1] 경제적 인쎈티브의 문제란, 인쎈티브를 '체계화'하는 감시와 포상구조를 어떻게 설계할 것인가의 문제이다.[2] 사회주의하의 기업은 경영자와 노동자 모두에게 감시와 포상의 구조가 제대로 설계되어 있지 않았다는 점이 결정적인 문제였다. 노동자의 급여는 성과에 의존하지 않았으며, 경영자에게 주어지는 금전적 인쎈티브는 거의 존재하지 않았다. 이 글에서는 이러한 인쎈티브 문제를 중심으로 동유럽과 중국의 사례를 검토하고, 이로부터 북한형 기업·노동개혁의 과정을 유형화하고 그 구성요소에 대해 고찰하고자 한다.

최근 북한에서도 2002년 7·1조치 이후 가격, 임금 및 기업관리에 대한 일정한 개혁조치가 이루어지고 있는데, 이에 대해서는 크게 세가지 입장이 있다. 첫째, '북한식 시장화 개혁의 출발점'이라는 평가가 있다(김연철 2002). 둘째, 이중경제 속의 국가부문의 취약성을 완화하기 위한 부분개혁의 한계를 넘어서고 있지 못하다거나(박형중 2002), 공식부문의 정상화를 도모하면서 분권형 계획경세 메커니즘을 추구하는 것으로 평가하기도 한다(조동호 2002; 2003). 셋째, 아직은 변화가 제한적이지만 북한경제는 진화적인 이행과정에 있고 누적되고 있는 압력은 점차 변화를 강제할 것이라는 논의도 있다(이일영 2002b; 정영철 2004).[3]

이 글에서는 세번째 입장에서 기업 내 인쎈티브 문제를 중심으로 북한의 최근 정책을 평가하면서 북한경제개혁의 전망을 포함한 유형화를 시도하고자 한다.

체제이행에 있어 제도개혁 정책에 영향을 주는 하나의 변수로 관련된 경제이론 및 학설이 있는데, 크게 신고전파 경제학과 비주류 경제학으로 나누어볼 수 있다. 그리고 체제이행을 겪는 국가의 초기조건(initial condition)도 개혁정책 자체에 영향을 미치는 중요한 변수가 된다. 초기조건은 또 기존의 여러가지 경제이론 및 학설의 형성과도 관련되어 있다. 이렇듯 초기조건과 이론이 개혁정책에 직접 영향을 주며, 개혁정책은 입안과 실행과정을 거쳐 이행의 성과를 낳는다. 이행의 성과는 다시 기존 이론과 개혁정책에 영향을 주어 수정과정을 거치게 한다(박제훈 1997).

이 글에서는 전반적인 체제이행의 이론으로부터 기업부문 개혁이라는 문제에 한정된 분석의 모형을 다음과 같이 설정하기로 한다(그림 참조). 기업의 지배구조, 고용씨스템 등 기업과 관련된 제도의 개혁정책은 개혁 이전의 초기조건에 구속을 받으며, 개혁의 이론·학설에서도 영향을 받는다. 개혁 이전의 초기조건은 기업제도 및 기업조직상의 요인뿐 아니라 초기 발전수준, 역사·지리적 요인을 포함하는 경제 씨스템으로 설정한다.[4] 초기 발전수준은 산업구조, 기술수준, 도시화 정도, 인구압력, 교육수준 등 국민경제 전체의 발전수준을 의미한다.

이하에서는 먼저 이행기 경제의 기업개혁 유형을 러시아·동유럽형과 중국형으로 유형화한다. 이어서 이러한 유형적 차이를 낳게 한 초기조건을 검토하고, 초기조건과 개혁 이론·모델의 관계를 고찰한다. 이후 북한 기업·노동씨스템의 초기조건, 초기 개혁정책을 러시아·동유럽형 및 중국형과 비교 분석하고, 이를 토대로 '북한형' 기업·노동개혁의 요소를 구성해보기로 한다.

그림 사회주의 기업·노동개혁의 분석모형

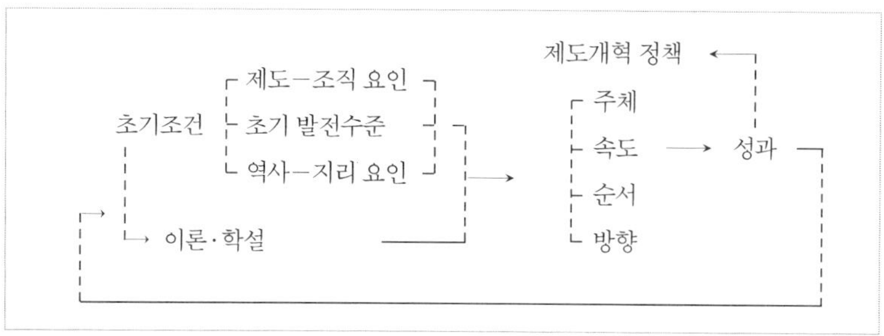

출처: 필자 작성.

2. 이행기 경제의 기업·노동개혁 유형

급진주의와 점진주의

주로 속도를 기준으로 체제이행에는 두가지 접근방식(appro-ach)이 있다고 흔히 이야기된다. 하나는 급진주의·빅뱅 내지는 쇼크요법이라고 하는 것이며, 또 하나는 점진주의·진화적 방식이다. 그러나 이렇게 표현되는 양자의 차이는 단순한 이행의 속도 차이에 국한되는 것이기보다 사유화나 가격자유화의 양상, 인쎈티브 개혁의 방식, 역사관과 철학의 차이이기도 하다. 이는 어떤 의미에서 경제학에서의 두개의 사상(자유방임과 보호주의)을 반영한 것이라고 할 수 있다.

사회주의 경제는 노동자에게 일자리를 보장하고 높은 실질임금을 지급함으로써 노동시장의 여유분(slack)을 제거했지만, 모든 요소를 완전고용하고 게다가 생산이 소비자 수요에 맞추어 이루어지지 않기 때문에 생산물시장에도 여유분이 존재할 수 없었다. 완전고용과 짝을 이루는 것은 상점 앞의 긴 행렬이었다(Kornai 1980). 기업 안에서는 슘페터적 인간의 활동을 북돋는 인쎈티브 체계가 존재하지 않았다. 기업은 더 많은 이익을 위한 혁신적 행동을 할 동기가 없었으며, 노동자의 고용과 임금은 고정되어 더 높은 생산성을 유인하는 체계는 존재하지 않았다.

러시아와 동유럽에서의 급진주의적 개혁은 인쎈티브 체계의 복원을 위해 소유제 개혁과 가격자유화로부터 출발한 것이었다. 이에 따르면, 소유권의 부재로 기업에 대한 효과적인 감독(monitoring)이 이루어지지 않는 기업지배구조의 진공상태를 해결하기 위해서는 국유기업의 민영화가 이루어져야 하며, 계획경제하에서 억제되었던 인플레이션을 현실화함으로써 생산비용의 감소를 유도하여야 한다.

점진주의적 접근은 소유제와 가격 문제를 우회하고 생산을 늘리는 데 주력하였다. 중국이 바로 이런 경우인데, 중국은 곧바로 국유기업을 사유화하고 고용씨스템을 전환하는 방식을 취하지 않고, 소유권 문제의 해결을 우회하여 단기적으로 효과가 있는 다른 지배구조들을 창설하였다. 중소기업의 사유화는 훨씬 용이한 편인데도 중국은 새로운 기업을 설립함으로써 소유권 문제를 해결하지 않고 노동과 기업활동에 인쎈티브를 제공했다.[5]

추진주체의 측면에서도 차이가 있다. 러시아·동유럽에서는 새로 등장한 정치세력이나 조직화된 노동자 등이 기존의 집권세력을 교체하면서 민영화·시장화 개혁을 추진하여 일거에 인쎈티브 구조를 창출하는 과정을 밟았다. 반면에 중국은 기존 집권체제 내의 개혁엘리뜨가 주도하여 분권화·시장화를 통해 인쎈티브 구조를 조금씩 변경해가는 과정이라고 할 수 있다.

급진주의적 접근은 급속한 시장체제로 이행함으로써 기업가정신과 노동시장의 유연성을 확보하려는 시도이다. 이것이 의도하는 것은 새로운 씨스템을 도입하여 비용을 낮추고 이를 통해 결국 상품가격 인하, 임금상승, 유효구매력의 증가를 유도한다는 것이다. 적절한 거시경제의 안정화정책이 수반된다면 체제이행 후 수개월 안에 경제적 침체를 극복하고 선순환구조로 전환할 수 있다는 장점이 있다. 그러나 적절한 거시경제적 틀을 만드는 것은 치밀함과 정교성을 요하는 어려운 일이다. 이 때문에 급진주의를 택한 대부분의 국가는 거시경제상의 거듭된 혼란을 겪을 뿐 아니라 노동조합 등의 경제주체로부터 강력한 임금상승 요구도 받게 된다.

점진주의를 대표하는 중국은 시간적·유형적으로 비국유기업을 국유기업에 선행시키고, 또 국유기업의 인쎈티브 개혁을 소유제 개혁에 선행시켰다. 고용씨스템 개혁도 가격 개혁과 마찬가지로 쌍궤(dual-track)적·점진적 접근방식으로 전개되었다. 국가 노동국이 노동력을 평생직장에 배치하는 방식이던 개혁 이전의 고용씨스템에 점진적·부분적으로 노동계약제를 도입하였다. 노동계약제는 1983년에 도입되기 시작하여 1986년에 제도화되었으며, 1994년 제정된 노동법에서 표준적 고용형태로 선언되었다. 이렇게 소유제 개혁을 우회하고도 씨스템의 효율을 높일 수 있다는 것이 중국 기업·노동씨스템 개혁 모델의 핵심적 요소이다(이일영 2004a).

기업·노동개혁의 유형

그러면 러시아·동유럽과 중국의 체제이행 과정을 노동인쎈티브 제도의 측면에서 검토해보기로 하자.

먼저, 고용제도의 측면에서 러시아·동유럽에서는 종신고용씨스템이 급속히 붕괴하고 노동계약제가 도입되었으며, 국유부문에서도 민영화와 기업 폐쇄에 따라 대량의 해고자가 발생했다. 그러나 다른 한편으로 노동자 보호의 흐름도 존재했다. 노동조합의 영향으로 노사합의에 의한 해고를 추진했으며, 대량 실업에 대해 실업자지원제도와 고용촉진제도를 시행하기도 했다.[6] 이에 반해 중국에서는 노동계약제가 점진적으로 도입되었다. 처음에는 신규 노동자에게만 계약제가 적용되었고 국유부문에서는 샤깡(下崗, 면직이나 임시해고) 형태로 해고가 이루어졌다. 그러나 비국유기업은 사유를 적시하면 즉각 해고할 수 있도록 했다.[7] 국가는 늘어나는 실업자를 위한 재취업 프로젝트를 시행하고 있지만 그 효과는 미미하고 재취업은 기본적으로 개인의 책임영역에 속하게 되었다.

임금제도의 측면에서 보면 러시아·동유럽에서는 훨씬 빠른 속도로 시장화가 진전되었다. 국가는 고정임금표를 철폐하고 기업은 여러 가지 보조금을 신속히 축소했다. 대부분 기업에서 성과급제가 일반화되었으며, 전반적으로 임금격차가 확대되었다. 고임금에 대한 세금부과도 이루어졌다. 한편 중국에서는 임금구조와 수준을 점진적으로 다양화·차별화하였다. 비국유기업을 중심으로 성과급제도를 확대했으며, 국유부문의 경우 임금격차는 비교적 작은 편이다.

이에 따르면, 러시아·동유럽형과 중국형의 인센티브 개혁의 주체와 속도, 순서의 차이는 흔히 알려진 것처럼 급진주의와 점진주의의 유형과 관련이 있다. 그러나 개혁의 방향이나 내용에서는 '보다 많은 시장화'와 '상대적으로 제한적인 시장화'로 단순화되지는 않는다. 러시아·동유럽의 경우 가격자유화, 국유기업 민영화, 노동시장 유연화는 중국에 비해 빠르게 진전되었으나 노동자가 비교적 정치적으로 조직되어 있기 때문에 국가에 의한 생활수준 보호조치가 다각적으로 이루어졌다. 한편 중국은 국유부문의 시장화는 느리지만 기업 유형별로 고용의 안정성이나 임금의 차가 매우 크게 나타나고 있다. 그리고 비국유부문의 노동시장의 유연성은 극도로 높은 편이라고 할 수 있다.

러시아·동유럽의 경우 기업·노동제도의 집권화 수준이 훨씬 높았고, 2차경제[8]의 확산으로 국유기업의 경쟁력이 심각하게 훼손된 상태여서 기업 내에서 점진적으로 인쎈티브 구조를 재설계할 시간이 없었다고 할 수 있다. 그 결과 국유기업 내에서의 개혁을 시도하기보다는 사회 전체적으로 일거에 시장원리를 도입함으로써 무너진 인쎈티브 구조를 새로이 창설하는 방향으로 개혁이 진행되었다. 이 과정에서 대량의 실업과 극심한 인플레이션이 발생하게 되었고, 국가는 적극적인 거시안정화 정책을 시행하고 기업·노동제도에 개입해야 했다.

한편 중국에서는 기업·노동제도의 집권화 수준이 비교적 낮은 편이었고 농업·농촌부문이 비중이 높아 국유기업에 대한 경쟁세력도 미약한 수준이었다. 이에 따라 국가엘리뜨는 농촌지역에 비국유부문을 창설하였고 외자도입을 적극 허용하였다. 국유부문에서는 점진적으로 책임과 권한을 이양함으로써 비국유부문과 경쟁하도록 압박하였다. 비국유부문의 확대를 통해 실업을 흡수함으로써 국유부문이 내부에서 점진적으로 인쎈티브 구조를 형성해갈 수 있는 시간을 확보했고 국가는 거시안정화 정책의 부담에서 벗어났다. 그러나 이 모든 과정은 국가 주도로 노동계급이 배제된 채 진행되었다.

요컨대, 러시아·동유럽의 기업·노동제도의 개혁은 처음부터 강력한 국유기업을 중심으로 이루어질 수밖에 없었고, 따라서 경영자층은 물론 노동계급의 정치력에 부딪혀 시장화와 사유화가 쉽게 진행되지 못했다.[9] 중국 모델에서는 국유부문과 비국유부문을 분리하여 국유부문의 개혁은 지연시킨 채 비국유부문에 집중하여 '편파적'으로 시장화·사유화를 전개하였다.[10] 그리고 이러한 제도개혁의 유형적 차이를 낳게 한 데는 초기조건이 중요한 역할을 하였다.

3. 기업·노동개혁의 초기조건

제도·조직적 측면

북한의 경제관리씨스템은 매우 빡빡한 계획씨스템이다. 개인의 소비재까지 배급이 이루어지고 있고, 개인에게는 직업선택의 자유와 권한이 없다. 1965년부터 도입된 계획의 일원화·세부화라는 환경 속에서 기업경영자는 기업운영의 자율성을 거의 가지지 못했다. 특히 1961년에 기업관리씨스템이 지배인 유일관리체계에서 '대안의 사업체계'로 전환하면서 기업은 당조직 체계 안에 흡수되었다.[11] 이에 따라 생산효율을 높일 수 있는 기업단위의 인쎈티브는 거의 작동하지 않았다.

우선 임금을 노동의 양과 질에 따라 분배하면서도 임금은 생활을 보장하기 위한 것이라는 생활비적 개념을 적용하고 있다. 또한, 직업의 선택, 근로조건의 결정, 해고규정 등이 모두 계획경제의 준칙에 따르게 되어 있기 때문에 고용제도가 노동인쎈티브를 자극하는 방향으로 설계되지 못하였다. 게다가 많은 소비재와 교육, 보육, 의료 등 대부분의 사회적 써비스들이 국가에서 배급되고 있다. 임금에 대해 노동의 양과 질에 따른 분배원칙을 제시하기도 하지만, 상대적으로 임금의 비중은 낮아 임금이 인쎈티브로 작용하기에는 한계가 있었다.

북한은 이러한 인쎈티브의 문제를 타개하기 위해서 독립채산제를 도입하였다.[12] 기업소 경영에 있어서 결과에 대한 물질적 관심을 고조시키고, 결과적으로 생산자들의 생산의욕을 고취시키는 일종의 유인체계로서 독립채산제를 일찍부터 도입한 것이다. 그러나 독립채산제는 중앙계획경제씨스템을 보완하는 수준에 불과하였고, 공장지배인들의 권한은 크지 않았다. 여전히 국영기업소는 생산수단에 대한 소유나 경영의 단위가 경리 운영의 단위일 뿐이었다(양문수 2001b).

이러한 집권화·계획화의 정도를 정확히 계량화하기는 어렵지만, 상대적인 비교는 가능하다. 북한의 경우 개혁 이전의 중국은 물론 동유럽, 심지어 과거 소련보다도 집권화의 강도가 높다고 할 수 있다. 동유럽이나 중국 모두 개혁 이전에 몇차례의 개혁실험이 존재했으나 북한에서는 이러한 개혁시도의 경험이 거의 없었다. 북한의 모든 경제주체는 고전적 스딸린체제에 적응해왔다. 노동계급의 자율성이 취약한 것은 중국의 경우에 가깝지만, 중국과 달리 개혁엘리뜨 그룹의 성장은 철저하게 억압되었다. 또 대규모 국토를 가진 중국은 개혁 이전에도 일정정도 지방분권이 불가피했으나, 북한에서는 집권적 계획씨스템을 훨씬 효과적으로 조직할 수 있었다.

초기 발전수준

〈표 1〉은 북한의 농촌인구와 농업노동력의 비중을 중국·소련과 비교한 것이다. 이에 따르면 북한의 산업화 수준은 소련에 비해 낮은 편이지만, 중국보다는 높은 수준이다. 중국의 시장경제로의 이행은 기본적으로 농업부문의 근대화에 의해 추동된 산업화의 과정이다. 북한의 경제구조는 식민지시대로부터 물려받은 것으로, 일본제국주의의 만주 침략을 위한 중공업 건설의 경험을 가지고 있다. 또 해방 후 북한은 쏘비에뜨형 발전전략을 좇아 근대공업부문의 급속한 성장을 추구하였다. 그 결과 북한에는 상당히 산업화된 경제구조와 인구구성이

표 1 중국, 구소련, 북한의 인구 및 노동력 구성 (단위: %)

	인구		노동력고용	
	농촌	도시	농업	비농업
중국(1978)	82.1	17.9	70.5	29.5
중국(1994)	71.4	28.6	54.3	45.6
구소련(1990)	34.0	66.0	18.2	81.8
북한(2000)	39.8	60.2	30.1	69.9

출처: 中國國家統計局 『中國統計年鑑』, 中國統計出版社.
　　　FAOSTAT Database(http://apps.fao.org).

형성되었다.

국민경제의 발전수준은 기업·노동개혁 같은 해당 국가의 이행 비중과 깊은 관련이 있다. 중국의 경우 막대한 인구를 부양하기 위해서는 우선 농업부문의 생산성이 획기적으로 증가되어야 했고 농촌에서 배출되는 실업인구를 적절히 관리하는 것이 중요한 과제였다고 할 수 있다. 반면 소련의 농업문제는 더 나은 영양수준을 요구하는 도시인구에 식품을 공급하는 차원의 문제였다. 또 러시아공화국의 다수 지역에서는 오히려 이출(移出)에 의한 농촌인구 감소가 문제였으나, 중국의 경우에는 농촌의 절대적 과잉인구가 중요한 문제였다.[13]

북한의 경우 산업발전의 초기조건이 중국에 비해서는 높은 수준이었고, 사회주의화되는 과정에서 농민혁명의 경험이 있는 것도 아니었다. 무엇보다도 북한은 이행의 초기조건에서 중국보다 훨씬 도시화·공업화된 인구 및 산업구조를 가지고 있다고 할 수 있다. 따라서 중국에서처럼 '농촌이 도시를 포위하는' 방식으로 개혁이 진행될 가능성은 크지 않고, 중국에 비해서는 도시부문에서의 기업 내 인쎈티브 개혁, 가격구조의 재조정, 거시경제상의 안정화 문제가 더 큰 비중을 차지하고 있다고 할 수 있다.

성장력 및 재정여건도 중요한 문제이다. 베를리너(J. Berliner)는 소련의 뻬레스뜨로이까와 중국의 개혁을 비교하면서, 개혁 개시 이전에 경제가 성장하고 있었는가 정체하고 있었는가가 그후 개혁의 성공을 좌우하는 열쇠가 된다고 보고 있다(Berliner 1994). 그에 따르면 중국에서도 체제개혁과 함께 인플레이션이 발생했으나(1980, 85, 88년), 금융긴축에 의한 긴축재정을 실시하여 이 사태를 극복했다. 그 때문에 더욱 개혁을 진전시킬 수 있었다. 한편, 소련에서도 인플레이션이 발생하면 긴축정책을 실시하려고 했으나 중국과는 달리 경제가 정체되어 있었기 때문에 이를 극복할 만큼의 체력이 없었다.[14]

북한의 경우 1990년대 들어오면서 경제침체로 2차경제가 확산되고 기근 속에서 시장화가 강제되었다. 국가는 일정하게 개혁조치를 취하지 않을 수 없게 되었지만, 재정이 매우 어려운 상태였기 때문에 농산물의 가격차에 대한 보조용 재정 배분은 거의 사라진 것으로 보인다. 농민시장 거래가격이 공식 배급가격을 크게 상회하면서 국가가 주도적으로 관리하는 유통씨스템의 비중이 크게 축소될 수밖에 없게 된 것도, 북한의 재정상황이 악화된 것과 관련이 있다.[15] 이 때문에 중국이 개혁 초기 실시했던 가격과 임금 인상을 통한 생산 인쎈티브 제고에는 일정하게 제약이 있다(이일영 외 2003).

시장경제의 역사적 경험

이밖에도 인쎈티브 개혁에 영향을 미치는 요소로 경제주체의 시장경험 수준을 들 수 있다. 폴란드는 본격적인 체제이행에 들어가기 전에 이미 시장경제 비중이 20% 이상을 차지했다. 반면 소련뿐 아니라 체코의 경우도 이행 전 시장경제의 비중은 거의 무시할 수 있는 수준이었다. 소련·동유럽에서 이행 전 시장경제의 경험은 오히려 2차경제에서 이루어졌다. 2차경제의 확산은 노동시간의 연장을 의미했다. 2차경제는 본질적으로 기업가적 성격을 가질 수 없었기 때문에, 자본이 증가하거나 고용인원이 근본적으로 늘어나지는 않았다. 반면 국유부문에서의 인센티브 효과는 크게 감소했다. 국유부문의 노동자들은 임금인상보다는 자신들의 노동력을 사적 부문에 투자하는 데 더 많은 관심을 기울이게 되었다.

중국에서는 국가가 계획외경제 부문의 성장을 용인하고 계획외부문과 계획부문, 비국유기업과 국유기업의 경쟁을 유도하였다. 계획외부문이 급속히 성장한 것은 계획화·산업화의 수준이 낮았던 요인도 있지만, 중국인 특유의 시장 마인드가 크게 작용했다고 할 수 있다. 사회주의혁명 이전 전통 중국에서는 시장이 광범하게 발달해 있었고, 중국을 전통적으로 지배하던 '시장의 정신'은 1955~76년의 계획경제 실시 시기에도 사회 저변에 유지되고 있었다고 할 수 있다.

북한의 경우 1990년대 이후 물자 부족과 비공식부문의 확대로 인해 기존의 인센티브 구조조차 작동하지 못하는 상황에 직면하게 되었다. 오승렬(吳承烈)(1999)은 북한주민의 경제적 인센티브 구조에 영향을 미친 환경적 요인이 비공식부문 경제의 창궐 등으로 인한 정보 흐름의 변화에 있다고 분석하고 있다. 그는 1990년대 비공식부문 경제의 확산이 정보의 흐름과 거래비용의 변화를 가져와 기존 인센티브 구조의 기능을 와해시켰다는 점을 강조한다. 극심한 생산원자재 및 에너지 부족 현상과 이로 인한 비공식부문의 확산, 계획부문 경제의 위축 등으로 행위자의 노력과는 상관없이 부진한 생산실적을 초래함으로써 인쎈티브 구조 자체가 의미를 상실했다는 것이다.

이러한 정보의 문제와 생산활동의 붕괴 등으로 인해 기업의 경영효율성을 높이고 노동자들의 노력투입을 제고하기 위한 미시적인 인쎈티브 씨스템은 작동하지 못하였고, 이것이 물자부족을 더욱 악화시키고 재정적자를 누적시키는 메커니즘을 가지게 되었다. 북한에서는 기존 계획씨스템의 모순이 심화되는 가운데 비공식부문의 확대로 공식부문의 경쟁력이 더욱 취약해지는 '악순환' 구조에 빠지게 되었다. 이는 국유부문 내부에서 인쎈티브 구조를 설계할 시간과 능력이 축소되고 있다는 점에서, 전환 이전 동유럽과 유사한 상황이라고 할 수 있다.

그러나 북한의 경우 러시아에 비해서는 시장경제의 전통이 살아 있는 편이라고 할 수 있다. 중국보다는 계획화를 통한 집권기간이 길어지고 있지만, 3세대에 걸쳐 시장이 거의 압살된 러시아에 비하면, 더 많은 시장의 전통이 남아 있을 가능성이 높다. 또 사회주의혁명 직전까지 농촌공동체의 전통이 강하게 잔존하던 러시아에 비하면, 북한에서는 분할지적 소농경제가 훨씬 더 넓은 기반을 가지고 있었다고 볼 수 있다. 그리고 식민지 시기이기는 했지만, 북한지역은 해방 이전 만주지역과 함께 전세계적으로 가장 빠른 경제성장을 보였던 지역이라는 점도 감안할 필요가 있다.

지리적 요인

이상과 같은 제도적·경제적 요인 이외에 북한이 처한 지리적 위치가 개혁 방향에 미치는 영향력도 크다. 너무나 자명한 말이지만, 북한에서 볼 때 러시아나 동유럽은 멀고 중국과 남한은 가까운 거리에 있다.

중국의 개혁에는, 중국이 홍콩과 서로 이웃하고 있다는 점, 타이완과 동남아시아를 중심으로 많은 화교(華僑)가 분포하고 있다는 점이 다른 이행국은 가지지 못한 유리한 환경을 창출해주었다. 화교는 중국과 세계를 연결하는 무역의 파트너이자 자본의 제공자이며, 시장경제란 무엇인지를 가르쳐주는 교사이기도 했다. 동독의 체제이행에는 서독과의 화폐통합, 서독자본의 유입이 결정적 역할을 했다. 그러나 러시아에는 이같은 환경이 만들어지지 않았다. 러시아는 시베리아에 경제특구를 설치하려고 했으나 잘 실현되지 않았다. 여기에는 지리적 불편함과 국내 경제와 정국의 혼란이 영향을 미쳤을 것이나 적극적으로 러시아에 투자하려는 교포가 없었다는 것도 중요한 이유이다.

그러나 북한의 개혁에는 한국자본과 중국자본이 상당한 역할을 할 수 있을 것이다. 자금 등 요소투입은 물론 인력, 기술의 외부적 충격효과도 기대할 수 있다.

또 한국과 중국은 동아시아형 경제모델의 요소를 일정정도 공유하고 있다.[16] 중국의 국유기업 노동자의 경우 근속연수는 길지만 임금격차는 작은 편이다. 따라서 제도적으로 노동계약제가 도입되었지만 유형적으로 영미형 고용씨스템을 지향하고 있다고 할 수는 없다. 비국유부문의 경우 개발 초기 동아시아 모델에서의 저임금·장시간노동 체제에 가깝고, 국유부문은 기능별로 분단된 노동시장 안에서 노동자들에게 장기고용을 보장하고 사회적 써비스를 제공하고 있다. 중국의 고용씨스템은, 기업·노동·국가의 효율을 개선하면서 현재의 정치체제를 지속시키는, '중국 특색'의 '변형되고 유연화된 동아시아 모델'의

한 구성요소로 볼 수 있다.[17]

북한의 경우에도 인쎈티브와 자극의 체계가 완전히 소멸된 상태여서 이의 회복을 위한 개혁이 시급한 상황이다. 국유기업의 사회주의적 제도화가 훨씬 심각한 북한의 경우, 비국유부문을 창설함으로써 재산권 문제를 일단 우회한 채 기업에 새로운 인쎈티브 체계를 마련하고 이 경험을 국유부문에 확대하고 있는 중국의 경험을 목표모델로 참고하지 않을 수 없을 것이다.

현재 북한은 공장가동률과 재정능력, 산업적 가치 등을 고려하여, 정부보조금 지원대상 기업을 선별할 수밖에 없다. 이미 1990년대 중반 이후 경제위기 상황에서 생산 정상화가 불가능한 기업들도 많다. 결국 이러한 잠재적 실업자층을 생산에 참여시키기 위해서는 개인상공업을 허용해야 한다. 개인상공업은 생산·유통·소비 영역에서 시장체계를 확산시키는 가장 중요한 제도적 변수이며, 가격과 임금정책의 변화를 가져오는 핵심 영역이 될 가능성이 많다.

4. 기업·노동제도의 초기 개혁정책

2002년 7월 이후 북한에서 실시된 '경제관리개선조치'의 주된 내용은 가격 및 임금 조정, 배급제 축소, 공장기업소의 자율성 및 인쎈티브 확대 등이었다. 이는 사회주의 각국에서 시행한 초기적 개혁정책에서 자주 관찰되는 내용을 담고 있는데, 이하에서는 이의 의미를 비교론적으로 평가하기로 한다.

우선, 가격과 임금을 동시에 조정하여 물품가격을 시장가격 수준으

로 책정하고 임금을 그에 맞추어 조정함으로써 가격기능을 되살려내
고자 하였다. 또 공장기업소의 당조직기구를 축소하였다. 이는 공장
이나 기업소의 경영상의 책임과 자율성을 강화하기 위한 조치로 이해
된다. 공장단위, 지방단위로 자율적인 물품가격 책정 기능을 부여하
였고, 지방 중소기업을 중심으로 책임관리제를 도입하려는 움직임도
나타나고 있다. 공장기업소의 노동자에게 분배되는 몫도 계획을 초과
하여 달성한 이익 정도에 따라 변동되도록 하여 노동인쎈티브를 강화
하였다.

기업에 대한 인쎈티브 체계 복원을 위해 취한 조치 가운데 가장 중
요한 것은 기업의 경영실적에 대한 평가방법이 바뀌었다는 것, 즉 '번
수입'(벌어들인 수입) 지표에 의한 새로운 평가방식의 도입은 기업관리
와 관련해 중요한 의미를 갖는다. 즉 국가계획에 의해 생산이 의무화
된 제품 이외에 다른 제품을 생산·판매해 획득한 수입도 인정하겠다
는 것이다.

그리고 종래에 비해 훨씬 강화된 독립채산제를 실시하도록 주변 여
건을 조성하고 있다. 기업의 경영실적을 화폐지표로 평가하기로 하
고, 이를 위해 2001년 말 시점으로 기업의 부채를 동결하는 등 모든 기
업의 손익상태를 제로로 조정했다. 기업의 판매수입, 원가, 비용, 기업
활동의 손익이 기업의 책임범위 안에서 결정될 수 있도록 가격체계의
왜곡도 바로잡고자 했다.

임금이 노동에 대한 인쎈티브로서 제기능을 수행할 수 있으려면 무
엇보다도 주민들의 기본생활과 관련된 재화·써비스를 거의 무상으로
공급해온 기존의 분배제도를 폐기해야 할 필요가 있었다. '경제관리
개선조치'는 이러한 필요성 위에서 추진되었고, 이는 국가가 더이상

모든 주민의 기본생활을 보장하지 않는다는 의지의 표현이기도 하다. 또한 임금을 인상하면서 직종별·계층별로 차등 인상하였으며, 기본적인 임금지불형태로서 도급지불제를 강화했다. 아울러 공장, 기업소의 수익이 많아지면 노동자들도 기본임금보다 더 많은 액수를 받게 되었다.

북한당국은 이러한 변화를 '개선'이라는 한정된 의미로 말하고 있고, 국내에서도 북한 조치의 '한계'를 지적하는 논의가 많다. 현재까지는 생산이 감퇴하면서 암시장이 확대되는 스태그플레이션 상황에서 비공식부문으로 자원이 배분되는 역류현상을 차단하여, 공식부문의 생산을 안정화·효율화함으로써 잠재적인 국가재정 문제를 해결하고자 한 것으로 평가할 수 있다(이일영 2002a).

외견상 지금까지의 북한 상황은, 1960~70년대 동유럽에서 나타났던 개량사회주의의 기업·노동제도를 벗어나는 것은 아니라고 할 수 있다.[18] 개량사회주의하에서도 기업의 평가기준을 산출량에서 판매량으로 전환하고 중앙의 계획을 축소하며 세부계획은 기업에 위임한다. 또 이윤유보를 통해 임금을 인상하거나 감가상각에 사용하게 했다. 임금 결정에서도 인쎈티브를 도입해 생산증대를 꾀하거나 기업이 자율적으로 정하게 하기도 했다.

그러나 초기 정책이 어디까지 진전할지는 그 자체만으로 판단하기 어렵다. 동유럽에서 본격적인 체제이행에 돌입했을 때도 기업·노동개혁이 신속히 진행된 것은 아니다. 급속하게 개혁이 진행된 부문은 가격부문, 대외무역·외환부문 등이다. 임금제도의 경우 헝가리에서만 규제 없이 자유화되었으며, 다른 국가들은 지나친 임금상승을 막기위해 벌칙세를 부과했다. 임금상승을 통한 인플레이션을 막기 위해 국가는 오히려 국유기업을 통제해야 하는 상황에 직면했다. 본격적인 이행에 들어갔음에도 파산법이나 세제 규정의 미비로 기업개혁에는 상당히 긴 시간이 소요되었다. 대규모 국유기업의 사유화는 전체적으로 지지부진했다(정형곤 2002).

중국의 경우도 개혁 초기의 기업·노동개혁은 대단히 '부분적'이었다. 국유기업의 노동계약제는 3년간의 실험을 거쳐 1986년에야 도입되었고, 그것도 신규 채용자에 국한되었다. 임금제도 역시 초기에 이미 전국적인 임금인상과 승급, 성과급·보너스 제도의 도입이 이루어졌으나, 임금구조 자체에 대한 개혁이 모색된 것은 1985년 이후의 일이다. 기업에 자율성을 부여하고 인쎈티브를 제공하는 기업구조와 소유제 문제가 제기된 것은 1993년경부터다. 기업·노동제도의 시장화가 빠르게 이루어진 것은 비국유부문의 창설을 통해서였다(이일영 2004a).

동유럽의 급진적 이행이든 중국의 점진적 이행이든, 기업·노동제도에 대한 '개선'과 '개혁' 사이에 뛰어넘을 수 없는 간격이 있는 것은 아니다. 종래의 여러 제도들이 견고하게 맞물려 서로를 보완하지만, 그중 한가지 틀의 비중이 높아질수록 그 틀을 선택하는 것이 유리해지기도 한다. 별다른 변수가 없다면 '경제관리개선조치'는, 조금씩 가격결정 메커니즘과 자원배분 방식, 경영조직상의 재편을 촉진하는 방향으로 영향을 미칠 것이다.

기존 국유부문 외부에 급속한 변화의 공간이 존재하는가에 따라, 변화의 패턴은 규정될 것이다.[19] 그 공간이 거의 없다면 기업·노동개혁보다는 가격·소유제개혁 중심으로 이행이 강제될 가능성이 크다. 즉 초기 개혁정책과 그에 따른 변화가 얼마나 진전할 수 있는지는 초기조건과 목표모델의 영향을 강하게 받는다고 할 수 있다.

5. '북한형' 기업·노동개혁의 구성요소

개혁의 접근방식

중국형 이행모델이 정립되기 전까지, 그리고 러시아·동유럽의 빅뱅식 체제이행에 상당한 댓가가 따른다는 사실이 확인되기 전까지, 시장경제라는 경제적 이행의 목표에 도달하는 데에 다양한 방법이 있을 수 있다는 사실은 종종 무시되었다. 그러나 이제 이행에 있어 재산권이나 사유화 같은 문제의 중요성은 상당히 감소되었고, 시장과 국유기업의 양극단 사이에서 다양한 '제3의 길'이 나타날 가능성이 받아들여지고 있다.

앞서 고찰한 것처럼, 사회주의 경제의 인쎈티브 구조 개혁의 유형은 크게 보아 러시아·동유럽형과 중국형이 있고, 여기에는 각국이 처한 초기조건의 차이가 중요한 작용을 했다. 북한의 초기조건, 그리고 현재 시작되는 것으로 보이는 이행정책의 내용도, 앞서 개혁을 진행한 국가들과는 차이가 많다. 북한의 집권적 계획경제의 제도적 견고성은 중국보다는 러시아·동유럽에 가깝고, 산업구조 등 초기적 발전수준도 동유럽과 비슷하다. 시장경제의 경험과 기타 역사·지리적 조건으로 보면, 참고할 개혁모델은 오히려 중국에 가까운 편이다. '경제관리 개선조치' 등을 초기 개혁정책으로 본다면 이는 동유럽의 분권형 계획경제 모델과 유사한 측면이 많다.

북한의 개혁정책에서는 주체 문제가 매우 중요하다는 의견도 있지만, 집권엘리뜨의 교체가 있든 없든 간에 개혁정책의 패턴변화 폭은 상당히 제한적이라 볼 수 있다. 독일의 경험과 국제적 조건을 감안할 때 한국정부에 의해 갑자기 흡수통일이 이루어지기는 어렵다고 볼 수 있다. 그렇다면 북한 개혁정책의 주체는 대체로 개발독재를 시도할 가능성이 크고, 이는 중국형에 가까운 형태이다.[20] 개혁의 속도는, 내외의 모순이 누적되고 있고 경제규모가 크지 않음을 고려할 때, 북한 핵문제가 해결된다면 과거 중국보다는 빨라질 가능성이 크다. 이렇게 볼 때, 북한의 개혁은 '동유럽형 분권화→중국형 시장화→동유럽형 사유화'라는 지그재그식 혼합형으로 전개될 조건을 갖추고 있다.[21] 국유부문 바깥에서는 특구가, 농촌지역에서는 중국같이 비국유기업이 형성될 것이지만, 국유부문의 비중과 경제규모 등을 고려할 때 국유부문의 개편 압박은 중국보다 훨씬 큰 편이다.

이러한 전망에 따르면, 북한에서는 동구권과 소련의 경험을 참조하면서 인쎈티브 구조와 기업지배구조를 매우 세심하고 조심스럽게 설계하고 제도 배열의 순서를 정확하게 하는 것이 필요하다.

우선, 북한의 경우 인쎈티브 제도의 회복과 생산의 정상화 중 무엇이 우선이라고 할 수 없다는 의미에서 두 과제는 상호 인과관계에 있다. 생산의 정상화는 인쎈티브 제도의 회복을 위한 전제조건이고, 인쎈티브 제도를 복구하는 것은 장기적인 생산의 정상화를 위한 기초가 되기 때문이다. 그럼에도 불구하고, 생산의 정상화를 도모하여 새로운 인쎈티브 제도를 구축할 수 있는 여건과 환경을 마련하는 것이 북한의 현실에서는 매우 중요하다고 판단된다. 따라서 외자도입과 경제특구 실험 등을 통한 공급능력 확대와 인플레이션 억제가 우선적으로 이루어져야 한다. 생산이 어느정도 정상화되어야 새로운 경제적 인쎈티브 씨스템의 실험도 가능할 것으로 판단되기 때문이다.

생산이 어느정도 정상화된 후에는 '개선'이 '개혁'으로 나아가게끔 세심한 제도 설계가 필요하다. 즉 '개선'을 '개혁'으로 확대·발전시킬 수 있는 제도적 과정을 설계해야 한다. 개혁으로 나아간다는 것은 재정씨스템의 분권화와 지방화 그리고 분권화된 경제조직에 개별적인 경제적 인쎈티브를 강화하는 것을 의미한다. 소유권 문제를 해결하지 않고는 이러한 경제개혁의 과정에서 경제적인 인쎈티브의 작동이 어렵다는 주장도 있지만, 사적 소유권의 전면적 도입 없이도 여러가지 개선조치 등을 통해서 기존 씨스템의 효율성을 높일 수 있는 방안이 많이 있을 것으로 생각된다.

기업 내 인쎈티브 개혁

재산권의 올바른 할당이 경제적 효율성을 보장한다는 명제는, 이행과정중인 많은 나라들에서는 논리적으로나 현실적으로나 성립되지 않는다(Stiglitz 1994, 제10장). 명제의 입증보다 중요한 것은 경쟁과 혁신이 잘 이루어지도록 제도를 설계하는 것이다. 따라서 이와 관련된 몇가지 사항을 검토해보자.

첫째, 임금이 노동자의 생계비를 충족하는 수단에 그치지 않고 노동인쎈티브를 유발할 수 있는 씨스템으로 정착되어야 한다(임금제도 개혁). 임금이 노력투입을 촉진하는 인쎈티브로 작동하기 위해서는 임금차등화를 적절하게 설계해야 한다. 대부분의 사회주의 국가에서 임금은 개별 성과와는 거의 관련이 없었다. 즉 임금구조는 경직되어 있고 위에서 아래까지 편차가 거의 없었다.

따라서 임금을 기업성과와 연동시키는 것 그리고 임금을 개인의 노력과 숙련도와 연계시키는 것이 필요하다. 우선, 기업성과를 임금에 연동하기 위해서는 기업단위 성과급제도나 집단성과급제도 등을 검토할 필요가 있고, 임금을 개인의 노력과 숙련도와 연계시키기 위해서는 직종(작업형태)별 차별임금이나 교육과 숙련에 대한 보상씨스템을 구축할 필요가 있다. 즉, 임금은 일할 의욕과 숙련 습득의 인쎈티브를 제공해야 한다.

시장경제로 전환한 대부분의 동구권 국가들이 이러한 방향으로 임금씨스템을 바꾸었다. 폴란드나 체코는 화이트칼라에 대한 임금프리미엄과 교육에 대한 수익률을 높이는 방향으로 나아갔고, 러시아에서도 숙련에 대한 보상이 높아졌다. 중국의 경우도, '기본임금＋부가급여(종종 현물급여)'에서 임금과 생산성 또는 이윤율에 기초한 임금으로 나아갔다. 승진, 연공, 생계비 등을 종합적으로 고려한 위계적인 임금체계의 도입은 기업 내의 위계적 기업조직의 형성과 맞물려서 기업지배구조를 확립하는 데도 기여할 것이다.

둘째, 노동이동과 직업선택의 자유를 확대하는 문제이다(고용제도 개혁). 국유기업의 노동력 축장(labor hoarding) 관행을 단계적으로 해소하는 것이 필요하고 비국유기업에 채용권과 해고권을 부여하는 문제도 고려해야 한다. 북한의 노동력 부족 현상은 노동력 부족(labor shortage)이 아니라 노동력 축장의 결과이다. 따라서 사회주의 경제의 체제이행 과정에서 '국영기업으로부터의 노동력의 방출'(labor shedding)이 불가피할 것으로 보인다. 그러나 노동력의 이동을 강제적으로 억제하는 정책을 취해온 북한이 노동의 자유로운 이동을 보장하는 체제로 새롭게 탈바꿈하기는 매우 어려울 것으로 보인다. 특히 개혁과정에서 임금 저하, 착취, 일자리 손실 등을 방지하면서, 노동자들이 이동할 수 있는 조건을 만드는 것은 쉽지 않으리라 판단된다.

인적자원의 배분 기능과 인쎈티브 기능을 가지는 자본주의적 노동시장 기능을 도입하고, 노동력의 부문간 재배치를 의미하는 산업간 구조조정 과정을 거치는 경우 대규모의 실업이 발생할 가능성이 있고, 이는 현재 기업에 연동되어 있는 각종 사회적 써비스 제공씨스템의 붕괴를 가져올 수 있다. 중국의 경험처럼, 사회보장씨스템이 갖추어지지 않은 상태에서는 임금은 안정시키고 고용은 유지하는 방향을 채택해야 할 것으로 판단된다.

셋째, 사회적 써비스 제공씨스템을 점진적으로 개혁하는 문제이다. 사회적 써비스 제공씨스템의 개혁방향은 모든 사회적 써비스가 국가에 의해서 일방적으로 공급되던 구조에서 노동자와 기업, 그리고 국가가 분담하는 구조로 전환되어야 한다. 기존의 사회주의적 씨스템하에서는 보상의 절반 이상이 주택, 교육, 의료 등을 포함하는 국가보조(benefits)로부터 나왔다. 특히 북한의 경우 생필품까지 배급되는 비율이 높았다. 따라서 우선 배급과 임금의 비중을 단계적으로 조절해갈 필요가 있다. 교육, 보건, 의료, 주택과 일부 기초생필품을 제외한 배급품목은 점차 축소하면서, 나머지 소비재들은 임금으로 충당할 수 있도록 해야 할 것이다. 나머지 소비재들의 가격은 적어도 시장가격은 아니더라도 '기회비용'의 관점에서 가격이 설정되어야 할 것으로 판단된다.

310

기업지배구조의 강화

한편 기업 인쎈티브 구조의 구축은 기업지배구조의 정밀한 설계와 함께 이루어야 한다. 기업지배구조란 기업경영에 관련된 이해관계자들의 권리와 책임의 구조를 의미하는 것으로, 현실적으로는 어떻게 경영자를 감시·통제하여 잉여를 최대화할 것인가 하는 문제이다. 북한의 경우 전면적인 시장개혁으로 나아가기에는 초기조건이 매우 열악한 상태이기 때문에, 단계적인 방식으로 기업지배구조를 개선해나가면서 생산을 정상화하고 개혁의 폭을 넓혀나갈 수밖에 없다.

우선 내부자 통제와 외부자 통제를 결합하는 방식으로 기업지배구조를 재설계해야 할 것이다. 자본시장과 상업은행이 없는 북한으로서는 시장메커니즘에 기초한 외부자 통제씨스템을 곧바로 도입하기는 어렵다. 따라서 먼저 기업단위의 인쎈티브 씨스템을 강화하기 위해서 내부자 통제씨스템을 만들고, 이를 보완하기 위한 위계적 형태의 외부자 통제씨스템을 결합하는 방식이 바람직할 것으로 보인다.

집권화에 따른 무임승차 문제를 해결하기 위해 지배구조를 확립하지 않은 채 분권화를 통해 미시단위에서 인쎈티브를 부여하고자 하면, 내부자 통제의 진전과 그에 따른 공유자산의 침식과 사실상 사유화(de factor privatization)에 봉착하게 된다. 이 때문에 반드시 외부자 통제씨스템을 함께 가져가야 하는데, 여기에는 단일형 위계조직(U-Form)보다는 분권형 위계조직(M-Form)의 장점이 크다고 할 수 있다. 단일형 위계조직 기업의 경우는 제조·영업·재무·기술 등 직능별 부문을 최고관리자가 통괄하기 때문에 컨트롤 로스가 누적된다거나, 이윤 이외의 다른 목적을 추구하는 경우가 많기 때문이다(이일영 2002a).

즉, 사업체 단위로 권한을 위임하면서도 그보다 상위 수준에서 기업소의 경영성과를 관리하는 씨스템을 구축할 필요가 있다. 즉 기업에 파견된 당조직을 관료기구와 경영자로 대체하면서 강력한 행정적 통제기구를 형성할 필요성이 있다. 이러한 행정적 통제씨스템은 가급적 빠른 속도로 감독의 인쎈티브를 갖춘 자산관리씨스템으로 전환하도록 한다. 요컨대 아래로부터 기업과 노동자의 노력을 이끌어낼 수 있도록 내부자의 기업 통제권한을 강화하면서, 밖으로부터는 행정적이고 위계적인 기업지배구조 또는 자산관리체제로 기업을 감시하고 규율하는 씨스템이 결합되어야 한다.

소유권 개혁과 관련된 문제

다음으로, 사적 소유권과 관련된 문제를 검토해보자. 결론적으로 사적 소유권의 범위는 확대하되 단계적으로 추진할 필요가 있다. 북한의 소유구조는, 협동화가 완성된 1950년대 말 이후 국가소유 중심으로 전면적으로 재편되어 있는 상태이며, 여기에 협동적 소유가 부분적으로 결합되어 있는 형태를 취하고 있다. 따라서 체제안정과 가격안정만 이루어진다면, 소유제 개혁 없이도 안정적인 성장이 가능하다고 판단할 수도 있다. 그러나 극심한 물자부족이 지속되고 있고 비공식부문이 계속 확대되는 상황을 고려할 때, 소유구조를 어느정도 다양화할 필요성은 있다고 판단된다. 즉 개인들의 생산 및 영리 활동을 확대 허용하는 조치가 필요하고, 이들의 사적 소유권을 일정한 한도 내에서 보장하는 조치가 필요하다.

국유자산의 매각을 통해서 국유기업을 빠르게 사유화하는 전략도

상정해볼 수 있다. 그러나 북한의 경우 국유기업을 빠르게 사유화한다는 것은 정권의 불안정화 등 정치적 문제를 유발할 가능성이 커서 사실상 불가능한 측면이 많다. 게다가 북한은 국유기업의 비중이 매우 높기 때문에 국가소유를 빠르게 제거하는 것은 현실적으로 이루어지기 어렵다. 그러나 '고난의 행군'을 거치면서 투자가 중단되고 시설의 노후화가 심각하게 진행된 경우라면 사유화 조치를 신속히 이루는 것이 바람직하다. 개인이 소규모 합작기업소 설립을 유도하는 정책과 사회협동단체의 생산영리활동을 확대하는 조치도 함께 추진되어야 한다. 국유기업을 사유화하는 작업은 지방기업이나 중소규모 기업을 중심으로 하여 신속하게 추진될 수 있을 것이다.

이런 점에서 북한의 소유권 개혁은 '복선형(複線型)' 개혁이다. 즉 아래로부터 새로운 기업이 창설되도록 하고 이들에 대해 사적 소유권을 보장하는 한편, 경쟁력 없는 국유기업은 위로부터 빠르게 제거하는 전략이 동시에 추진되어야 한다.[22]

6. 새로운 인쎈티브 제도를 위해

이 글에서는 기업 내 인쎈티브 문제를 중심으로 북한경제개혁의 초기조건, 최근 개혁정책을 비교론적으로 분석하고 '북한형' 경제개혁의 유형화를 시도했다. 기본 관점은, 아직은 제한적이지만 북한경제는 진화적 이행과정에 있으며, 누적되는 압력이 변화를 강제하는 중이라는 것이다. 논의된 주요 내용은 다음과 같다.

러시아·동유럽에서는 제도의 집권화 수준이 훨씬 높았고 2차경제

가 확산되어 기업 내부에서 인쎈티브 구조를 새로이 창설하기 어려웠
다. 그리하여 시장이 급속하게 도입됨으로써 대량 실업과 극심한 인
플레이션이 발생했고, 국가는 거시적인 안정화정책을 적극적으로 시
행하게 되었다. 한편 중국은 제도의 집권화 수준도 비교적 낮은 편이
었고 국유기업과 경쟁할 만한 세력도 미약한 수준이었다. 이에 따라
비국유부문을 적극 창설하였고 국유부문에서는 책임과 권한을 점진
적으로 이양하였다. 국유부문은 내부에서 인쎈티브 구조를 형성했고
국가는 거시안정화 정책의 부담에서 벗어났다.

북한은 개혁 이전의 중국뿐 아니라 동유럽, 심지어 소련보다도 집
권화의 강도가 높다고 할 수 있다. 북한의 경우는 산업발전의 초기조
건이 중국에 비해서는 높은 수준이었고, 사회주의화 과정에서도 농민
혁명의 경험이 없었다. 또한 경제침체로 2차경제가 확산되고 기근 속
에서 시장화가 강제되는 등 북한의 상황은 동유럽과 유사했다. 그러
나 북한은 러시아에 비해, 시장경제·소농경제의 전통이 살아 있는 편
이다. 또 지리적으로 중국과 한국은 가까운 거리에 있으므로 동아시
아 모델이 참조 모델이 될 가능성이 높고, 한국자본·중국자본이 북한
개혁에서 중요한 역할을 할 것이다.

최근 북한의 초기 개혁정책은 동유럽의 개량사회주의의 경험과 유
사하지만, 초기 개혁정책과 그에 따른 변화 가능성은 초기조건과 목표
모델의 영향을 강하게 받는다고 할 수 있다. 북한의 초기조건은 동유
럽형, 이론·정책은 중국형으로 유형화할 수 있다. 즉 북한의 개혁정
책은, 이행주체는 중국형, 속도는 동유럽형에 가까운 혼합형이 될 가
능성이 크며, 순서는 '동유럽형 분권화→중국형 시장화→동유럽형
사유화'의 지그재그식으로 전개될 조건을 갖추고 있다. 국유부문 바

깥에서는 특구가, 농촌지역에서는 중국처럼 비국유기업이 형성되겠지만 국유부문의 비중과 경제규모 등을 고려할 때 국유부문의 개편 압박은 중국보다 훨씬 큰 편이다.

'북한형' 기업·노동개혁은 추진주체가 누구든 간에 다음을 깊숙이 고려해야 한다. 첫째, 사적 소유권의 전면도입 이전에 인쎈티브 개혁을 통해서 기존 씨스템의 효율을 높이는 방안을 모색해야 한다. 기업의 재산권 문제는 복잡할 뿐 아니라 시간을 요하는 문제이므로, 초기에는 경쟁과 혁신이 잘 이루어지도록 제도를 설계하는 데 역량을 집중해야 한다. 둘째, 인쎈티브 개혁이 내부자 통제로 귀결되는 것을 막는 기업지배구조를 마련해야 한다. 기업과 노동자의 노력을 이끌어내기 위해서는 내부자의 기업통제 권환을 강화해야 한다. 또한 이러한 내부개혁은, 행정적이고 위계적인 기업지배구조와 자산관리씨스템을 통해 기업을 감시·규율하는 외부개혁과 결합되어야 한다. 셋째, 소유권 개혁은 '복선형'으로 추진되어야 한다. 즉 아래로부터 새로운 기업이 창설되도록 하고 이들에 대해 사적 소유권을 보장하는 한편, 경쟁력 없는 국유기업은 위로부터 빠르게 제거하도록 한다.

13장

축적 위기와 북한의 농업씨스템

1. 농업의 부진과 축적의 위기

1994년 7월 김일성이 사망함으로써 북한은 돌연한 정치적 환경변화에 직면하게 되었다. 북한은 한동안 이미 공식적으로 확정된 김정일을 전면에 등장시키지 않은 채 김일성의 '유훈'에 의한 통치를 계속하였다. 그러다가 1998년 9월에야 최고인민회의를 통해 헌법을 개정하여 국방위원장을 정점으로 하는 새로운 권력구조를 출범시킨 후, 김정일을 국방위원장에 다시 추대함으로써 마침내 김정일시대를 공식적으로 열었다. 이어 2000년 6월에는 역사적인 남북정상회담이 열리고 6·15 남북공동선언을 공표하는 등 남북관계에 새로운 전기가 마련되었다. 이러한 과정을 통해 북한은 그간 준비해오던 후계구도하의 수령제라는 독특한 집권제를 '지속'하면서 수령을 교체하는 초유의 정치적 '변화'를 이루어낸 셈이다.

이러한 '지속'과 '변화'는 축적의 위기를 배경으로 하는데, 여기에는 그간의 축적메커니즘에서 중요한 버팀목이었던 농업부문의 동요가 큰 역할을 담당했다.[1] 경제발전 과정 또는 공업화 과정에서 농업의 역할은 크게 두가지로, 하나는 노동력 제공이고, 다른 하나는 그 노동력을 부양하는 식량의 공급이다. 만약 농업부문이 노동력과 임금재인 식량을 제대로 공급하지 못하면 공업부문의 이윤율은 하락하게 되고, 이는 투자 감소로 이어진다. 북한의 축적위기는 고립된 경제, 제한된 경지, 토지의 한계생산력 하락이라는 조건하에서 농업이 제몫을 수행하지 못한다는 '리카도의 함정'과 관련이 있다. 이 글에서는 농업씨스템 변화를 고찰하고 그 변화의 성격을 분석한 후, 향후 과정을 전망·예측해보고자 한다.

한편, 나까가네 카쯔지(中兼和津次 1976)에 의하면 씨스템은 제도·조직 씨스템을 핵심으로 하되, 재(財)·기술 씨스템이 포함되기도 하고 나아가 가치·규범 씨스템까지도 포괄할 수 있는 개념이다. 이 글에서는 씨스템을 구성하는 요소 중 제도·조직과 재·기술 측면을 주로 고찰하기로 한다.

제도·조직과 관련하여 윌리엄슨(Williamson 1975)은 거래비용 이론을 전개하면서 시장 이외의 거래양식으로 '내부조직'을 제시한 바 있다. 이 글에서도 불완전 정보하에서 생산과 거래를 행하는 제도·조직이라는 관점에서 시장과 농장 문제를 검토하고자 한다. 재·기술은 '농법'이라는 개념을 사용해 고찰한다. 농법 즉 농업에서의 기술체계는, 시장경제하에서는 단순히 기술과정만으로 협소하게 사용될 수 있으나, 이행기에는 혁신의 과제를 포함한 역사적 범주이자 기술적·사회경제적 면을 통합적으로 파악하는 개념이 된다.[2]

2. 위기 이전의 농업씨스템

냉전체제하의 사회주의 국가들은 대체로 중공업을 우선발전시킴으로써 선진공업국을 추월한다는 정책의지를 가지고 있었다. 이들은 급속한 중공업화의 실현이 곧 경제발전이며 빈곤과 낙후에서 벗어나는 지름길이라 판단했다. 중공업의 우선발전을 위해 북한도 저소비·고축적 전략을 경제발전전략의 기본골격으로 삼았다. 즉 소비보다 축적에 우선순위를 두면서 좀더 빠른 축적의 증가를 목표로 했다. 더 많은 자금이 축적될수록 생산은 좀더 빠른 속도로 증가하고 인민의 생활은 더욱 빨리 향상되리라는 논리가 이러한 주장을 뒷받침했다(사회과학원 경제연구소 1970a, 742면 ; 1970b, 504면).

이같은 높은 수준의 자본축적률을 유지하려면 막대한 자금이 필요하다. 그러나 북한은 부존자원이 부족하고 농촌의 비중이 상대적으로 컸기 때문에 다른 사회주의 국가들과 마찬가지로 농업부문이 주요한 자금원이 되었다. 그리하여 요소가격·생산재가격·소비재가격을 억압하는 거시정책, 고도로 집중된 자원배분제도, 국가계획에 의해 통제되는 미시경영 메커니즘이 형성되었다(林毅夫 外 1994). 소비재가격의 상승을 억제하기 위해 저농산물가격정책이 시행되었으며, 농촌·농업부문에서 형성된 잉여를 국가가 효과적으로 관리하기 위해 계획수매·계획배급 제도와 집단농장체제가 수립되었다. 또한 이로써 발생하는 생산력 문제를 보완하기 위해 전통적 집약농법을 강화하였다(그림 참조).

북한의 경우 현물세가 축적 초기에 큰 역할을 했다. 현물세는 1946년에 도입되어 1966년에 폐지되었는데, 농민들은 수확고의 평균 25%를 국가에 납부하였다. 현물세가 폐지된 후에는 농장에서 실시된 국가의 강제적인 곡물수매가 축적메커니즘의 중요한 한 축을 형성했다. 북한당국의 공식발표로는 협동농장의 총 수확고와 현금수입에서 농기계 사용료, 비료대, 연료비, 농장기금 등을 공제하고 그 나머지를 현물과 현금으로 농장원에게 분배하는 것으로 되어 있으나, 실제로는 해당 연도의 농장 수확고에 관계없이 동일한 식량(노동자와 같은 배급량)이 분배되었다. 그리고 그 나머지 전량을 국가가 싼 가격에 매입하는 형태로, 국가는 농업잉여를 수취했다.

단 북한에서도 협상가격차를 이용한, 농업부문으로부터 공업부문으로의 가치 이전이 축적메커니즘에서 얼마나 중요하게 기능했는지는 좀더 면밀한 검토가 필요하다. 다만 생산과 고용 면에서 볼 때 북한

그림 북한농업씨스템의 기본구조

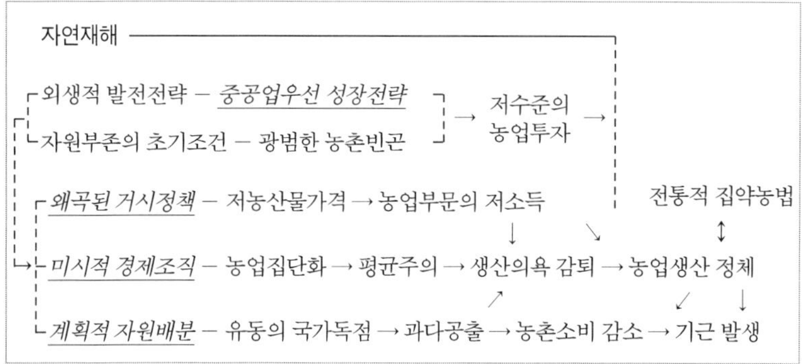

출처: 필자 작성.

의 경우 전체 산업에서 농업이 차지하는 비중이 개혁·개방 이전의 중
국보다 대체로 낮았다는 사실을 토대로 할 때, 자본축적에서 농업, 나
아가 농민의 역할이 상대적으로 작았던 것으로 판단할 수 있다(박정동
2000, 29면).

사회주의 농업제도의 형성

토지개혁에 의한 가족농 경영이 북한의 지배적인 농업 형태였으나,
1954년부터 집단화가 본격적으로 개시되었다. 그리하여 1958년에 이
르면 전국적으로 농업집단화가 완료되어 모든 개인농이 새롭게 형성
된 협동농장에 편입되었다. 1958년 8월 기준으로 협동농장은 모두 1만
3309개가 조직되었고, 1개 농장당 평균 137ha의 토지와 80호의 농가로
구성되었다. 이로써 북한농업에는 협동조합 소유제가 확립되었다.
농업협동화가 일단락된 후 북한은 다시 협동조합의 관리·운영 면
에서 생산력 발전 문제를 제기하였다. 그리하여 당시 최하위 행정단위
였던 리(里)를 단위로 하여 협동조합의 통합이 진행되었다. 통합 결과
이미 조직돼 있던 1만 3309개소(1958년 8월)의 협동조합이 3843개소(1958
년 12월)로 정리되었다. 협동조합의 규모도 크게 확대되어 101~600호
의 협동조합이 85.5%로 대부분을 차지하게 되었다.
'리'단위 통합화를 완료한 후 북한은 행정지도적 지도·관리체계의
결함을 비판하고 기술혁명의 과제를 수행하기 위한 새로운 체계로서
전문적인 농업지도기관을 구상하기 시작했다. 그리하여 1961년 12월,
농업성-도-군인민위원회 체계로 이루어졌던 그간의 행정지도적 방
식을 개선하여 각 군인민위원회로부터 분리·설치된 '군농업협동조합

경영위원회'가 전문적인 지도를 행하는 방식으로 전환하였다. 또 1962년 10월에는 도인민위원회에서 분리하여 도농업위원회를 신설하는 한편, 농업성을 중앙농업위원회로 개편하여 기술적 문제의 연구에 전념하도록 했다.

이 시기에 크게 강화된 '군농업협동조합 경영위원회'는 ①군내 농기계작업소, 농기계공장, 관개관리소, 자재공급소, 가축방역소 등을 직영하는 한편, ②협동조합의 계획사업 지도 및 지원 ③농업생산에 선진적인 기술도입 및 지도 ④협동조합의 노동행정·재정부기·경영 활동의 지도와 농업생산에 필요한 기자재의 적시 공급 ⑤군 전체의 농업발전계획의 작성과 농업기술혁명, 토지개간·정리, 농촌건설 사업을 체계적으로 진행하여 기술혁명의 조기 완성 같은 임무를 부여받았다(이일영·전형진 1997).

중국의 경우 1개 생산대에 참가한 농가가 20~30호, 1개 생산대대에 참가한 농가가 200~300호였으며, 1961년 이후 생산대가 기본 회계단위가 됐음을 감안할 때, 북한의 농업 경영규모는 중국에 비해 대형이고, 집권화의 정도도 중국보다 높았던 것으로 여겨진다. 또한 북한의 집단농업은 지속적으로 강화되었다(이일영 1994).

집약적 농법체계의 확립

북한은 토지개혁 직후부터 북조선인민위원회 농림국에 관개관리부를 설치하고 관개시설의 국가관리체계를 확립함과 동시에 거액의 국가자금을 투입하였다. 농업협동화를 완료한 1958년 이후 100만정보 관개를 목표로 관개사업을 추진하였으며, 밭에 대한 수리화 착수

등을 거쳐 1960년대에 논 관개사업을 일단락지은 것으로 알려져 있다. 1961~69년 기간에 농업부문 투자액 중 수리화에 지출된 비중이 45%를 차지할 정도로 수리화는 최우선적인 과제로 설정되었다. 수리화는 농지건설과 병행하여 추진되었다. 북한은 토지개혁 직후부터 식량증산을 목적으로 중·소규모의 농경지 확장을 시도하였는바, 특히 1970년대 후반부터는 목표치를 제시하면서 대대적인 농지건설을 추진하였다. 그리하여 밭 관개 외에도 다락밭 건설, 토지정리와 토지개량, 대규모 간척사업, 치산치수(治山治水) 사업, 갑문 및 발전소 건설, 소규모 단위의 새땅 찾기 등이 지속적으로 추진되었다.

한편 화학비료의 공급 증대, 비료의 질적 구성 개선, 소석회와 미량원소비료의 생산 증대 등을 통해 밀식재배 등 '주체농법'의 효과를 높이는 데 기여하도록 하였다. 또 포전별, 필지별, 농작물의 생육단계별 시비체계를 확립하여 비료생산성을 높이기 위해 노력했다. 협동적 소유를 전인민적 소유로 전환하는 요구와 결합하여 기계화도 추진되었다. 이에 따라 농기계의 가동률과 이용률 제고, 농기계의 이용효율을 높이기 위한 경지정리사업, 농기계의 공급 증대 등을 추진하였다. 다만 이는 노동생산성 자체를 추구했다기보다는, 공업부문으로 노동력이 동원되면서 나타난 노동력 부족 현상의 보완조치의 성격이 강했던 것으로 판단된다(梁文秀 2000).

또 북한은 제한된 경지면적과 농업생산에 불리한 자연기후 조건을 이겨내고 농업생산, 특히 식량생산을 최대한 늘리기 위해 농작물의 배치 계획을 수립하고 이를 추진하였다. 농작물 배치 원칙으로는, 첫째 적지적작(適地適作)·적기적작(適期適作), 둘째 알곡생산을 위주로 하되 지대적 특성에 맞게 축산업·잠업·과수업 등도 동시에 발전시켜 농촌의 식량 및 원료기지화 달성, 셋째 농산물에 대한 수요의 고려 등을 제시하였다. 농작물 배치에서 특히 중점을 둔 것은 알곡생산의 증대를 위해 수량성이 좋은 벼와 옥수수 재배면적을 확대하고 그 배치를 개선하는 것이었다. 이러한 인위적인 농작물 배치의 결과, 조·수수·맥류 등의 생산이 급격히 감소하고 옥수수 비중이 크게 증대되었다(과학원 지리학연구소 1989, 249면).

북한에서 강조하는 주체농법은 대체로 집약농법이라는 의미로 사용되었다. "주체농법은 (…) 한마디로 말하여 우리나라 실정에 맞는 과학적이며 집약적인 농법이다"(농업과학출판사 1985, 130면). 이는 단위당 면적에 좀더 많은 생산수단과 노동력을 추가적으로 투하하여 보다 많은 생산을 추구하는 것을 의미한다. 토지생산성을 높인다는 기본방향에 따라 수리화와 농지건설, 화학비료 및 유기질비료 공급의 강조, 옥수수 단작화, 밀식(密植), 이모작·간작(間作)·혼작(混作) 등의 작부체계, 기계화가 실시되었다. 즉 북한은 농업협동화를 우선적인 과제로 추진하는 가운데, 집약농법에 의해 생산력 문제를 보완하고자 하였다.

개혁 전 중국에서도 농업기술 '혁명'은 사회주의적 방식을 통한 '정경세작(精耕細作)'의 실현이었으며, 이는 구체적으로 수리건설, 비료생산, 경지확장에 대한 강조로 표현되었다. 북한의 농업기술 '혁명'에서도 수리화와 농지건설의 비중이 높다는 점에서 중국의 경우와 기본방향이 같았던 것으로 평가할 수 있다. 다만 북한의 경우 화학화와 기계화가 중국보다는 상대적으로 높은 수준으로 진행되었다는 점, 작부체계 및 재배법에 상당한 비중을 두었다는 점 등을 추가적으로 지적할 수 있다(이일영·전형진 1998).

3. 농업제도의 지속과 변화

제한적인 분권화

북한농업에서 분조(分組)는 '공동노동과 집단생활의 세포'이며 생산 및 노동조직의 최소단위이다. 북한은 '군농업협동조합 경영위원회'를 신설하면서 분조관리제를 도입하였다. 분조관리제가 도입되기 전에는 작업반이 노동조직과 생산의 기본단위였고, 분조는 작업반 내부의 작업조직에 불과했다. 분조관리제란, 작업반의 하부단위인 분조에 일정한 면적의 토지와 노동력, 역축과 기타 생산도구를 고정시키고 정보당 수확고와 정보당 노력일(勞力日) 투하에 대한 계획을 주어 생산을 책임지고 수행하게 하고, 연말에 계획의 실현 정도에 따라 분조원들의 노동일을 확정하고 생산물을 지불하는 협동농장의 생산조직 형태이자 분배형태이다.

북한당국은 1996년부터 이러한 분조 기능을 향상시키기 위해 새로운 조치를 강구했다. 규모, 생산계획, 잉여생산물의 처분권 등에서 종래의 분조관리제와 다른 분조계약제를 실시한 것이다(金秀大 1997, 23면). 구체적 내용을 살펴보면 이렇다.

첫째, 규모의 측면에서 10~25명으로 구성되었던 종래의 분조와 달리, 새로운 분조는 가족·친척을 단위로 7~10명 혹은 5~8명으로 구성되었다. 둘째, 해당 연도의 국가 생산목표에 따라 각 농장, 작업반, 분조에 할당되던 목표 생산계획이 1996년 분조계약제가 도입되면서 과거 3년간(1993~95)의 평균 수확고와 1993년 이전 10년간의 평균 수확고를 합해 나눈 평균치(통상 10%)보다 약간 적은 양으로 정해지게 되었다. 셋째, 잉여생산물 처분권과 관련하여 종래의 분조관리제에서는 초과생산물에 대하여 국가가 일정액을 지불하고 수매하였으나, 분조계약제에서는 초과생산물을 전부 현물로 농민에게 나눠줬으며 그 초과생산물에 대한 처분권도 허용했다.[3]

또한 1998년 사회주의 헌법을 개정해 사회주의적 소유제도와 중앙집권적 계획경제 요소를 일부 완화하였다. 우선 제33조에서 독립채산제, 원가, 수익성 개념을 명시하고 소유권의 범위를 확대하였으며, 제22조는 사회·협동단체가 소유할 수 있는 생산수단의 범위를 확대하여 사회·협동단체도 농기계를 소유할 수 있도록 하였다. 사회·협동단체의 가축, 건물 등에 대한 소유권 조문을 삭제함으로써 이들에 대한 소유권의 다원화 가능성도 열어놓았다. 뿐만 아니라 제24조에서는 기존의 '협동농장원들의 텃밭경리'를 협동농장원을 명시하지 않은 채단지 '텃밭경리'로만 규정하여 텃밭 경영의 범위를 확대했다(정정길·전창곤 1999).

그러나 북한에서의 분조관리제가 사회주의 분배원칙을 완화하고 분권화로 나아가는 조직혁신의 일환으로 도입된 것이라 보기는 어렵다. 북한당국은 분조관리제의 목적을 농민의 생산의욕 향상과 함께 집단주의 정신의 육성에 있다고 지적하고 있기 때문이다. 요컨대 북한은 협동농장원에 대하여 노력일의 평가와 그에 따른 분배를 실시함으로써 그들의 책임과 생산의욕을 향상시키는 조치를 행함과 동시에, 협동경영을 강화하는 방안을 강구하였다(金秀大 1997, 24~25면).

농장단위의 분권화 움직임이 확산되려면 다른 제도들의 뒷받침이 필요하다. 그러나 초과생산이 가능하게 하는 물적 토대와 초과생산분이 농가소득 향상으로 이어지도록 하는 시장 여건, 그리고 농가가 취득한 초과소득이 재투자될 수 있도록 하는 요소시장 여건 등의 제약 때문에, 새로운 분조관리제의 인쎈티브 씨스템의 효과도 당분간은 제한적일 수밖에 없다(김영훈 2001).[4]

1999년 2월 제정된 '농업법'에 관한 해설을 보면, 제1장에서 법 제정의 의의를 생산의 물질기술적 토대 강화, 농업자원 보호, 관리제도의 강화를 통해 사회주의적 기본제도를 공고히하는 데 두고 있다. 이와 관련하여 국영경리와 협동경리를 사회주의적 기본 경리형태로 규정하고 국영경리의 지도적 역할을 높여야 한다는 점을 강조하고 있다. 또 제6장에서는 농업지도체계를 강화하고 보다 기업적인 관리·운영을 강조함으로써 좀더 집권화된 경영방식을 제시하고 있다. 또 작업반우대제와 분조관리제도 사회주의 분배원칙을 실현하기 위한 수단임을 재확인하고 있다(『민주조선』 1999.1.28; 1.31; 2.3).

농민시장의 확대

북한에서 시장은 해방 이후 1950년까지 '인민시장'이 통상 1개 군 안에 3~4개소가 설치되어 매일 개장하였고, 읍면 단위에서는 재래식 농촌시장이 존재했다. 1950년부터는 '농촌시장'으로 명칭이 변경되었으나 농업협동화와 개인상공업의 사회주의적 개조가 완료된 1958년 이후 국가 주도의 상업유통체계가 확립되면서 농촌시장이 폐지되고 대신 농민시장이 창설되었다. 이후 농민시장은 10일 단위로 열리게 되었고 거래품목도 채소나 부식물에 한정되었다. 그러나 1980년대 들어 국영상업망의 기능이 약화되고 소비재의 공급부족이 이어지면서

1990년대 초까지 농민시장의 거래품목, 규모, 개장 시점 등에 대해 통제와 묵인이 반복되었다(김연철 2001, 343면).

1990년대 중반 들어 북한에서는 경기침체와 농업생산 감소로 생필품과 식량부족이 심화되면서 농민시장이 급증하기 시작해 현재 북한 전역에 약 300~350개소가 개설되어 있는 것으로 추정된다. 평균적으로 1개 군에 2~3개, 그리고 1개 시에 3~5개가 개설되어 있으며, 군 내에서도 읍단위에는 대부분 설치되어 있는 것으로 보인다. 특히 중국과의 접경지역은 여러가지 형태의 변경무역이 활발히 이루어져 시장을 형성하기에 좋은 입지적 여건을 갖추고 있어 북한 내에서도 이곳이 농민시장이 가장 활성화된 곳이다.

원래 농민시장의 거래상품은 개인이 텃밭에서 생산한 채소류 등에 국한하여 허용되었으나, 1990년대 중반 이후부터는 암시장과 구분하기 어려울 정도로 다양한 상품을 공급하고 있다. 상품 구색 및 수량을 살펴보면, 거래품목은 공산품이 농산물보다 많은 편이고 음식물로는 떡이나 국수 등이 주류를 이룬다. 이전에는 식량과 공산품의 거래가 금지되었으나 현재는 지역에 따라 다소 차이는 있지만 식량거래가 대부분 묵인되고 있다. 최근 농민시장에서는 돈만 있으면 어떤 상품이든 다 구입할 수 있다는 말이 나돌 정도로 다양한 상품이 거래되고 있다(정정길·전창곤 1999; 김연철 2001, 344면).

현재 농민시장에서 거래되는 상품을 공급원별로 구분하면, 사적 생산물, 국가 공식부문에서 절취·유출된 상품, 중국·러시아 등 제3국에서 유입된 상품 등으로 나눌 수 있다. 이 중에서 사적 생산물은 농민이 텃밭, 뙈기밭(소토지), 부업밭 등에서 생산한 농산물이 주류를 이루고 있으며 일부 축산물(가금류 포함)이나 가내수공품도 공급되고 있다. 축

328

산물이나 가금류 등은 개인이 사육한 돼지, 개, 닭 등이 주종을 이루며 그밖에 기업소나 협동단체에만 허용된 양봉이나 대가축 사육 등을 개인이 특정 기관의 명의를 빌려 불법으로 대행 생산하여 농민시장에 공급하는 경우도 있는 것으로 전해진다(정정길·전창곤 1999).

북한당국은 "농민시장이 비록 뒤떨어진 상업형태이긴 하지만 사회주의 국영상업과 협동상업을 통해 인민생활에 필요한 모든 물건이 원만히 공급되지 못하는 조건에서 그것을 합리적으로 이용하는 것은 나쁘지 않다"는 정도의 입장을 가지고 있는 것으로 판단된다. 그러나 북한에서 농민시장은 중요한 거래형태의 하나로 자리잡은 것으로 평가된다. 그간 몇차례의 시장 통제조치(1999년 2월에 김정일의 1차 언급이 있었음)에도 불구하고 농민시장의 교역활동은 여전히 활기를 띠고 있는 것으로 전해진다(정정길·전창곤 1999). 통일부는 농민시장의 물가가 1998년 이후 전반적으로 하향 안정화 추세를 보이고 있으며, 상거래행위도 점차 조직화, 대규모화되어 자본주의적 시장으로 성장·발전해나가는 것으로까지 평가하고 있다(『연합뉴스』 2001.12.14).

북한당국이 농민시장을 10일장에서 매일장으로 전환하고 불법적 경제활동을 묵인하고 있는 것은 식량이나 소비재의 공급능력이 저하되면서 국가배급체계가 사실상 마비된 데서 비롯된다. 경제적 어려움에 직면한 북한은 엄격한 통제보다는 상품을 팔 수 있는 매대를 허용하고 장세를 징수하고 있다. 물론 공식적으로 허용한 장소 이외에서의 시장 활동도 묵인하고 있다. 그러나 이것이 시장화의 지속적인 흐름으로 귀결되리라 판단할 수는 없다. 정책변화의 핵심은 계획적인 수매제도와 배급제도를 개혁하는 것이나, 현재 북한이 취하는 자세는 어쩔 수 없이 암시장을 일부 묵인하더라도 가능한 한 국가개입을 통해 이를 관리하는 것이다. 따라서 공급능력을 회복한다면 현재까지의 흐름이 역전될 가능성은 남아 있다. 단 전문장사꾼과 일반주민들이 대거 시장거래의 경험에 노출된다는 사실은 과소평가해서는 안될 부분이다.

4. 농법체계의 지속과 변화

집약적 농법의 조정

북한은 1999년 2월 농촌테제 발표 35돌 기념 중앙보고회를 통해 주체농법에 대한 정의를 "농민들의 의사와 자체 살림에 맞게 농사짓는 과학적인 방법"이라고 재해석하였다. 이는 농민들에게 약간의 재량권을 부여하면서 종래의 옥수수 위주의 작부체계, 밀식 위주의 재배법 등을 조정한다는 의미로 보인다. 즉 종래의 경직된 작부 계획을 대신하여 작물의 다각화, 감자농사 혁명, 이모작 사업, 종자개량 등을 추진함으로써 생산력 회복을 도모하기 시작한 것이다(김운근·전형진 1999).

1998년 9월 최고인민회의(제10기 제1차)를 계기로 김정일체제가 공식 출범하면서 북한농업정책의 최우선 순위로 '감자농사'가 채택되었다. 이후 1999년부터 2001년까지 연이어 신년 공동사설에서 '감자농사혁명'이 식량문제 해결의 주요 추진 과제로 제시되었다. 요컨대 김정일체제가 공식 출범하면서 식량문제 해결의 방안으로 과거 옥수수 증산 대신 감자 증산이 제시되고 있는 것이다. 북한이 감자농사에 힘을 쏟기 시작한 것은 감자가 가뭄에 강하고 생육기가 짧으며 수량이 높다는 점과, 화학비료가 부족한 북한의 현실에서는 많은 비료를 필요로 하는 다비성(多肥性) 작물인 옥수수의 정상적인 생산을 기대하기 어렵다는 점이 고려된 것으로 보인다.[5]

감자 증산을 위한 구체적 수단으로 가장 주목되는 것은 감자 재배면적의 확대이다. 김정일이 1998년 10월 대홍단군 종합농장을 현지지도한 이후, 재배면적을 2002년까지 체계적으로 증가시키는 것을 주요 내용으로 하는 농업성(農業省)의 감자증산 계획이 수립되었다. 그리하여 1999년 감자 재배면적은 17만ha로 확대되어 1998년에 비해 4배나 증가했으며, 2000년 재배면적은 20만ha에 이르렀다. 감자 재배면적의 이같은 확대는, 옥수수 증산정책에 따라 그동안 무리하게 옥수수를 재배하던 지역(주로 북부내륙 고원지대, 북부 산간지대, 동북 해안지대)에서 적지적작의 원칙에 따라 감자재배로 전환했다든지, 또 이모작이 가능한 지역에서 전작(前作)으로 감자재배가 확대됨으로써 이루어진 것으로 보인다.

한편 극단적 토지생산성 추구를 위한 종래의 옥수수 중심의 밀식 재배방식이 일부 조정되고 있다.[6] 대신 춘궁기 식량난 해소를 위해 이모작이 강조되고 있다. 이모작의 확대는 1998년의 공동사설에 이어 1999~2001년 공동사설에서도 계속 주요 농정추진 과제로 제시되었다. 이렇게 북한당국이 이모작을 강조하는 것은, 이모작이 식량문제 해결을 위해 경지를 외연적으로 확대하는 효과를 가지는 것으로 인식되고 있기 때문이다.

그동안에도 이모작의 도입은 집약농법의 일환으로 지속적으로 강조되어왔다. 다만 그전에는 밭농사의 옥수수 주작(主作)체계가 확립되면서 옥수수 수확 후 채소를 생산하도록 하는 데 중점이 두어졌었다.

그러나 최근의 이모작은 식량난 해결에 실질적으로 기여할 수 있는 기본형인 곡물-곡물형을 위주로 하고 있다. 이 경우 2월 하순~3월 중순의 춘파(春播)를 통해 전작으로 밀·보리를 재배하고 후작(後作)으로 논에서는 벼, 밭에서는 옥수수·콩과 옥수수·감자를 재배하는 것이 일반적이라고 할 수 있다.

북한은 1997년부터 UN기구와 NGO들의 재정적 지원으로 '이모작 프로그램'을 추진하기 시작했는데, 그간에는 국제사회의 지원에 힘입어 비교적 순조롭게 이모작 사업이 추진될 수 있었다고 생각된다. 북한의 이모작 면적은 지난 97년 3만8천ha, 98년 7만ha, 99년 10만ha 등으로 꾸준히 확대되어왔다.[7] 이후에도 이모작이 제대로 성과를 거두기 위해서는 비료와 종자 등의 공급이 지속적으로 이루어져야 하고 늘어나는 농업노동량에 대한 보상체계가 마련되어야 한다.

계속적인 수리화와 토지정리의 추진

1960~70년대에 특히 집중적으로 투자되었던 북한의 수리체계는 북한의 실정에 비추어볼 때 지나치게 에너지 의존적인 방향으로 건설되었다. 그리하여 1990년대 이후 연료 및 전기 부족이 심화됨에 따라 농업용수의 공급이 제대로 이루어지지 않고 있다. 국제연합식량농업기구(FAO)의 세계식량계획(WFP)에 의하면, 대부분의 경작 가능지에 관개시설이 정비되어 있지만, 실제 관개가 이루어지는 지역은 관개 가능 면적의 절반에 불과하다고 한다. 이에 따라 북한이 1999년 11월부터 추진하고 있는 개천-태성호 관개수로공사는 양수기를 사용하지 않고 지면 경사도를 이용하는 '자연흐름식'으로 건설되고 있다. 북한당국

에 의하면, 개천–태성호 관개수로공사는 규모 면에서 평남 관개의 5
배에 해당하는 대규모 자연 개조사업이다.

한편 북한은 1999년 신년 공동사설 이후 계속해서 토지정리사업을
강조하고 있다. 가장 먼저 시범적으로 추진된 것은 강원도 토지정리
사업이다. 1998년 9월 공식 출범한 김정일체제하에서 1998년 10월부
터 본격 추진된 강원도 토지정리사업은 총 3만여정보를 목표로 진행
되었다. 뒤이어 1999년 가을부터 평안북도 토지정리사업이 총 5만
5786ha를 대상으로 추진되었는데, 이는 평안북도 전체 농경지의
24.1%(논의 경우 49.1%)에 해당하는 규모다. 2001년 벽두부터 시작된 황
해남도 토지정리사업은 120여일 만에 5만정보의 토지를 정리함으로
써 1단계 사업이 완료되었다. 이어 황해남도의 2단계 사업이 다시 시
작되었고, 향후에는 평안남도와 남포시, 평양시의 토지정리가 동시에
추진될 예정이다(『로동신문』 2001.4.29; 5.2).

북한에서 제시하고 있는 토지정리사업의 목적은 크게 두가지다. 하
나는 봉건적 토지소유관계의 잔재인 뙈기논들을 정리해 기계화가 가
능한 조건을 마련한다는 것이고, 다른 하나는 논두렁과 물길을 정리하
는 작업을 통해 새로운 부침땅(농사땅)을 확보해 식량생산을 늘려간다
는 것이다. 이는 토지와 노동력의 동시 절약을 추구하는 것으로도 해
석될 수 있다. 그러나 황해남도에서 김정일이 경지정리된 토지의 지
력을 높이기 위해 유기질비료를 많이 생산하도록 현지 지도한 점, 새
로 정리한 논에 감자모를 옮겨 심은 점 등을 고려할 때, 토지정리는 기
계화보다는 경지의 외연적 확대 및 수량 증대를 주요 목적한 것으로
판단된다(『로동신문』 2001.5.2; 5.31).

앞서 언급했던 것처럼 김정일은 주체농법을 과학농법으로 재규정하였다. 이에 따라 농업에 과학기술을 적용할 것을 특별히 강조하고 있다.

북한은 감자 증산을 추진하면서 다수확 우량종자의 육성·보급을 위해 대홍단군 농업과학원 감자연구소를 건립하였다. 1998년 5월 설립된 감자연구소에서는 북부 고산지대의 기후풍토에 맞는 다수확 우량품종을 개발하는 한편, 수확고를 높이기 위한 '물거름' 시비량, 종자감자의 재배법, 감자역병 방지대책, 조직배양에 의한 무(無)바이러스 감자종자 생산방법 등을 연구했다(『민주조선』 2001.12.19; 『연합뉴스』 2002.1.18). 또 도별 혹은 시·군별로 감자 조직배양공장을 신설, 다수확 우량종자를 생산·보급하도록 했다. 감자 재배방법도 통감자를 잘라서 땅에 심는 재래식 방법을 지양하고 감자 조직배양공장에서 조직배양하여 육성한 씨감자를 재배하도록 장려하고 있다.

한편 농업과학원에서는 농장의 토양조건에 적합한 품종과 그에 따른 이삭 패는 시기, 시비(施肥) 일정, 수확기 등 주요 생육과정에 대한 정보를 제공하는 농업생산지원 프로그램을 개발했다고 발표했다(『연합뉴스』 2000.2.6). 또 조선컴퓨터쎈터에서는 토지정리 및 건설계획을 수립할 때 여러 형태의 논면적 계산 등 복잡한 작업을 컴퓨터로 대신할 수 있게 하는 토지정리 관련 쏘프트웨어 '천지개벽'을 개발했다고 공표했다(『연합뉴스』 2000.2.11).

2001년 신년 공동사설에서는 강성대국 건설의 '3대 기둥'의 하나로 과학기술을 제시하면서, 농업생산지원, 토지정리, 위성정보처리 관련

쏘프트웨어를 개발함으로써 과학영농의 토대를 구축할 것임을 천명하였다.[8]

김정일체제하에서 부각되는 이러한 과학기술 중시정책의 성격은 김정일이 전개한 종자론(種子論)에 잘 나타나 있다. 김정일은 "종자혁명을 하여 좋은 종자를 심으면 지금과 같은 조건에서도 알곡수확고를 얼마든지 높일 수 있다"고 지적한 바 있다. 즉 농업생산에 이용할 수 있는 토지는 제한되어 있으므로 생산을 늘리자면 토지생산성을 높여야 하고, 여기에서 가장 큰 몫을 차지하는 것은 종자라는 것이다. 또 농업의 집약화에서 중요한 것은 토지의 이용률을 높이는 것이며 이를 위해 이모작을 해야 하는데, 이모작이 성공하려면 그에 알맞은 종자 육성이 선행되어야 하므로 생물공학과 컴퓨터 응용기술을 비롯한 첨단 과학기술을 적극 활용해 새 종자 육성에 힘을 쏟아야 한다는 것이다. 또 이러한 집약화, 공업화에 유리한 조건으로 토지정리, 수리화가 진행되고 있다는 것이다(『로동신문』 2001.5.31).

이와같이 김정일시대 들어 과학농법이 크게 강조되고는 있으나, 집약화를 추구하는 그간 농법체계의 기본성격까지 변화하는 것으로 보기는 어렵다. 최근 북한이 과학기술을 중시하는 것은 종전의 사상중시 유형에서 벗어나, 사상중시 유형에 기술중시 유형을 일부 결합하는 방향을 추구하는 정도로 평가할 수 있다(양문수 2001a, 194면).

5. 지속과 변화에 대한 평가와 전망

전략변경과 씨스템 진화

북한에서 추구했던 중공업 우선발전 전략의 요점은, 생산재부문이 만드는 투자재를 보다 많이 생산재부문에 투하하면 할수록 장기적으로는 좀더 많은 소비재, 아울러 더 많은 국민소득을 창출해낸다는 것이다(소위 펠트만-도마 모델). 그러나 이러한 모델이 효과를 나타내기 위해서는, 첫째 소비수준이 생존유지 수준 이하로 내려가지 않을 것, 둘째 제도의 열등화가 일어나지 않을 것(정확히 말하면 한계자본·산출고비율이 불변일 것)이라는 조건을 충족해야 한다(石川滋 1980).[9]

그러나 잘 알려진 바와 같이 북한에서는 제도의 열등화가 누적되는 가운데 1980년대 말 이후 생존수준에 대한 위협이 표면화되었다. 점점 심화되는 식량난, 지속적인 마이너스 성장, 급격한 공장가동률 하락은 농업부문 및 공업부문 내에서 축적에 필요한 자금을 구하기 어려워졌다는 사실을 의미한다. 축적자금의 고갈은 다시 생산의 부진을 심화시키고 이는 씨스템의 이완으로 연결되었다.

북한당국의 입장에서는, 외자가 본격적으로 유입될 수만 있다면, 일단 '생존전략'으로서는 성과를 거둔 것으로 판단할 수 있을 것이다. 그러나 축적자금 원천의 변경이 곧바로 제도·조직의 개혁을 의미하는 것은 아니다. 제도·조직 개혁의 핵심내용이 '시장화' 내지 '분권화'라 할 때, 이는 북한의 중앙집권적인 정치체제와 갈등을 유발할 가능성이 있기 때문이다(이종석 2000; 조동호 2000). 단기적으로는 오히려 실용주의적인 분권화를 통해 계획경제의 효율성을 추구하는 것이 기본적인 정책방향으로 나타날 가능성이 높다고 판단된다. 즉 시장화·분권화는 그간의 '수령제'에의 경로의존성과 마찰을 일으키지 않는 범위 내로 제한하고자 할 것이다.

따라서 당분간은 대내 경제정책의 기본방향을 제도개혁보다는 생산능력의 정상화로 설정할 것으로 전망된다. 농업부문과 관련해서는 감자증산, 이모작, 토지정리사업 등 내부의 자원동원을 극대화하는 방향으로 노력을 경주할 것이다. 품종개량, 농업관련 쏘프트웨어 개발 등과 같은 농업기술 중시 정책도 체제에 영향을 미치지 않으면서 경제의 효율성을 높일 수 있는 유력한 수단의 하나로 이용될 것이다. 1999년 초 제정된 '조선민주주의인민공화국 농업법'의 기본 방향이 농업지도체계를 강화하고 농업생산을 발전시키는 데에 있다는 점을 강조하고 있는 것도 이러한 맥락에 있다(『조선중앙통신』 1999.2.5; 정정길·전창곤 1999).

농업제도·조직의 혁신 문제

북한농업에 있어서 제도혁신은 불가피하다. 현재의 제도·조직은 국가가 모든 위험을 부담하는 방식인데, 이러한 방식이 유지되기 위해서는 앞서 언급한 대로 제도의 열등화가 진행되지 않는 가운데 생존수준을 유지할 수 있어야 한다. 그러나 현재의 제도로는 결국 구성원들의 무임승차 문제를 해결할 수 없다. 그간 비공식적 압력, 페널티, 강제와 추방 등으로 무임승차 문제에 대응하였을 것이나 그 한계는 분명하다. 무임승차 문제에 대한 대처방법은, 첫째 감시비용이 불필요한 가족농장으로 전환하는 것과, 둘째 감시와 차별임금을 도입하여 기업조직으로 전환하는 것이 있을 수 있다.

둘 중 어느것이 절대적으로 우월하다고 단언할 수는 없다. 폴락(Pollak 1985)에 따르면, 가족기업·가족농장은 주인(principal)이 관리자를 감시하기 쉽지 않다는 점과 노동자도 감시하기 어렵다는 두가지 측면의 조직문제에 대응하기 위해 등장했다. 즉 가족노동은 인쎈티브와 감시의 면에서 우월성을 지니며 구성원이 특이한 정보와 지식을 쉽게 공유할 수 있다는 장점을 갖는다. 윌리엄슨(Williamson 1975)의 설명에 따르면, 하이어러키 조직은 시장에 비해 첫째, 축차적 의사결정이 용이하고, 둘째 소수간 교환시 기회주의를 억제하며, 셋째 불확실성을 감소시키고, 넷째 정보의 편재성을 좀더 잘 극복하고 이러한 조건에서도 전략적 행동을 억제하며, 다섯째 점차 만족할 만한 거래분위기를 형성한다.

지금까지 북한농업의 제도와 기술체계가 형성되어온 과정을 고려할 때, 제도혁신은 직선적인 방향으로 이루어지지는 않을 것이다. 그것은 시장 그 자체의 확대는 물론 가족농장, 기업, 조합 등 여러 형태의 조직적 제도들, 자생적인 거래규칙 등이 공존하고 서로 영향을 미치는 복잡한 과정이 될 것이다.

북한농업의 역사적 과정과 관련하여 향후에 전망되는 주요한 흐름만을 정리해보면 다음과 같다.

북한에서는 한국전쟁과 함께 농업집단화라는 사회혁명이 우선적인 과제로 추진되었으며, 이에 따라 발생할 수 있는 생산력 문제는 전통농법에 의해 보완되었다. 북한의 농법은 상대적으로 견고하고 안정적인 체계이기 때문에, 향후 체제전환 과정에서는 집단적 대경영체제가 소경영적 성격의 농법체계에 조응하여 해체되는 방식의 변화가 하나의 중요한 흐름이 될 것이다.

한편 집단농장으로부터 가족농장으로의 전환이 순조롭지 않아 집단농장에 감시와 차별임금을 도입하여 기업조직으로 전환하는 흐름도 존재할 것이다. 북한 집단농업의 제도화 수준은 개혁 이전의 중국보다는 높고 과거 소련보다는 낮은 편이다. 기존의 수리조직, 농지건설 부분, 기계화 관련 조직, 최근의 토지정리사업 등을 고려할 때, 일률적인 가족농장으로의 분할은 상당한 혼란을 가져올 수 있다.

농법체계의 혁신 문제

최근 북한에서 과학기술 중시정책이 등장한 것은, 북한의 정책방향이 제도혁신보다는 기술진보에 주력하는 쪽으로 가닥을 잡아가고 있음을 의미한다. 과학기술의 중시는 요소 투입 증대가 제한되는 조건하에서 지금까지의 계획메커니즘과 충돌하지 않으면서 경제의 효율성을 제고하기 위한 방편으로 채택될 수 있는 것이다. 물론 효율성의 향상은 배분적 효율성 증대와 더불어 기술적 효율성의 증대를 통해서 이루어질 수 있다. 북한에서 과학기술의 힘을 빌려 효율성을 증대하려는 시도는, 브레즈네프시대의 소련과 같이 계획경제의 효율을 드높이고 집권화를 강화하는 방향으로 전개될 가능성도 없지는 않다(양문수 2001a).

그러나 현재 북한은 이미 기술·투자의 한계상황에 직면해 있는 것으로 판단된다. 그간 토지 이외 요소의 집약적 투입, 토지요소의 외연적 확장 등의 방법만으로 생산증대를 추진해왔는데, 이는 질적 성장

없는 양적 성장을 계속해온 것을 의미한다. 상당한 정도의 연구개발 비용이 투입되기 어려운 조건하에서 기술혁신이 과연 가능한가 하는 것이 일차적인 문제이다. 또 기술혁신을 유인하는 기업 내 제도, 기술혁신의 이익을 실현할 수 있는 시장조건을 형성해야 하는 과제도 남아 있다.

현재 북한은 과학기술을 동원하여 토지생산성을 제고하고자 하지만, 과학기술의 공급이 내생적으로 이루어지는 한 '양적 성장(정체), 질적 정체'(Elvin 1973)의 함정에서 벗어날 방법은 없다. 기존의 투입-산출관계를 바꾸기 위해서는 상당한 양의 투입재와 생산물이 필요하기 때문에 국제사회의 지원이 필수적이다. 또 전략적 부문에 근대적 방법을 도입하여 전통적 요소간의 새로운 결합이 가능하도록 해야 하는데, 자국에서 모든 기술을 개발하려면 막대한 비용이 들 수밖에 없다. 결국 과학기술에 대한 강조는 장기적으로는 개방을 통해 저렴한 비용으로 기술을 도입하는 방향으로 귀결될 수밖에 없을 것이다.

6. 변화의 외중에 있는 북한농업

북한의 농업씨스템은 중공업 우선발전을 위한 저소비·고축적 전략, 소비재가격을 억제하기 위한 저농산물가격정책, 농촌·농업부문으로부터의 효과적인 자원이전을 위한 집단농장체제와 계획적 유통체제, 그리고 그로부터 발생하는 생산력 문제를 보완하기 위한 강화된 전통적 집약농법 등을 토대로 하여 확립되었다. 그리고 이는 각각의 요소가 서로 보완관계에 있는 나름대로 견고한 체계이다(institutional complementarity).

한편 북한에서의 축적의 위기는 전략변경의 가능성, 제도·조직의 부분적 이완을 가져왔다. 1996년부터 종래의 분조 규모와 생산목표를 축소하고 농민에게 잉여생산물의 처분권을 허용하는 변화된 분조계약제를 도입했다. 1990년대 중반부터 농민시장이 급증하기 시작하였고 농민시장에서의 거래상품도 암시장과 거의 구분이 안될 만큼 다양해졌다. 또 종래의 경직된 작부 계획을 대신하여 작물의 다각화, 감자농사 혁명, 이모작 사업, 종자개량 등을 추진함으로써 생산력 회복을 도모하기 시작했다. 수리체계의 개선을 계속 추진하는 한편으로 대대적인 토지정리사업을 새로이 전개하였으며 농업의 과학기술화를 특히 강조하고 있다.

여기에서 북한당국의 의도는 일단 제도 및 조직의 변화를 관리할 수 있는 범위 안에서 제한하면서 생산능력을 정상화하려는 것으로 파악된다. 즉 감자증산, 이모작, 토지정리사업 등을 통해 내부의 자원동원을 극대화하며, 품종개량, 농업관련 쏘프트웨어 개발 등과 같은 농업기술 중시정책에 의해 효율성을 높이려고 하는 것이다. 이러한 점에서 북한농업은 축적위기 이전의 성격을 '지속'하는 한도 내에서 변화를 시도하고 있는 것이다.

그러나 비록 제한적인 변화이기는 하지만 이는 종래의 씨스템을 구성하고 있는 전략, 재·기술, 제도·조직, 가치 등 모든 요소에 조금씩 영향을 누적시키고 있는 것으로 평가할 수 있다. 즉 장기적인 관점에서 본다면, 북한의 농업씨스템은 매우 복합적이고 점진적인 '적응적 진화'의 도정에 있는 것으로 평가할 수 있다. 여기에서 특히 중요한 계기는 외부로부터의 자금·요소·기술·식량의 유입과 농민시장의 확대라고 판단된다.

　제도·조직 혁신과 관련하여 주목할 점은, 이론적으로나 경험적으로나 시장, 가족농장, 조합, 기업조직 등 다양한 제도·조직 형태가 병존하는 것이 일반적이며, 개혁의 순서와 속도 역시 다양하고 점진적일 수 있다는 것이다. 중요한 문제는 여러 형태의 조직적 제도들이 자생적으로 거래규칙을 형성해가는 과정이다. 북한에도 집단농장에서 가족농장으로의 전환과 함께, 집단농장에 감시와 차별임금을 도입하는 등 기업조직으로의 전환이라는 흐름도 함께 존재할 것이다. 아주 장기적인 시야에서 본다면 북한농업의 '변화'는 이미 시작되었다.

1장

1 그렇지만 신자유주의가 완전히 몰락했다고 할 수는 없다. 상품과 자본의 이동은 일시적으로 축소될 수밖에 없지만, 미국이 주도권을 쥐고 있는 국제무역이나 금융질서에 대한 신자유주의의 영향력은 당분간 유지될 것이다(임원혁 2009).

2 지금까지 미국정부가 약속한 부실 금융기관에 대한 지원규모는 7.8조달러에 달하는데, 이는 명목GDP의 60%에 달하는 규모이다(전창환 2009, 133면).

3 한국에서의 금융팽창은 외환위기 극복 이후에 진행되었는데, 그 기원은 1980년대 이후 미국 중심의 금융팽창, 동아시아 주도의 실물팽창에 있다.

4 북한 핵실험은 카오스 단계로의 진입 위험을 높이는 효과를 유발한다. 따라서 한반도 민중의 삶의 터전을 훼손하는 핵확산을 반대하고 단호하게 비핵화를 주장하는 것이 기본원칙이다. 또한 충격과 갈등이 확대재생산되는 것을 막기 위해, 압력과 제재가 적정선을 넘지 않도록 조절하는 것도 필요하다.

5 급진적 이행의 경우에는 불확실성이 매우 높아진다. 그렇게 될 경우 남한에 의한 흡수통일로 상황이 전개될 가능성은 높지 않다고 판단된다. 흡수통일을 주도할 정도로 남한의 흡수력이나 미국의 영향력이 높아지기는 쉽지 않다. 그렇다면 남북한 당사자보다는 국제환경, 특히 중국의 영향력하에서 카오스를 관리하는 체제가 등장할 가능성

이 높다.

6 최근 한국의 사회민주주의 운동에 대해서는 복지국가SOCIETY 정책위원회(2007); 사민+복지 기획위원회 엮음(2008) 참조.

7 시장을 자본주의와 동일시하는 것도 재고해야 한다. 브로델은 경제를 삼층구조로 인식했는데, 가장 아래에 기초적이고 자급자족적인 '물질생활'이, 그 위에 수요와 공급과 가격을 수평적으로 연결하는 '시장경제'가, 그 옆이나 위에 가장 약삭빠르고 강력한 자가 지배하는 반(反)시장의 '자본주의'가 존재한다고 보았다.

8 애덤 스미스의 시대에는 시장에 의한 조절만 말할 수는 없었다. 스미스는 정부의 역할을 부정하지 않았는데, 정부 역할은 자본가들간의 경쟁 촉진, 생산단위들간의 노동분업 장려, 노동인구의 지적 수준 하락을 제어하기 위한 교육투자 등이었다. 또한 정부는 국내시장과 농업 발전에 중점을 두어야 하는데, 이것이 폭력과 침략으로부터 사회를 보호하는 국가의 제1과제와 충돌할 경우, 산업과 외국무역에 우선권을 부여할 수 있다는 것이다(Arrighi 2007, 42~44, 358면).

9 중국의 수입 중에서 소비재의 비중은 2007년에 3.6%에 불과했다(지만수 2009).

10 동아시아 모델에서 핵심적인 것은, 국가가 '발전을 지향'하며 이를 위해 '자원배분에 개입' 하는 정책수단을 사용하는 것이다. 지나친 발전지향성과 국가개입의 방식에 대한 반성이 동아시아 모델 '개선'의 골자이다. 그러나 발전지향성을 완전히 부정하고 제거하는 것은 가능하지도 않고 바람직하지도 않다. 특히 분단체제 이후의 북한지역에 대해서는 압축성장의 시간과 공간을 일정하게 용인해야 한다.

11 바람직한 동아시아 제도수렴 협력의 기본원칙으로는 조정시장경제 체제, 격차문제 해결에 유능한 체제, 민주적 통제가 가능한 체제 등을 열거할 수 있다(최태욱 2009).

12 미국 씰리콘밸리, 네덜란드 란트스타트, 일본 칸사이(關西) 등이 이러한 네트워크형 공간구조를 갖추고 있다(정준호 2008a, 12~18면).

13 이명박정부는 광역경제권 구상을 추진하고 있다. 그러나 이것이 중앙과 지방의 지배·종속관계를 그대로 유지하고 중앙정부 주도로 기존 행정구역을 공간적으로 확대하는 것이라면, 지역자치의 수준을 오히려 후퇴시킬 수 있다. 광역지역화의 의미는 지역의 자립성을 높이는 데 있다. 광역화된 지역은 중앙정부와의 수평적 분업관계, 광역지역 내의 효과적인 의사소통체계를 구비해야 한다.

14 국가의 역할을 사전적으로 신뢰하지도 불신하지도 않은 로널드 코우즈의 다음과 같

은 입장을 참고하자. "내 믿음은 경제학자, 정책결정자들이 일반적으로 정부규제의 잇점을 과대평가하는 경향이 있다는 것이다. 그러나 이 믿음이 정당하다고 해도 정부규제를 줄여야 한다는 것을 의미하지는 않는다. 또한 그 믿음이 경계선이 어디에 그어져야 하는지를 말해주는 것도 아니다. 이는 여러가지 방식으로 다루어진 실제 결과를 구체적으로 조사함으로써 얻을 수 있다. 그러나 잘못된 경제분석의 도움으로 조사가 이루어진다면 그것은 불행한 일이 될 것이다"(Coase 1960, 19면).

15 시장은 가장 분권화된 조직형태이고 기업(위계)은 내부에서의 조정·통제 정도가 가장 강한 조직형태이다. 시장과 기업의 사이에 집권화의 정도가 강해지는 순서로, 트러스트—관계적 네트워크—리더십—공식적 통치기구 등의 조직형식이 존재한다(이일영 2009a).

16 협동조합은 기업 형태에 비해 통제의 정도는 낮고 당사자간 높은 신뢰를 추구하는 혼합형 조직의 한 형태이다. 사회적 기업은 기업과 조직구조는 동일하지만 이윤극대화 대신 사회적 혜택 우선의 원칙으로 운영된다. 비영리조직(NPO)은 본질적으로 교환의 순이익을 최대화하는 데 관심을 두지 않는다는 점에서 협동조합이나 사회적 기업과 다르다(이일영 2009a).

17 진화생물학자 스티븐 제이 굴드에 의하면, "(생물 진화의) 교훈은 다양성과 변이를 그 자체로서 존중해야 한다는 것이다. 우수성은 특정한 점이 아니라 넓게 퍼져 있는 차이들이다. 우리는 변화로 가득 찬 각각의 자리에서 우수해지기 위해 분투해야 한다"(스티븐 제이 굴드 2002, 321~22면).

2장

1 진보개혁세력의 정체가 장기화·구조화할 가능성도 적지 않다. 2008년 7월 30일 서울시 교육감 선거에서 주경복 후보는 보수 후보가 4명으로 난립한 상황에서 사실상 '촛불후보'로서의 상징적 지위를 독점했음에도 불구하고 공정택 후보에게 패배했다. 표면상의 패인은 '강남' '전교조'이지만, 결국 이것도 '정책'의 문제와 관련되어 있다. 네거티브 일변도, 수월성과 경쟁의 부정 등의 정책은, 반대파의 집결을 유도해내는 데는 효과적이었으나 지지자의 집결을 유도하는 데는 한계를 노출하였다(이범 2008).

2 『한반도경제론』(창비 2007)의 「책머리에」 참조. 이 책에서는 새로운 발전모델을 이론화하는 작업을 시도하는 한편, '한반도경제'의 하위요소로서 세계화 속의 적절한 개방

모델, 분단체제를 넘어선 남북통합 모델, 산업과 대내적 씨스템의 혁신 모델, 사회적 연대의 모델, 지역발전 모델에 대하여 논의했다.

3 서동만(2007)은 또한 한반도경제론에 '분단경제체제론' 내지 '분단체제 자본주의론'이 빠져 있다든지, 총체적인 분단비용을 따져보아야 한다든지, 경제지리적 관점과 생태적 관점을 포괄해야 한다든지 하는 문제를 지적하면서 "남북의 경제적 연계의 방향, 즉 북조선의 시장형성 과제와 남한의 시장제어 과제를 결합하는 것"의 중요성을 강조했다.

4 목적론으로 떨어지는 것을 피하고 경제이론으로 발전하기 위해서는 경제의 '미시적 기초'에 관한 해명이 필수적이다. 의도를 지닌 행위자를 설정하지 않으면 '메커니즘'을 설명할 수 없고 제도 자체가 제도의 존재를 설명하는 기능을 수행하게 된다. 예컨대 '신자유주의'라는 개념을 사용할 때, 모든 사건이 신자유주의에 관련이 되고 이러한 관련 때문에 신자유주의가 성립하는 것으로 자주 은유된다. 이렇게 되면 신자유주의에 명백히 반하는 제도의 경우에도 결국에는 신자유주의에는 '필요'한 것이 되고, 세상 모든 일을 신자유주의로 설명하게 된다.

5 윌리엄슨(Williamson 2000)은 제도에 관한 분석이 네가지 차원에서 이루어질 수 있다고 정리했다. 즉, 연속적이고 단기적인 차원에서 보는 자원배분(allocation), 1~10년간의 지배구조(governance), 10~100년간의 제도환경(institutional environment), 100-1000년간의 배태성(embeddedness) 등이 바로 그것이다. 여기서 제도환경 이론에 관한 좀더 상세한 논의는 이일영(2008b)을 참조할 수 있다.

6 노무현정부는 뒤늦게서야 문제를 인식했다. 2006년 11월께 부동산 가격 폭등이 최고조에 이르자 2007년 초 청와대가 과잉 유동성에 대한 조사를 벌였다. 조사결과 과잉 유동성의 원인은 재정경제부, 금융감독원, 한국은행 등이 각각 자기 논리대로 움직였기 때문이라고 했다(『오마이뉴스』 2008.8.1. 김수현 전 청와대 비서관 인터뷰).

7 이러한 현상을 앨빈 토플러는 '프로슈머'(Prosumer)로, 에번 슈워츠는 웨버노믹스(Webonomics)란 표현으로 개념화했다.

8 촛불집회에서 예민하게 다루어졌던 문제들, 예를 들면 미국산 쇠고기 수입, 0교시 부활, 물·의료산업 민영화 등은 모두 소비자 의제와 관련된 것들이다. 소비자운동의 성격이 강했기 때문에 비정규직, 공기업 민영화, 한미FTA, 북한 식량난 등의 문제는 정면으로 다루어지기 어려웠다.

9 정보의 비대칭성으로 인해 역선택(adverse selection)이 이루어지는 사례는 중고차시장
이 전형적이다. 새 차의 품질은 어느 수준으로 통제되어 있지만, 중고차의 품질은 천차
만별일 수 있다. 중고차를 파는 사람은 사는 사람에 비해 그 차에 대해서 더 많은 정보
를 가지고 있다. 중고차에 결점이 있는데 이를 구매자가 파악할 수 없을 경우 중고차의
품질은 구매자가 원하는 수준보다 낮아지게 된다. 결과적으로 시장에는 품질이 나쁜
차가 많아져서 구매자는 품질이 낮은 차를 선택하게 된다(Akerlof 1970).

10 노무현정부는 기업체제 개혁에 대해 미온적 태도를 보였다. 분식회계로 천문학적 부
실을 숨긴 SK글로벌을 계열사들을 동원하여 회생시키기로 결정했고, 카드채 문제도
관치금융을 동원하여 유동성 위기를 넘기기에 급급했다. 삼성카드와 삼성생명을 포함
한 총 10개 금융계열사들이 금산법 24조를 위반한 사실을 적발했는데, 다른 기업들은
법위반 상태를 해소했으나 유독 삼성만 이를 거부했다. 그래서 정부가 2004년 말 시정
명령권과 벌칙조항 등을 집어넣은 금산법 개정안의 입법을 예고했으나, 막상 2005년
정부가 내놓은 개정안은 삼성의 과거 법위반을 면책하는 것이었다(유종일 2006).

11 이는 경제체제 내에 계획(planning)이 존재함을 의미한다. 이를 마셜은 "제4의 생산
요소로서의 조직"으로, 클라크는 "기업가의 조정"으로, 로버트슨은 "의식의 힘의 섬"
(islands of conscious power)으로 칭했으며, 코우즈는 "가격메커니즘의 지양·대체"라
고 표현했다(Coase 1937).

12 꼭 '국가'만이 '계획' 기능을 수행하는 것은 아니다. '국가'사회주의의 경우 계획을 효
과적으로 수행할 수 있는 체제가 아니었으며 관료제의 비용이 막대한 조직형태였다고
할 수 있다. 또한 복지'국가' 들도 각각의 구체적인 사정에 기초해서 체제의 효율성을
따져야 한다. 재정정책의 효과가 상당히 제한적이라는 합의가 이루어지고 있는 시점
에서 '큰 정부' '증세' 담론이 꼭 진보적인 주장이라고 할 수는 없다. 경제 안정성을 더
중시하고, '적절한 규모의 정부' '꼭 필요한 정도의 세금'을 운영한다는 것을 기본방향
으로 삼아야 한다.

13 주식회사 모델이 주주의 이익만을 추구하는 것으로 비판되기도 하지만, 이는 적절한
비판이 아니다. 주주는 자신의 이익을 극대화하려는 목표하에서 다른 이해당사자들과
계약을 체결하여 그들에게 수익을 제공한다. 주주를 포함하여 노동자, 하청업체, 소비
자, 지역사회 등 여러 이해관계자들의 이익과 욕구를 충족시키는 것을 목표로 하는 이
해관계자 모델이 제안되기도 하지만, 이의 문제는 여러 관계자들의 이해관계가 조정

되는 메커니즘을 이론화하기 어렵다는 점이다.

14 예컨대 영국의 잡지 『에티컬 컨슈머』(*Ethical Consumer*)는 아디다스, 로레알, 월마트 등을 불매운동(boycott) 리스트에 올렸다. 그 이유는 다양한데, 아디다스는 일부 축구화 제조에 캥거루 가죽을 쓴다고 해서, 로레알은 화장품 제조에 동물실험을 한다고 해서, 월마트는 기후변화협약에 반대하는 미국 공화당에 기부를 많이 한다고 해서 불매운동의 대상이 되었다(임항 2007).

15 카라따니 코오진은 독특한 논법으로 소비자의 의미를 주장하고 있다. 소비자운동의 현실적 능력을 과대평가하고 있지만, 그 중요성에 대한 문제의식은 의미가 있다. 그에 의하면, 생산영역에서 노동자는 경영자와 같은 의식을 가지며 특수한 이해의식에서 벗어나기 어렵다. 생산과정에서 노동자는 자본에 종속적일 수밖에 없어 보편적일 수 없다는 것이다. 그러나 노동자가 유통의 장에 나타났을 때는 소비자가 되는데, 여기에서는 자본에 우월한 입장에 서게 된다. 생산과정에서의 프롤레따리아 투쟁은 자본에 대해 우위에 설 수 없지만, 유통과정에서의 프롤레따리아 투쟁, 즉 보이콧 같은 비폭력적이고 합법적인 투쟁에 대해 자본은 대항할 수 없다는 것이다(카라따니 코오진 2008, 158~62면).

16 북한의 경제조직 혁신은, 인쎈티브 개혁, 지배구조 개혁, 소유제 개혁이 결합되어 이루어져야 한다(이일영 2005). 이러한 조직혁신을 통해 창출되는 주요한 조직형태는 기업조직이지만, 농업, 자영업, 일부 첨단산업에서는 하이브리드 조직도 중요한 역할을 수행할 수 있다.

17 국민경제자문회의는 2006년에야 『동반성장을 위한 새로운 비전과 전략』을 내놓았고, 이는 2007년의 증보판으로 이어졌다. 국가의 장기전략으로 마련한 『비전2030』은 정권 말기에야 국민들에게 토론거리로 제출되었다.

18 대표적인 성과는 서남재단의 지원으로 출판된 『동아시아, 문제와 시각』(문학과지성사 1995), 『발견으로서의 동아시아』(문학과지성사 2000)가 있다. 또 이러한 동아시아론은 근대국민국가론을 보완·극복하려는 『창작과비평』 등 민족문학론 진영에서도 제기되었다.

19 다만 비판적 지역주의론이 형성되는 과정의 동력은 6공화국 정부의 7·7선언, 남북기본합의서 제정, 국민의 정부의 햇빛정책과 6·15선언에 부분적으로 영향을 미쳤다고 할 수 있다.

348

20 노무현정부의 청와대 내 정책추진체계는, 외교·군사·안보정책을 담당하는 NSC와 혁신·국토개발 정책을 담당하는 균형발전위원회가 기축이 되었으며, 동북아시대위원회는 시종일관 동요하고 표류하였다.

21 그러나 1997년 말 발발한 동아시아 경제위기 이후에는 동아시아 모형의 범세계적 적용성과 지속성에 대한 논란과 회의가 제기되었고, 주류경제학은 다시 금융개혁이나 기업개혁 같은 제도개혁을 제외하고는 동아시아적 형태의 정부개입을 인정하지 않는 쪽으로 회귀하였다(World Bank 1998).

22 그리고 이러한 성공의 원인으로 기본적으로 건전한 개발정책, 즉 복수채널을 통해 개발에 개입하는 선택적 진흥전략을 들고 있다(World Bank 1993).

23 경로의존은 어제의 제도적 틀이 오늘의 조직과 개인에게 기회 집합을 제공하는 제도적 진화의 점진적 과정이다. 제도의 매트릭스는 제도의 상호의존적 그물망과 그에 따르는 정치-경제조직으로 구성되는데, 조직은 제도틀에 의해 주어지는 기회로 인하여 존재하게 된다. 여기에는 네트워크의 외부성이 발생하는데, 이는 제도 수립의 초기비용, 학습효과, 다른 조직과의 계약을 통한 조정효과, 기존 제도에 기초한 계약의 확산에 따른 적응적 기대의 형성 등으로부터 나오는 것이다(North 1991, 109면).

24 동아시아 모델을 더욱 압축한 사례로 중국을 들 수 있다. 중국은 국가와 기업 내부자가 지배력을 분점하는 '절충적인' 기업씨스템, 단기고용을 저임금·장시간노동 체제에 포섭하는 노동씨스템, 권위주의형의 국가씨스템을 취하고 있다. 이일영(2007b)의 「에필로그」 참조.

25 자본주의에 다양한 유형이 있다는 논의, 그리고 특히 북구형 모델에 대한 선호는 근래 한국의 진보개혁진영에서 크게 유행하고 있는 현상이다. 이정우·최태욱(2007) 참조.

26 새로운 산업정책의 기본골격에 대한 보다 구체적인 논의는 이일영·정준호(2007) 참조.

27 영국 명예혁명은 세력간 계약에 의해 안정적 제도를 창출함으로써 산업혁명의 번영을 가능하게 한 역사적 분기점으로 평가된다. 1670년대 중반까지 토리당은 국왕을 지지했는데, 국왕은 그에 기초해서 휘그당의 대표권을 자의적으로 침해했다. 1680년대 중반부터 토리당은 휘그당과 협력하여 국왕에 대항하는 정치적 국가를 형성했다. 즉 명예혁명의 핵심요소는 토리당과 휘그당이 제도변화의 틀에 타협했다는 점이다. 이

협약에 기초해서 국가는 자기강제력(self enforcement)을 지니게 되었다(Weingast 1997, 252~53면).

28 정준호(2008c)는 슘페터적 대기업의 세계, 마셜적·푸르동적 소기업의 세계를 말하면서, 대기업의 지속적·폐쇄적 혁신능력, 중소생산자의 유연적·개방적 전문화 능력과 연결하고 있는데, 이는 이 글의 논지와 일맥상통하는 문제의식이다.

29 필자는 한국정치에서의 정당정치의 동요도 이러한 두가지 유형의 조직세력의 기반이 취약한 데서 기인하는 것으로 이해하고 있다.

30 북한의 경우 아직 미약하고 발전속도도 느리지만 시장화·기업화 세력도 계속 확대되어갈 것인데, 이들은 주로 농촌과 기업에서의 분권화–시장화 개혁의 과정에서 충원될 것이다.

31 자세한 내용은 이일영(2006a) 참조.

32 김종철(2008)은 새로운 질서를 '농적(農的) 순환사회'로, 그리고 그 요소로 '소농 혹은 생산자연합체'로 규정했다. 소농과 생산자연합체는 모두 혼합형 경제조직에 해당하는 것들이다. 그러나 이 두 조직형태가 작동하는 원리는 매우 다르다고 할 수 있다. 소농은 자기 자신에 의한 감독으로, 생산자연합체 — 이는 협동조합으로 표현할 수 있다 — 는 자의에 의한 자유의 반납과 그에 기초한 조직적 감독으로 인쎈티브 문제를 해결한다. 소농에 기초한 농적 순환사회는 경제의 복잡화 현상에 대응할 수 없으므로 지속가능하지 않다.

33 다윈의 진화론은 종종 무한경쟁 논리를 정당화하는 것으로 이해되어왔지만, 진화론이 꼭 이타주의의 한계를 설정하는 것은 아니다. 오히려 진화론을 새롭게 구성할 경우 좌파가 일찍이 가졌던 유토피아를 냉철한 현실적 비전으로 대체할 수 있게 한다(피터 씽어 2007).

3장

1 『연합뉴스』 2004.12.18; 2005.1.11.

2 『중앙일보』 2001.1.7; 『연합뉴스』 1999.2.17.

3 백낙청 교수는 분단된 한반도라는 독특한 사회구성에 대한 분석을 사회과학에 요청했으나 그 제안은 그리 환영받지 못했다. 이에 그는 분단된 한반도 상황을 직접 이론화하는 작업에 나서 분단체제라는 개념을 제시했다(백낙청 1992; 김종엽 2004 참조).

4 통상 '토대'는 하나의 사회구성에서 사용되는 표현이다. 그러나 여기에서는 분단경제의 전개양상만을 제시할 뿐, 하위체제인 남북한 각각의 생산력, 생산관계 등 여러 하위요소, 그리고 그들 사이의 관계도 밝히고 있지 못하다. 따라서 '토대'라는 표현은 아직 서술적이다.

5 단, 남한이 수출시장을 목표로 대기업을 육성하면서 경공업에서 중공업 단계로 이행했다면, 북한은 처음부터 강력한 중공업 우선발전을 추진하고 이를 뒷받침하기 위해 국유화·집단화를 행했다. 물론 세계시장의 중요성과 미시조직의 효율성 문제를 경시한 북한경제가 나중에 치러야 할 댓가는 엄청난 것이었다.

6 최근 대부분의 기계와 공정은 전기와 기계적 본질이 어우러진 복합체이다. 메카트로닉스(mechatronics)는 이러한 복합적 구성체를 효과적으로 해석·제어·처리하기 위해 기계·전자·씨스템 등 공학의 여러 분야를 복합한 학문을 말한다.

7 양극화는 역사적으로 보면 산업구조의 급격한 변화에 동행하는 현상이고, 이는 세계경제의 확장과 관련이 있다. (예를 들면 16세기의 상업혁명, 18세기 말의 산업혁명, 19세기 말~20세기 초의 빅 비즈니스 등장 등이 있다). 최근의 양극화도 전세계적인 현상이다. 보도에 의하면, 미국에서도 2004년 11월중 중저가 차종인 포드 포커스 판매량은 전년 대비 39%나 줄어든 반면 고급차종(레저용 픽업)인 포드 F150은 3% 증가했다고 한다. 일본에서도 대기업의 보너스가 늘어난 이상으로 중소기업의 보너스가 줄어들었다고 한다. 복지국가 전통을 지닌 유럽도 예외는 아니다. 소득분배의 불평등 정도를 보여주는 지니계수를 볼 때, 독일의 경우 2001~2003년에 0.301에서 0.382로, 이딸리아는 0.273에서 0.360으로, 룩셈부르크는 0.269에서 0.308로 증가하여 불평등이 심화된 것으로 나타났다(『조선일보』 2004.12.20).

8 남한의 산업예비군은 자영업자를 중심으로 한 비임금 근로자 부문에 집중되어 있다. KDI(한국개발연구원)에 의하면 2004년 10월 현재 비임금 근로자의 비중이 34.2%로 매우 높은 수준이다. OECD 통계(Labour Force Statistics)에 의하면, 2001년 비임금 근로자의 비중은 미국 7.4%, 프랑스 8.9%, 스웨덴 10.0%, 독일 11.0%, 영국 12.2%, 호주 14.0%, 일본 15.9%, 타이완 23.6%(2000년)였는데, 이때 한국은 37.6%를 기록했다. 비임금 근로자의 비중을 줄이기 위해서는 중소·벤처기업의 강화, 사회써비스업 확대 등 대책이 필요하다.

9 2002년 7월 이후 북한은 '경제관리 개선조치'를 실시해 가격 및 임금 조정, 배급제 축

소, 공장기업소의 자율성 및 인쎈티브의 확대 등을 추진하였는데, 이는 사회주의 각국
의 초기 개혁정책에서 자주 관찰되는 내용이라고 할 수 있다.

10 한편 싱가포르나 대만은 선발국과 후발국의 보완관계를 이용하여 국제적 하청네트워
크에 참여하는 전략(보완전략)을 채택했다(신장섭·장하준 2004, 28~32면).

11 혁신은 경제주체들간의 사회적 상호작용의 결과인데, 혁신과정에는 각기 독특한 정
치·경제·사회적 환경 및 자신의 고유한 역사에 뿌리내리고 있는 지역특수적인 거버
넌스 구조, 즉 정부, 기업, 교육·연구기관, 정치집단 사이의 협력관계가 중요하다(이상
철 2004; Cooke 1998).

12 분권화는 지역단위에 자율성을 주고 이를 토대로 지역간 경쟁을 유도·보장하는 것을
의미하므로, 분권화를 통해 지역간 불균형 문제를 해결할 수는 없다. 지역균형의 목표
는 소득재분배 정책 차원에서 접근하는 것이 더 타당할 것이다.

13 제도경제학의 논의에 의하면, 제도는 경제사회에서 인정되고 있는 일정한 룰이고 실
제의 행동패턴이다. 대표적인 제도는 시장과 기업조직이다. 여기에서는 현존하는 제
도에 안정성이 있고, 여러 제도가 함께 존재할 수 있으며, 제도의 가변성과 진화 가능
성을 폭넓게 인정하고 있다.

14 국내에서는 북한 개혁정책의 시행주체가 개혁정책의 순서·속도·방향을 규정한다는
논의도 많다. 물론 북한 정치체제의 특수성은 매우 중요한 문제이고 이 변수에 따라 여
러가지 구체적인 씨나리오가 존재할 수도 있다. 그러나 필자는 북한의 이행과정이 정
책주체에 의해 결정되는 비중을 '결정적'인 것으로 보지는 않는다. 필자는 더 높은 추
상수준, 넓은 시간범위, 구조적 초기조건을 고려할 때, 북한은 이미 진화적인 이행과정
에 들어섰다고 판단한다. 이러한 시야에서라면 정책의 주체 요소의 비중이 비교적 작
은 '북한형' 개혁 유형을 구성할 수 있다(이일영 2005).

15 북한의 씨스템 개혁에서는 농업개혁도 중요한 요소이다. 농업개혁의 기본요소는 가
격·유통개혁, 기술체계 혁신, 경영조직 재편과 소유제 개혁 등이다(이일영 2005).

16 동북아 경제협력의 의의·범위·발전단계는 이일영(2003a)을 참조.

17 와다 하루끼(和田春樹)는 '연대'와 '신지역주의'를 통해서 '동북아시아 공동의 집'이라
는 새로운 유토피아를 열어야 한다고 하면서, 새로운 시대를 여는 매개체와 중심이 한
반도, 남한과 북한, 더 나아가서는 통일한국이라고 주장한다(와다 하루끼 2004).

18 '한국형' 복지모델에 대해서는 별도의 논의가 필요하지만, 필자가 주목하고 있는 것

은 국가복지, 사회적 기업, 상호주의적 복지 등의 혼합형이다. 와그너(A. Wagner)에 의하면, '상호주의적'(communitarian) 복지레짐은, 경제력에 대한 민주적 통제와 사회집단의 완전참여라는 전제하에서 국가의 복지제공 역할을 지방정부와 노조와 같은 기능적 공동체와 분담하는 씨스템을 의미한다. 페스토프(V. Pestoff)도 같은 맥락에서 복지제공에 있어 국가와 시장 이외에 자원적(自願的)·상호적·협동적 방안을 모색했다. 이와 관련된 경험으로는, 스위스의 노조가 상호주의적 사회정책 수립에 참여한다든가, 미국 노동총연맹–산별노조협의회(AFL-CLO)가 1990년대 이후 지역에 뿌리를 둔 '지역노조'(community unions) 건설에 관심을 갖는다든가, 스웨덴 정부가 복지써비스 생산을 위해 사회적 기업을 확대한다든가 하는 사례를 주목할 필요가 있다(Wagner 1995; Pestoff 1998).

19 한국의 경우 재정지출에서 사회보장 지출의 비중이 2000~2003년 평균 3.7%로 매우 낮은 수준이다. 최소한의 사회안전망 유형이라고 알려진 미국과 영국도 이 기간 동안 각각 11.5%, 13.5%를 기록했으며, 독일은 19.2%, 스웨덴은 18.0%, 일본은 10.6% 수준을 나타냈다(OECD 2004). 한국은 사회안전망의 제도적 장치와 관련 재정지출을 확대할 필요가 있다. 단, 북한과의 통합을 고려하여 상호주의적 복지의 비중을 늘려 재정부담을 줄여야 한다.

20 사람들의 정태적 선호를 단순히 취합하는 것만으로 민주주의가 이루어지는 것은 아니다. 복잡한 문제에 대해서는 충분한 정보에 기반하여 합리적으로 선택할 수 있도록 '숙의'하는 과정이 중요하다. '숙의' 민주주의에 대해서는 이영희(2004); Elster(1998) 참조.

4장

1 박현채의 '민족경제론'에 대하여 이병천은 '국민경제와 민주주의의 정치경제학'으로, 박순성·김균은 '대안적 근대화 프로젝트 또는 민중적 민족주의'로 재평가한 바 있다. 이병천(2001, 42~78면); 박순성·김균(2001, 79~113면)

2 이에 대한 좀더 구체적인 소개는 박복영(2001) 참조.

3 이는 동아시아와 북한경제를 연구하는 동료들과 한국사회과학연구소에서 토론하는 과정에서 얻은 잠정적 결론이다. 더 구체적인 내용은 전병유(2001) 참조.

4 경제위기 이후에도 아시아 개발도상국들에게는 '따라잡기(catch-up)형 공업화' 이외에

선택의 길이 없다는 주장은 스에히로 아끼라(末廣昭)의 저서에 상세히 전개되고 있다(末廣昭 2000). 그의 기본논지에 대해서는 필자도 같은 생각을 가지고 있다.

5 동아시아 산업정책의 여러가지 유형과 개방화 속에서의 새로운 재편방향에 대한 자세한 논의는 이일영·전병유 외(2002) 참조.

6 한국의 '성공'이 가능했던 국제적 조건에 대해서는 이제민(1995) 참조.

7 새로운 축적의 원천, 즉 외자는 외국인 직접투자, 국제금융기구로부터의 자금지원(공적 차관), 외국으로부터의 현물·현금 지원(사실상 무상원조) 등으로 나누어볼 수 있다. 이와 관련한 자세한 논의는 이일영·양문수(2001) 참조.

8 재생산권의 범위를 한반도만으로 제한함으로써 발전의 안정성과 가능성을 축소하지 않는다는 조건을 덧붙인다면, 우리는 민족경제에 관한 다음과 같은 서술에 동의할 수 있다. "남북간의 비교우위에 기초하여 경제교류를 점차 확대하고 이것을 구조화하면서 상호의존관계를 심화시켜 남북경제의 민족공동체 안에서의 수렴으로 한반도 범위에서 자립적 민족경제의 확립을 추구해야 한다"(박현채 1989, 384면).

9 북한 제도개혁의 다양한 방향에 관해서는 윌리엄슨(Williamson 1975)에 기초하여 추론했다.

10 국가의 강제에 의해 목표를 실현하려는 사회보장 모델에는 지역사회와 다양한 기능집단의 활동에 대한 관심은 배제되어 있다. 이러한 점에서 '상호주의적 복지제도'(communitarian welfare regime)에 주목할 필요가 있다. 이 모형의 특성은 나눔과 공용에 있으며, 복지 제공은 비강제적·상호적으로 이루어진다. 와그너(Wagner 1995) 참조.

11 협동형 경제를 중심으로 한 '또 하나의 발전'에 대한 문제제기는 白井厚 外(1994) 참조.

5장

1 박정희시대에 경제성장과 독재체제가 서로 보완적이었던가 독립적이었던가는 논란의 여지가 있다(이병천 2003; 조석곤 2005). 필자는 특정한 국제환경 속에서 성장과 독재체제가 양립했으며, 1980년대 후반 이후 그러한 국제적 조건이 약화되었다고 본다.

2 가치사슬(value chain)이란 포터(M. Porter)가 발전시킨 개념으로, 기업의 전반적 경영활동을 주활동 부분과 보조활동 부분으로 나누어 구매·생산·물류·판매·재고관리·AS 등 각 단계에서 기업이 얼마의 비용으로 얼마의 부가가치를 창출하는가를 분석하기 위한 도구이다(Porter 1985).

3 해외직접투자는 고부가가치의 전문적 생산활동을 동아시아 신흥공업국들에 특화하는 결과를 가져왔다. 한국은 메모리칩, 타이완은 디지털 디자인, 싱가포르는 생산공정 및 엔지니어링 등으로 특화되었고, 저부가가치의 조립생산은 중국과 동남아지역으로 이전되었다.

4 아키텍처(architecture)란 제품의 전체 요구 기능을 어떻게 분할하여 각 부품에 배분할 것인가, 그리고 각 부품을 어떻게 연결할 것인가에 관한 기본설계사상을 의미한다. 모듈생산이란 지리적으로 모기업 내외부의 근접한 장소에서 복수의 부품을 중간 조립해서 모듈 형태로 최종 조립라인에 투입하여 완제품을 만드는 생산방식을 지칭한다. 모듈형 아키텍처 제품은 각 기능과 구조 및 부품간의 대응관계가 명확하며 특정 기능을 하나의 부품에 집약하는 방식으로 설계가 용이하고 부품간의 상호관계가 비교적 독립적이다.

5 우리나라는 농산물·축산물·수산물·임산물을 모두 합쳐 수입액 기준으로 국가별 점유비율이 1995년에 미국 34.7%, 중국 7.3%, 인도네시아 6.9%였는데, 2003년에는 중국 24.3%, 미국 23.2%, 호주 6.8%의 순으로 변하였다(농산물유통공사). 1995년에는 한국이 미국에서 주로 먹을거리를 수입했지만, 이후 수입선이 중국과 미국으로 분산되었음을 알 수 있다. 이는 일본의 경우도 마찬가지이다. 2004년 현재 일본의 농림수산물 수입액의 국가별 비율은 미국이 22.8%, 중국이 14.0%를 기록하였다(日本 農水省).

6 바이오테크는 "유기체 또는 세포, 분자 요소를 사용하여 생산물을 제조하거나 식물, 동물, 미생물을 희망하는 특성을 갖도록 변형하는 기술"로 정의되며, 이에 따른 생산품은 의약품과 비의약품(농업관련 산품 및 공산물)으로 구분될 수 있다.

7 세계적인 금융위기와 수요 감소는 국내 자동차산업에 심각한 영향을 미치고 있다. 쌍용차 경영진은 이미 철수했으며, GM대우는 유동성 위기를 겪고 있고, 현대·기아자동차도 가동률이 하락하고 있다.

8 한국 도시가계 평균 엥겔계수는 1960년대 60% 수준에서 2000년대에는 26% 수준으로 급감하였다. 식료소비 중 외식의 비중은 1980년대 중반 이후 급격히 상승하여 최근에는 46% 수준에 도달했다(유영봉 2005).

9 동아시아 생산네트워크의 성격이 이미 확정되어 있는 것은 아니다. 선진국의 거대 초국적기업들에게 유리한 점이 있기는 하지만, 반드시 그들만이 지배하는 배타적인 존재는 아니다. 물론 좀더 참여적이고 분산적인 씨스템이 되기 위해서는, 두 차원에서의

노력이 필요하다. 첫째는 평화문제·생태문제 등 다원적 가치를 포괄하는 동아시아공동체 형성의 노력이고, 둘째는 혁신·경쟁 요소를 '지역'단위에 고착·감금(lock-in)시킬 수 있도록 하는 시도들(예컨대 지역혁신 클러스터, 지역단위의 노사정협력, 지역농업네트워크 등)이다.

6장

1 쎈(Sen 1992)에 의하면, 인간의 이질성과 평등을 판단하는 변수의 다원성 때문에 평등에 대한 평가는 매우 다양해진다. 자유주의는 누구에게나 똑같이 보장되는 자유권을 중시하며, 공리주의는 개인의 효용에 궁극적인 가치를 부여한다. '공정으로서의 정의'를 말하는 롤즈(Rawls)는 소득, 부, 기회, 자기존중의 사회기반과 같은 기초재 보유에 초점을 맞추며, 쎈은 개인이 중요하게 평가할 만한 기능을 확보하는 능력이라는 관점에서 불평등을 평가한다.

2 가장 흔하게 사용되는 불평등 관련 지표는 소득을 기준으로 한 것이다. 지니계수와 같은 상대적 소득불평등도의 지수, 로렌츠곡선으로부터 소득의 분산 정도를 도출하는 양극화 지수, 소득계층별 소득점유율 등이 이용되고 있다. 이 중에서 계층별 소득점유율이 사회통합의 대리변수로 가장 적당하며 성장속도와 관계가 깊다는 실증결과가 제시된 바 있다(Easterly 2006; 유경준 2008).

3 도시 전체 및 도시근로자 가구의 지니계수 추이를 볼 때, 1997년 경제위기 시기를 계기로 불평등도가 확대되고 있음이 확연히 드러난다. 다만 도시 전체 가구의 지니계수가 도시근로자 가구의 지니계수보다 빠른 속도로 증대하고 있음을 알 수 있는데, 이는 자영업자 및 무직자 가구의 소득분배가 더 빠른 속도로 악화되고 있음을 간접적으로 보여주는 것이다(유경준 2008).

4 격차를 다시 명확히 정의하는 작업은 이 글에서는 행하지 않는다. 격차의 정의와 관련해서는, 산업간 격차, 기업규모별 격차, 동종부문 동종규모 기업간 경영전략과 혁신능력의 격차, 노동시장에서의 고용과 임금 격차 등 수많은 쟁점을 포괄한다. 차별과 차이를 구분하는 기준도 논의되어야 한다.

5 전통적인 산업분야에서는 대기업과 같은 조직형식보다는 하이브리드 경제조직이 우수한 성과를 거둘 수 있는 가능성이 많다고 할 수 있다. 하이브리드 경제조직은 소규모 경영이 지니고 있는 높은 경제적 유인(high incentive intensity)의 장점을 살리면서 대

기업이 지니고 있는 장점인 분업화 및 경제환경에 대한 적응능력을 동시에 제고하고자 하는 목적에서 등장했기 때문이다. 한편 하이브리드 경제조직은 격차 해소뿐 아니라 새로운 성장동력의 원천을 구하는 데에도 유용한 수단이다. 예를 들면 생명공학산업 같은 첨단분야도 하이브리드 조직형태를 채용하고 있는 대표적인 사례이다. 이 분야의 기업들은 다른 기업들과 연구개발을 위한 파트너십을 계속 확대하고 있다. 새롭게 등장하는 첨단산업의 경우, 연구비용이 막대하게 소요되고 기술 주기가 짧기 때문에, 특히 중소기업 차원에서는 기업별로 연구개발이 이루어지기는 쉽지 않다(Baker, Gibbons, and Murphy 2006). 한국에서도 하이브리드 조직형태를 취하는 사례가 자주 보고되고 있다. 현대중공업과 두산인프라코어 등 15개 회사가 소선회 굴착기(도심형 미니 굴착기)를 2006년 공동개발했고 이에 기초하여 2008년 생산라인을 완성했다. 임실군은 지역에서 생산되는 치즈가 명성을 얻자 피자 브랜드 통합작업을 추진하여 '임실N치즈피자'라는 프랜차이즈 브랜드를 출범시켰다(『중앙일보』 2008. 11. 19; 12. 4)

6 소득격차에 비해 자산격차에 대해서는 정부 역할이 분명하게 요청된다고 할 수 있다. 정책집행이 어렵다는 문제가 있으나, 자산의 재분배가 효율과 성장 제고에 유리하다는 것은 비교적 명백한 인과관계라고 할 수 있다(Bourguignon 2004).

7 이론적으로도 자유화와 경쟁이 오히려 격차를 축소하는 것으로 인과관계를 논의할 수 있다. 스톨퍼–쌔뮤얼슨 정리(Stolper-Samuelson Theorem)에 의하면, 자유무역은 요소가격을 균등화시키는 경향이 있다. 후진국에 노동요소가 풍부하다면 자유무역은 후진국 임금을 상승시켜 국가간 불평등을 줄이게 될 것이다.

8 복지예산은 2002년 22.6%에서 2007년 27%로 상승하였고, 기초생활보장, 사회써비스, 보육관련 예산도 크게 증가하였다. 국민기초생활보장제도의 부양의무자 기준과 자산평가 기준 완화 등으로 제도의 사각지대(dead zone)를 줄이려고 노력했으며, 근로장려세제 및 기초연금제도의 도입과 같이 사회적 위험에 처한 사람들의 소득보장을 위해 상당한 예산을 확대하였다. 아동보육 지원을 확대하고 노인장기요양보험제도를 도입하는 등 사회써비스 측면에서의 투자도 시작하였다.

9 이종석(2008)에 의하면, 2006년 기준으로 북한의 1인당 GNI는 최소 194달러, 최대 605달러, 평균 368~89달러 정도이며, 총량규모는 평균 84~89억달러로 추정된다고 한다. 이는 2005년 한국은행 추정치의 35~37%, 국민총생산 면에서 남한의 1/100, 1인당 GNI는 1/50에 해당한다.

10 보다 평이하게 말하면, 거버넌스 구조는 "계약의 개시·교섭·감독·적응·집행·종결이 이루어지는 제도적 틀을 간명하게 표현한 것"이라고 할 수 있다(Palay 1984, 265면).

11 윌리엄슨은 복잡한 현실의 문제들을 사전에 모두 계약으로 구체화하여 해결할 수 없기 때문에 '사후적'으로 적응을 행하는 장치를 '선택'하는 문제로 거버넌스 구조를 강조하였다. 이에 비해 주인-대리인 이론은 계약의 명령·권위의 요소를 처음부터 배제하고 있다. 앨치언과 뎀쎄츠(Alchian and Demsetz 1972)는 기업의 본질을 팀생산(team production)으로 보고 측정의 문제를 해결하기 위해 팀생산의 감독자를 전문화한다고 한다. 젠슨과 메클링(Jensen and Meckling 1976)은 기업을 개인들 사이의 계약을 연결한 법적 허구체라고 규정한다. 즉 계약당사자들이 인쎈티브 협의를 통해 '사전적'으로 계약상의 행위를 구체화한다는 것이다.

12 사회주의 기업은 소유자단체(proprietorship)나 이윤분배기업(profit-sharing firm)으로 표현할 수 있다. 이러한 조직형태는 임금 이외의 잔여수입 부분을 평균적으로 나누게 되는데, 기업 내에서 잔여수입보다는 임금을 확대하려는 인쎈티브가 증대하고, 경영자의 경영활동에 대한 태만(shirking)은 늘어나며 기업 전체적으로 태만의 정도를 줄이려는 추가적인 관리기술의 개발은 이루어지지 않게 된다(Alchian and Demsetz 1972, 787면).

13 이하의 논의는 독창적인 것은 아니다. 그러나 국내 연구문헌의 데이터베이스에 의하면(DBpia, KISS), 기업과 시장의 중간 형태로서의 하이브리드 조직을 다루고 있는 국내연구는 존재하지 않는다. 이에 격차 요인을 고려한 조직모델 구성에 앞서, 거래비용경제학을 중심으로 전개되고 있는 하이브리드 조직의 개념과 존재형태에 관한 논의를 간단히 정리하고자 한다.

14 하이브리드 조직에 관련한 연구의 실질적 이륙은 1990년대부터 시작되었다. 기업간 관계(inter-firm relation)의 연구에서는 거래비용경제학의 역할이 지배적이었는데, 고시와 존(Ghosh and John 1999, 131면)에 의하면, "기업간 관계, 경로 구조, 외국사장 진입 등 마케팅의 몇개 영역의 이슈 분석에서는 지배적인 패러다임이 되었다"고 한다.

15 지대와 관련된 조정의 메커니즘은, 평판을 고려한 해결, 사전적·사후적 교섭, 공식적 권위의 창설 등이 있을 수 있다.

16 이하는 하이브리드 조직에 관한 거래비용경제학의 연구방법과 격차에 관한 맑스경제학의 아이디어를 필자가 결합한 것이다. 조직방법과 조직형태의 구분, 가격씨스템과

하이어러키의 비용에 관한 아이디어는 헨나트(Hennart 1993)에 힘입은 것이다.

17 거래비용경제학에서는 신뢰를 개인 혹은 조직행위를 구속하는 일종의 기제로 파악한 바 있다. 예를 들어 윌리엄슨의 경우 개인의 심리적 특질이나 거래 쌍방의 태도에 관심을 두는 것이 아니라, 사회관계로부터 이탈하여 더욱 추상화된 일종의 부호로서 신뢰를 취급했다. 신뢰를 경제인의 이성에 의한 경제적 계산으로 간주한 것이다. 그리하여 신뢰는 거래비용을 절약하는 기능을 갖는 것으로 보았다. 한편 신뢰에는 취약성도 존재하는데, 이러한 취약성을 회피하기 위해 계약을 설계하는 것을 강조하였다(Williamson 1993, 107~56면).

18 신뢰의 문제는 심리학, 사회학 등에서 일찍부터 다루어왔는데, 여기에서는 주로 개인의 심리적 특질이라는 면에 착안했다. 사회심리학에서는 개체적·심리적 각도에서 신뢰문제를 연구하여 타 분과학문에 기초를 제공했다. 이에 따르면, 신뢰는 타인의 정직성, 선의, 능력에 대한 믿음과 기대인데, 인간간 신뢰는 크게 타인의 능력에 대한 신뢰와 타인의 인품에 대한 신뢰로 구분할 수 있다. 사회학에서는 사람의 사회성에 기초하여 행위자에 대한 사회관계의 중요성을 강조했다. 루만(Luhmann)의 경우 신뢰를 일종의 태도로 이해했는데, 이의 기본 기능은 사회생활의 복잡성을 단순화한 것이라는 것이다. 이러한 신뢰의 태도는 감정관계 혹은 법률 등 강제적 징벌기제로부터 온 것으로 파악했는데, 이를 그는 인간간 신뢰, 제도적 신뢰라고 언급했다.

19 징벌의 대표적인 수단으로, 방아쇠 전략(Trigger strategy)과 맞대응(눈에는 눈 이에는 이) 전략(Tit-for-tat strategy)을 들 수 있다. 방아쇠 전략은 한쪽에서 배반을 하면 상대쪽에서 영원히 보복을 행함으로써 지속적인 이윤감소를 겪게 하는 게임이고, 맞대응 전략은 한쪽이 배반을 하면 다음에 상대편도 배반하고 한쪽이 배반하지 않으면 다음에 상대편도 배반하지 않는 게임이다.

20 협동조합과 비영리조직의 차이에 관해서는, 잉여처분과 조직운영 원리가 다르다는 점이 지적된다(Borzaga and Defourny eds, 2001). 즉 협동조합은 민주적 절차를 제도화하고 있음에 반해 비영리조직은 성원들의 목소리(voice)를 담아낼 공식적 절차를 결여하고 있다는 것이다. 필자는 여기에서 잉여처분 문제가 보다 본질적인 차이라고 생각한다.

21 지역개발운동의 실질적인 돌파구는 농촌진흥을 위한 프로그램이었다. 이 프로그램의 목표는 단순히 교통인프라를 개선하는 것이 아니라 농촌의 내생적인 발전과 새로운

형태의 활동을 만들어내는 것이었다.

22 필자는 이를 정부, 혼합형(hybrid) 조직, 지역이라는 세개의 바퀴를 가진 '세발자전
거'(tricycle)라고 칭한 바 있다(이일영 2008d).

7장

1 1986년 9월 우루과이의 푼타 델 에스떼에서는 GATT의 8번째 다자간 무역협상인 우루
과이라운드(UR)가 개시되었다. 우루과이라운드에서는 그 이전과 달리 농업, 써비스,
무역관련 투자 등이 새로운 의제로 취급되었으며, 여러차례 협상을 거쳐 1993년 12월
에 타결되었다. 협상 결과인 협정문은 1995년부터 발효되었으며 그 결실로 WTO(세계
무역기구)가 출범하였다.

2 1992~98년에는 42조원 규모의 '농어촌 구조개선 대책'이 시행되었다. 이는 우루과이
라운드(UR) 협상에 따른 농산물 시장개방에 대응하기 위해 경지정리, 농로포장, 농업
용수 확보 등 농업 SOC 기반 구축을 위한 생산기반 마련 및 농업 시설장비 현대화 등
에 초점이 맞추어져 있었다. 이어 1999~2003년에는 45조원 규모의 '농업농촌 발전계
획'이 추진되었다. 이는 농업·농촌 기본법에 따른 것으로 농산물 유통혁신, 농가경영
안정, 농산물 수출확대 등에 집중적으로 사용되었다.

3 한국에서 지역주의적 관점은 두가지 흐름으로 형성되어왔다. 먼저 1990년대 초부터 정
책전문가, 지역전문가들 사이에서 '정책학적 지역주의론'이 등장했다. 이는 1970~80
년대 이루어진 산업화의 자본축적 방식이 종래와 달라진 역사적 조건 속에서 새로운
활로를 모색해야 한다는 문제의식을 반영하고 있다. 한편 비판적 인문학자들을 중심
으로 1990년대 중반부터 일국적 시각과 세계체제적 시각의 매개항으로서 '동아시아적
시각'이 제기되었다(정문길 외, 1995; 2000). 이러한 '비판적 지역주의론'은, 1980년대
후반 이후 전개된 국제적 환경변화로 민족민주운동의 일국주의적·계급주의적 전망이
현실에 부적합하다는 인식에 따른 것이다.

4 쌀생산이 축소되는 기간중 안정화조치로 소득보전 직접지불제도가 설계되고 있다. 그
러나 직불제도가 쌀과 연계되어 소득을 보전하게 되면 생산과 경영의 탄력성을 저해
하게 되므로, 소득보전은 생산과 분리해서 이루어져야 한다.

5 복지제도를 설계하는 데에서 정부의 역할도 중요하지만, 정부 일변도의 복지 공급은
효율성이 낮고 획일적 결과를 가져온다는 문제가 있다. 따라서 '상호주의적 또는 공동

체적' 복지체제(communitarian welfare regime)를 주목할 필요가 있다. 여기에서는 지역사회와 다양한 기능집단의 나눔과 공용 활동을 핵심으로 하며, 복지 제공은 비강제적·상호적으로 이루어진다.

6 도농통합적 지역개발을 위한 특구의 구체적 운영은 재경부가 제출한 '경제자유구역의 지정 및 운영에 관한 법률 일부 개정 법률안'을 참고할 수 있다. 이에 따르면 경제자유구역청의 자율성과 전문성을 제고하기 위해 각 시·도에서 선택적으로 특별지자체로의 전환과 현행 행정기구 유지 여부를 결정토록 했다. 경제자유구역청이 특별지자체로 전환될 경우 운영체계 개선, 예산 등에 대한 정부 지원이 확대대고, 독자적 사업주체로 인정돼 채권발행이 가능해지는 등의 혜택이 주어진다.

7 서남해안포럼은 낙후된 서남해안지역의 개발을 촉구하고 추진하기 위해 만들어진 민간단체로 S프로젝트를 제안하고 있다. 김석철 교수는 중국의 농공병진전략에서 아이디어를 얻고 있다. 도농복합체에 포함된 중국 농촌을 살릴 수 있으면 한국 농촌의 현대화를 이룰 수 있을 것이라고 생각하여 충칭(重慶)시의 난후리조트 설계에 참여하였다고 한다. 이 경험에 기초하여 서남 농촌지역을 세계화 속의 도시공간으로 다시 배치하는 진도오아씨스플랜을 작성했다고 밝히고 있다(김석철 2006)『희망의 한반도 프로젝트: 건축·도시 40년』, 아키반.

8장

1 전국농민회(전농)·한총련 등은 2003년 농학연대사업의 핵심과제로 WTO에 의한 개방 반대(한·칠레자유무역협정 국회비준동의안 부결, WTO 교육시장 개방 반대), 멕시코 칸쿤에서 개최되는 DDA(도하개발어젠다) 협상을 무산시키기 위한 총궐기 등을 제시한 바 있다.

2 필자가 주장하는 경제모델의 이념은, 한반도(남북한) 전체가 전쟁과 빈곤으로부터 위협받지 않도록 사회적 차원에서 연대성을 발휘하고 공공적 이익의 추구는 시장질서와 상호보완적으로 이루어져야 한다는 것이다(이일영·전병유 2004).

3 장하준(張夏準) 교수는 기존 선진국의 '사다리 걸어차기'(kicking away the ladder)의 부당성을 지적하고 후진국의 발전을 진정으로 돕는 새로운 세계경제질서의 수립을 앞장서서 추진할 수 있는 것은 한국밖에 없다고 주장한다(『오마이뉴스』 2003.8.19). 그러나 필자는 한국의 능력이 그리 크지 않다고 생각한다.

4 전농은 식량주권운동을 시작하면서 다음과 같이 선언하고 있다. "우리는 대한민국이 독립된 나라임과 식량주권국임을 선언하고 이를 세계 만국에 알리어 식량은 민족의 생명이고 외세의 간섭 없이 독자적으로 결정할 주권임을 분명히한다. 오늘 우리는 식량자급률 26.9%(쌀 제외시 5%)의 엄혹한 현실과 남북분단 60년이라는 민족적 위기 앞에 세계화의 가면을 쓰고 쌀개방을 강요하는 강대국들의 식량무기화에 당당히 맞서기 위해 식량주권 수호를 선언한다"(http://junnong.org/2004rice.htm).

5 농림부는 2004년 2월 '쌀산업 종합대책'을 발표하면서, 장기적인 쌀산업의 안정을 위해 생산·유통·소비는 시장원리에 따라 균형을 이룰 수 있는 체제를 구축하는 한편, 정부는 식량안보의 확보, 농업의 공익적 기능 유지, 시장감시 및 소비자 보호, 농가소득의 안정에 집중한다는 기본구상을 제시했다(농림부「쌀산업 종합대책」, 2004.2).

6 쌀 재고는 1996년 169만석에서 2002년 1040만석, 2003년 763만석으로 증가했으며, 2004년 말 재고는 678만석으로 전망되었다(농림부「쌀산업 종합대책」, 2004.2).

7 북한 전문가들은 북한이 핵문제, 경제문제에 대해 취하고 있는 전략, 또는 생존전략을 이런 식으로 표현하고 있다. 그러나 북한의 이런 전략의 결과는 익히 알려진 바이고, 북한도 이제 선택의 기로에 서 있는 것 같다.

8 중국농산물이 국내시장에 쏟아져 들어오는 현상에 대한 반응은 크게 두가지이다. 유통업자들은 이러한 추세를 적극 이용하려는 자세를 보인다. 실제로 가락동 도매시장의 많은 상인들은 중국을 오가는 무역업자가 되거나 중국 현지에서 개발생산을 시도하고 있다. 농민들은 막연한 두려움에 휩싸여 있고 생산자단체나 정부는 수입을 어떻게 차단할 것인가에 관심을 쏟고 있으나, 효과적인 대책을 내놓을 수 있는 것은 아니다.

9 수출의 경우 1995년에는 일본 61.3%, 홍콩 6.6%, 미국 5.4%, 중국 4.6%이며, 2003년에는 일본 46.8%, 미국 10.1%, 중국 8.0%였다(http://www.kati.net).

10 일본 농림수산성 홈페이지(http://www.maff.go.jp/www/info/bun09.html) 참조.

11 물론 이는 중국의 농민이 '이익집단'(interest group)으로서 자기 목소리를 내지 못하고 있는, '국가-농민관계'의 비대칭적 구도 때문이기도 하다(이일영 외 2002b, 제7장 참조).

12 유럽에서는 식품유통과 식품제조의 변화, 각 요소 내부와 요소 상호간 양면의 발전을 '푸드 체인'(food chain)이라는 개념으로 정의했다. Trail ed.(1989); 鈴木福松 外 監譯(1994).

13 농업산업화의 첫 움직임은 1987년 샨뚱성(山東省) 쥬청시(諸城市)에서 시작되었다. 1990년 초 쥬청시에서는 '생산·가공·유통(産加銷) 일체화' 조직을 결성했으며, 서우꽝시(壽光市)에서도 같은 슬로건으로 채소를 중심으로 한 전업단지를 형성했다. 이는 1993년경 중국 전역에 전파되었으며, 1998년 10월 중국공산당 제15기 3중전회에서 농업산업화를 농업정책의 지주로 삼을 것을 결의하기에 이르렀다(이일영 2003b).

14 필자는 이러한 북한의 '복선형 농업개혁'의 구성요소로서 첫째로 '가족농장＋기업농장'의 농장체제, 둘째로 '시장화＋정책개입'에 의한 가격·유통체제, 셋째로 외부로부터의 자극에 의한 기술혁신 등을 들 수 있다고 생각한다(이일영 2004c).

15 이미 정부부처들 사이에서는 북한산 농림수산물 반입과 관련해 견해차이가 나타나고 있다. 통일부의 경우 남북간 교역을 민족 내부거래로 인정해 관세와 부과금을 면제함으로써 교역을 활성화하려 하는 데 반해, 농림부에서는 품목을 지정해 북한산 농림수산물의 반입을 제한하거나 관리하는 조치를 취하려고 한다(『연합뉴스』 2004.4.21).

16 한국의 농업과 농정이 보호주의적인가 하는 문제는 여러 차원에서 다양한 논의가 있을 수 있지만, 여기에서 보호주의라 함은 국제시장보다 높은 상대가격과 보조금체계를 제도적·정책적으로 유지하려는 경향을 의미한다.

17 유기농업은 거래의 폭과 거리를 줄여 지역별로 다양하고 특수한 형태로 이루어져야 한다. 전체 농업에서 유기농의 비중이 커질수록 유기농산물은 가격파동에 휩싸이게 된다. 이미 중국에서는 유기농업을 전략적 수출품목으로 정하고 일본과 한국 시장을 노리고 있다. 유기농업도 시장을 무시하고 반기술적 태도를 견지할 경우 성공할 수 없으므로, 지역의 고유한 요소와 관련된 기술혁신과 지속적인 시장 세분화가 필수적이다. 이런 점에서 유기농업은 '대안적'이라기보다는 '보완적'이다.

18 국가 주도의 강제적 복지의 문제점은 이미 잘 알려져 있는데, 이를 극복할 수 있는 대안으로 '상호주의적 또는 공동체적' 복지레짐(communitarian welfare regime)을 주목할 필요가 있다. 여기에서는 지역사회와 다양한 기능집단에 의한 나눔과 공용(共用)활동이 핵심이며, 복지 제공은 비강제적·상호적으로 이루어진다. 그러나 한국의 시민사회·시민운동은 풀뿌리의 기초가 너무도 취약해 국가복지 일변도로 경사되는 경향이 있다. 협동조합이 발전해 농촌의 복지기능을 일정 부분 맡아주지 않으면, 국가 전체의 복지제도의 건전성이 확보될 수 없고, 농업경영의 혁신도 불가능하다. '상호주의적' 복지에 대해서는 와그너(Wagner 1995)의 글을 참조할 것.

19 참여정부에서 지방농업 혁신 클러스터 육성에 관한 논의가 있었지만, 다른 어젠다와 체계적·거시적으로 연계되면서 기획·추진되지 않았으며 산업적·미시적 설계도가 마련된 것도 아니었다. 애초에 '지역'에 대한 개념이 분명하게 정의되어 있지 않았고, 동북아전략과 국가균형발전전략은 각기 별개로 추진되었다. 이는 행정수도이전 문제도 마찬가지였다. 농업과 관련해 '지역' 개념을 볼 때 '동북아전략과 연계된 지역거점'으로서의 혁신과 경쟁 차원, '지방분권과 지방자치의 거점'으로서의 고용·협동·복지·민주주의·교육·문화의 차원 등으로 분해해서 접근해야 한다. 전자는 경제적 개념으로 더욱 넓은 범위를 포괄하며, 후자는 비경제적 개념으로 공동체(community) 형성과 관련이 있다. 현재는 양자가 혼합·혼동되면서 진행되고 있으므로 '기획의 빈곤, 빈곤의 기획'을 염려하지 않을 수 없다. 참여정부의 '국가균형발전'에 대한 비판은 이용숙(2003)과 이일영·전병유(2004)를 참조할 것.

9장

1 점진적·단계론적 접근의 경우, 대체로 발라싸(Balassa)가 제시한 경제통합의 단계 설정, 즉 "자유무역지대→관세동맹→공동시장→경제동맹→완전한 경제통합"에 입각하고 있다. 물론 발라싸는 자본주의 국가간 경제통합을 분석대상으로 하는 것이다 (Balassa 1969).

2 점진주의적 이행의 전형이라 할 수 있는 중국의 경우, 이륙단계에서는 서서히 수평적으로 활주로를 달리면서 속도를 붙였고, 본격적인 이륙을 감행한 이후의 궤도는 보다 수직적이고 속도는 점점 가속화되었다고 할 수 있다.

3 전세계적으로 수백개에 달하는 경제특구의 유형 및 특성은 설치 목적, 설치 국가의 경제상황 및 설치 지역의 입지조건 등에 따라 크게 다르다. 삼성경제연구소에서는 경제특구의 유형을 생산중심형, 국제교역중심형, 생산교역복합형, 지식창조형 등으로 구분하기도 하였다. 또 국토연구원에서는 무역·물류형, 제조·가공형, 복합형, 업무형 등 네가지로 유형을 구분한 바 있다. 이창재(2003)의 경우 경제특구를 무역중심형, 생산중심형, 역외금융쎈터 및 복합형 등으로 분류하였다

4 2004년 1월 1일 중국은 홍콩과 CEPA를 체결했다. 중국-홍콩 CEPA 체결은 중국이 여타국과의 FTA 체결에 앞서 홍콩기업에게 대중 비즈니스의 선점 기회를 제공하는 것을 의미하는바, 홍콩기업은 대중 수출품(상품·써비스)의 가격경쟁력 향상, 무역·투자 장

벽 해소 등을 통해 대중사업의 수익성을 획기적으로 제고하게 되었다. 한편 중국은 CEPA의 원산지 규정에 따라 대홍콩 무관세수출품목 대부분이 홍콩산으로 적용되는 특혜를 얻게 되어 홍콩 기반 제조업체의 중국내 생산제품의 고가수출을 보장받게 되었다. 또 중국이 특히 취약한 써비스산업(금융, 영화·음반, 전시산업 등)의 대홍콩 조기개방을 통해 써비스산업의 경쟁력을 강화하고 동시에 동일 민족인 홍콩기업에 우선적인 개방혜택을 안겨주고자 했다(김양희 2004a).

5 통상 경제통합 과정에서 농업부문이 장애가 되는 경우가 많다. 남북 공동농업정책의 기반을 마련한다는 차원에서 남북 농업협력을 진전시킬 필요가 있다. 남북한 공동농업경영은 물론 남한의 관련 기구들이 북한에 농산물 저장 및 운송 거점을 마련하는 프로젝트를 추진한다. 아울러 민간차원에서 이를 위한 재원조달 방안으로서 프로젝트 파이낸씽(project financing)이 가능하도록 환경을 마련한다.

6 중국의 경우를 보면 점진적으로 무역과 외자도입의 거점을 확대하는 방식으로 개방을 추진했다. 1978년 3월 중국은 신헌법에 화교·화인자본의 투자 보호조항을 도입했고, 1978년 7월에는 외자도입 방침을 공표했다. 이어 1979년 7월에는 중외합자경영기업법 등을 공포했으며, 1980년 5월에는 선전 등 4개 특구를 설치했다. 1984년 4월에는 14개 도시를 개방도시로 지정했으며, 1985년 1월에는 창장(長江)과 주장(珠江) 유역, 민난(閩南)삼각지를 연해개방구로 지정했고, 1988년 4월에는 랴오뚱(遼東), 샨뚱(山東)반도까지 연해개방구로 확대했다.

7 합작경영기업이란 지분을 인정하지 않는 조건에서 계약에 의한 공동경영을 의미하며, 합자경영기업이란 투자지분에 입각하여 의사결정권을 인정하는 경영형태이다. 외자기업이란 외국인에 의한 단독투자 형태를 의미한다.

8 중국은 외자기업법을 제정하던 당시에는, 첫째 신문·출판·방송·텔레비전·영화, 둘째 국내상업·대외무역·보험, 셋째 우편·통신, 넷째 중국정부가 외자기업 설립을 금지하는 기타 업종의 외자기업 설립을 금지했다. 또한 첫째 공공사업, 둘째 교통·운수, 셋째 부동산, 넷째 신탁투자, 다섯째 리스산업 등의 외자기업 설립을 제한했다.

9 독일은 동독 국가기관과의 직접교류를 피한다는 서독정부의 방침에 따라 동독과 접촉하는 민간조직이 필요했다. 대만정부는 자신들이 원칙으로 삼아온 3불(불접촉不接觸, 불담판不談判, 불협상不協商)정책을 유지하면서 대륙과 교류를 위해 정부 주도의 비영리 재단법인 형태를 설립했다.

10 2005년 11월 통일부가 추진한 남북협력공사 설립안은 일단 보류되었다. 공사보다는 민간기구 형태를 취하는 것이 보다 유연성을 확보할 수 있을 것이며, 경제협력 기능이 위주가 되어야 하므로 통일부 이외의 경제부처가 기획단계에서부터 참여하도록 해야 한다.

11 현재 남북한간 교역은 무관세로 이루어지고 있는데, 최혜국대우(MNF) 예외에 대한 국제법적 논란을 피하기 위해서는 남북간에 협정이 체결될 필요가 있다.

12 원조조정(aid coordination)은 개발도상국 지원을 위한 자금공여자(donor) 등의 원조를 수혜국 정부가 국가 전체의 개발목표와 전략에 맞게 관리하고 이용하는 것을 의미한다.

13 현재로서는 북한이 처한 조건은 중국과는 다른 점이 많고, 오히려 동유럽 후진국과 유사한 점이 많다. 그러나 중국형 모델에서 참조할 핵심적인 사항은, 전환의 과정이 '진화적'으로 이루어진다는 것이다(이일영 2005).

14 중국의 경우 우리나라의 민법에서 총칙에 해당하는 부분만을 '민법통칙'이라는 이름으로 1986년 4월에 제정한 바 있다. 여기에서는 국가소유권(통칙 73조), 근로대중의 집단적 소유권(통칙 74조) 이외에 개인소유권도 포함하여 규정하였다. 개인소유권에는 개인생필품 소유권(통칙 75조)과 함께, 개인근로자의 생산수단 소유권, 사영기업 소유권이 포함되었다. 사영기업은 개인이 노동자 8명 이상을 고용한다는 점에서 7명 이하를 고용하는 개체기업과 구분되는 것으로, 독자회사, 조합회사, 유한책임회사 등 3가지 형식을 규정했다. 특히 사영기업에 대해서는 다시 1988년 '사영기업잠정조례'를 별도로 제정하였으며, 이후 헌법 개정시 사영기업 소유권 허용을 명문화하였다.

15 이러한 기업세 도입의 최종 목적은, 통일적인 조세체계에 따라 이윤의 일부를 국가에 납세하고 나머지는 모두 기업에 귀속시킴으로써 잔여수취자(residual claimant)를 국가에서 기업으로 전환하고 국가와 기업의 기능을 명확히 구별하고자 하는 것이다. 그러나 이러한 목적이 현실에서 쉽게 달성될 수 있는 것은 아니다. 중국의 경우에도 세제 도입에는 곡절이 많았다. 개혁 초기인 1983년 기업세로의 전환을 시도했는데, 재정의 중앙집권화 경향으로 지방재정과 기업이 반발하고 총이윤도 감소함에 따라 1986년 이를 철회했다. 중앙세, 지방세, 공통분배세로 구분하여 징세하는 '분세제'가 도입된 것은 1994년에 이르러서였다.

16 현재에도 기업연합소와 관리국이 경제관리기구로 역할을 하게 되어 있다. 개혁 초기

에는 잠정적으로 기업의 경영성과를 평가할 수 있는 매뉴얼을 중앙에서 작성하고 이를 토대로 기업연합소와 관리국이 평가·감독 기능을 수행하도록 해야 한다. 대신 투자, 고용 등 생산과정에는 기업 외부 기관이 개입하지 않도록 하여 계획경제 영역을 축소한다.

17 북한의 경우 전체적으로 중국에 비해서는 농업의 기계화와 사회화 수준이 높다고 할 수 있다. 따라서 일부에서는 가족농으로의 복귀가 어려운 조건에 있는 경우도 존재할 수 있다.

18 폴란드나 체코의 경우도 화이트컬러에 대한 임금프리미엄과 교육에 대한 수익률을 높이는 방향으로 나아갔다. 러시아에서도 숙련에 대한 보상이 높아졌다. 중국의 경우도, '기본임금＋부가급여(종종 현물급여)'로부터 임금과 생산성 또는 이윤율에 기초한 임금으로 나아갔다.

19 독일의 경우 빈곤 및 이주 문제를 해결하기 위해 동독지역의 임금 및 사회보장 수준을 급격히 상승시키는 정책을 채택하였으나 결과적으로 실업을 크게 발생시켜 대규모 재정적자를 초래하였다.

20 이행 초기에 세금이나 기여금의 증가는 자제될 필요가 있다. 이는 노동자나 피고용자로 하여금 담합하거나, 비공식적인 고용에 대한 인쎈티브를 창출하는 효과를 지닌다.

21 중국의 경우 1980년 12월에 최초로 선전시방지산공사(深圳市房地産公司)-홍콩 중앙건업유한공사(中央建業有限公司) 간에 국유토지 유상사용 계약이 이루어졌으며, 외상투자기업법 제34~42조가 토지사용 관련 내용을 규정하고 있다.

22 중국은 토지관리법과 도시부동산관리법의 2개법 체계로 시장화 과정을 관리하고 있다. 1986년 6월 토지관리법이 먼저 통과되었고, 1988년 4월에야 이를 뒷받침하는 헌법 개정이 이루어졌다. 도시부동산관리법은 1994년 4월 통과되었다.

23 사적 소유권을 도입하는 전략과 관련해서 코르나이(Kornai)는 유기적 개발전략(the strategy of organic development)과 사유화 가속화 전략(the strategy of accelerated privatization)을 구분하고 있다. 북한에는 이 두가지 전략이 혼합되어 동시적으로 전개될 것이다.

24 중국의 경우에는 회사법 제2조에 "본 법은 중국경계 내에서 설립된 유한책임회사와 주식유한회사에 대해 본 법에 의거하여 회사(公司)라고 한다"고 규정하고 있다.

25 통상 파산에 관해서는 민사소송법에 규정되는 경향이 있다. 중국의 경우에 국유기업

의 파산을 규율하는 '기업파산법'을 1986년 제정했고, 집체기업, 사영기업, 외자기업에 적용되는 파산은 1991년 제정된 민사소송법에 규정했다. 중국처럼 기업파산법을 별도로 마련할 필요는 없을 것으로 생각되고, 국유기업법이나 민사소송법에 편입시키면 될 것이다.

26 독일의 경우 임대보다는 공개입찰을 통한 매각을 우선했으며, 토지가격에는 신탁청(THA)의 관리경비를 포함시켰다. 임대 후 매각하는 방식은 보충적으로만 시행되었다.

27 그린박스(Green Box)란 생산과 가격에 중립적인 허용보조금을 의미한다. 구체적으로는 UR에 의해 마련된 WTO 농업협정 부속서 2에 규정된 감축대상에서 제외되는 각종 보조조치를 의미한다.

28 고일동 편(1997)에서는 아켈로프(Akerlof) 등이 제시한 '자기소멸적 탄력고용보조금 제도'(self-eliminating flexible employment bonus: SEFEB)를 적용할 것을 제안하고 있다. 이에 따르면, 이 제도하에서는 북한의 임금상승으로 남북한간 임금격차가 감소되면 정부의 보조금도 이에 따라 감소되며 종업원의 수취임금은 크게 상승하지 않고 다만 기업의 임금비용만 증대하게 된다. 그렇기 때문에 기업의 입장에서는 임금 가이드라인을 상회하는 임금요구를 받아들일 경우 보조금의 삭감으로 임금비용이 크게 증대되기 때문에 이에 쉽게 동의할 수 없을 것이다. 또한 노동조합의 입장에서도 가이드라인을 상회하는 임금인상을 요구할 경우 정부의 보조금 삭감으로 실질 수취임금의 인상이 어려우며, 동시에 기업의 경쟁력 악화가 고용에 위험을 주기 때문에 노동조합은 가이드라인을 지키는 것이 유리하다. 가이드라인의 준수는 지방노동위원회에서 감시하도록 하며, 이 위원회가 보조금의 적절한 삭감을 결정하게 하는 것이 바람직하다.

29 베트남의 집단농장 해체는 토지분할과 경작권의 사유화를 통해 생산성의 손실 없이 다른 산업부문이 성장하여 인력을 흡수하기 시작할 때까지 당분간 많은 농업노동자들을 농촌에 묶어두었다. 중국의 경우도 사유화를 회피했지만 사용권을 안정적으로 분여함으로써 급속한 노동력 이출을 막을 수 있었다.

30 남한은 헌법 제34조에 모든 국민은 인간다운 생활을 할 권리를 가지고 있다고 규정하고 있고, 이에 의거하여 국가는 사회보장을 위해 사회보험제도, 공적부조제도, 사회복지써비스제도를 운영하고 있다.

31 독일에서도 참가모델이 채택되기도 했지만 이는 극히 제한적인 사례에 해당했다. 그러나 독일에서 일부 실험된 참가모델에서는 많은 장점이 발견되었다. 현금뿐만이 아

368

니라 경영기술과 기업가의 열정을 고려해서 신탁청과 팀을 이뤄 기업을 경영했고, 40
여년간 동독 사회주의 체제 때문에 상당히 소실된 기업가 정신에 많은 자극을 주었다
(김성우 2000).

32 동일법 적용의 원칙(equality of treatment)은 이주민이라 할지라도 사회보장에 관하여
원주민과 동일한 법의 적용을 받으며 동일한 수혜권리를 갖는다는 것이다. 적용법의
결정원칙(determination of the applicable legislation)은 이주민에게는 하나의 사회보
장법이 적용되어야 한다는 것, 즉 이주민은 두 국가의 법률에 적용을 받아서도 안되며
적용받는 법률이 없어서도 안된다는 원칙이다. 획득권리의 유지원칙(maintenance of
acquired rights)은 이주민이 이주 전에 거주하던 국가에서 획득한 사회보장에 관한 권
리는 이주한 후에도 그대로 유지된다는 것이다. 획득과정중의 권리유지원칙
(maintenance of rights in course of acquisition)은 다른 국가에서 축적한 사회보험에
대한 가입경력도 자국에서의 경력과 마찬가지로 인정된다는 원칙이다(박진·이유수
1994).

33 독일통일 과정에서도 주로 채권을 발행하는 수단을 선택했다. 이에 따라 서독경제는
이자율 급등을 겪었고 동독경제는 대규모 실업을 경험했다(김성우 2000).

10장

1 신제도주의 경제학에 대한 전반적인 소개는 유동운(1999)과 송현호(1998)에 의해 이루
어지기도 했다. 한국경제학계에서는 대체로 무관심했고 진보학계에서는 신제도주의
역시 신고전파와 크게 다르지 않은 것이라는 반응이었다(허준석 2000).

2 코우즈는 노벨상 수상 강연(Coase 1992)에서 자신이 개척한 신제도주의 경제학의 지
향을 현실성(realistic)과 조작성(manageable)이라고 말하고 있다.

3 신제도주의의 경험연구는 1990년대에 크게 발전했다. 거래비용경제학의 경우, 호름스
트룀과 티롤(Holmström and Tirole 1989)은 경험연구-이론연구의 비율이 낮다고 했
으나, 조스코우(Joskow 1991)는 일반의 산업연구에서보다는 앞서 있다고 했는데, 윌
리엄슨(Williamson 2000)에 오면 "실증분석연구의 성공스토리"를 선언하고 있다. 왕
성한 실증분석의 연구성과들에 대해서는 카터와 호지슨(Carter and Hodgson 2006),
데이비드와 한(David and Han 2004) 참조.

4 현대적인 맑스주의를 주장한 엘스터(Elster 1982)와 로머(Roemer 1985)는 이미 방법론

적 개인주의를 옹호하고 기능주의에 반대한 바 있다. 그들은 전통적 맑스주의 이론이 목적을 지닌 행위자 없는 '객관적 목적론'에 빠짐으로써 '메커니즘'을 결여하고 있다고 비판하면서 맑스주의에 '미시적 기초'를 제공하여 이를 교정하자고 제안하였다.

한편 이와 관련해서 필자는 서울사회경제연구소의 2008년 4월 월례토론회에서 최정규(崔晶奎) 교수의 논평을 구할 수 있었다. 최교수에 의하면, 분석단위가 개인이라는 점은 별 문제가 없으나, 미시적 수준에서 정작 중요한 것은 상호작용이다. 문제는 개인의 선호인데, 상호작용에 의해 선호를 변화시킬 수 있는 가능성이 중요하다는 것이다. 최교수는 신제도주의는 인센티브를 중시하고 정치를 비정치화함으로써 신고전파와 큰 차이가 없게 되었다고 평가한다. 그러나 필자가 보기에 신제도주의의 경계는 좀더 넓다. 인센티브를 강조하지만 상호작용에 의한 선호의 변화 가능성도 부정하지 않으며 때로는 비정치화도 정치적인 의미를 갖는다.

5 코우즈는 현실세계에 무슨 일이 일어나는지 별 관심이 없는 주류경제학에 대해 다음과 같이 통렬하게 풍자하고 있다. "만약 경제학이 단순히 방법이라면, 경제학자는 자신이 도구상자는 가지고 있는데 당면과제는 가지고 있지 않다고 여길 것이다. 이는 내게 두 줄의 현대시를 생각나게 한다. 나는 말고삐를 보았는데 괜찮았어/그런데 피투성이 말은 어디에 있지?"(Coase 1998, 73면)

6 코우즈는 계획의 다른 표현으로, 제4의 생산요소로서의 조직(organization, Marshall), 기업가의 조정(co-ordinating, Clark), 의식적인 힘의 섬(islands of conscious power, Robertson)이라는 표현도 함께 제시했다.

7 장우창(Cheung 1969; 1983)은 '기업'을 계약제도하에서 행동을 조직하는 방식으로 재정의함으로써 계약과 계약선택의 맥락에서 코우즈의 아이디어를 일반화하였다. 그에 의하면, 거래비용과 계약이라는 개념의 인식은 새로운 패러다임을 형성하는 혁명적이고 중요한 사건인데, 이는 신고전파의 한계주의(marginalism)에 필적하는 것으로 간주될 것이라고 보았다(Cheung 1983, 21면).

8 이에 따라 앨런(Allen 1991)은 거래비용을 '재산권을 설립하고 유지하는 비용'으로 정의하기도 했다.

9 여기에서 북아메리카 인디언의 사냥과 토지 문제가 사례로 제시되었다. 처음에는 사냥에서 발생하는 외부성이 중요한 문제가 아니었으나, 가죽 교역이 증대하면서 사냥의 규모가 확대되고 외부성 문제가 중요해졌다. 이 경우 내부화의 비용을 기꺼이 감내하

는 방향, 즉 토지를 사유화하고 짐승을 사육하는 방향으로 재산권 체계가 변동하였다
는 것이다. 한편 뎀쎄츠(Demsetz 2002)에서는 외부성 문제뿐 아니라 친밀성
(compactness), 생산성, 조직상의 복잡성, 위험 등 교환의 여타 문제들과 관련짓는 방
식으로 재산권 이론을 확장하고 있다.

10 최정규 교수는 엘릭슨(Ellickson 1989)의 신제도주의보다는 하이에크(Friedrich
August von Hayek)의 계보에 속한다고 지적해주었다. 그러나 필자는 신제도주의의 영
역과 경계가 상당히 넓고 열려 있다고 판단한다. 신제도주의는 현실의 복잡성, 인간이
성의 제한적 합리성, 지식의 불완전성, 스스로 체계를 조직하는 자생적 질서 등을 인
정한다는 점에서는 하이에크적이지만, 자유로운 시장만을 유일한 제도로 간주하지는
않는다.

11 멜빌의 소설 『모비딕』(*Moby Dick*)에는 "아메리카의 어부들은 이 문제에 있어서 그
자신이 입법자와 법률가가 되었다"고 서술되어 있으나, 이 지역에서 소유권을 규율하
는 규칙을 제정하기 위한 공식적인 교역협회 등 어떤 단체나 조직이 존재했다는 증거
는 없다고 한다(Ellickson 1989, 84~85면).

12 여기에서는 '표명과 외부공개 책임성' '정치적 안정성과 폭력·범죄·테러리즘의 부
재' '정부 효율성' '법적 규제의 부재' '법의 지배' '부패의 통제' 등이 요소로 정의된다.

13 자본주의에 다양한 유형이 있다는 논의, 그리고 북구형 모델에 대한 선호는 근래 한국
의 진보개혁진영에서 크게 유행하고 있는 현상이다. 이정우·최태욱(2007) 참조.

14 '더 압축된 동아시아 모델'(A More Highly Compressed East Asian Model)은 기업·노
동·농업·국가의 효율을 개선하면서 현재의 정치체제를 지속시키는 모델이다. '더 좋
아진 동아시아 모델'(An Improved East Asian Model)은 국내체제 혁신과 선진화, 남북
한의 점진적 통합, 동아시아 연대와 지역혁신 등을 기본 요소로 한다.

15 그들의 추계에 따르면, 미국에서 거래부문은 1870~1970년간 GNP의 약 1/4에서 1/2
이상으로 증대했으며, 정부지출이 GNP에서 차지하는 비중은 1902년 6.9%에서 1970
년 33.5%로 증가했다.

16 우리는 이러한 새로운 역할에서 핵심적인 것이 '좋은 개방' '혁신' '사회적 연대'라고
생각한다. 『한반도경제론』(2007 창비) 참조.

17 이러한 동유럽의 성과는 형식적인 제도 형성의 측면에 한정된 것이다. 제도가 실질적
으로 어떻게 작동되고 있는가 하는 것까지 모두 고려된 것은 아니다.

18 여기에서 코우즈가 힘주어 말하고 싶었던 것은 구체적인 연구, 비교연구가 필요하다
는 점이다. "나는 산업 또는 조직의 구체적인 연구에 의해 그것이 어떻게 작동하는지
환경변화(예를 들면 특별한 규제 도입으로 인해 발생하는 환경변화)에 의해 그 성과가
어떻게 영향을 받는지에 대한 충분한 이해를 얻는 것이 가능하다고 믿는다. 그리고 유
사한 규제하에 있는 다른 산업 또는 조직을 연구함으로써 우리의 이해를 확장하고 판
단을 구하는 데 도움을 얻을 수 있을 것이다. (…) 필요한 것은 상상력에 의한 재건축이
라는 행동이다. 그러나 이는 구체적인 지식에 기반을 두어야 하고 그 지식은 여러 학자
의 다년간의 연구결과에 따라 천천히 얻어질 수 있을 뿐이다. 그러나 이 때문에 실망해
서는 안된다. 우리는 속도를 위해 모든 것을 희생해야 하는 기업이 아니다. 우리는 달
에 가려고 하는 것이 아니다"(Coase 1964, 195~96면).

19 이런 점에서 관성적으로 제기되는 '큰 정부' '중세'의 담론을 비판적으로 성찰해야 한
다. 비판을 위한 프레임은 '적절한 규모의 정부' '꼭 필요한 정도의 세금' 정도가 되어
야 할 것이다.

11장

1 씨스템은 '체제' 또는 '체계'로 번역될 수 있다. 이 용어는 자연과학에서 연원한 것이므
로 '체계'라 하는 것이 원래 뉘앙스를 잘 전달하는 것이겠으나, '체제'로 사용하는 것이
이미 관행으로 정착되어 있기도 하다. 씨스템은 제도·조직씨스템을 핵심으로 하되,
재·기술씨스템이 포함되기도 하고 나아가 가치·규범씨스템까지도 포괄할 수 있는 개
념이다.

2 전형적인 쏘비에뜨형 개발전략은 다음과 같다. 개발목적은 군사력 강화, 사회주의화,
경제발전이다. 이를 위하여 중앙집권형 계획체제를 채용하는데, 기업 내부에서는 기
업의 장이 단독으로 모든 책임을 지도록 했다. 급속한 성장을 위해 고투자율·고저축
률·저소비율을 강제하여 자원을 중공업에 우선 배분했다. 분배제도 면에서는 보너스
와 프리미엄을 제공하는 등 물질적 자극론을 채용했다.

3 국가의 크기는 원래 그 자체로 경제개발에 있어서 많은 중요한 의미를 갖고 있다. 대국
은 상당한 광물자원과 큰 국내시장을 가질 수 있다. 대국이 규모의 경제나 경제의 효율
성을 희생시키지 않고 자력갱생 정책을 추구하는 것은 훨씬 용이할 것이다. 이에 반해
소국은 자원과 국내시장에 제약이 있다. 따라서 자력갱생의 달성은 소국 입장에서는

대단히 어려운 문제이다(Eckstein 1977). 북한의 상황이 바로 그러했다. 철강의 원료인 코우크스탄이 없는 것도 큰 문제였지만 석유라는 중요한 에너지원의 부재는 치명적이었다.

4 사회주의권 붕괴는 중국에도 위협을 가하였으며, 중국으로의 우회로를 통해 다시 북한의 재생산구조에 심각한 영향을 미쳤다. 1980년대까지 북한의 원유 수입선 중 소련은 20%, 중국은 45~50%의 비중을 차지했는데, 1990~93년 사이에 북한의 원유 수입가격은 러시아산 2배, 중국산 2.3배 상승하였다. 1995년 중국의 대북한 원유 수출가격은 톤당 128달러였으나, 다른 나라에의 수출가격은 톤당 119달러였다고 한다.

5 북한에서는 '지배인'이라고 부른다.

6 보다 구체적인 논의는 양문수(2001c)를 참조할 것.

7 1960년대는 공장당위원장.

8 중국 사회주의 경제를 '느슨한(slack) 집권제'라는 개념으로 파악한 최초의 연구는 나까가네 카쯔지(中兼和津次 1997)이다.

9 집권화에 의해 형성된 무임승차 문제를 해결하기 위해 지배구조를 확립하지 않은 채 분권화를 통해 미시단위에 인쎈티브를 부여하고자 하면, 내부자 통제(insider control)의 진전과 그에 따른 공유자산의 침식, 사실상 사유화(de facto privatization)에 봉착하게 된다.

10 농업협동화와 개인상공업의 사회주의적 개조가 완료된 1958년 이후 국가 주도의 상업유통체계가 확립되었다. 이후 농민시장은 10일 단위로 열리게 되었고 거래품목도 채소나 부식물에 한정되었다. 1990년대 중반 들어 북한에서는 경기침체와 농업생산 감소로 생필품과 식량 부족이 심화되면서 농민시장이 급증하기 시작했다. 또 농민시장이 거의 암시장과 구분하기 어려울 정도로 다양한 상품을 공급하게 되었다.

11 1960~70년대 국민소득의 30~40%를 차지하였던 중국의 높은 축적률 구조는 이후에도 와해되지 않았다. 1984~97년 사이 31~37%의 축적률을 유지하였는데, 이는 외자에 의해 가능했던 결과이다. 즉 중국의 경우 1986년부터 외자가 전체 고정투자의 4%를 넘어섰으며, 1993년 12.13%, 1994년 17.08%로 크게 증가하였으며 1997년에는 15.04%를 기록하였다(『中國工業發展報告』 1999, 397면).

12 심사의견에서, 실제로 이러한 문제와 관련하여 북한 지도부가 어떤 인식을 가지고 있으며 어떻게 행동하는가가 중요한 것이 아닌가 하는 지적이 있었다. 북한 지도부의 인

식이 어떠한가는 정보 차원의 문제이겠으나, 그러한 인식 형성이 중장기적으로는 현
실의 여건과 전혀 무관할 수는 없다고 본다. 북한당국이 국제사회에 식량, 에너지 등의
지원을 요청하고 있는 것도 1990년대 초만 하더라도 생각할 수 없는 일이었다.

13 월러스틴(Wallerstein 1999)은 1945년 이후 시기를 50~60년간 지속되는 꼰뜨라찌예프
순환으로 파악하였다. 그는 또 이 꼰뜨라찌예프 순환이 진정한 황금기인 꼰뜨라찌예
프 A국면과 미국 헤게모니의 쇠퇴와 동아시아의 부상이 나타나는 꼰뜨라찌예프 B국
면으로 구성되는 것으로 보고 있다.

14 동아시아 경제가 세계적으로 부상된 것은 이 지역이 1970년대 말의 제2차 석유위기를
극복하고 고도성장을 지속했기 때문이다. 신고전파 경제학의 입장에서는 안정적 성장
의 최대 원인은 정부가 시장메커니즘을 잘 작동시켰기 때문이라고 파악했다. 이에 발
라싸(Bela Balassa)는 정부가 "가격메커니즘을 정상화하였다"(getting 'price
mechanism' right)고 표현했다. 그러나 다른 한편에서 앰스덴(ALice H. Amsden), 웨이
드(Robert Wade), 해거드 등 국가주의자(statist)들은 동아시아 성장의 요인을 정부의
적극적인 역할에서 찾았다. 동아시아 정부는 "가격메커니즘을 왜곡했으나 그 방향은
올바른 것이었다"(getting 'price mechanism' wrong, but direction is right)는 것이다.

15 중국과 대만의 경우, 국가가 기간산업을 국유기업 형태로 이미 장악하고 있었고, 사적
영역에서 중소기업들이 경쟁메커니즘에 따라 움직였다는 점에서 중국, 대만의 산업정
책은 연성 산업정책으로 분류될 수 있다(이일영 외 2002a, 37~48면)

16 '개발독재'(developmental dictatorship)라는 용어가 최초로 사용된 것은 이딸리아의
파시즘 연구에서였다. 여기에서 개발독재는 경제발전, 정치민주화, 사회의 근대화가
함께 이루어지지 않는 정치적 패턴을 지칭하는 것이었다. 이는 이후 서구에서는 널리
사용되지 않았고, 오히려 라틴아메리카에는 '관료주주의적 권위주의체제 국가'
(bureaucratic authoritarian state)라는 개념이, 동아시아에 대해서는 '개발지향적 국가'
(developmental state)라는 개념이 사용되었다.

17 북한이 국제분업구조에 편입되어 일정한 역할을 수행하기 위해서는, 출발 시점에는
우선 노동집약형 산업의 비교우위를 발휘해야 한다. 그러나 이는 미국의 대북 경제제
재가 철폐되지 않는 한 이루어지기 어렵다. 북미관계 개선이 이루어지기 전에 북한이
새로운 개발전략과 산업정책을 추진하는 것은 자금원은 물론 시장의 제한으로 그 효
과가 매우 제한될 수밖에 없다.

12장

1 미시·제도경제학에서의 기업 내 문제는 인쎈티브 문제 이외에 조정(coordination)의 문제가 있다. 조정 문제는 분권상태에서 바람직한 자원배분을 위해 어떻게 정보를 공유하고 이용해야 하는가 하는 문제라고 할 수 있다.

2 이는 다시 말하여 경영자-종업원 사이의 주인-대리인 모델에서 기대이윤을 최대화하는 노동배분(job allocation), 임금지불규칙(wage schedule)을 설정하는 문제라고 할 수 있다.

3 아직 7·1조치의 실질적 효과가 관찰되지 않았으므로 다양한 가능성을 열어두는 것이 낫다는 조심스런 접근도 있다(이석기 2004).

4 코르나이는 경제씨스템을 구성하는 요소로서, 조직의 집합, 생산물의 집합, 정보타입의 집합, 제어역(control sphere)의 반응함수 씨스템, 실행역(real sphere)의 반응함수 씨스템 등을 거론하고 있다(Kornai 1971). 한편 나까가네 카쯔지(中兼和津次 1975)에 의하면, 협의의 경제씨스템은 경제활동(정보·재를 투입하여 산출하는 활동)이 행해지는 토대인 제도·조직씨스템으로 파악될 수 있고, 광의의 경제씨스템은 여기에 일정 기술의 체화인 재의 투입·산출씨스템으로서의 재·기술씨스템이 결합된 것이며, 최광의의 경제씨스템은 가치·규범씨스템까지 포함하는 것을 의미한다.

5 이렇게 러시아·동구와 중국을 급진주의, 점진주의로 유형화하는 것은 다분히 이념형적인 것이다. 급진적 체제이행을 경험한 경우에도 동독의 경우를 제외하면 자금부족과 정치적 이유로 민영화 작업이 지지부진했으며, 거의 모든 나라에서 실질임금을 하락시키는 데 실패했다. 이행의 다양한 모습 때문에 급진주의 내에서도 체제이행 선진국, 체제이행 후진국으로 다시 분류하기도 하고, 폴란드·헝가리·체코·슬로바키아를 따로 중구(Central Europe)로, 리투아니아·라트비아·에스토니아를 발트 3국으로 별도의 그룹으로 논의하기도 한다.

6 체제이행 이전부터 동유럽의 사회주의 국가들에서는 실업이 증대하고 임금격차가 확대되고 있었고 실업대책도 마련되고 있었다. 헝가리의 경우 실업 문제에 대한 대응책으로 정부가 기업의 노동자 전직을 위해 재교육 비용을 지원하고 기업에게는 각종 보조금과 세제혜택을 부여하였다. 또 불필요 인력에 대해 1년 동안 재정적으로 보장해주는 '재고용' 제도를 운영하기도 했다(전병유 외 2004).

7 샤깡(下崗)은 경제적 보호조치의 일환이라기보다는 사회적 관리를 위한 측면이 강하

다. 이는 기업이 종업원과 형식상 고용관계를 유지하고 생계비 일부 지급, 재취업 알선
을 행한다는 점에서 정리해고와 구별된다. 그러나 실제로는 실업과 다름없는 경우가
많고, 최근에는 샤깡이라는 용어를 사용하지 않고 있다.

8 보통 사회주의 국가의 계획경제 부문을 1차경제로, 계획외경제 부문을 2차경제라 부른
다. 이렇게 계획성을 기준으로 2차경제 현상을 규정하는 대표적인 학자는 그로스먼
(Grossman 1977)이다. 한편 2차경제에 대해 케메니는 '불법적이든 합법적이든 공식기
관에 의해 기록되지 않는 경제활동', 즉 등록되지 않은 경제(unregisterd economy)라
는 용어를 사용하고 있다(Kemeny 1982).

9 이런 점에서 러시아·동유럽은 상품가격·환율·이자율 등의 가격체계, 거시경제 개혁
에 초점이 맞춰져 있다.

10 중국의 경우 비국유부문은 단기고용을 통해 기능적 기능을 저임금·장시간노동 체제
에 포섭하는 씨스템에 가깝고, 국유부문은 기능별로 분단된 노동시장 안에서 장기고
용의 '경로의존성'이 강하게 잔존해 있다(이일영 2004a).

11 지배인 유일관리제의 주관주의, 관료주의, 독단의 문제를 극복하기 위한 대안의 사업
체계는 다음의 특징을 갖는다. 첫째는 당간부, 행정간부, 핵심노동자들과 기술자들로
구성된 공장 당위원회를 최고기관으로 하는 집단지도체계, 둘째는 당에 의한 통일적
집중적 생산지도(지배인과 기사장의 역할분담)와 하부단위에서의 집체적 협의의 결
합, 셋째는 중앙집중적 자재공급체계와 후방공급체계이다(김연철 2001, 269~77면).

12 북한에서 독립채산제는 1946년에 이미 도입되었지만, 1952, 1973, 1984년 관련규정이
개정되면서 더욱 확대 강화되었고, 2002년 7·1조치에서도 다시 강조된 바 있다.

13 중국의 경우 농업과 농촌이 지배적인 비중을 차지하고 있는 산업구조 때문에, 과거에
도 사회주의혁명의 동인은 농촌에 있었다. 그러나 소련의 경우는 이와는 상황이 달라
서 도시의 노동자와 병사가 혁명의 주체였다. 사회주의 공업화 과정에서도, 소련은 농
업 '수탈'에 기초한 중공업우선 일변도의 정책을 강행하였으나, 중국에서는 상대적으
로 '농업우선' 정책이 강조되었다.

14 한편, 경제성장이 경제개혁을 촉진하는가 하는 문제는 경제성장이 경제개혁의 성공
에 어떤 영향을 미치는가와는 다른 문제이다. 대부분의 동유럽 국가의 경우 경제적 어
려움이 경제개혁을 촉발하는 요인으로 작용했으며, 성장이 이루어지는 경우 경제개혁
은 오히려 정체되는 경향이 있었다. 물론 일단 시장이 도입되면 이를 완전히 후퇴시키

는 것은 매우 어렵게 된다(조동호 2003).

15 이미 1980~90년대를 통해 북한의 재정능력이 급속히 악화되어 가격차 보조금을 지급하는 방식의 식량관리제도의 골격이 점차 변동되어온 것으로 추측된다.

16 중국이 목표로 하는 동아시아 모델은 경제체제로서는 다음과 같은 특색을 가지고 있다. 즉 시장을 주체로 하면서도 적극적인 정부의 관여를 인정하고, 경쟁이 아닌 콘테스트에 의해 기업을 시장에서 다투게 한다. 정부가 수입대체정책과 수출촉진정책, 산업보호정책과 각종 산업정책을 책정하고 위로부터 기업과 시장을 지도한다. 이러한 동아시아 모델은 명목상 사회주의를 표방하면서 위로부터의 시장화를 지향하는 중국이 비교적 쉽게 수용할 수 있는 씨스템이다(中兼和津次 1999).

17 체제이행의 이론과 이행정책이 지리적으로 인접한 모델로부터 영향을 받는 것이 부자연스런 일은 아니다. 소련·동유럽형 계획경제가 서유럽 모델과 경쟁하면서 쇼크요법과 안정화정책이 혼합되는 이행모델을 형성했다면, 중국형 계획경제는 동아시아 모델을 참조 모델로 하면서 점진주의 방식을 채용하여 개혁을 시도했다고 할 수 있다.

18 이행 전의 1980년대의 헝가리경제는 사후적/경쟁적 조정양식이 주이지만 사후적/명령적 조정양식이 여전히 큰 영향력을 미치고 있다. 1990년대 이후 북한에서도 이처럼 이중적 조정양식이 영향을 미치고 있으나, 사전적/명령적 조정양식이 공식적 지위를 유지하되 영향력은 약화되고 있고 그 공백을 사후적/경쟁적 조정양식이 부분적으로 대체하고 있다. 또 사후적/명령적 조정양식의 영역도 부분적으로 확대되고 있다(이석기 2004).

　이 글에 대한 토론에서 이정철 박사는 7·1조치를 연속선상에서 파악해야 한다고 주장했다. 즉 7·1조치는 그 자체는 충격요법적 가격정책과 소득정책을 주 내용으로 하나, 이후 종합시장이나 사용료를 전제로 한 이용권 이전 등 추가적 조치들이 진행되었고, 전문 장사꾼 계급의 출현을 인정하는 등 변화의 폭이 넓다는 것이다. 따라서 7·1조치는 동유럽의 분권화 조치 이상의 구조적 변화를 추구하는 것으로 보아야 한다는 것이다. 필자는 7·1조치에 대해서는 아직까지 이보다는 제한적으로 평가하고 있다.

19 여기에는 개인상공업의 발전 가능성, 외부로부터의 시장화 지원이 중요하다고 생각된다. 여기로부터 시장화 영역이 확대되고 시장화 개혁 방향으로 전략적 보완성이 발휘되기 시작할 것이다. 이러한 점에서 한국 또는 국제사회로부터의 자금·요소·기술·식량의 유입은 중요한 의미가 있다. 물론 '무조건적 퍼주기'보다는 남북경협을 전략적

으로 활용해야 한다(조동호 2003)는 데에 의견을 달리하는 것은 아니다.

20 국내에서는 개혁정책 시행의 주체가 개혁정책의 순서, 속도, 방향을 규정한다는 논의 도 많다. 물론 북한 정치체제의 특수성이 매우 중요한 문제이고 이 변수에 따라 여러가 지 구체적인 씨나리오가 존재할 수도 있다. 그러나 필자는 북한의 이행과정이 정책주 체에 의해 결정되는 비중을 '결정적'인 것으로 보지는 않는다. 필자는 보다 높은 추상 수준, 넓은 시간범위, 구조적 초기조건을 고려할 때, 북한은 이미 진화적인 이행과정에 들어섰다고 판단하고 있다. 이러한 시야에서라면 정책의 주체 요소의 비중이 비교적 작은 '북한형' 개혁 유형을 구성할 수 있다.

21 현재로서는 북한이 처한 조건은 중국과는 다른 점이 많고, 오히려 동유럽 후진국과 유 사한 점이 많다. 그러나 중국형 모델에서 참조할 핵심적인 사항은, 전환의 과정이 '진 화적'으로 이루어진다는 것이다. 즉 최종 목표가 서구식 시장경제라고 해도 구체적으 로 이의 모습이 다양하고, 또 처음부터 서구식 시장제도를 건설하는 것은 불가능하며, 중간 단계에서 서구와는 다른 방식의 제도형성이 필요하다는 것이다(Murrell 1993).

22 사적 소유권을 도입하는 전략과 관련해서 코르나이는 유기적 개발 전략(the strategy of organic development)과 사유화 가속화 전략(the strategy of accelerated privatization)을 구분하고 있다. 북한의 경우 이 두가지 전략이 혼합되어 동시적으로 전개될 것이다.

13장

1 강제축적 메커니즘에 의해 높은 축적수준을 달성했지만, 생산 측면에서 그에 상응하는 성과가 나온 것은 아니었다. 특히 1980년대 말부터는 해외의 시장과 공급원의 위축, 공 장가동률의 하락, 식량위기 때문에 축적의 연쇄가 불가능해지면서 재생산의 위기, 축 적의 위기가 현실화되었다.

2 '농법' 개념에 대한 더 구체적인 논의는 이일영·전형진(1998) 참조.

3 이것이 당시 농민시장의 가격을 고려할 때 농민들에게는 중요한 인쎈티브였다. 즉 곡 물을 농민시장에서 팔면 정부수매에 응하는 것보다 적게는 60배(옥수수 결산분배 가 격과 2000년 농민시장 가격)에서 많게는 350배(쌀 수매가격과 1998년 농민시장 가격) 까지 더 높은 가격을 받을 수 있었던 것이다(김영훈 2001).

　한편 1997~98년쯤에는 분조장이나 작업반장, 관리위원장 등을 농장원이 직접 선출하도록 하는 조치도 취해졌다고 한다(『조선일보』 2002.1.16).

4 새로운 분조관리제는 내부갈등 때문에도 계속 추진되지 못하였다. 새 제도하에서는 계획량을 정하는 것이 매우 중대한 문제가 될 수밖에 없다. 그래서 각 토지별로 지력과 면적 등에 대한 정밀조사를 벌였으나, 조사가 서둘러 행해진데다 이해관계가 첨예한 문제라 공정성을 잃은 경우가 허다했다고 한다. 이 때문에 같은 농장 안에서도 분조간 격차가 심하게 벌어지게 되자, 첫해 결산분배 때부터 분조장과 상급간부들 간에 국가계획량을 놓고 심각한 갈등이 벌어졌다고 한다. 게다가 보위부, 분주소(경찰), 당위원회 등에서 잉여생산물에 눈독을 들이면서 간섭이 많아졌다고 한다. 이에 농장원들은 새로운 제도에 대해 비판적인 태도를 취하게 되었다는 것이다(『조선일보』 2002.1.16).

5 이에 익명의 심사자는 춘궁기의 기아문제를 더욱 강조하고 있다. 이에 따르면, "북한의 감자 수량은 정보당 10톤 정도에 불과하고 이것을 곡물로 환산할 경우 2~2.5톤에 불과하므로 옥수수 수량과 큰 차이가 없다. 이 정도의 수량이라면 옥수수와 감자의 비료투입량에도 별 차이가 없다. 그렇다면 춘궁기의 기아문제를 해결하기 위한 방법의 하나로 감자재배를 확대하였을 가능성이 더 높다." 매우 날카로운 지적이라 생각된다.

6 익명의 논평자는 밀식 문제와 관련하여 다음과 같이 지적하고 있다. "아직도 옥수수의 밀식은 그대로 유지되고 있으며 어떠한 작물이든 우리와 비교하면 밀식이라고 할 수밖에 없다. 이는 주체농법의 근본이므로 변화되기 어려울 것으로 예상된다." 필자도 옥수수 밀식은 양적인 '조정'의 문제이지 질적인 '변화'로 볼 수는 없다고 생각한다.

7 2000년에는 12만 3000ha를 계획했으나, 실제로는 9만 3000ha에서 이모작이 이루어진 것으로 알려져 있다(『연합뉴스』 2001.12.6).

8 과학기술은 2002년 신년 공동사설에서도 다음과 같이 다시 강조되었다. "우리 제도제일주의를 구현하자면 과학기술과 교육사업 발전에 전국가적인 관심을 돌려야 한다. 과학기술을 전반적으로 빨리 발전시키면서 특히 정보기술과 정보산업 발전에 힘을 집중하여야 한다"(『연합뉴스』 2002.1.1).

9 엘먼(Ellman 1979)은 이러한 조건으로 ① 기계의 마모가 없을 것과 ② 폐쇄모델일 것, 즉 외국무역이 없을 것을 들고 있다.

| 참고문헌 |

강신욱 (1998) 『John Roemer의 분석적 맑스주의 경제이론에 관한 연구』, 서울대 박사학위논문.

고일동 편 (1997) 『남북한 경제통합의 새로운 접근방법』, KDI.

과학원 지리학연구소 (1989) 『농업지리』, 과학원 지리학연구소.

구성열 (2000) 「통일로 인한 남북한 인구이동 예상과 시장통합 전략」, 선한승·에릭임 편 『북한의 노동제도와 노동력에 관한 국제비교연구』, KLI.

국정브리핑 특별기획팀 (2008) 『참여정부 경제5년: 한국경제 재도약의 비전과 고투』, 한스미디어.

김대호 (2009) 「북유럽산 사상이념의 오퍼상들의 잔치를 보고(1)」, 『뉴스레터』 22호, 좋은정치포럼.

김석철 (2003) 「새만금, 호남평야, 황해도시공동체」, 『창작과비평』 가을호.

――― (2006) 『희망의 한반도 프로젝트: 건축·도시 40년』, 아키반.

김성우 (2000) 「통일과 노동력 이동방지를 위한 경제정책」, 선한승·에릭임

편『북한의 노동제도와 노동력에 관한 국제비교연구』, KLI.

김세균 (2000)「통일문제, 어떻게 대응할 것인가?」,『한반도 통일논의의 쟁점
과 과제』, 한신대학교·(사)통일맞이.

김양희 (2004a)「동북아 경제공동체 형성을 위한 시론」, 한반도평화포럼.

──── (2004b)「동북아 경제공동체의 추진방향에 대한 일고찰: 공동번영의
기제 마련을 중심으로」, 국제경제학회 동계학술대회.

──── (2005)「한국경제의 미래와 동북아구상─FTA 전략의 재조명」,『민주
적 발전모델과 선진한국의 진로』, 참여정부 2년 평가와 3년 전망 씸포지
엄, 대통령자문 정책기획위원회.

김연철 (2000)「정상회담 이후 남북경협의 과제와 전망」,『남북정상회담과
평화통일 그리고 시민운동의 역할』, 참여사회연구소·경실련 통일협회.

──── (2001)『북한의 산업화와 경제정책』, 역사비평사.

──── (2002)「최근 북한경제 변화, 배경과 전망」, '제25차 통일전략포럼' 발
표논문, 경남대학교 극동문제연구소.

김영윤 (1995)「고전적 통합이론의 남북한 적용 가능성」,『통일경제』 9월호.

──── (2004)「남북연합과 경제공동체 형성 방안」, 신정현 외『국가연합 사
례와 남북한 통일과정』, 한울.

김영윤 외 (2002)『남북 경제공동체 형성을 위한 대북 투자 방안』, 통일연구
원.

김영훈 (2001)「북한농업과 농지가족도급제」,『KREI 북한농업동향』 3(1).

김운근 (2001)「2001년 북한의 식량문제와 전망」,『KREI 북한농업동향』 3(1).

김운근·전형진 (1999)「1999년도 북한의 농업정책 방향」,『KREI 북한농업동
향』 1(1).

김종엽 (2004)「분단체제론의 궤적: 회고와 전망」,『동향과전망』 61호.

김종철 (2008) 「민주주의, 성장논리, 농적(農的) 순환사회」, 『창작과비평』 봄호.

김주훈 (2004) 『동아시아의 글로벌 생산네트워크와 한국의 혁신정책 방향』, 한국개발연구원.

김홍상 (2006) 「농지문제의 특성과 농지정책의 방향」, 『농업·농촌의 이해』, 박영률출판사.

남덕우 (2002) 『동북아로 눈을 돌리자』, 삼성경제연구소.

남덕우 외 (2003) 『한국경제 생존프로젝트, 경제특구』, 삼성경제연구소.

농업과학출판사 (1985) 『농업경제학』, 농업과학출판사.

대통령직인수위원회 (2003) 『참여정부 국정비전과 국정과제』.

더글라스 C. 노스 (2007) 『경제변화 과정에 관한 새로운 이해』, 조석곤 옮김, 해남.

데이비드 헬드 외 (2002) 『전지구적 변환』, 조효제 옮김, 창비.

동북아경제중심추진위원회 (2003) 『동북아 경제중심 추진의 비전과 과제』, 국정홍보처.

동북아시대위원회·NSC (2004) 『평화와 번영의 동북아시대 구상: 비전과 구상』.

무함마드 유누스 (2008) 『가난 없는 세상을 위하여』, 김태훈 옮김, 도서출판 물푸레.

민주평화통일자문회의 (2004) 『참여정부 대북정책 2년: 평가와 과제』.

박근갑 (2009) 『복지국가 만들기: 독일 사회민주주의의 기원』, 문학과지성사.

박복영 (2001) 『자본자유화론에 대한 재고』 SIES Working Paper Series No. 110, 서울사회경제연구소.

박번순 외 (2005) 『아시아경제, 공존의 모색』, 삼성경제연구소.

박순성·김균 (2001) 「특집, 박현채와 민족경제론: 정치경제학자 박현채와 민족경제론」, 『동향과 전망』 48호.

박정동 (2000) 『북한의 경제개발전략에 관한 일고찰』, 한국개발연구원.

박제훈 (1997) 「이행기경제의 체제전환」, 한국비교경제학회 편 『비교경제체제론』, 박영사.

박진·이유수 (1994) 『남북한 사회보장제도의 비교 및 통합방향』, KDI.

박진도 (2006) 「농촌개발정책의 혁신」, 『농업·농촌의 이해』, 박영률출판사.

박현채 (1989) 『민족경제이론의 기초이론』, 돌베개.

박형중 (2002) 「부분개혁체계의 출범, 난파와 복구―1980년대 중반부터 2000년대 초까지의 북한경제」, 『북한 60년의 재조명―경제분야를 중심으로』, 고려대 북한연구소.

백낙청 (1992) 「분단체제의 인식을 위하여」, 『창작과비평』 겨울호.

───── (2006) 『한반도식 통일, 현재진행형』, 창비.

───── (2008) 「근대 한국의 이중과제와 녹색담론」, 『창작과비평』 여름호.

백영서 (2000) 『동아시아의 귀환: 중국의 근대성을 묻는다』, 창비.

복지국가SOCIETY 정책위원회 (2007) 『복지국가 혁명』, 밈.

북한경제포럼 편 (1999) 『남북한 경제통합론』, 오름.

사민＋복지 기획위원회 엮음 (2008) 『한국사회와 좌파의 재정립』, 산책자.

사회과학원 경제연구소 (1970a) 『경제사전1』, 사회과학원출판사.

───── (1970b) 『경제사전2』, 사회과학원출판사.

서동만 (2007) 「대안체제 모색과 '한반도경제'」, 『창작과비평』 가을호.

서석홍 (2005) 「중국 자동차산업의 현황과 시장동향」, 중국시장포럼 쎄미나.

서세욱 (2006) 「농어촌분야 재정투입과 2006년 예산안 분석」, 『농정연구』 17(봄호), 농정연구쎈터.

선한승 외 (2001)『사회주의 국가의 노동개혁과 북한모형 연구』, 한국노동연
　　구원.

손병해 (2002)『경제통합의 이해』, 법문사.

송현호 (1998)『신제도이론』, 민음사.

스티븐 제이 굴드 (2002)『풀하우스』, 이명희 옮김, 사이언스북스.

신영복 (2004)『강의: 나의 동양고전 독법』, 돌베개.

신장섭·장하준 (2004)『주식회사 한국의 구조조정』, 장진호 옮김, 창비.

신정완 (2004)「프리드리히 리스트(Friedrich List)의 경제학 주체화 전략에 대
　　한 비판적 검토」, 학술단체협의회 씸포지엄.

양문수 (1998)『북한경제를 보는 또 하나의 시각』, 기아경제연구소.

──── (2001a)「김정일 시대 북한의 경제운용과 과학기술중시정책」,『통일
　　문제연구』35, 평화문제연구소.

──── (2001b)『북한경제의 구조: 경제개발과 침체의 메커니즘』, 서울대학
　　교출판부.

──── (2001c)「북한 경제관리제도의 역사적 변천과 경제개혁」,『동북아경
　　제연구』13(1), 한국동북아경제학회.

양문수 외 (2004)『경제분야 통일인프라 구축 및 개선방안』, 통일연구원.

오승렬 (1999)『북한경제의 변화와 인센티브 구조: 비공식부문의 확산에 따
　　른 개혁전망』, 통일연구원.

와다 하루끼 (2004)『동북아시아 공동의 집: 신지역주의 선언』, 이원덕 옮김,
　　일조각.

우정은 (2003)「한국의 미래를 비추는 세개의 거울」,『창작과비평』여름호.

유경준 (2003)「소득분배 국제비교를 통한 복지정책의 방향」,『KDI 정책포
　　럼』167호.

384

──── (2007)『소득불평등도와 양극화』, KDI.

──── (2008)「중산층의 정의와 추정」,『KDI 재정·사회정책 동향』, KDI.

유동운 (1999)『신제도주의 경제학』, 선학사.

유영봉 (2005)『21세기 한국농업의 성장전략』, 농정연구쎈터 제13회 연례 씸포지엄 '한국 농업·농촌의 장기비전'.

──── (2006)「한국농업의 성장경로와 지속성장의 조건」,『농업·농촌의 이해』, 박영률출판사.

유종일 (2006)「참여정부의 '좌파 신자유주의' 경제정책」,『창작과비평』 가을호.

유진석·박번순 (2001)「중국이 몰려온다」, *CEO Information* 제302호, 삼성경제연구소.

이경태 (1996)『산업정책의 이론과 현실』, 산업연구원.

이두원 (2008)「현정부의 선진화 전략과 당면과제」,『선진화를 향한 동북아 협력의 모색』, 동북아경제학회 학술대회.

이범 (2008)「주경복 후보는 왜 패배했는가」, 창비주간논평.

이병천 (2001)「특집, 박현채와 민족경제론: 다시 민족경제론을 생각한다」,『동향과전망』48호.

──── (2003)「개발독재의 정치경제학과 한국의 경험」, 이병천 엮음『개발독재와 박정희시대』, 창비.

이상철 (2004)『참여정부 국가균형발전정책과 지역혁신체제의 구축』, SIES Working Paper Series No. 175, 서울사회경제연구소.

이석기 (2004)「1990년대 이후 북한 경제체제의 특징과 위기」,『동향과전망』 62호.

이성우 (2006)「농촌지역개발사업의 문제점과 개선방안」,『농정연구』 여름호, 농정연구쎈터.

이영희 (2004) 「민주화와 사회갈등」, 『동향과전망』 61호.

이용숙 (2003) 「지역혁신체제론의 비판적 재검토」, 『동향과전망』 59호.

이일영 (1994) 「사회주의 집단농업의 구조 및 제도개혁에 관한 비교연구―소
련·중국·북한농업을 중심으로」, 『농촌경제』 17(4), 한국농촌경제연구원.

―― (2002a) 「북한의 개발전략과 경제씨스템: 동아시아로의 편입?」, 『민주
사회정책연구』 2(1), 민주사회정책연구원.

―― (2002b) 「'개선'인가 '개혁'인가: 북한의 '경제관리개선'에 대한 평가」,
『동향과전망』 54호.

―― (2003a) 「동북아로 가는 길: 국민경제와 글로벌경제를 넘어」, 『동향과
전망』 57호.

―― (2003b) 「중국 농산물 유통씨스템 변화의 사례연구: 교동지역(膠東地
域) 청과물의 경우」, 『농업경제연구』 44(2), 한국농업경제학회.

―― (2004a) 「중국 기업·노동의 인쎈티브 개혁: 성격과 유형」, 『동향과전
망』 62호.

―― (2004b) 「한국 농업과 동북아 농업: 새로운 시대의 의제와 전략」, 『창
작과비평』 가을호.

―― (2004c) 『북한 농업개혁의 현황과 전망』, 통일부 통일교육원.

―― (2005) 「'북한형' 기업·노동개혁: 이행의 유형과 대안」, 『국가전략』
11(2), 세종연구소.

―― (2006a) 「'북한형' 경제개혁과 한반도 경제통합: 개혁과 통합의 연
계」, 『동향과전망』 67호.

―― (2006b) 「동북아 농업씨스템 구축의 논리와 구조」, 『농업·농촌의 이
해』, 박영률출판사.

―――― (2006c) 「서남특구를 만들자」, 『한겨레』 2006.9.25.

―――― (2006d) 「자유무역협정, 점진적 추진을」, 『한겨레』 2006.11.6.

―――― (2007a) 「개방–협력의 대외경제정책」, 한반도사회경제연구회 『한반도경제론』, 창비.

―――― (2007b) 『중국 농업, 동아시아로의 압축』, 폴리테이아.

―――― (2008a) 「'한반도경제'의 경제제도 구상: 노무현 시대와 그 이후」, 『동향과전망』 74호.

―――― (2008b) 「신제도주의 경제학의 제도환경 이론에 관한 연구 노트」, 『동향과전망』 73호.

―――― (2008c) 「촛불의 경제학: 한반도경제의 미시적 기초」, 『창작과비평』 가을호.

―――― (2008d) 「혼합경제체제로 가는 세발자전거」, 창비주간논평.

―――― (2009a) 「하이브리드 조직 모델의 수정과 응용: 격차 문제에의 대응을 위하여」, 『동향과전망』 여름호.

―――― (2009b) 「아름다운 나라」, 『한국일보』 2009.6.29.

이일영 외 (2002a) 「동아시아 산업정책의 유형」, 이일영·전병유 외 『개방화 속의 동아시아: 산업과 정책』, 한울.

―――― (2002b) 『WTO로 가는 중국: 변화와 지속』, 박영률출판사.

―――― (2003) 『북한 재정경제의 현황과 재정개혁의 방향』, 한국조세연구원.

―――― (2004) 『동북아시대 남북한 협력발전의 이념과 정책 방향』, 통일부 용역보고.

―――― (2007) 『21세기형 농업·농촌을 위한 새로운 농정 패러다임의 모색』, 한국노동연구원.

이일영·양문수 (2001) 「6·15 이후의 북한경제, 어디로?: 축적전략 변경 및 씨

스템 개혁에 대한 전망과 평가」, 『동북아경제연구』 12(2), 한국동북아경제
학회.

이일영·전병유 (2004) 「개혁 이후의 경제개혁: 신진보주의 경제모델 구상」,
『동향과전망』 61호.

이일영·전병유 외 (2002) 『개방화 속의 동아시아: 산업과 정책』, 한울.

이일영·전형진 (1997) 「북한 농업제도의 전개와 개혁 전망에 관한 연구: 분
조관리제를 중심으로」, 『통일문제연구』 28, 평화문제연구소.

——— (1998) 「北韓 農法의 性格에 관한 試論的 研究 : 中國과의 比較」, 『농
업정책연구』 25(2), 한국농업정책학회.

이일영·정준호 (2007) 「한국형 발전모델의 모색: 점진적 개방–협력과 산업혁
신」, 최태욱 엮음 『한국형 개방전략: 한미FTA와 대안적 발전모델』, 창비.

이정우·최태욱 (2007) 「도전인터뷰: 한국사회, 시장만능주의의 덫에 걸리
다」, 『창작과비평』 여름호.

이제민 (1995) 「전후 세계체제와 한국의 수출지향적 산업화」, 『한국경제: 쟁
점과 전망』 지식산업사.

이종석 (2000) 『새로 쓴 현대 북한의 이해』, 역사비평사.

——— (2008) 「북한 국민소득 재평가」, 『정세와 정책』, 세종연구소.

이창재 (2003) 「경제특구의 유형 및 발전 방향」, 남덕우 편 『경제특구』, 삼성
경제연구소.

임원혁 (2009) 「신자유주의, 정말 끝났는가」, 『창작과비평』 봄호.

임항 (2007) 「지금 왜 '기업의 사회적 책임'인가」, 『기업의 사회적 책임과 노
동』, 노동연구원.

자끄 들로르 (2007) 「유럽연합과 제3섹터, 아달베르트 에베르스」, 장–루이
라빌 편 『세계화 시대의 새로운 복지』, 나눔의숲.

장상환 (2000)「남북 경제협력을 통한 민족경제의 균형적 발전과 제반 분야의 협력과 교류 활성화를 통한 상호신뢰 구축」,『남북정상회담 평가와 향후 통일정세: 쟁점과 대안』, 민주노동당.

장종익 (2006)「농협의 현실과 개혁방향」,『농업·농촌의 이해』, 박영률출판사.

장하준 (2002)「동아시아 산업정책 재고」, 이일영·전병유 외『개방화 속의 동아시아: 산업과 정책』, 한울.

장형수·박영곤 (2000)『국제협력체 설립을 위한 북한 개발지원방안』, KIEP.

전병유 (2001)「외환위기 이후 국가·자본 관계의 변화: 발전국가의 잔재와 새로운 시스템 모색」,『동아시아 신흥공업국 경제의 변화와 국가의 역할 전환』, 민주사회정책연구원·성공회대 사회문화연구소.

──── (2008)「동반성장론에 대한 성찰」, 미발표.

──── (2009)「한국의 노동시장 구조와 복지국가의 형성」, 정무권 엮음『한국 복지국가 성격논쟁 II』, 인간과 복지.

전병유 외 (2004)『북한의 시장·기업 개혁과 노동인쎈티브제도』, 한국노동연구원.

전승훈·임병인 (2008)「2000년 이후 가구자산 구성 및 자산 불평등도의 변화 분석」, 경제학 공동국제학술대회.

전창환 (2005)「동아시아 통화의 절상압력과 대안적 환율체제」,『동향과전망』63호.

──── (2009)「2008년 미국의 금융위기와 금융자본의 재편」,『동향과전망』 여름호.

전홍택·이영선 편 (1997)『한반도 통일시의 경제통합전략』, KDI.

정건화 (2004)「대안적 경제체제의 모색을 위한 제도경제론적 검토?─시장담론을 중심으로」,『사회경제평론』23호.

──── (2007) 「재벌개혁과 한국경제」, 한반도사회경제연구회 『한반도경제론』, 창비.

──── (2009) 「미국의 경제위기와 오바마의 경제정책」, 『동향과전망』 여름호.

정문길 외 (1995) 『동아시아, 문제와 시각』, 문학과지성사.

──── (2000) 『발견으로서의 동아시아』, 문학과지성사.

정영철 (2004) 「북한의 시장화개혁: 시장 사회주의의 북한식 실험」, 『북한연구학회보』 8(1), 북한연구학회.

정인교 외 (2003) 『한중일 FTA의 추진당위성과 선행과제』, KIEP.

정정길·전창곤 (1999) 「최근 북한 농민시장의 현황」, 『KREI 북한농업동향』 1(3).

정준호 (2008a) 「광역경제권 전략의 배경과 추진과제」, 『도시문제』 4월호.

──── (2008b) 「참여정부의 부동산 정책 평가」, 미발표.

──── (2008c) 「마셜, 슘페터 그리고 그 사이」, 미발표.

정형곤 (2002) 「동유럽 사회주의의 경제체제 개혁과 북한」, 『현대북한연구』 5(2), 경남대 북한대학원.

조동호 (1993) 「북한의 노동생산성과 적정임금: 북한노동력의 질에 관한 연구」, 『한국개발연구』 15(4), 한국개발연구원.

──── (2000) 「정상회담 이후 남북경협의 전망」, 북한경제포럼.

──── (2002) 「계획경제씨스템의 정상화—최근 북한 경제조치의 분석 및 평가」, 『KDI 정책포럼』 제160호, 한국개발연구원.

──── (2003) 『북한 경제정책의 변화 전망과 남북경협의 역할』, 한국개발연구원.

조반니 아리기 (2009) 『장기 20세기: 화폐, 권력, 그리고 우리 시대의 기원』,

백승욱 옮김, 그린비.

조석곤 (2005) 「박정희신화와 박정희체제」, 『창작과비평』 여름호.

조성재 외 (2005) 『동북아 제조업의 분업구조와 고용관계 (I)』, 한국노동연구원.

조영탁 (2006) 「지속가능한 농업·농촌과 한국농업: 혁신을 위한 전망과 과제」, 『농업·농촌의 이해』, 박영률출판사.

조형제 (2005) 『한국적 생산방식은 가능한가?』, 한울.

조흥식 (2001) 「농촌복지의 현황과 대책」, 정영일·황수철 편 『농촌복지의 현황과 개선과제』, 농정연구쎈터.

지만수 (2009) 「세계경제위기 속의 중국경제」, 목요중국포럼 5.22.

참여정부 정책평가위원회 (2004) 『참여정부 평가와 전망』.

최수영 (1999) 『북한의 강성대국 건설: 경제부문 중심으로』, 통일연구원.

최신림·이석기 (2000) 『남북한 경제협력 방안』, KIET.

최원식 (2004) 「천하삼분지계로서의 동아시아론」, 『동북아공동체를 향하여』, 동아일보사.

────── (2009) 「대국과 소국의 상호진화」, 『창작과비평』 봄호.

최정규·허준석 (1998) 「급진파 제도경제학에 대한 연구?─보울즈와 진티스의 논의를 중심으로」, 『동향과전망』 37호.

최준욱 외 (2001) 『체제전환국 조세정책의 분석과 시사점』, 한국조세연구원.

최태욱 (2009) 「동아시아의 지역간 협력체제 추진을 제창한다」, 『창작과비평』 봄호.

카라따니 코오진 (2008) 『세계공화국으로』, 조영일 옮김, 도서출판b.

코바야시 쇼이찌 (2000) 「나진-선봉 자유경제무역지대의 노동력과 향후 기술개발프로그램」, 선한승 외 『북한의 노동제도와 노동력에 관한 국제비교연구』, 한국노동연구원.

피터 씽어 (2007)『다윈의 대답 1: 변하지 않는 인간의 본성은 있는가?』, 최정규 옮김, 이음.

한국개발연구원 지식경제팀 (2003)『한국의 산업경쟁력 종합연구』, 한국개발연구원.

한국노동연구원 (2003)『혁신과 상생의 뉴딜—노동부문을 중심으로』.

한국농촌경제연구원 (1999)『KREI 북한농업동향』1(1), http://www.krei.re.kr 참조.

한국은행 (2008a)「2007년 북한 경제성장률 추정 결과」.

——— (2008b)「2008년 2/4분기 실질국내총생산(속보)」, http://www.bok.or.kr/index.jsp.

한반도사회경제연구회 (2007)『한반도경제론: 새로운 발전모델을 찾아서』, 창비.

허준석 (1999)「시장과 자본주의 사이의 대안 찾기: 급진 제도경제학의 이론적 모색」,『경제와사회』42호.

——— (2000)「신제도주의에는 '제도'가 없다」,『사회경제평론』14호.

황수철 (2004)「새로운 식품안전관리시스템의 모색을 위해」, 농정연구쎈터 제12회 씸포지엄.

——— (2006)「농업과 식품산업의 연계강화방안」,『농정연구』가을호, 농정연구쎈터.

金秀大 (1997)「共和國の農業協同經營における分組管理制とその展開」,『月刊朝鮮資料』, 朝鮮問題研究所.

藤本隆宏 (2004)『日本のもの造り哲學』, 日本經濟新聞社.

末廣昭 (2000)『ギャッチアップ型工業化論: アジア經濟の軌跡と展望』, 名古屋大學出版會.

米倉等 編 (1995)『不完全市場下のアジア農村－農業發展における制度適應の事例』, アジア經濟研究所.

朴紅 外 (2002)「中國輸出向け野菜加工企業における原料の集荷構造―山東省青島地域の食品企業の事例分析(1) 北海食品」,『北海道大學農經論叢』第58號,.

白井厚 外 (1994)『現代の經濟と消費生活―協同組合の視覺から』, コープ出版.

山本裕美 (1988)『アジア農業組織と市場』, アジア經濟研究所.

石川滋 (1980)『1980年代の中國經濟』, 國際問題研究所.

岩崎育夫 (1997)「アジア民主主義論」, 岩崎育夫 編『アジアと民主主義―政治權力者の思想と行動』, アジア經濟研究所.

梁文秀 (2000)『北朝鮮經濟論: 經濟低迷のメカニズム』, 信山社.

楊蕙馨・馮文娜 (2008)『中間性組織研究―對中間性組織成長與運行的分析』, 經濟科學出版社.

鈴木福松 外 監譯 (1994)「ECのフードシステムと食品産業」, 農林統計協會.

林毅夫 外 (1994)『中國的奇蹟: 發展戰略與經濟改革』, 上海: 三聯書店(한국어판『중국의 기적』, 한동훈 옮김, 백산서당 1996).

中兼和津次 (1976)「中國型經濟發展モデルについて」, 中國資本蓄積研究會編『中國の經濟發展と制度』, アジア經濟研究所.

―――― (1997)「中國: 社會主義經濟制度の構造と展開」, 岩田昌征 編『(經濟體制論 第Ⅳ卷) 現代社會主義』, 東洋經濟新報社.

―――― (1999)『中國經濟發展論』, 有斐閣(한국어판『중국경제발전론』, 이일영 외 옮김, 나남출판 2001).

赤松要 (1972)「世界經濟の異質化と同質化」, 小島清 外 編『世界經濟と貿易政策』, ダイヤモンド社.

和田春樹 (2003)『東北アジア共同の家』, 平凡社(한국어판『동북아시아 공동의 집: 신지역주의 선언』, 이원덕 옮김, 일조각 2004).

Akerlof, George A. (1970) "Market for 'Lemons': Quality Uncertainty and the Market Mechanism." *Quarterly Journal of Economics* 84(3).

Alchian, Armen A. (1965) "Some Economics of Property Rights." *Il Politico* 30.

Alchian, Armen A. and Harold Demsetz (1972) "Production, Information Costs, and Economic Organization." *American Economic Review* 62.

Allen, Douglas W. (1991) "What are Transaction Costs?" *Research in Law and Economics* 14.

——— (2000) "Transaction Costs." in Boudewin Bouckeart and Gerrit De Geest, eds. *Encyclopedia of Law and Economics*. Cheltenham, U.K.: Edward Elgar.

Aoki, Masahiko and Masahiro Okuno-Fujiwara (1996) *Comparative Institutional Analysis: A New Approach to Economic System*. University of Tokyo Press(한국어판『기업시스템의 비교경제학』, 기업구조연구회 외 옮김, 연암사 1998).

Arrighi, G. (2007) *Adam Smith in Beijing: Lineages of the Twenty-First Century*, Verso.

Arrow, Kenneth J. (1994) "Methodological Individualism and Social Knowledge." *American Economic Review* 84(2).

394

Baker, George, R. Gibbons, and K. Murphy (2002) "Relational Contracts and the Theory of the Firm." *Quarterly Journal of Economics* 117.

――― (2006) "Strategic Alliances: Bridges Between 'Islands of Conscious Power'." USC's Marshall School. unpublished.

Balassa, B. (1969) *The Theory of Economic Integration*. Geoge Allen & Unwin.

Berliner, J. S. (1994) "Perestroika and the Chinese Model." in Robert Campbell, ed. The *Postcommunist Economic Transformation*. Westview Press.

Borzaga, C. and J. Defourny, eds. (2001) *The Emergence of Social Enterprise*. Routledge.

Bourguignon, François (2004) *The Poverty-Growth-Inequality Triangle*. Indian Council for Research on International Economic Relations.

Brus, W. (1971) 『社會主義經濟の機能モデル』, 鶴岡重成 譯, 合同出版.

Carter Richard and Geoffrey M. Hodgson (2006) "The Impact of Empirical Test of Transaction Cost Economics on the Debate on the Nature of the Firm." *Strategic Management Journal* 27.

Chang, Ha-Joon and Peter Evans (2001) "The Role of Institutions in Economic Change." 성공회대 사회문화연구소 콜로키움.

Cheung, Steven N. S. (1969) *A Theory of Share Tenancy*. University of Chicago Press.

――― (1983) "The Contractual Nature of the Firm." *Journal of Law and Economics* 26.

Coase, Ronald H. (1937) "The Nature of the Firm." *Economica* 4(16).

——— (1960) "The Problem of Social Cost." *Journal of Law and Economics* 3.

——— (1964) "The Regulated Industries: Discussion." *American Economic Review* 54.

——— (1974) "The Lighthouse in Economics." *Journal of Law and Economics* 17(2).

——— (1978) "Economics and Contiguous Disciplines." *Journal of Legal Studies* 7(2).

——— (1992) "The Institutional Structure of Production." *American Economic Review* 82(4).

——— (1998) "The New Institutional Economics." *American Economic Review* 88(2).

——— (2006) "The Conduct of Economics: The Example of Fisher Body and General Motors." *Journal of Economics and Management Strategy* 15(2).

Cook, Michael L. (1995) "The Future of US Agricultural Cooperatives: A Neo-Institutional Approach." *American Journal of Agricultural Economics* 77(51).

Cooke, P. (1998) "Introduction: Origins of the Concept." in H.P.Braczyk, ed. *Regional Innovation System.* UCL Press.

Coulton, Claudia P. (1996) "Poverty, Work, and Community: A Research Agenda for an Era of Diminishing Federal Responsibility." *Social Work* 41(5).

Dam, Kenneth W. (2006) "Legal Institutions, Legal Origins, and Governance." *Olin Working Paper* No. 303. University of Chicago Law School.

David, Robert J. and Shin-Kap Han (2004) "A Systematic Assessment the Empirical Support for Transaction Cost Economics." *Strategic Management Journal* 25(1).

Demsetz, Harold (1967) "Toward a Theory of Property Rights." *American Economic Review* 57(2).

――― (2002) "Toward a Theory of Property Rights II: The Competition Between Private and Collective Qwnership." *Journal of Legal Studies* 31.

Djankov, Simeon and Peter Murrell (2002) "Enterprise Restructuring in Transition: A Quantitative Survey." *Journal of Economic Literature* 40.

Easterly, William (2006) "Social Cohesion, Institute, and Growth." *Economics & Politics* 18.

EBRD (2002) *Transition Report-2002*. EBRD.

Eckstein (1977) *China's Economic Revolution*. Cambridge: Cambridge University Press.

Ellickson, Robert C. (1989) "A Hypothesis of Wealth-Maximizing Norms: Evidence from the Whaling Industry." *Journal of Law, Economics, and Organization* 5(1).

Ellman, M. (1979) *Socialist Planning*. Cambridge University Press.

Elster, Jon. (1982) "Marxism, Functionalism, and Game Theory: The Case of Methodological Individualism." *Theory of Society* 11.

――― (1998) *Deliberative Democracy*. Cambridge University Press.

Elvin, Mark (1973) *The Pattern of the Chinese Past―A Social and Economic Interpretation*. Stanford University Press(한국어판 『중국역사의 발전형태』, 이춘식 외 옮김, 신서원 1989).

Felin, Teppo and Nicolai Foss (2007) "Individuals and Organizations: Thoughts on a Micro-Foundations Project for Strategic Management and Organizational Analysis." in Don Bergh and David Ketchen, eds. *Research Methodology in Strategy and Management.* forthcoming.

Ghosh, M. and G. John (1999) "Governance Value Analysis and Marketing Strategy." *Journal of Marketing* 63.

Granovetter, Mark (1985) "Economic Action and Social Structure: The Problem of Embeddednes." *American Journal of Sociology* 91.

Greif, Avner (1989) "Reputation and Coalitions in Medieval Trade: Evidence on the Maghribi Traders." *Journal of Economic History* 49(4).

Grossman, Gregory (1977) "The 'Second Economy' of the USSR." *Problems of Communism* 26(1).

Grossman, Sanford J. and Oliver D. Hart (1986) "The Costs and Benefits of Ownership: A Theory of Vertical and Lateral Integration." *Journal of Political Economy* 94(4).

Hart, Oliver D. and John Moore (1990) "Property Rights and the Nature of the Firm." *Journal of Political Economy* 98.

Heijdra, Ben J., Anton D. Lowenberg, and Robert J. Mallick (1988) "Marxism, Methodological Individualism, and New Institutional Economics." *Journal of Institutional and Theoretical Economics* 144.

Held, David et al. (1999) *Global Transformation.* Blackwell Pub(한국어판 『전지구적 변환』, 조효제 옮김, 창비 2002).

Hennart, Jean-Francois (1993) "Explaining the Swollen Middle: Why Most Transactions Are a Mix of 'Market' and 'Hierarchy'." *Organizing Science*

4(4).

Hodgson, Geoffrey M. (1996) "Organization Form and Economic Evolution: A Critique of the Williamsonian Hypothesis." in Ugo Pagano and Robert Rowthorn, eds. *Democracy and Efficiency in the Economic Enterprise*. Routledge.

Holmström, B. and Jean Tirole (1989) "The Theory of the Firm." in Richard Schmalensee and Robert Willig, eds. *Handbook of Industrial Organization*.

Holmström, Bengt and John Roberts (1998) "The Boundaries of the Firm Revisited." *Journal of Economic Perspective* 12(4).

IMF (1999) *IMF-supported Programs in Indonesia, Korea, and Thailand*. IMF.

Jensen, Michael and William Meckling (1976) "Theory of the Firm: Managerial Behavior, Agency Costs, and Capital Structure." *Journal of Financial Economics* 3.

Joskow, Paul L. (1991) "The Role of Transaction Cost Economics in Antitrust and Public Utility Regulatory Policies." *Journal of Law, Economics, and Organization* 7.

Kaname, Akamatsu (1962) "A Historical Pattern of Economic Grouth in Developing Countries." *The Developing Economics, Preliminary Issue* 1. Institute of Asian Economic Affairs.

Kaufmann, Daniel (2004) "Governance Redux: The Empirical Challenge." in Xavier Sala-i-Martin, eds. *The Global Competitiveness*. Oxford University Press.

Kemeny, Istvan (1982) "The Unregistered Economy in Hungary." *Soviet Studies* No. 3.

Klein, Benjamin, Robert A. Crawford, and Armen A. Alchian (1978) "Vertical Integration, Appropriable Rents, and the Competitive Contracting Process." *Journal of Law and Economics* 21.

Klein, Peter G. (2000) "New Institutional Economics." in Boudewin Bouckeart and Gerrit De Geest, eds. *Encyclopedia of Law and Economics*. Cheltenham, U.K.: Edward Elgar.

Kornai, J. (1971) *Anti-Equilibrium*. Amsterdam: North-Holland Publishing Company.

———— (1980) *Economics of Shortage*. Amsterdam: North-Holland Publishing Company.

———— (1990) *Economics of Shortage*. Amsterdam: North-Holland Publishing Company.

———— (1992) *The Socialist System: The Political Economy of Communism*. Princeton University Press.

La Porta, Rafael, Florencio Lopez-de-Silanes, Andrei Shleifer, and Robert W. Vishny (1998) "Law and Finance." *Journal of Political Economy* 106(6).

Lafontaine, F. and E. Raynaud (2002) "Residual Claims and Self-Enforcement as Incentive Mechanisms in Franchise Contracts: Substitutes or Complements?" E. Brousseau and J. M. Glachant, eds. *The Economics of Contracts: Theory and Applications*. Cambridge University Press.

Luhmann, Niklas (1979) *Trust and Power*. John Wiley and Sons Inc.

Mahoney Paul G. (2001) "The Common Law and Economic Growth: Hayek Might Be Right." *Journal of Legal Studies* 30(2).

Ménard, Claude (1996) "Organizations as Coordinating Devices."

Metroeconomica 45.

——— (2004) "The Economics of Hybrid Organization." *Journal of Institutional and Theoretical Economics* 160(3).

Murrell, Peter (1993) "What is Shock Therapy? What Did it Do in Poland and Russia?" *Post-Soviet Affairs* 9(2).

——— (2005) "Institutions and Firms in Transition Economies." in Claude Ménard and Mary Shirley, eds. *Handbook of New Institutional Economics*.

North, Douglass C. and Barry R. Weingast (1989) "Constitutions and Commitment: The Evolution of Institutional Governing Public Choice in Seventeenth-Century England." *Journal of Economic History* 49(4).

North, Douglass C. (1991) "Institutions." *Journal of Economic Perspective* 5(1).

——— (1994) "Economic Performance Through Time." *American Economic Review* 84(3).

North, Douglass C., John Wallis, and R. Weingast (2006) "A conceptual Framework of Interpreting Recorded Human History." *NBER Working Paper* No. 12795.

OECD (2004) *Economic Outlook Database*. OECD.

Palay, Thomas M. (1984) "Comparative Institutional Economics: The Governance of Rail Freight Contracting." *Journal of Legal Studies* 13.

Pestoff, V. (1998) *Beyond the Market and State: Social Enterprises and Civil Democray in a Welfare Society*. Ashgate.

Pistor, Katharina, Martin Raiser, and Stanislaw Gelfer (2000) "Law and Financ in Transition Economies." *Economics of Transition* 8(2).

Pollak, R. A. (1985) "A Transaction Cost Approach to Families and Households." *Journal of Economic Literature* 23(2).

Porter, M. (1985) *Competitive Advantage*. Free Press.

Powell, Walter W. (1996). "Inter-Organizational Collaboration in the Biotechnology Industry." *Journal of Institutional and Theoretical Economics* 152.

Roemer, John E. (1985) "Rationalizing Revolutionary Ideology." *Econometrica* 53.

Roland, Gérard(2001). "Corporate Governance System and Restructuring: The Lessons from the Transition Experience." in *Annual Bank Conference on Development Economics 2000*. World Bank.

Schertz, Lyle P. and Lynn M. Daft (1994) *Food and Agricultural Markets: The Quiet Revolution*. USDA ERS.

Sen, Amartya (1992) *Inequality Reexamined*. Oxford University. Press.

Stiglitz, J. (1988) "Economic Organization, Information and Development." in H. Chenery and T. N. Srinivasan, eds. *Handbook of Development Economics*. Amsterdam: North Holland.

Stiglitz, Joseph (1974) "Incentives and Risk Sharing in Sharecropping." *Review of Economic Studies* 41.

───── (1994) *Whither Socialism?* The MIT Press(한국어판 『시장으로 가는 길』, 강신욱 옮김, 한울 2003).

Sykuta, Michael E. and Michael L. Cook (2001) "A New Institutional Economics Approach to Contract and Cooperatives." *American Journal of Agricultural Economics* 83(51).

Trail, Bruce, ed. (1989) *Prospects for European Food System.* Commission of European Communities.

Wagner, A. (1995) "Reassessing Welfare Capitalism: Community-Based Approaches to Social Policy in Switzerland and the United States." *Journal of Community Practice* 2(3).

Wallerstein, I. (1999) *The End of the World as We Know It: Social Science for the Twenty-first Century.* University of Minnesota Press(한국어판 『우리가 아는 세계의 종언』, 백승욱 옮김, 창비 2001).

──── (2003). *The Decline of American Power: The U.S. in a Chaotic World.* The New Press(한국어판 『미국 패권의 몰락』, 한기욱 외 옮김, 창비 2004).

Wallis, John and Douglass C. North (1986) "Measuring the Transaction Sector in the American Economy, 1870~1970." in Stanley L. Engerman and Robert Gallman, eds. *Income and Wealth: Long-Term Factors in American Economic Growth.* University of Chicago Press.

Weingast, Barry R. (1997) "The Political Foundations of Democracy and the Rule of Law." *American Political Science Review* 91(2).

Williamson, Oliver E. (1971) "The Vertical Integration of Production: Market failure considerations." *American Economic Review* 61.

──── (1975) *Markets and Hierarchies.* New York: Free Press.

──── (1979) "Transaction Cost Economics: The Governance of Contractual Relations." *Journal of Law and Economics* 22.

──── (1985) *The Economic Institutions of Capitalism.* Free Press.

──── (1991) "Comparative Economic Organization: The Analysis of

Discrete Structural Alternatives." *Administrative Science Quarterly* 36(2).

——— (1993) "Transaction Cost Economics and Organization Theory." *Industrial and Corporate Change* 2(2).

——— (2000) "The New Institutional Economics: Taking Stock, Looking Ahead." *Journal of Economic Literature* 38(3).

World Bank (1993) *The East Asian Miracle.* Oxford University. Press.

——— (1998) *East Asia: The Road to Recovery.* World Bank.

——— (2000) *Rethinking the East Asian Miracle.* World Bank.

제1부

1장 위기 이후의 대안, 한반도경제 『창작과비평』 2009년 가을호에 게재됐으며 본서에 수록
하면서 수정을 했음(이하 글들도 마찬가지).

2장 한반도경제의 경제제도 구상: 노무현시대와 그 이후 『동향과 전망』 2008년 74호에 게재.

3장 새로운 한반도 경제체제의 구상: 분단경제에서 개방형 민족경제로 『창작과비평』 2005년
봄호에 게재.

4장 개방화 속의 국민경제·민족경제·지역경제 『창작과비평』 2002년 봄호에 게재.

제2부

5장 동아시아 경제와 한국의 87년체제 김종엽 엮음 『87년체제론』(창비 2009)에 게재.

6장 하이브리드 조직 모델의 수정과 응용: 격차문제에의 대응을 위하여 『동향과전망』 2009년
76호에 게재.

7장 새로운 농업·농촌 패러다임의 모색 이일영 외『21세기형 농업·농촌을 위한 새로운 농
정 패러다임의 모색』(한국노동원구원 2007)에 게재.

8장 한국농업과 동북아 농업: 새로운 시대의 의제와 전략 『창작과비평』 2004년 가을호에 게재.

제3부

9장 ‘북한형’ 경제개혁과 한반도 경제통합: 개혁과 통합의 연계 『동향과전망』 2006년 67호
에 게재.

10장 신제도주의 제도환경 이론 재고찰: 한반도 경제통합에의 시사 『동향과전망』 2008년 73
호에 게재.

11장 북한의 개발전략과 경제씨스템: 동아시아론의 관점 『민주사회와정책연구』 2002년 제2
권 제1호에 게재.

12장 ‘북한형’ 기업·노동개혁: 체제이행의 유형과 대안 『국가전략』 2005년 통권 제32호에
게재.

13장 축적 위기와 북한 농업씨스템 『농업경제연구』 2002년 제43권에 ‘축적 위기 이후 북
한 농업시스템의 변화와 전망’이라는 제목으로 처음 발표했고, 본서에 수록하면서
개제.